中俄關係史

李齊芳／著

自 序

　　這本小書係彙集作者歷年在淡江大學講授中俄關係史的教材、並加修訂而成。其中比較有獨立性的數章，曾在台灣幾種學術性的期刊上發表過，所討論的主題雖然獨立，但各章內容仍舊銜接，不失全書的連續性。

　　中俄關係涉及的領域很廣，惟本書論述的重心，在蒐集俄人自己的資料，並引述俄國主政者有關中俄關係的言論，以顯示他們自己承認侵奪中國疆土及其他一切權益的具體事實，再藉此證明有資格對這些權益提出「歷史權利」的國家究屬何方。

　　在上述本書自定的範疇之原則下，凡中俄兩國通過中亞或西域等地區的族群之間接交往，且事屬其他專題範圍者，本書均省略不贅，凡一般書籍中所罕見的或太簡約的主題，如外蒙古、新疆等地區與俄羅斯的經貿關係，以及雙方官商交涉往來，則儘量篩選中俄兩方已獲證實的文獻，詳加論述，所引用的資料以俄中書籍為主，英日次之。已應用者均納入本書的腳注之中，但因第一章對資料問題已有評述，在此恕不另列書目。

　　作者在蒐集資料的進程中，曾得到學術界友人不少的協助，無法在此一一向他們表達作者的謝意。但作者仍有不能止於言者，是參考資料中，有相當數量的絕版或稀有的書籍，多為哈佛燕京社圖書館的珍藏，該館前館長吳文津博士非常熱心，凡作者所需要的，

均允許儘量影印。至於俄國方面的資料,除一小部分得自柏克萊加州大學而外,大部分係上海華東師範大學歷史學系顧衛民教授在上海和北京兩處搜尋而來的。這對作者的助益亦非淺顯。出版的前夕,排印書中俄文的困難,又很幸運的得到淡江大學俄文系助教葉麗珠小姐熱忱而迅速的協助,使製作俄文版模的問題,順利解決。這三位充滿友情的協助,不僅是對一個平凡作者的鼓勵,也是對出版者一種無私的支援。最後,書中的史地插圖,多採自大陸出版的《沙俄侵華史》及《沙俄侵略中國西北邊疆史》,雖然作者已略加修改,但對他們原始的測繪,作者依舊是受益良多,所以在此亦一併致謝。

　　本書屬於上卷,涵蓋的時代是從十六世紀末葉起,至1917年止,至於蘇聯成立後與中國關係的發展,將為本書下卷的主題。

　　書中如有疏漏與謬誤之處,希望讀者予以指正。

李齊芳

2000年11月

目　次

俄國度量衡及貨幣等值表

1. 1俄里＝1.06公里＝500俄丈

2. 1俄丈＝2.134公尺

3. 1俄尺＝0.71公尺

4. 1俄寸＝4.4公分

5. 1俄石＝105公升

6. 1普特＝16.38公斤

7. 1俄磅＝409.51公克

8. 1盧布＝19世紀時期約等於中國的白銀二分之一兩

9. 1戈比克＝百分之一盧布

第一章
論中俄關係史的資料問題

一、前　言

蘇聯自1991年12月崩解以後，俄羅斯卸脫了「超強」的外衣，向世界顯現了它國力虛弱的真相。殘破的經濟，不得不向美國求援。為了紓解國內民生的困境，又不得不與中共重溫舊好，尋求物資的協助。此種現實，決定了目前中俄兩國關係發展的趨向。

兩國之間的緩和跡象，實際上早在1989年5月戈巴契夫（Gorbachev）訪問北京時即已出現，當時戈巴契夫與中共領導人鄧小平舉行了三十餘年來第一次的高峰會議，自後雙方關係正常化的結論，即成為兩國協調彼此關係的基礎。

目前國際形勢已經發生激劇的變化，舊有的兩極化國際政治體系業已消解，代之而起的是國際協商，在這種大環境中的中俄關係，亦正時加調整，以求長期的和諧，然而歷史上積累下來許多糾結不平的問題，也應乘此時機明爽無隱的予以清理。為達到公平而無偏頗的論斷，必須預先蒐集中俄關係的歷史資料，作為調整兩國之間一切問題的合理依據。

中俄兩國關係的範圍很廣，由於俄羅斯人在其國家形成的過程中，即確定擴張領土為其立國的主要國策。中國雖位於亞洲的東部，但歐亞大陸相連一體；俄人於16世紀晚期越過烏拉山（Ural Mts）之後，竟能於六十年之間，席捲了全部西伯利亞，把勢力伸展到太平洋的沿

岸。17世紀的中葉，侵略的觸角即已到達中國的東北地區，自後中俄兩國關係的發展，就是以東北疆界問題爲起點，然後才擴展到陸路的免稅貿易、宗教及文化學術交流各領域的。19世紀海路交通開關以後，更拓展到鐵路、銀行、工業及礦產各部門。然疆土卻始終是兩國之間糾結難解的主要問題。

二、中俄接觸的開端及其史料

中國與俄國是目前世界上交界最長的兩個國家　然在清朝初期，中國北邊與西邊的疆土並未與俄國接壤，所以清代早期官史中都未提到中俄兩國疆界方面有任何糾葛。惟我國東北地區爲清朝皇室的故鄉，因而清廷對黑龍江與烏蘇里江流域以及庫頁島等地區的自然環境與其土著民族之生息情況都非常注意。由於這些土著的種族和語言與滿清人的相同，清廷就把這些地區置於八旗制的直接統轄之下，土著居民一律納貢並服兵役。有關我國統治這些地區的建置和歷史沿革，在《皇清開國方略》、《平定朔漠方略》、《盛京通志》及《清實錄》等官書中均有記載，雖然簡略，但相當明確，這顯示清人雖入關統治全中國，卻沒有忽視東北疆土的任何跡象。

中國北疆與俄國的中心地帶相距甚遠，直到17世紀的中期，才有一般逃避帝俄黑暗統治與農奴制度的哥薩克(Cossacks)及毛皮商人竄入俄國黑龍江支流沿岸的村落、劫掠臣屬於清帝國的土著居民，恰值此時滿清皇室率其部眾入關，正圖傾其全力建立控制全中國的統治權，無暇顧及東北一隅之地，未能抽調兵力禦邊，本來黑龍江流域就人口稀少，未曾建置強大的軍事設備及嚴密的安全組織以防外患，於是此一遼闊的疆域及其豐富的物產，不久即爲這批俄國東侵的先鋒隊所垂涎，漸次潛入黑龍江北岸建立據點，作長久佔領之計。這才引起中國朝野人士的警覺。幸好在幾度小規模的軍事衝突之後，中俄雙方於1689年締訂了尼布楚(Nerchinsky)條約，劃清東北的邊界，允許俄

人到中國貿易，確立兩國人民來往及不法情事的管制辦法。自後兩國相安達一百五十年而沒有發生什麼嚴重的衝突。訂約之次年，清廷依約派遣政府官吏到規定的疆界地點豎立界碑。據楊賓在他所著的《柳邊紀略》中的敘述，康熙29(1690)年6月由巴海將軍率兵護送立界碑的官員到東北邊境，分三隊進入威伊克阿林大山之中，山中氣候甚寒，不生樹木，滿地均為三尺以上深度的苔蘚植物所覆。三隊官員在山中會合後即將刻有漢、滿、蒙、俄及拉丁五種文字的界碑豎立山中的要地，只有百分之二十的界碑是豎立於河流沿岸的地段，此一紀錄與俄國的探險家米丁多甫(Middendorf)於1844年的調查報告和蔣廷黻於民國21年所著《最近三百年東北外患史》中的記述大不相同，他們都很肯定的相信清廷是把界碑豎立在距外興安嶺二萬三千方英里以南的急流河與精奇里河合流之處。《朔方備乘》的作者何秋濤說，楊賓為康熙年間的進士，足跡遍東北。很可能他也是立碑的官員之一。他的書是在康熙36年(1697)出版的，距離立界碑之時只有七年。他的話應該比米丁多甫與蔣廷黻所說的更為正確而可信。何況蔣廷黻寫文時並沒有參考楊賓的《柳邊紀略》。所以《柳邊紀略》中的實錄不但可以改正國人盲目批判清人無知無能的成見，更為證明中國在外興安嶺以南享有歷史權利的重要資料。

　　至於蒙古、新疆及蔥嶺東西等區域，為中國所稱「漠北」與「西域」之地，更是中國歷代經營最力的場所。中國歷代有才能的人士，常把他們的心智與事功投注在這些地區，為保土衛民而效命。清廷也繼承此一傳統，在18世紀的時期，就已經對此西北地區作了精密的調查和研究，然後根據此種調查確實的資料，編纂了一部《皇輿西域圖誌》。全書共有52卷，名義上的主編人是傅恒，自1756年起，至1782年始編纂完成。書中全面記述了包括巴爾喀什湖(Lake Balkhash)以東以南和帕米爾高原一帶的山川、湖泊、居民，以及分疆設治的情況，明確的指出了當時中國西北部邊疆的範圍。編纂這部巨著的時候，中俄之間尚遠隔著中亞細亞的幾個回教大國而毫無領土的爭執。這種官

書的編纂與發行，純粹是依循歷朝舊例，頒布帝國業已固定的版圖以明示天下，卻意外的爲中國留下了歷史上記述和考訂西部疆域最詳盡的一部史地專著，更爲後世傳下我國在巴爾喀什湖以東以南及帕米爾地區領土主權的歷史明證。

到了19世紀，俄人東侵的勢力一方面由陸路繼續向我北邊加緊推進，另方面由海路與海洋列強互相結合，共同侵蝕中國權益。自是中外關係更加紛繁，積累的文獻也日益豐富。清廷乃於19世紀的後期編纂了一部很重要的外交史，名爲《籌辦夷務始末》，實際上這是包括清廷與各國交往的綜合文獻集，中俄外交關係的資料是其中的一部分而已。然而內容仍舊異常翔實，使許多資料得以有系統的纂入其中，並流傳於世。計有道光朝80卷，咸豐朝80卷，同治朝100卷，再加上王彥威所編光緒朝──《清季外交史料》──的218卷，共計達478卷。還有故宮博物院編纂的《清代外交史料》，亦達10冊，使許多宮內封存的外交史料得以藉此公布，成爲學術界研究中俄關係史的第一個資料庫。

以上係就外交史資料的總集而言，至於中俄兩國關係的專集則出現於最近二十年，緣自1960年至1969年，中華民國台北國立中央研究院近代史研究所從民國時期的外交檔案中輯出有關中俄外交的文獻，編纂了一部巨集，名爲《中俄關係史料》。其內容是包括1917年到1920年兩國間所發生的一切交涉來往文件，分爲八大類別，即〈出兵西伯利亞〉、〈中東鐵路〉、〈一般交涉〉、〈俄政變與一般交涉〉、〈停止俄使館待遇〉、〈東北邊防〉、〈俄對華外交試探〉和〈外蒙古〉。這部巨集把俄國革命後對中國外交策略轉變的軌跡及中國如何因應的資料都蒐集得很完備。

1981年，北京中國第一歷史檔案館出版了由其研究人員集體編纂的一部《清代中俄關係檔案史料選編》，內容起於清代順治10年(1653)，迄於宣統3年(1911)。共分五編，每編又各分若干冊。所選檔案包括中俄兩方面的文件，反映清代260年的政治、經濟、軍事、外

交、宗教和文化等各方面的關係。除漢文的公文外，尚包括大量譯自滿文、蒙文、俄文及拉丁文的中俄雙方的來往公文，其中咸豐朝以前的文件大都是從未公布過的。資料的取捨與編排都具有相當的水準，優於王之相與劉澤榮於1936年編譯的《故宮俄文史料》之處實多，因後者僅限於康熙、雍正及乾隆三朝，內容比較片段。而前者則把每一案件的雙方公文都按順序編入，易於尋索始末，惟目前僅出版三編共七冊，第四編與第五編尚未發行。

三、中俄關係史的中文資料

在歷朝公文資料專集而外，尚有清代個人的著述出現於康熙年代之後者，為數亦復不少，尤其是當19世紀中期俄人再度侵佔中國黑龍江流域並蠶蝕巴爾喀什湖以東以南的疆土時，曾激起了一般有識之士對中俄間問題的關切，因而作了精心的研究，就兩國疆界的變遷，寫出不少有份量的著作。還有服務於清廷的封疆大吏，也憑其治理邊區的經驗與見解，筆之於書。外交使節把他們折衝的經過寫成日記或專錄之類的文集。現在都成為史學家所珍視的歷史資料。今擇清代及民國以來著述中重要者依其出版之先後分列如下，以備研究者之查考：

　　1.圖理琛：《異域錄》，2卷。
　　2.吳振臣：《寧古塔紀略》，1卷。
　　3.張鵬翮：《奉使俄羅斯行程錄》，1卷。
　　4.張鵬翮：《俄羅斯進呈書籍目錄》，為前書附錄。
　　5.錢良擇：《出塞紀略》，1卷。
　　6.楊賓：《柳邊紀略》，5卷。
　　7.方式濟：《龍沙紀略》，1卷。
　　8.西清：《黑龍江外紀》，8卷。
　　9.薩英額：《吉林外紀》，10卷。
　　10.傅恆、朱筠等：《平定準噶爾方略》，172卷。

11. 椿園：《西域見聞錄》，8卷。

12. 松筠等：《新疆識略》，12卷。

13. 祁韵士：《新疆要略》，4卷。

14. 祁韵士：《皇朝藩部要略》，18卷。

15. 徐松：《西域水道記》，5卷。

16. 王樹枏等：《新疆圖志》，116卷。

17. 魏光燾：《戡定新疆記》，16卷。

18. 張穆：《蒙古游牧記》，16卷。

19. 何秋濤：《朔方備乘》，81卷。

20. 曹廷杰：《東北邊防輯要》，2卷。

21. 曹廷杰：《西伯利亞東偏紀要》，2卷。

22. 徐完亮：《黑龍江述略》，6卷。

23. 石榮暲：《庫頁島紀略》，4卷。

24. 張伯英等：《黑龍江志稿》，62卷。

25. 李桂林等：《吉林通志》，122卷。

26. 孫容圖等：《璦琿縣志》，14卷。

27. 曾紀澤：《金軺籌筆》，4卷。

28. 曾紀澤：《曾惠敏公奏議》，6卷。

29. 佚名：《伊犁定約中俄談話錄》，1冊。

30. 邵友濂：《邵友濂文稿》，1冊。

31. 許景澄：《許文肅公遺稿》，12卷。

32. 許景澄：《許竹篔先生出使函稿》，1冊。

33. 許景澄：《帕米爾圖說》，1冊。

34. 沙克都林札布：《南疆勘界日記圖說》，1卷。

35. 永保：《塔爾巴哈台事宜》，3卷。

36. 馬廣：《伊犁將軍奏稿》，1冊。

37. 富俊：《科布多政務總冊》，1冊。

38. 恩華：《唐努烏梁海圖附說略》，1冊。

39.王之春：《使俄草》，8卷。

40.楊儒：《庚辛存稿》，1冊。

41.楊儒：《中俄會商交收東三省電報彙鈔》，1冊。

42.林樂知(Young J. Allen)：《喀什噶爾略論》，1冊。

43.鄒沅帆：《中俄界記》，2冊。

44.楊增新：《補過齋文牘》，44卷。

45.陳籙：《止室筆記》，1冊。

46.王光祈譯：《庫倫條約之始末》，1冊。

47.畢桂方：《外蒙交涉始末記》，1冊。

48.中俄交涉公署：《中俄會議參考文件》，2冊。

49.陳登元：《中俄關係述略》，一冊。

50.文公直：《中俄問題全部之研究》，1冊。

51.魯鴻琛、任家豐：《中俄外交沿革史》，1冊。

52.陳博文：《中俄外交史》，1冊。

53.何漢文：《中俄外交史》，1冊。

54.劉熊祥：《清季十年之聯俄政策》，1冊。

55.陳復光：《有清一代之中俄關係》，1冊。

56.錢念劬：《中俄交涉史》4卷。

57.董鴻禕：《中俄交涉史》1冊。

58.孫福坤：《蘇聯掠奪新疆紀實》，1冊。

59.呂秋文：《中俄外蒙交涉始末》，1冊。

60.孟廣耀：《中俄關係資料選編》，1冊。

61.蘭州大學歷史系：《中俄關係史論文集》，1冊。

62.黃心川：《沙俄利用東正教侵華簡史》，1冊。

63.郭繩武等：《沙俄侵略中國西北邊疆史》，1冊。

64.蒙古地區研究編寫組：《沙俄侵略我國蒙古地區簡史》，1冊。

65.曾問吾：《中國經營西域史》，3冊。

66.中國社會科學院近代史研究所：《沙俄侵華史》，共4卷。

67.復旦大學歷史系：《沙俄侵華史》，1冊。

68.章益：《聯俄與仇俄問題討論集》，1冊。

69.吳相湘：《俄帝侵略中國史》，1冊。

70.台北中央日報：《我們的敵國》（下），1冊。

71.遼寧師範學院歷史系：《沙俄侵佔旅大的七年》，1冊。

以上所舉各種書籍，目前在海峽兩岸發行者不及十種，其他各書均已絕版，故亟宜設法重印，以供應學術研究的需要。此外尚有多種學術性的期刊論文，國內收藏的亦不甚多。為使其不致因日久失傳，特擇其價值較高者附錄如下：

1.周鯁生：〈中俄關係論〉，《東方雜誌》，21卷1期，1924年1月，頁39-53。

2.陳訓慈：〈中俄交涉中之旁證〉，《中央大學半月刊》，1卷1期，1929年10月，頁22-28。

3.翁文灝：〈中俄國界史地考〉，《地學雜誌》，16卷1期；1928年9月，頁83-120。

4.胡祥麟：〈中俄在滿洲之衝突〉，《中央大學半月刊》，1卷5期，1929年12月，頁573-590。

5.王恒升：〈黑龍江省臚濱縣附近中俄國界記〉，《地學雜誌》，19卷2期，1931年6月，頁167-174。

6.張祿（譯）：〈帝俄與蒙古〉，《國聞周報》；10卷45、47、49、50期，1932年。

7.〈甲午戰爭中之俄國外交〉，《國聞周報》，11卷29、31、33、35、37、39期，1933年。

8.張明養：〈中蘇關係的回顧與前瞻〉，《東方雜誌》，30卷2期，1933年1月，頁11-15。

9.酉均：〈中俄貿易之過去與將來〉，《東方雜誌》，30卷18期，1933年9月，頁37-47。

10.楊紹震：〈庚子年中俄在東三省之衝突及其結果〉，《清華學

報》，9卷1期，1933年。

11.陳紹箕：〈關於中俄初期國際關係的一些史料〉，《史地叢刊》（大夏大學），1期，1933年11月，頁1-27。

12.郭斌佳：〈日俄戰爭〉，《文哲季刊》（武漢大學），5卷2期，1936年1月，頁367-421。

13.〈中俄在北滿之交涉〉（1905-1912），《社會科學季刊》（武漢大學），6卷2期，1933年，頁313-334。

14.王繩祖：〈中俄伊犁交涉始末〉（1871-1881），《史學論叢》，1期，1941年4月，頁13-56。

15.沈鑑：〈四十餘年前之聯俄政策〉，《中國文化研究彙刊》（金陵華西齊魯三大學），2期，1942年9月。

16.陳解初：〈中俄伊犁交涉始末〉，《中央亞細亞》，2卷2期，1943年4月，頁40-46。

17.陳翔冰：〈清初之中俄外交關係〉，《現代學報》，1卷5期，1947年5月，頁5-72。

18.吳東衍：〈中蘇關係史上的新文獻〉，《歷史教學》，57卷12期，1957年12月，頁35-36。

19.謝班科夫：〈十七世紀前半期的中俄關係〉，《歷史研究》，58卷5期，1958年5月，頁15-26。

四、外文資料的目錄

漢文以外，俄文的資料很多。其中第一類別是有關中俄兩國間來往的公文和處理外交事務的紀錄，另一部分則是曾在中亞或西伯利亞服務的俄國官吏把他們所經歷的事情寫成的回憶錄。最多的還是歷史家把他們所蒐集的零散資料作一種有系統的編排與傳述。這些資料多以俄國利益為出發點，但見解上難免有傾向於主觀或扭曲事實之處。惟其如此，更足以暴露其侵略中國邊疆的真實意圖。如果把這些資料

與中國文獻互相參證，未嘗不是中國「歷史權利」明證之一種。惟本文作者所蒐集者有限，僅能將其中比較重要的一部分與其他西文及日文資料的選目一併順序列舉如下：

A、俄文書目，以字母爲先後順序

1.阿爾謝尼耶夫（Арсеньев）：《在烏蘇里地區叢林中》（莫斯科：1951）。

2.巴布科夫（Бабков）：《1859～1875年我在西西伯利亞服務的回憶》（彼得堡：1912）。

3.巴德瑪耶夫（Бадмаев）：《俄國與中國》（彼得堡：1905）。

4.邦迪什──卡緬斯基（Бантыш – Каменский）：《1619～1872年俄中外交文件匯編》（喀山：1882）。

5.巴爾蘇科夫（Барсуков）：《穆拉維約夫──阿穆爾斯基伯爵》（莫斯科：1891）。

6.巴赫魯申（Бахрушин）：《哥薩克在黑龍江上》（列寧格勒：1925）。

7.巴拉諾夫（Баранов）：《烏梁海問題》（哈爾濱：1913）。

8.博戈雅夫連斯基（Богоявленский）：《長城外的中國西部》（彼得堡：1906）。

9.布克斯蓋夫登（Буксгевден）：《1860年北京條約》（旅順：1906）。

10.瓦爾堅堡（Вартенбург）：《俄國在亞洲的進展》（塔什干：1900）。

11.瓦西里也夫（Васильев）：《外貝加爾湖哥薩克》（赤塔：1916～1918）。

12.維謝洛夫斯基（Веселовский）：《北京俄國傳教士團史料》（彼得堡：1905）。

13.維特（Витте）：《維特回憶錄》（柏林：1923）。

14.戈利曼、斯列沙爾楚克（Гольман．Слесарчук）：《1636～1654年俄蒙關係文件》（莫斯科：1974）。

15.加塔烏林娜（Готауллина）：《1607～1636年俄蒙關係文件》（莫斯科：1959）。

16.戈魯別夫（Головачев）：《阿爾泰：關於阿爾泰山區經濟和民政發展問題的歷史——統計匯編》（托木斯克：1870）。

17.戈魯勃佐夫（Голубцов）：《阿爾巴津古城史》（海蘭泡：1902）。

18.岡索維奇（Гонсович）：《阿穆爾邊區史》（海蘭泡：1902）。

19.格拉切夫（Грачев）：《黑龍江邊區同俄國的合作》（雙城子：1920）。

20.格羅姆勃切夫斯基（Громбчевский）：《我們在帕米爾的利益》。

21.格魯茲捷夫（Груздев）：《阿穆爾》（彼得堡：1900）。

22.格魯茲多夫斯基（Груздовский）：《濱海——阿穆爾邊區》（海參崴：1914）。

23.達維多夫（Давыдов）：《滿洲和蒙古東北部的殖民》（海參崴：1911）。

24.茲拉特金（Златкин）：《準噶爾汗國史》（莫斯科：1964）。

25.卡巴諾夫（Кабанов）：《黑龍江問題》（海蘭泡：1959）。

26.卡札寧（Казанин）：《伊杰斯與勃蘭德使華記（1692～1695）》（莫斯科：1967）。

27.柯爾薩克（Корсок）：《俄中通商歷史——統計概覽》（喀山：1857）。

28.庫茲涅佐夫（Кузнецов）：《19世紀上半葉清政府在新疆的經濟政策》（莫斯科：1973）。

29.庫羅巴特金（Куропаткин）：《喀什噶爾》（彼得堡：1879）。

30.——：《俄中問題》（彼得堡：1913）。

31. 庫羅巴特金：《俄國軍隊與對日戰爭》（倫敦：1909）。

32. 明茨洛夫（Минцлов）：《秘密的使命——烏梁海之行》（里加：無年代）。

33. 涅維爾斯柯伊（Невельской）：《俄國海軍軍官在俄國遠東的功勛》（莫斯科：1947）。

34. 諾維科夫——達烏爾斯基（Новиков－Даурский）：《俄國人對阿穆爾河的發現和開拓》（莫斯科：無年代）。

35. 那達拉夫（Надаров）：《北烏蘇里邊區現狀簡述》（海參崴：1885）。

36. 潘圖索夫（Пантусов）：《1871～1877年有關伊犁地區的資料》（喀山：1881）。

37. 普爾熱瓦爾斯基（Пржевальский）：《從齋桑經哈密到黃河上游》（彼得堡：1883）。

38. ——：《從伊犁越天山到羅布泊》（莫斯科：1879）。

39. 普羅霍羅夫（Прохоров）：《關於蘇中邊界問題》（莫斯科：1975）。

40. 羅曼諾夫（Романов）：《俄國在滿洲（1892～1906）》（列寧格勒：1928）。※

41. 薩文（Саввин）：《沙俄及蘇聯與中國的相互關係（1619～1927）》（莫斯科——列寧格勒：1930）。

42. 闕名：《有關蒙古問題的外交文件匯編》（莫斯科：1913～1914）。

43. 斯拉德科夫斯基（Сладковский）：《俄中貿易和經濟關係史》（莫斯科：1974）。

44. 斯米爾諾夫（Смирнов）：《在1899年哈巴羅夫斯克舉辦的阿穆爾——濱海地區展覽會上的阿穆爾邊區》（伯力：1899）。

45. 帝俄地方自治會（Сотрудники Общеземской организации）編：《黑龍江地區》（莫斯科：1909）。

46.托米寧（Томилин）：《蒙古及其對俄國的現實重要性》，（莫斯科：1913）。

47.齊赫文斯基（Тихвинский）主編：《17世紀俄中關係文件集（1608～1683）》（莫斯科：1969）。※

48.——：《17世紀俄中關係文件集（1683～1691）》（莫斯科：1972）。※

49.特魯塞維奇（Трусович）：《俄中通使與通商關係》（莫斯科：1882）。

50.翁特貝格爾（Унтербегер）：《濱海省（1856～1898）》（彼得堡：1900）。

51.費奧多羅夫（Федоров）：《伊犁地區軍事——統計記述》（塔什干：1903）。

52.契米道爾熱耶夫（Чимитдоржиев）：《17、18世紀蒙古與俄國的相互關係》（莫斯科：1978）。

53.沙斯京娜（Шастина）：《17世紀俄蒙通使關係》，（莫斯科：1958）。

54.舍賓科夫（Шебинков）：《17世紀俄中關係》（莫斯科：1960）。

55.錫林迪布（Ширендыб）：《19世紀與20世紀之交的蒙古》（1963）。

56.斯特因弗爾（Штейнберг）：《俄國在滿洲的事業》（莫斯科：1910）。

B、俄文期刊論文目錄

1.戈利曼、斯列沙爾楚克（Гальман．Слесарчук）：〈關於17世紀30至50年代俄蒙關係的俄國檔案資料〉，載蘇聯科學院《亞洲民族研究所簡訊》，第76期（莫斯科：1965）。

2.格、爾（Г．Л．）：〈19世紀30至50年代北京傳教士團和俄中貿

易〉，載蘇聯《紅檔雜誌》，53期。

　　3.格、恩、格（Г. Н. Г.）：〈伊犁問題史上的一頁〉載俄國東方學家學會《亞洲通報雜誌》，1911年第7期。

　　4.札爾金德（Залкинд）：〈17世紀世紀末18世紀初外貝加爾西部地區歷史片斷〉，載列寧格勒大學《東方學論叢》，1949。

　　5.基利洛夫（Кириллов）：〈阿穆爾省的移民〉，載《俄國理學會阿穆爾分會會員著作集》，1895。

　　6.科斯岑科（Костенко）：〈準噶爾〉，載《紅檔雜誌》，第2、3、5、34、52、53卷。

　　7.庫爾茨（Курц）：〈17世紀俄中貿易關係史的一頁〉，載蘇聯《東方雜誌》，No.23-24，1928。

　　8.納達羅夫（Надаров）：〈烏蘇里地區研究資料〉，載帝俄總參謀部軍事學術委員會編：《亞洲地理、地形測繪和統計資料匯編》，第26冊彼得堡：1887）。

　　9.諾維科夫——達斡爾斯基（Новиков – Даурский）：〈古代黑龍江沿岸〉，載《阿穆爾州地志博物館與方志學會論叢》，No. 2.(海蘭泡：1953)。

　　10.——：〈阿穆爾州考古圖資料〉，載同上論叢，No.3.(海蘭泡：1955)。

　　11.——：〈阿穆爾大事記〉（1689～1858），載同上論叢，No.4.(海蘭泡：1958)。

　　12.奧斯特洛夫斯基（Островский）：〈烏梁海領土對南西伯利亞的意義〉，載《俄國皇家地理學會通報》，第35卷，1899。

　　13.波波夫（Попов）：〈太平天國起義時期的沙皇外交〉，載蘇聯《紅檔雜誌》，第21卷。1927。

　　14.塞雷伯列尼科夫（Серебренников）：〈阿爾巴津與阿爾巴津人〉，載《中國福音報》紀念文集(北平：1935)。

　　15.霍赫洛夫（Хохлов）：〈19世紀50年代和60年代初俄國對中國

的軍事援助〉，載《遠東和東南亞各國》（莫斯科：1967）。

C、英文書目

1.巴德雷（baddeley）；《俄國、蒙古、中國》（倫敦：1919）。※

2.柏瑞遜（Barison）：《蘇中關係1945～1970》（印地安那大學出版部；1975）。

3.《蘇聯與滿洲革命基地，1945～1949》（莫斯科：1977）。

4.勃蘭德（Brandt）：《史達林在中國的失敗，1924～1927》（劍橋：1958）。

5.包爾杰（Boulger）：《阿古柏傳》（倫敦：1878）。

6.陳文星（Chen, Vincent）：《17世紀的中俄關係》（海牙：1966）。

7.中華民國外交部：《有關1929年中蘇衝突之文獻》（南京：1929）。

8.克魯卜（Clubb）：《中國與俄國》（紐約：1971）。

9.柯林斯（Collins）：《下駛黑龍江記》（威斯康辛：1962）。

10.寇松（Curzon）：《俄國在中亞細亞》（倫敦：1889）。

11.達布斯（Dabts）：《有關中國土爾克斯坦的發現和探險史》（海牙：1963）。

12.狄龍（Dillon）：《俄國聲名的晦暗》（紐約：1918）。

13.德貞（Dudgeon）：《中俄政教志略》（北京：1872）。

14.福斯特（Foust）：《俄中的貿易1727～805》（北卡羅林那大學出版部：1969）。

15.迦弗爾（Garver）：《1937至1945年的中蘇關係》（紐約：1988）。

16.郭瑞菲（Griffith）：《1964至1965年的中蘇關係》（麻州理工學院出版部：1967）。

17.赫西奧（Hasiotis）：《1928至1949年蘇聯在新疆政經及軍事上的牽涉》（紐約：1987）。

18.徐中約(Immanuel Hsu)：《伊犁危機》(牛津：1965)。

19.郎喀(Lange)：《郎喀旅華日記，1721～1722》(愛丁堡：1806)。

20.蘭斯德爾(Lansdell)：《中國土爾克斯坦》(倫敦：1896)。

21.拉鐵摩爾(Lattimore)：《亞洲的樞紐》(渡士頓：1950)。

22.勒森(Lensen)：《俄中戰爭》(佛洛里達：1967)。

23.梁肇庭(Sow-Cheng Leong)：《中蘇外交關係，1917～1926》(夏威夷大學出版部：1976)

24.曼考爾(Maneall)：《俄國與中國——1728年前的外交關係》(哈佛大學出版社：1971)。

25.巴甫洛夫斯基(Pavlovsky)：《中俄關係》(紐約：1949)。

26.蒲萊士(E. B. Price)：《1907-1916年關於滿洲和蒙古的俄日條約》(巴爾的摩：1933)。

27.拉文斯坦因(Ravenstein)：《俄羅斯人在黑龍江上》(倫敦：1841)。

28.塞比士(Sebes)：《耶穌會士與1689年中俄尼布楚條約——附錄：徐日昇日記》(羅馬：1941)。

29.沙敖(Shaw)：《韃靼高地、葉爾羌和喀什噶爾訪問記》(倫敦：1871)。

30.斯克林、奈丁格爾(Skrine、Nightingale)：《馬繼業在喀什噶爾》(倫敦：1973)。

31.唐盛鎬(Peter Tang)：《俄羅斯與蘇聯對滿洲及外蒙的政策，1911～1931》(杜克大學出版部：1959)。

32.魏爾(Weale)：《滿洲人與莫斯科人》(倫敦：1904)。

33.魏亨利(Wei Henry)：《中國與蘇聯》(普林斯頓：1956)。

34.懷特(White)：《日俄戰爭的外交》(新澤西：1964)。

35.惠廷(Whiting)：《蘇聯對中國的政策，1917～1924》(哥倫比亞大學出版部：1954)。

36.威德默（Widmer）：《18世紀駐北京的俄國東正教士團》（哈佛大學：1976）。

37.吳藹宸（Wu, Ai-Chen）：《中國與蘇聯》（紐約：1950）。

38.雅洪托夫（Yakhantoff）：《俄國與蘇聯在遠東》（紐約：1931）。

39.榮赫鵬（Younghusband）：《一個大陸的中心》（倫敦：1897）。

D、英文期刊論文目錄

1.阿布拉莫夫（Abramof）：〈齋桑湖及其周圍地區〉，載英國《皇家地理學會雜誌》，第35卷（倫敦：1865）。

2.修士大司祭英諾森（Archimandrite Innocent）：〈在華的俄國東正教會〉，載《教務雜誌》，1916年10月號。

3.陳芳芝（Chen, Agnes Fang-Chih）：〈中國的邊疆外交——俄國人的東來和尼布楚條約〉，載《燕京社會科學學報》，第4卷2期，1949。

4.陳芳芝（Chen, Agnes Fang-Chih）：〈中國的邊疆外交——恰克圖界約〉，載同上學報，第4卷2期，1949。

5.陳芳芝（Chen, Agnes Fang-Chih）：〈中國的邊疆外交——東北的侵蝕（1857～1860）〉，載同上學報，第5卷1期（1950）。

6.章楚（Chu Djang）：〈關於伊犁問題的戰爭和外交〉，載《中國社會及政治學報》，第20卷3期。1936。

7.林同濟（Lin T. C.）：〈中俄黑龍江邊界問題〉，載《太平洋歷史評論》，第3卷，1934。

8.劉選民（Liu, H. M.）：〈截至尼布楚條約為止的中俄關係〉，載《中國社會及政治學報》，第23卷4期1940。

9.曼考爾（Mancall）：〈滿清帝國首次派往俄國的使節〉，載哈佛大學《有關中國論文集》，第9號，1955。

10. ——：〈伊格那提耶夫少將的出使北京〉（1859-860），載哈佛大學《有關中國論文集》，第10號1956。

11.蒙思明(Meng, S.M.)：〈俄羅斯館〉，載《哈佛大學亞洲研究學報》，第23卷，1960-61。

12.帕雷(Parry)：〈在華的俄國東正教士(1689-917)〉，載《太平洋歷史評論》，第9卷，1940。

13.威德默(Widmer)：〈修士大司祭巴拉第(Palladius)和中國的夷務〉，載哈佛大學《有關中國論文集》，第19號，1965。

E、法文書目

1.加恩(Cahen)：《早期中俄關係史(1689-1730)》(巴黎；1912)。此書的英文譯本於1914年在上海出版，近年來又在北京翻印。※

2.科爾迪埃(Cordier)：《1857-1858年中國之征》(巴黎：1905)。

3.《1860年中國之征》(巴黎：1906)。

4.《中國對外關係史》(巴黎：1901-1902)。

F、日文書目，以筆劃多少為順序

1.小川運平：《滿洲及樺太》(東京：1909)。

2.山內封介：《海參崴和濱海州》(東京：1943)。

3.日野強：《伊犁紀行》(東京：1909)。

4.矢野仁一：《近代蒙古史研究》(東京：1939)。

5.南滿洲鐵道株式會社編譯：《亞細亞俄羅斯的國土和產業》(大連：1924)。

五、析評與結論

書籍目錄之蒐集、類別與評釋為現代學術研究的重要階梯，從正確的階梯起步才能在浩如煙海的卷帙中掌握方向，收精湛鑽研之功效。

中俄關係的重要遠出於我國與各國的關係之上，只因長期以來，

爲政府及學術界所忽視，以致此一範疇的研究與論著也隨之萎縮。從以上所列舉的資料中可以發覺，民國以來在這一方面的貢獻遠在清人的成就之下。清代的漢人和滿人對我國邊塞的調查與勘定，作了很多有價值的工作，對東北，北部和西北三方面的疆域的歷史沿革與具有領土主權標誌之一的官制設置頗多論述，提供了許多他們發現的新知識。其中如西清的《黑龍江外紀》，張穆的《蒙古游牧記》，楊賓的《柳邊紀略》，何秋濤的《朔方備乘》等書的貢獻，實值得我們的肯定，尤其是楊賓把中俄分界山嶺中的氣候和植物的生長情況都記載得相當清楚。這在中國傳統簡略文體的著作中極爲難能可貴。何秋濤以大量歷史資料爲依據，在《朔方備乘》中全部有系統的考訂並記述了我國東北與北部疆域的範圍及中俄交界的詳細界址。從他簡介俄國的國情、文化和語文等方面的資料看來，何秋濤對俄國的史地與文字都具有相當程度的認識。這在道光年代閉關自守的士大夫中確實是不可多得的。松筠與王樹枏等人的著作也都是根據在西北方面的實際考察及其個人精心研究後的產品。清末的曾紀澤、許景澄與楊儒都曾出使俄國，對中俄雙方的政情國勢都看得非常清楚，所以他們留下來的存稿，固然是研究者的珍貴材料，他們應付俄人的艱難處境及其不屈的策略，也可供後世處理外交事務者作重要參考。此外，在《李文忠公全集》與王芸生的《六十年來中國與日本》這兩部著作中也有很多中俄交涉的原始資料，因爲兩書都屬綜合性的文稿與史集，所以均未收列在此書目之內，實際上也是不可缺少的史料。

民國以來編輯性質的史集，多就大同小異的資料另行編列順序重寫，所涉及的事實亦多未超出研究歷史者的知識領域之外，同時，反觀清人的著作，發現凡寫到邊疆設治的建置與沿革之處，也常有或多或少的重複。這種取材上繁略與詳簡失衡的瑕疵，無論古今，似均難免。但就作者與研究者兩方的精力與時間而言，總是一種浪費。

俄國書籍的體例與我們的不同之處很多，回憶錄的直接而詳盡的體例就是其中的一種。19世紀後半期在俄國帝國政府中服務多年的維

特及在中亞服務多年的巴布科夫，都曾與清廷的主政大臣和西北的封
疆大吏有長期的接觸，兩人都寫下很詳盡的回憶錄留給後世。又如軍
人出身的穆拉維約夫與涅維爾斯柯伊也都留下很豐富的紀錄給他們的
傳記作者。甚至一般粗鄙的哥薩克之流的所作所爲，也都有紀錄傳
世，以作爲研究邊區開發史的資料。提到俄國的各種區域史，也是與
中國地方志相類似的著作，內容詳細，間有統計數字與圖片的插展，
可以補文字陳述的材料之不足。本目錄中只選了幾種有關黑龍江與烏
蘇里江流域之有代表性者作參考。

　　中俄關係史中有一個常常引起爭論的問題，就是帝俄對中國的侵
略究竟爲沙皇朝廷所發動、抑爲邊區的軍人與哥薩克之流的個人野心
所促成？正確的答案，還是要從歷史的事實中才能得到。根據Golder
所著《俄國向太平洋岸的擴展，1641～1850》(Gloucester:P. Smith,
1960)(此書未列在本書目之內)一書第35-37頁中的記載，俄人第一次
侵入我國黑龍江流域的事件發生在1644年的春天，入侵者爲波雅科夫
(V. Poyarkof)所率領的一百十二名哥薩克，隊中隨行者還有獵夫十五
名，書記二名，翻譯二名，鐵匠一名及引導一名。武器則攜有大砲一
座與相當數量的軍火。每人都裝備了一支槍。哥薩克是逃避帝俄政府
嚴峻統治與農奴制度的亡命之徒所組成的團體，他們集結在邊區或河
流地帶，自選領袖，有時搶劫商旅，有時又受僱於大商賈或地方政
府，以維生計。波雅科夫的身世不詳，他所率領的哥薩克名義上爲探
險隊，實際上是迫於西伯利亞艱苦的生計，到中國去尋覓糧食的，他
們的出發曾得到雅庫茨克(Yakutsky)城總管果羅文(P. Golovin)的批
准。當時地方總管是在西伯利亞總督的管轄之下，而總督才是沙皇所
任命的政府官吏。地方總管派遣或批准探險隊的行動，與帝俄政府沒
有什麼關聯。直到這些哥薩克頭目把他們用盜匪方式強佔而來的土地
獻給沙皇作爲贖罪的代價時，才與帝俄政府發生法律上的關係，如果
得到沙皇的赦免，他們就成爲沙皇的臣民。赦免之前雖然他們對外口
稱是沙皇的臣民，實際上是逃稅或作奸犯科的化外。直到十七世紀的

晚期沙皇政府才利用他們作蠶蝕中國的先鋒隊。可是在他們初期入侵的行動中，只不過是與地方官吏相勾結，尋機闖入中國領土，勒索清帝國屬民的糧食和毛皮，甚至演成殺人劫舍的禍患。但其原來目的是在求生存謀大利，這與後來被野心的地方長官編組為殖民團體或編入竊據我國疆土的軍力之中的情況是不太相同的。

　　俄人為其侵略行為作辯護的言論也常出現於幾種史料之中，即強調阿穆爾（指黑龍江）流域是俄羅斯人最先發現與開發的，所以他們應有住在此一地區的優先權利。同時也有一種論調，說他們之佔據黑龍江下游，乃為協助中國保衛東北腹地以免遭列強之侵犯。此類說詞，一經研讀就發覺他們的理由都不能成立，因為幾乎所有的早期資料中都記述俄人闖入黑龍江流域的動機是尋求中國的糧食和其他財富所引起。邦迪什——卡緬斯基的書中就有資料描述了黑龍江流域的富庶情況，確言此一廣大地區早已為與滿清人同種同語言的土著居民所開發，農耕與畜牧並盛，儲存豐足，很顯明的事實是俄人之垂涎此一富庶的區域，乃企求享受中國人已經開發的成果，至於協助中國保衛東北腹地不過是一種膚淺的藉口而已，我們在此也不必再引用中國歷史上的證據已足推翻他們的侵略理論了。

　　至於中俄與蒙古三方面的早期關係，巴德雷的書中有不少的資料。由於蒙古很早就已臣服清朝，俄人初期的政策就是與割據西疆的準噶爾互相聯絡，共同壓服喀爾喀蒙古，強取貝加爾湖以東的蒙古屬地，同時予清人以間接的威脅。清廷平定準噶爾之後，俄國就改行直接蠶蝕的政策，先行分地竊據，步步進逼，造成既成事實，最後再強求外交上的承認，這方面的情形可以把俄人巴布科夫和費奧多羅夫的資料與我國曾紀澤、許景澄及郭繩武等人的著作對照研究，更能看出他們如何偷移界碑與鄂博，綁架我國邊吏與驅逐我國卡倫守卒等等不法情事的底蘊。

　　如果說侵蝕我國疆土是西伯利亞俄國地方官吏與一般不法之徒的共謀，則對華陸路貿易就可說是沙皇朝廷在中國商業利潤的獨占，當

時中俄間並沒有類似現代的自由貿易，所有商業活動均控制在帝俄政府的掌握之中，所以有些歷史學家認為清廷當初如能放寬貿易的管制，滿足沙皇經濟方面的要求，邊疆的禍患可能因之減少。此種評論亦非完全正確，中國傳統一直重視領土而輕商賈之利。雖然清廷對俄人來華貿易的時間、地點，以及數量都有規定，但還是賜予俄人以完全免稅的特權的，此一制度沿行多年，巨額的利潤都為俄廷所獨佔，而且引出他們更多的要求。到工業革命後就演變成為東北疆土的鯨吞、鐵路與海港的獨占，以及在新疆礦產石油和其他多種經濟資源的壟斷開發。十九世紀中期又與海洋列強結合，通過不平等條約，把貿易的特權擴展到沿海各省，各方面的行動都與其政治、軍事和領土的圖謀相配合，竟發展出一個建設「黃色俄羅斯」的企求，這也是帝俄晚期一種盲目自大的思想表現，但本書目所收列此類資料極少。

　　本書目係本文作者從國外極為分散的館藏中蒐集而來，斷限只能至1949年為止，而且雙方革命政黨及革命政府的政治思想關係亦未包括在內。所列中文書籍多已絕版，故其出版者及出版年代均未註明。雖然這些書籍在國外各漢學圖書館中多有收藏，但在國內應該設法重印，或編為叢書出版，使有價值之舊籍得以保存。凡外文書目之末端附有※號者，即此書在大陸已有中文譯本發行。再據作者所知，紐約市有一家「四海(Four Seas)書店」，專賣俄文圖書，可以訂購。稀有的出版品可設法與俄國國家科學院建立交流關係，請其交換或贈送。總之，台灣應該利用本身目前不偏不倚的學術立場，以集體的力量，建立一個兼容並蓄的俄羅斯與中俄關係研究機構，延攬人才，推展研究工作，迎頭趕上，才能把空無所有的荒地，灌溉成為一個新興的學術綠洲。

第二章
中俄早期接觸的軌跡

一、前 言

　　中國與俄羅斯均立國於歐亞大陸，邊鄰地帶錯落綿延，接壤的長度達四千餘哩，因之兩國的相互接觸，當然不能避免。根據西人的記載，公元1617年即有俄國的商隊出現於北京[1]，自後兩國間的直接貿易、外交、文化上的交接就日趨繁密，到19世紀的中葉，在歐洲各國中，與中國締約訂交的，只有俄羅斯一國。然而兩國關係的發展經過，並非十分順暢，三百多年以來，雖曾三度結爲同盟，卻仍舊遭逢了許多或明或暗的挫折，三次同盟，無一獲致完滿的結果。其原因錯綜不一，但最根本的還是由於雙方的國情民俗大不相同；兩國接觸日久，彼此之間的問題也就繁多而複雜，歷代的主政者又未即時予以解決，積累日久，形貌日益變遷，終致難以追索，加之近四十年來，中共與蘇聯的關係，雙方雖名爲同盟，實際相互鬥爭之烈，遠越前代。而中(中華民國)蘇間的公共關係又完全斷絕，資訊也被封鎖，政府對兩國過去往來的文獻也未能適時的予以公布，有關中俄關係的學術論著也就因資料的長期缺乏而隨之萎縮。及至最近台灣因應世局的變遷而開放中蘇直接往來之際，即遭遇到沒有確切的往例可供依循，也沒有充分的史料可資參考的困難。目前國際關係，日益密切，如歐洲各

1　John F. Baddeley, *Russia, Mongilia, China*（London:Macmillan, 1919）, Vol. II, p. 72.

國所發生的改革浪潮，彼此衝擊，相互牽引，迅即波及東亞。任何國家已不可能以距離之遠近而置身於國際社會之外。自後國人若準備參與中俄間的任何事務，就必須具備過去外交先例的全部知識，方能對過去中俄間糾結日久，不易分解的難題，掌握一種正確而切適的處理分寸。獲取這些知識與資料的途徑，必然是要對雙方接觸往來的史跡，作一番周詳的回顧。因此本文的目的即在蒐集完全的資料，將中俄間關係的發展作一公正的研析，以期增進對雙方共同利害的了解，形成今後推展直接溝通的一種助力。

中俄關係史的領域很廣，貿易、領土、外交、軍事、文化、宗教，都包括在內，19世紀末期，更擴展到鐵路、財經、礦產、工業、租借地等範疇，時代則起自17世紀初期 [2]。因中俄雙方接觸是在東北黑龍江流域開始的，所以本章就以追溯俄人竄入此一地區的軌跡爲起點，至1689年中俄締約訂交爲止。這僅是兩國早期關係的第一個段落。1689年以後的事跡則另備專文詳述。

二、俄人東侵以前的黑龍江流域

中俄接觸之前，黑龍江流域是中國屬民通古斯(Tungus)族人久已定居之地，爲長城東端山海關外一個資源豐富的大平原。境內河流交錯，灌注的面積達七十六萬六千方英里。黑龍江本身自西南流向東北入海，是亞洲東部的四個大河流之一，它的發源地分爲兩個區域：西北源頭出自肯特山與大興安嶺，南源起自長白山西北麓的六泉，順流而下，匯成松花江。西北源流至石勒喀(Shilka)河與額爾古納(Argun，但法國籍神父張誠——Gerbillon——的法文日記中則寫作Ergoné)河匯合以下始稱黑龍江。南源的松花江與黑龍江匯合以下就是黑龍江的中游，到烏蘇里江與之匯流以後就是黑龍江的下游。黑龍江中游有一條

---

2 元朝時期中俄兩國雖同隸屬於一個部落君主之下，但是那一種宗藩關係與17世紀後的直接交往大不相同，故不在本文的範圍之內。

來自北岸的支流名精奇里河，亦稱結雅河，其上游與西伯利亞的勒那（Lena）河的支流阿爾丹（Aldan）河非常接近，此處就是俄人入侵黑龍江流域的一條要道。

所謂黑龍江流域是指黑龍江本身及其左右兩岸各支流所灌溉的廣大地區而言。外人則稱黑龍江爲阿穆爾（Amur）河。

俄羅斯人出現於黑龍江流域之前，住在那一地區的居民非常稀少。然對中國政府及人民而言，此一地區並非陌生。在第15世紀的初期，中國的明朝（1368-1644）政府曾經征服並統治這片廣漠的土地及其居民[3]，在黑龍江口奴兒干地方建立了都指揮使司，任命內地官員前往擔任都指揮使，黑龍江北岸、烏蘇里江東岸及海中的苦夷（庫頁）島均設置衛所，司理軍政事務。公元1413年（永樂11年），明廷所委任的官員在奴兒干都司治所黑龍江口附近懸崖上建立了一座永寧寺，並立石碑以記述當時建寺的情況。到了1433年（宣德8年），重建永寧寺時，又立了一塊石碑。這兩塊石碑現在都被俄人移到海參崴（Vladivostok）博物館內收藏[4]。就是俄人也不能否認這是中國建立統治權的憑證。

自17世紀初期起，明帝國漸趨衰落，東北地區的統治權就爲女真後裔的滿人所取代。滿人爲東北的土著居民之一；當他們還未入關統治全中國之前，已經向黑龍江及烏蘇里江流域開拓疆土，以擴展他們建國的基礎。由於氣候嚴寒，人口未能大量增加，只有少數通古斯（Tungus）族人居住在那裡。通古斯人就是中國歷史上所稱的東胡人，因爲他們分布的地區與生活方式的不同，分演爲數種支系，重要的有俄倫春（Oronchons）瑪涅克爾人（Manyargs）、畢喇兒人（Birars）及索倫人（Solons）等部落，多分布在黑龍江上流的兩岸。瑪涅克爾人且與漢人雜居，其衣著和態度多與漢人相同。人口比較多的是達呼爾

3　C. Goodrich, ed., *Dictionary of Ming Biography, 1368-1644*（New York: Columbia University Press, 1976）, Vol. I, pp. 360-361.

4　E. Ravenstein, *The Russians on the Amur, its Discovery, Conguest, and Colonization*（London: Wertheimer, 1961）, pp. 193-197；復旦大學歷史系，《沙俄侵華史》（上海：人民出版社，1886），頁10-16。

（Daurians）、滿人及漢人，這三種人多居住在精奇里河或結雅河的下游與黑龍江的中部，並且從事於農耕。他們部落的名稱雖然各異，但種族均屬通古斯，生活習俗及語言文字都與滿人相同。還有窩集人（Goldi）、滿琿人（Manguns）及奇勒爾人（Gilayaks）都住在黑龍江、松花江及烏蘇里江的下游一帶，鄂倫奇人（Orochis）則住在沿海之地。這四支人均屬於蒙古而非通古斯，其生活方式為漁獵，只有最後一種人由於接近漢人和滿人之故，也從事於農耕[5]。

　　滿清在興起的初期，即曾進兵薩哈連及混同江以東之地[6]，較大規模的征服行動是在清太宗皇太極（1592-1643）的時期，黑龍江中部及烏蘇里江上流於1635年降服，下游及沿海之地於1639年降服。只有索倫部的人抗拒力較強，所以黑龍江上流到1640年才為索海將軍所征服，並將沿岸的雅克薩、多金、鐸陳、阿薩津四個木城都收入滿清的統治之下，黑龍江左岸各部落亦聞風相繼歸降。1642年，又第三度派軍遠征松花江、烏蘇里江及黑龍江匯流的地區，至1644年完全降服。當時征服這些土著居民的目的是人力的徵集，因而每次軍事行動都要俘獲數千名土著居民到滿人集中的地帶，把他們編入八旗以充實兵力。由於這些土著的種族與語言均與滿清人相同，所以滿清統治者對待這些俘降的土著非常寬厚，因要藉重這些土著以增強清朝常備軍——八旗兵——的軍力。駐紮在黑龍江及烏蘇里江流域的八旗兵專司保衛疆土與維持地方治安，同時也墾田自給，後來又兼管民政及收稅的職務。土著居民的義務則為進貢土產與應徵服兵役[7]，由此可知清朝對東北北部的統治是直接控制，與日後對外蒙古及西藏等地區之間接

5　E. Ravenstein, *op. cit.*, p. 347.

6　「薩哈連」是指黑龍江中游，混同江是指黑龍江的下游，日本人以「薩哈連」名庫頁島是後來的事。見中國社會科學院所編《沙華侵華史》（北京：人民出版社，1978），卷1，頁59；復旦大學歷史系：《沙俄侵華史》（同前），頁14。

7　《清太宗實錄》，第21卷，頁14-16；阿桂等編纂，《皇清開國方略》（台北：商務印書館，1983年影印1789年文淵閣原鈔本），卷9，頁8-11。

統治的制度大不相同。

三、俄羅斯人的東侵

　　俄羅斯帝國的雛形出現於15世紀的晚期，是以莫斯科公國爲中心而逐漸長成的。因爲它需要更多的土地與勞力以鞏固其專制政權的存續，遂演成一種以擴張領土爲其一成不變的立國政策。可是它擴張領土所必須具備的財力與人力又患不足，因而就把侵略東方的任務假手於當時的大富豪斯特羅干諾夫（Stroganov）家族去執行。這個大家族在莫斯科東北方的發展已歷一百多年，他們有權製鹽、造鹼、採礦、墾殖、捕魚，並建立軍隊。16世紀中期，沙皇政府渴求獲取西伯利亞的土地與毛皮，乃頒發特許狀，允准這個家族募兵東侵。斯氏家族得到命令後，就招募了五百四十名哥薩克（Cossack）[8]，再加上三百名由沙皇撥交斯特羅干諾夫家族的立陶宛和日耳曼戰俘以及一些俄羅斯軍人，由一個二十多歲名葉馬克（Yermak）的匪徒率領，於1582年的春季越過烏拉山（Ural Mts）向東進發，揭開了帝俄對西伯利亞的軍事征服的序幕。當時生息在這片廣漠土地上的土著民族中並沒有斯拉夫或俄羅斯人，但人口稀少，沒有強大的阻力，所以俄羅斯人終能於1605年完成了西伯利亞西部的征服。

　　17世紀的初期，俄人的勢力仍繼續向西伯利亞的東部推進，可是當他們進入外興安嶺（Outer Khingan Range）北麓的地帶後，就遭遇到很嚴重的困難，因此一地區的氣候嚴寒，物資短缺，尤其是當移民的

8　哥薩克既不是帝俄政府的正規軍隊，也不是保衛地方治安的警察人員，而是逃避帝俄政府殘酷壓迫與農奴制度的亡命之徒所組成的團體，他們集結在邊區或河流地帶，自選領袖，有時從事漁獵，有時搶劫商旅，有時又受僱於大商賈或地方政府，以維生計。自1636年起，就常有散隊的哥薩克之徒竄入黑龍江北岸各支流地區，偶而又把他們的所見所聞，傳播到在勒拿河（Lena R.）中流的雅庫茨克（Yakutsk）城或其他地區去，這才引起那些地區官民廣泛的注意。——作者註

人數日益增多之際，食物更形不足。爲著尋覓適宜於生產糧食的溫暖
地帶，便向南方探索前進，於是就形成俄羅斯向外擴展最重要的一個
階段：發現黑龍江流域，並集結哥薩克之徒入侵。

那個時代俄羅斯人的地理常識很低，他們對中國的存在及黑龍江
的方向一無所知。直到1636年，才有一隊哥薩克從托姆斯克（Tomsk）
到阿爾丹河流域去尋索毛皮一類的產物，他們於1639年在烏爾亞（Ulya）
河口附近遇著若干名通古斯人，從他們的口中得知精奇里河及石勒喀
河一帶的居民都墾地種糧，並以實物相互交易。同年，另一支從葉尼
賽克（Yeniseisk）東去的哥薩克人也傳說石勒喀流域的達呼爾人都飼養
牲畜，耕種田地，尤其重要的是銀、銅、錫等礦物都在該地區被發
現，中國人的棉絲織物及其他本地商品也都可在市集上買得到。這些
消息在剛興起的雅庫茨克城引起了很廣泛的注意，正患糧食不足而又
艷羨豐富物產的俄人均積極準備向南方搜尋道路，要去探險，其中最
先成行的是波雅爾科夫（V. Poyarkov）。波雅爾科夫爲雅庫茨克總管府
一名小職員，他獲得總管的准許，組織了一支探險隊，隊中包括一百
十二名哥薩克、十五名獵人、兩名書記、兩名翻譯、一名嚮導及一名
鐵匠，每人都有一支鎗，並攜帶了一尊砲及其他必要的軍火配備，於
1643年7月啓程，向南方進發。11月初到達阿爾丹及其支流地帶時，爲
冰雪所阻。波氏於是率眾在那裡建築防冬設備，留四十人在那裡過
冬，他自己則帶領著其餘的人繼續由陸路前進。12月抵達奧里克瑪
（Olekma）河口，他們發現那裡的人都耕田飼畜，便指揮他隨從的人入
達呼爾人的村莊求食，村內居民非常友善的接待他們，自動的送給他
們十條牛和四十籃燕麥，波氏及其九十二名隊員猶以爲未足，因又派
了彼特羅夫（Petrof）帶一支人再到一個達呼爾人的莫爾迪基齊
（Moldikichid）村去搜索，該村居民也非常友善的招待他們，自願的去
爲他們服務，然而彼特羅夫卻不善處理，反而扣留他們幾名村長作人
質，以虐刑爲威脅，強求即刻入村搜索食糧，因此激起了村人的憤
怒，便從村內衝出反攻，結果俄人中十名受重傷者被俘，其餘的人敗

退離去，撤到防冬處與波氏等會合。此時正值隆冬，軍糧斷絕，波氏竟令那些在饑寒中的哥薩克人去屠殺附近的土著居民或取他們餓死的同伴屍體，作爲食物充饑[9]。

　　1644年春，波氏才又率領其隊員自防冬處再行出發，從精奇里河到黑龍江流域。此處人口稠密，田野盡闢，但是他們粗野殘忍行爲和吃人肉的惡名都已傳布到土著居民的耳裡，自後沿途居民對他們作警戒的防衛，再無友善的歡迎。他們只有以戰鬥與劫持來勒索食物與供應，1644年到黑龍江口過冬，次年又被迫在烏爾亞河過冬，1646年6月12日才循海岸轉回到雅庫茨城，殘軍只剩下六十人[10]。往返共費了三年的時日，攜帶回去的貂皮四百八十件及俘獲若干名奇勒爾土著，算作俄人首次航行黑龍江的收穫。波雅爾科夫呈遞了一份報告給俄國政府，內中指明黑龍江地區具有毛皮貿易及農業發展的價值頗高，他認爲以三百人的兵力即可降服他所探察了的整個地區。並建議在此區內建造三處碉堡（Ostrogs），每處碉堡可屯駐五十人，以其餘的一百五十人作爲流動部隊，隨時去各地鎮壓拒納貢品的土著居民[11]。

　　西方人評論波雅爾科夫的此次探險，認爲多少有些成就。他撥開了傳說的迷霧而讓事實的真相顯現出來；把黑龍江流域的水道系統之資源作了一個概略的調查，總算是一種貢獻。但是他本人及其隊員在沿途所作所爲，對俄國聲譽的傷害很大，實在是得不償失。中國滿清政府派去收納貢物的官員無論犯何等程度的過失，都決不致像俄國人的不人道行爲那麼嚴重。自後俄國人的虐行都傳播到各部落中去，因此各土著居民更爲依附滿清政府而畏懼俄人[12]。可是俄人後來卻以他們向土著居民強力索取的毛皮作爲向他們效忠之證，這更是對那些無

9 F. A. Golder, *Russian Expansion on the Pacific, 1640-1850* (Gloucester: Peter Smith, reprint of 1914 edition), pp. 26-27.

10 *Ibid.*, pp. 35-37.

11 S. J. Joseph Sebes, *The Jesuits and the Sino-Russian Treaty of Nerchinsk 1689* (Institutumicum S. I., Rome, 1961), pp. 15-17.

12 F. A. Golder, *op. cit.*, p. 37.

辜而友善的土著居民一種不實的誣蔑,何況他們所探察的地區,在中國人生存的世界裡,並非迷霧,而是中國的滿、蒙、漢等屬民早經開發的繁庶之區,怎能因當時俄人對中國地理與政情的無知,就誤指為無所歸屬的荒土而有強行侵占之權?無論如何,在俄人的足跡尚未踏入黑龍江之前,滿清政府已經在那個地區確立了法理上的統治權,史籍中有明確的記載可考,是無法予以否定的。

四、哈巴洛夫之入侵與雅克薩之失守

波雅爾科夫回到雅庫茨克城的時候,當年派他去探察黑龍江流域的總管已經去職,繼任的人對南向探險之事沒有太大的興趣,所以他的建議都沒有得到立即的反響。到了1649年,有一個年輕的富商名叫哈巴洛夫(Yerofei P. Khabarov)者,上書當地總管,願以自費從另一條路進入黑龍江再作一次調查,並允繳納所索取到的貢品給政府以為報酬。此一呈請迅獲批准。同年秋,哈巴洛夫帶領著七十名隊員以及若干名哥薩克和商人自雅庫茨克啓程南行,從奧里克瑪河航行到突節爾斯克(Turgirsk),於是就在當地建造一座碉堡過冬。1650年春,他們乘雪橇抵達黑龍江,但是沿岸居民都聞風逃避他處,然而哈氏及其隨員仍舊到處搜索;終能在一處居民的地窖內發現大量糧食,全部裹載而去。1650年5月,哈氏回雅城請求補給,並報告居住在黑龍江流域的達呼爾人,都從事於農業,江中漁產豐富,沿岸之地多產金屬礦物,森林之中又是各種黑貂皮的出產地。這些有價值的產品都可為沙皇帶來無限量的財富。他並且有把握的說:以六千人的兵力決定可以征服這個地區 [13]。雅城總管非常熱烈的歡迎他,隨即補給他二十一名哥薩克和三尊砲,並且允許他招募獵手和捕獸人。後來他就根據此項允諾收募了一百一十七名投效者。得到了這些裝備,哈氏於是6月迅即返回黑

---

13 *Ibid.*, pp. 38-40.

龍江地帶。1651年初，在雅克薩附近他第一次遭遇到當地居民的抗
拒；達呼爾人奮戰了一整天，終於敗退，雅克薩城遂淪入俄人之手。
雅克薩城係黑龍江中游北岸的交通樞紐，俄人企圖久據，改其名為阿
爾巴津（Albazin），並增建堡壘，留一部分人員固守。哈氏自己又帶領
著大部分人員及幾尊砲再順江而下，所過之處，居民多毀其積蓄而
逃。但當他們到達一個設防的吉瓜托村（Guigudar）時，卻很驚奇的發
現了有一千多人躲藏在那裡，還有五十名滿洲八旗的騎兵駐留該處，
是清朝順治皇帝（1644-1662）派遣來收納貢品的。俄人乘夜進攻，第二
天就把全村攻下。滿洲騎兵並未參戰，據說是上級有命令，嚴禁他們
與俄人武裝衝突，當戰鬥一開始時他們就離村他去[14]。

　　在此一戰鬥中達呼爾人很少逃出，六百六十一個村民慘遭屠殺。
俄國方面只死了四人，四十五人暫時殘廢。他們除強奪積儲外，還劫
占了二百四十三名婦女，一百一十八名兒童，二百三十七匹馬及一百
一十三頭牲口。俄人得勝的次日，滿洲騎兵又回到這個村莊，隨同他
們回來的還有一個穿絲綢長袍帶黑貂皮帽的漢人官員，他正式表明中
國當局希望與俄人友善相處，和睦相待。但俄人方面沒有一句話的回
應[15]。勝利的俄人在那裡享受了所俘獲的人和豐富的物質，六、七個
星期之後，才繼續向黑龍江下游前進。他們風聞精奇里河口有好幾個
村落，於是輕舟疾進，突然到達那些村落時，村民毫無準備，既不能
作戰，又無法逃避，很多人都束手成擒，他們說剛才向中國政府納了
貢，所剩無幾，但仍願盡獻所餘以求釋放。哈氏要他們召集一個村長
大會，結果有三百人出席，代表一千多的村民，應允一切的要求，並
願當場交出人質及六十件黑貂皮，隨後仍當繼續徵集補送。被俘獲者
的家人也被迫繳納四十至一百個盧布的贖金。到了1651年的9月3日，
村內的人忽然全部逃走，所留下的只有人質和老弱的婦女。哈氏受此
打擊，只有拿人質來出氣；有兩個人質慘遭虐刑，百般拷問，直至他

14　*Ibid*., p. 45.

15　E. G. Ravenstein, *op. cit*., p. 18.

們遍體被燒傷而後止 [16]。他們也自度不能再在這個空無所有而又充滿
敵意的氣氛中過多，只得順流而下，沿途以掠奪維生。到了松花江與
烏蘇里江交流之處，才建造了一個防冬之所，再迫使附近小村落的居
民，每天供應他們二百人的生活上一切的需求，日復一日，附近居民
的積憤日深，到了10月初，村民無可再忍，乃從陸地上去攻打俄人的
堡壘，俄人以大砲還擊，有效的擊退了村民，成了完全宰制這一片土
地的霸王，因此日後俄人就把這個兩江之口的城市名爲哈巴洛夫斯克
（Khabarovsk），以紀念他的功績 [17]。但中國人仍舊稱這個城爲伯力。

　　黑龍江兩岸的居民遭受了數年的騷擾之後，只得派遣了若干名年
長的代表去向滿清將軍請求保護，他們的呈文被轉送到北京，順治皇
帝得知此事以後，就派遣寧古塔將軍海色負責防務，驅逐入侵的俄
人。海色將軍所指揮的軍隊配備著弓箭、火鎗及六尊鐵砲，到黑龍江
流域去尋找哈氏一干人的所在，這是中國的官軍第一次與俄國人交
鋒。當時史書上也出現羅刹（指俄人）擾邊的紀錄，惟僅簡單的述說在
烏扎拉村（今共青城附近）的遭遇戰中，中國方面稍失利，未記詳情
[18]。但俄方的記載卻非常詳盡；資料中首先述敘他們於1651年9月底到
達烏扎拉村扎下冬營，到1652年3月24日始發生此一戰役，大概在黎明
前後，滿清兵出現於俄人的堡壘之前，後者此時方在酣睡之中，如果
不是清兵施放火鎗驚醒了他們的敵人，那麼哈氏及其部下可能無人生
還，所幸他即時驚醒，迅作準備。清兵此時已把鎗砲安置就緒，向城
堡放射，堡壘立即被轟毀，他們似有占領堡壘之可能，誰知正在俄人
急迫之際，海色將軍下令清兵，命他們只能生擒那些哥薩克而不能殺
害他們。這是此次戰役中一個大轉捩點；當俄國人了解情況之後，就
決心不讓清兵有生擒他們的機會。在此種場合中結局自屬顯然，因爲

16　F. A. Golder, *op. cit.*, pp. 46-47.

17　Ravenstein, *op. cit.*, pp. 19-20.

18　何秋濤，《朔方備乘》（台北：文海出版社，1964年影印1881年北京
　　版），〈平定羅刹方略〉，卷首5，頁2-5。

一支軍隊既不發彈進攻，又不還擊而能保持其陣地者實在很難。清兵
逐漸被挫，終於撤退，遺棄下兩尊鐵砲、十七支火鎗、八面旗幟、八
百三十匹馬以及大量配備。俄方有十名人員喪命，七十八名受傷。據
當地土著居民告訴俄方的資料：清兵共有六百七十六名喪命。他們雖
然被迫撤退，但他們的戰鬥並非毫無效果，至少自後俄人不敢再貿然
前進，無論何時，如果傳說某地有中國人駐紮，哥薩克即避免與之接
近，土著居民亦堅定了他們抵抗的決心，不再屈服於俄人的威勢[19]。

　　哈巴洛夫恐怕中國方面再度進攻，因而於1652年4月撤離他們的防
多營所，向黑龍江上游退去。他在途中遇見了一百一十七名哥薩克，
並且攜帶著砲、子彈、火藥與給養等物，這都是雅庫茨克總管送來援
助他的。當他們於是年8月駐在精奇里河口的時候，軍營中忽然發生兵
變，三百四十八名隊員中，只有二百一十二人仍願服從哈氏，其餘的
一百三十六人背叛了哈巴洛夫，自向黑龍江下游駛去，還攜去了大批
的劫奪物和徵來的貢品[20]。1653年的9月初，莫斯科派來了一名軍官到
精奇里來，告訴哈氏將有一批軍需補給品運到，惟命令哈氏回莫斯科
去報告有關新獲土地的一切情況。在黑龍江的三百二十名哥薩克則交
由斯德班諾夫（O. Stepanov）接管。哈氏回俄之後，由沙皇予以報酬。
大概帝俄政府已聞知哈氏及哥薩克的暴行，所以從此未再讓哈氏到東
方來了[21]。

五、斯德班諾夫的第三次入侵及其潰敗

　　斯德班諾夫於1653年秋接管哈氏的職務以後，並沒有遵照莫斯科
命令的指示在精奇里河、額爾古納河及雅克薩等三處建造三座碉堡，
而逕自於次年春由黑龍江流域進入松花江口，恰逢此時清帝國的順治

19　F. A. Golder, *op. cit.*, pp. 48-49.

20　S. J. Joseph Sebes, *op. cit.*, pp. 20-21.

21　*Ibid.*, p. 22.

皇帝派遣了一支實力較強的軍隊自寧古塔向北移動，要把重心置於黑龍江流域。斯氏於1654年春季達到松花江時，在途中遇著這支數約三千名的中國軍隊，於是發生激戰，結果俄方的哥薩克不支敗退，當他們溯黑龍江而上的時候，遇著從貝加爾湖（L. Baikal）來的三十名哥薩克，他們便合力在呼瑪爾（Kumara）河口建置碉堡及冬防設備，集結了大約五百名的隊員。可是清軍隨即追蹤而至，此次中國方面的統帥是北京派來的兵部尚書明安達禮。1655年3月，清軍到達呼瑪爾城附近，隨即施行包圍，為時達三星期之久，但終因糧餉不足，未能攻下，僅把碉堡外面的運輸船隻焚燬而退 [22]。清軍的補給線過於遼遠，時常有糧餉不足的情況。再因自從哈巴洛夫侵擾黑龍江流域以來，致使土著居民四處逃避，十室九空，田地也因之荒蕪。同時中國的政府也命令松花江口一帶的居民，焚燬房屋和積儲以免資敵 [23]，當然也造成清軍獲取給養的困難，這都是清方不能根除邊患的重要因素之一。然而此次清軍的退卻究竟是暫時的；1657年，清廷又命鎮守寧古塔的昂邦章京沙爾瑚達再度向俄方進攻，擊敗之於尚堅烏黑。此後斯氏及其部眾的情況似乎極為迫蹙，退集在呼瑪爾過冬，以有限的劫掠品維生。當他們於次年春再航入黑龍江時，又與清方從松花江而來的四百五十艘舟師相遇，此次清軍人數雖然僅有一千五百名左右，但都裝配著或大或小的鎗砲。面對著此一強大敵軍的壓力，斯氏的部眾中有一百八十名驚慌逃走，餘眾在松花與庫爾翰（Kurhan）兩江之間的激戰中被清軍擊潰 [24]，斯氏及其二百七十名部眾中只有四十七名逃去，其餘多被殲滅。少數被擒的則送往北京，安排在城內東北區居住，與1655年在呼瑪爾被俘的俄人住在同一地區，並和中國人互通婚配 [25]。斯氏或在其中，也未可知。

22　F. A. Golder, *op. cit.*, p. 52.

23　何秋濤，《朔方備乘》，卷首5，頁3。

24　同前，卷首5，頁3。

25　F. A. Golder, *op. cit.*, p. 54（footnote 91）。

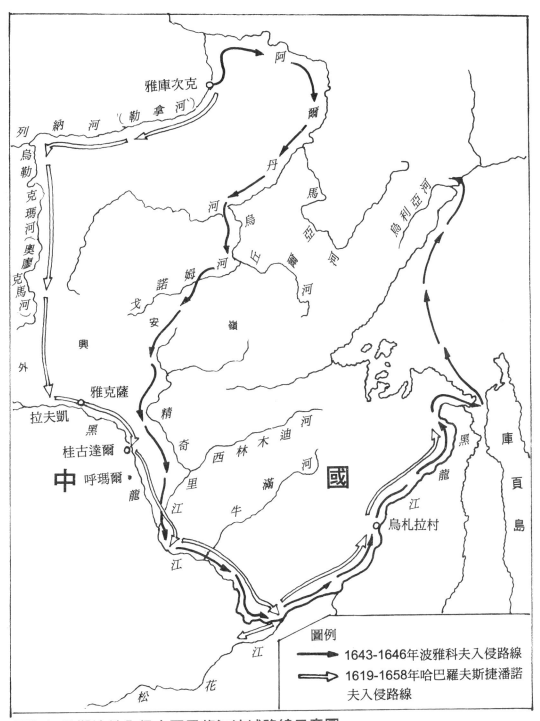

圖2-1 早期沙俄入侵中國黑龍江流域路線示意圖

採自北京中國社會科學院近代史研究所編：《沙俄侵華史》。

　　1658年戰役之後的數年之間，清帝國嚴密的監視黑龍江下游的動
靜，還曾一度派遣七艘帆船巡弋鄂霍茨克(Okhotsk)海，遠達通古斯海
灣(Tougoursk Gulf)，旨在探尋俄人的行動，據聞尚有七十艘停泊在黑
龍江口，察覺水陸兩方都很安靖，清政府認為與俄方的戰亂業已過去，
遂引兵南移，漸次撤退。日後事實證明，此種研判為一大錯誤。事實
上俄人一俟力量稍復，漸漸的又結隊重來，而且較前此更為積極[26]。

　　大約與斯德班諾夫在黑龍江中下游活動的同時，葉尼賽斯克
(Yeniseisk)的總管巴石科夫(Pashkov)也發動了一支人，想從貝加爾湖
之南向黑龍江上游尋求發展。這條路線跨越外興安嶺較易，一過山嶺
就可達黑龍江上游的石勒喀河和額爾古納河。原來在1652年時，巴石
科夫的探險計畫已獲得了俄國政府的批准，他就派遣彼克托夫
(Beketov)帶領一百名哥薩克到黑龍江上游去進行探察。彼克托夫於同
年到達色楞格(Selenga)河口，即在那裏過冬，對那一帶的布里雅特
(Buryats)居民大肆侵擾，隨後又順次東行，沿途向通古斯族人強索貢
品。1654年春，到達因哥達(Ingoda)河，在那裏製作木筏，然後駛入
石勒喀河，即在尼布楚河的對岸，建造了一個碉堡，以為據點。一方
面向居民強索貢品，另方面佔地開墾，種植糧食，作持久之計。因此
引起土著居民的驚恐，不少的人都遷移到額爾古納河的右岸去逃避俄
人的侵擾。有些通古斯人還包圍了彼克托夫的碉堡，奪去他們的馬
匹，甚至還破壞他們的種植物。俄人得不到足夠的糧餉，只得分批駛
向黑龍江的下游，另謀發展。巴石科夫聞訊，並未為之氣餒，更從葉
尼賽斯克繼續遣送些補充人員給彼克托夫。同時向俄國政府建議在石
勒喀河畔築城，作為征服周圍領土之基地。莫斯科不但批准了他的建
議，還任命他為遠征隊的指揮。1656年7月，巴石科夫帶領著五百六十
六名人員自葉尼賽斯克出發，於1658年春季越山而入石勒喀河，隨即
在河口建築涅爾琴斯克城(Nerchinsk)，這就是中國人所稱的尼布楚。

---

26 *Ibid.*, p. 55.

同時他又派三十個人到黑龍江流域去通知斯德班諾夫，表明他所負的任務，要斯氏分遣一百人來幫助他築城，並鼓勵斯氏佔據雅克薩自圖拓展。但此一命令已經太晚，這三十個人在途中遇著斯氏部下一百八十名的逃兵，把他們所護送的給養搶劫一空，他們被迫逃回，交辦任務，一無所成 [27]。

　　此時土著居民已把巴氏在尼布楚築城的一切活動報告清帝國政府，祈求派兵保護。於是清廷就遣寧古塔將軍巴海進兵石勒喀地區，於1660年敗俄人於古法檀村，巴石科夫的部下有不少的人都墜河溺死，清方也有五艘船隻沉沒。巴氏自行西撤，只派了一小支人留守尼布楚城，清方也未追擊 [28]，因此尼布楚城後來就漸漸發展成為俄人重返黑龍江流域的一個重要基地。

六、雅克薩之再度被據及清方的軍事行動

　　自從斯德班諾夫在黑龍江流域及巴石科夫在尼布楚地區失敗以後，雅庫茨克與葉尼賽斯克的總管不再發動任何的探險遠征，黑龍江流域總算享受了十多年的安寧。但是到了1669年，這種局面又為俄方所打破。因為這一年有一個波蘭籍的土匪頭子名切爾尼果夫斯基(N. Chernigovsky)者，帶領著八十四名俄國的亡命之徒再度侵入了黑龍江北岸。切氏因犯罪，在1638年被流放於西伯利亞，他與他屬下的匪徒於1664年謀殺了伊棱姆斯克(Ilimsk)的總管鄂布可夫(Obukov)，官府派人四處緝捕他，他就逃到黑龍江北岸的荒野之地躲避。1666年，他和隨從他的一般匪徒把荒廢的雅克薩城重新建立起來，又徵召了三百名左右的犯法之徒作他的爪牙，四出向土著居民勒索貢品，他儼然成為這一方的主人。又策動索倫部土著居民的酋長根忒木爾(Gantimur)叛背清方，率領部屬，逃入切氏轄地，加入俄國國籍。這一切行為也

27　E. G. Ravenstein, *op. cit.*, pp.34-35, 36.

28　何秋濤，《朔方備乘》，〈國朝北徼用兵將帥傳〉，卷36，頁11-12。

未呈報尼布楚的總管備案。到1671年，尼布楚方面得知以後，就派遣鄂柯爾科夫(I. Okolkov)到雅克薩擔任此一地區的最高指揮官。次年，又遣送一批農民到此一地區來開墾周遭的土地，作久遠之計。同時，他的附從分子中有一百零一人簽名呈請莫斯科當局赦免切氏之罪，以嘉其為俄國再度佔領雅克薩地區之功。所請經俄廷考慮後，先由沙皇發諭旨，宣佈切氏等十七名殺人犯判處死刑。二日後，又頒一「仁慈諭旨」，赦免其罪，並與以賞賜 29。於是這一批非法之徒就名正言順的繼續擴佔此一地區附近的土地，還沿著河岸及各支流的匯合處建築了一連串的碉堡，向各接境的土著居民作無休止的需索 30。

此時中國的朝政也有相當的變化；清室的康熙皇帝已於1662年即位，俄人之再度佔據雅克薩地區立即引起他的注意，惟因當時對南方的用兵尚未告一段落，一切準備均未就緒，所以暫時未作大規模的軍事行動，但在外交方面仍作了一番努力，此點將在下節再行討論。清廷有鑒於過去之未能全部肅清俄人的基本原因，為交通與糧餉的補給等問題。因此康熙皇帝就於1682年派遣副都統郎坦與彭春率領官兵往達呼爾與索倫等部，以捕鹿為名，詳細觀察雅克薩地區的形勢，並研究黑龍江、烏蘇里江與寧古塔的水道交通情況。1683年，命海色為黑龍江將軍，移其總部於璦琿城，命薩布素領兵進駐璦琿一帶。又命戶部尚書伊桑阿赴寧古塔督造戰船 31，當時有很多江南諸省的人士因抗清而流放在東北；因南方人習於水性，所以就在這些被流放的南方人中徵召了幾千人充當水師 32。

1683年，清廷已將諸事準備就緒，中國官兵遂開始把黑龍江下游及其支流各處俄人所築的碉堡予以摧毀，惟獨雅克薩堅守未下。1684年初，清康熙帝仍舊希望以和平手段去解決雙方的爭執，不必訴之於

---

29 E. G. Ravenstein, *op. cit.*, pp. 38-40.

30 S. J. Joseph Sebes, *op. cit.*, p. 24.

31 何秋濤，《朔方備乘》，〈平定羅剎方略〉，卷5，頁14-16。

32 吳振臣，〈寧古塔紀略〉(世楷堂，1876)，見《昭代叢書》，庚集，卷28，冊94，頁4-5。

戰爭,因而派了兩名俄俘送了一封上諭到雅克薩去,以優待條件勸之
歸降,上諭的原文有蒙文與滿文兩種,另附了俄文譯本。當時雅克薩
的俄方的首領是一名哥薩克,他立即召集守兵,向他們宣讀這封上
諭,結果大家都表示願意堅守不降,同時向西伯利亞總督府乞求軍火
的援助。是年6月,俄方派托爾布津(Alexei Tolbusin)爲雅克薩的總
管,他到達以後,立即命令俄人自鄰近的村莊撤出,並且把碉堡周圍
的四十幢房屋摧毀,以清除射線。俄方此時的守兵約有四百五十人,
裝備有三百支火鎗和三尊小型鐵砲。他們每天都期盼著援兵,因爲以
托爾布津支配之下的資源與人力,在清方圍困之中實難持久 33。此時
康熙帝特下上諭,命彭春遵照他以仁心爲治國之本的善意,於攻城之
際不要妄殺羅刹(指俄人),除願降者外,一律遣送他們返俄 34。當
1685年之初,清方部隊已到達雅克薩周圍的五千人,大砲四十尊。彭
春非常慎重,又送了一封附有非常寬大條件的招降書到城內去,此一
招降書是以滿、俄、波蘭三種語言寫就,以便向其屬下宣讀,然而城
內置之不答。彭春於是在1685年6月15日開始攻擊;他自己帶兵從城南
進攻,何祐率領福建台灣兵從東南進攻,所有大砲則集中其火力於城
北。第一日的戰鬥使俄方損失了百餘人。拖延數日,仍未見援軍到
來,在窘迫之中由教士出來率領著居民向總管托爾布津要求投降,托
氏無法挽回情勢,只得允許所請,並向清軍方面洽議投降條件。清軍
將領彭春遵從康熙皇帝的訓示,特予優容,允許自托爾布津以下所有
的哥薩克,都可以攜帶他們的軍器及其他配備與物資回俄。惟其中有
四十人(俄方資料爲二十五人)自願歸降中國。這些降人後來都送往北
京,編入皇家衛隊之內。托氏則率領著其餘的殘軍撤到尼布楚去。清
軍於摧毀雅克薩之後,便全部撤退到璦琿基地去 35。

33 E. G. Ravenstein, *op. cit.*, pp. 46-47.
34 何秋濤,《朔方備乘》,〈國朝北徼用兵將帥傳〉,卷36,頁15-16。
35 國史館編,《清史列傳》(上海:中華書局,1929),見〈郎坦傳〉,
卷10,頁38。

七、俄人的捲土重來與清軍之圍剿

　　中俄雙方撤離雅克薩之後，黑龍江中上游又形成不設防的空虛地帶；托爾布津乘此機會又捲土重來，原來他敗退回尼布楚之際，在途中遇著自葉尼賽斯克派遣來的援軍的先鋒隊，這支援軍由普魯士人拜頓(Beiton)率領，他們在葉城與托爾布津會合，共同帶領著七百三十六人(一說為八百二十六名)又回到雅克薩，在舊堡的廢墟上重建了一座城，四周圍以方形土牆，寬四俄丈，高一俄丈半，其上架設大砲。城堡中建築了火藥庫、軍需倉庫及糧倉，此時他們具有八尊鐵砲、一尊臼砲、四百四十枚手榴彈及相當充足的其他配備，後面還有繼續輸送來的接應品。他們一經配置妥當，就四出收割糧食，採取敵對清方的軍事行動。拜頓又率領三百人竄到呼瑪爾河地區，對中國在該地的駐軍發動偷襲，殺死清軍三十名 [36]。

　　1686年2月，清廷得到薩布素將軍報告俄人復據雅克薩的消息，即於三月派遣薩布素與郎坦再度入黑龍江攻剿，所率軍隊達兩千一百人，分水陸並進，6月，到達雅克薩，施行圍困。鄰近地區的通古斯人都來與清軍合力攻擊，其弓手也發揮相當的戰鬥力。清軍一面扣捕俄人的船隻，一面把郊區種植的糧食都銷毀無遺。7月18日，清軍進抵雅克薩城下，要求俄軍投降，托爾布津不答，於是清軍開始攻城。俄軍多次衝出城外，企圖突圍，都被清軍逐回。並在城外築土壘以困之，斷絕城中水源，以大砲向堡內猛烈轟擊，俄方遭受重創。9月，托爾布津被清軍砲火擊中斃命，其統領職務由拜頓接任，繼續率眾拒抗。不久嚴冬來臨，俄軍困守孤城，飢寒交迫，疾疫流行，死亡枕藉。清軍以箭頭射招降書入城，再度保證俄人之安全撤退，然俄軍仍守拒不降。薩布素將軍得知城中疫病蔓延，亟欲遣送軍醫入城，施行求助，

36　E. G. Ravenstein, *op. cit.*, pp. 48-51.

然亦爲拜頓所拒。至1686年12月，城中俄人只剩下一百五十人，情狀危急，實不可終日[37]。

原來當第二次雅克薩戰役尚在進行之際，清康熙皇帝曾以拉丁文寫了兩封致俄國沙皇的國書，建議兩國舉行和談，分清疆界。在1686年9月，分別委託當時即將離華返歐的荷蘭人使臣及耶穌會士攜往轉交俄國政府。信中首先還提到他以前曾數次去信，均未得回報，其所要求者只不外引渡中國的逋逃之徒及雅克薩俄人的撤退兩項。最後仍希望俄廷予一明白答覆，答書可派專使送到北京或由荷蘭國代轉。在此兩封書信到達俄國之前，俄廷已得悉清軍再度圍攻雅克薩的訊息，恰巧以前康熙皇帝於1684年初對雅克薩城守軍所頒招降書的俄文譯本此時亦輾轉送達俄廷，俄廷也看出中國方面所表示的懷柔態度，同時雅克薩圍困的情形也使俄廷體會出黑龍江流域的情況與西伯利亞的遊牧部落大不相同，自認對東亞地區及中國情況的了解非常淺陋，實在沒有遣送遠征軍到此一遙遠地區的可能。所以在尚未收到康熙皇帝的信件時，俄廷已經決定派遣使臣到中國去議和。1686年9月，先派兩個傳達訊息的使者到北京[38]，這兩名送信的使者是維紐科夫（N. Veniukov）與法沃羅夫（I. Favorov），他們兩人曾於1676年隨從俄國特使尼果賚（Nicholai G. Spathari）到過中國（詳情見下章），此次到北京來，除宣布俄國全權大使即將到達的訊息之外，並代表沙皇向清廷要求解雅克薩之圍。清康熙皇帝立即命親軍侍衛馬武與數名隨員同法沃羅夫到雅克薩去，令薩布素將軍撤圍。清軍遵照上諭，於1686年11月自前線撤退三俄里。1687年5月繼續後撤，至是年8月，中國軍隊全部撤離雅克薩一帶，回到瑷琿及齊齊哈爾[39]。在此休戰期間，還允許俄方軍人得購買一切必需的物資，獲取補給，或自由的離去。此次包圍戰共計延續

37　*Ibid.*, p. 52；《清聖祖實錄》，卷124；《八旗通志》，初集，卷153，頁19；巴赫魯夫著，郭建恒、高文風譯，《哥薩克在黑龍江上》（北京：商務印書館，1975），頁89。

38　《清聖祖實錄》，卷127，頁11；S. J. Joseph Sebes, *op. cit.*, pp. 70-71.

39　《八旗通志》，初集，卷153，頁20；S. J. Joseph Sebes, *op. cit.*, p. 71.

了三個多月[40]。

這兩名俄國傳訊人員隨即又匆匆的帶著清帝的兩封信函回莫斯科去；一封用蒙古文寫的信中只宣示沙皇的函件業經收悉。另一封信是用拉丁文寫的，其中詳細的列舉俄廷於1676年所派遣來華使臣尼果賽倨傲不恭、俄方迄今仍拒絕引渡逋逃犯根忒木爾至清方歸案、及俄人在雅克薩地區騷擾等事實[41]，希望俄方能了解此類的問題之存在而能於此次外交談判中予以解決。

擾攘了四十多年的疆土糾紛及軍事衝突至此暫告平息，雙方都轉向外交談判的途徑，尋求締結一種能滿足雙方需要的和約。

八、俄廷遣使來華之回顧

俄廷此次任命全權大使與清廷議和之前，已曾數度派遣外交使節來華，俄國商隊也曾有進入北京從事貿易之事。根據中俄雙方史籍的記載，第一次到達清廷的俄國正式使臣是巴依科夫（Theodore T. Baikoff），他攜有沙皇亞列克塞（Alexei Mikhailovich, 1646-1676）致順治皇帝的國書。帝俄政府給他的訓令指示他要達成下列數項任務：第一向清帝轉達沙皇問候與友善之誠意，但不得向清帝叩頭。第二表示俄國歡迎中國使節及商人前往俄國。第三秘密調查中國的軍事力量及中俄交通之路程。第四調查中國接待外國使臣之儀節。第五調查中國之民情風習、人口、財政狀況、國家財富等情。巴依科夫先遣阿布林（S. Ablin）到北京去報信，他自己則從額爾齊斯河（Irtysh R.）經蒙古等地，於1656年3月上旬到達北京，受到理藩院的接待。但他不願遵循覲見的儀節，又任意派隨行的商人離開北京，四處作商務活動，使清廷

---

40 E.G. Ravenstein, *op. cit.*, p. 52.

41 康熙皇帝致俄廷信件的英譯全文見John F. Baddeley, *Russia, Mongolia, China*（London: MacMillan, 1919）, Vol. II, pp. 425-427. Ravenstein的書中只譯了一部分，見其書的頁54-56。

官員大爲不悅，因而不允他覲見，惟特許使團買賣中俄貨物後離京，帶回了價值一千六百六十九盧布的各種貨品。臨行前還獲得一封上諭，作爲他抵達北京的憑證。巴依科夫走到張家口時，又遣一隨行人員回返北京，說巴氏願勉行跪拜之禮，請允其返京完成使命，但爲時已晚，朝命難以更改 42。巴氏離開北京時是1656年的9月，1657年的下半年，巴氏一行人才返抵俄京。

俄廷獲得巴氏使命失敗的訊息以後，立即又派佩爾菲利耶夫（Ivan Perfilieff）與前曾來華的阿布林共同率領一個商務使團前往北京；他們於1658年2月自莫斯科啓程，到達北京時爲1660年5月。因爲他們所攜俄廷的國書矜誇不遜，仍舊未獲覲見。可是所給予的招待卻非常隆重，讓他們買賣中俄貨物後，就派官員護送他們出京離去。他們此行除了所攜貨物獲利一倍以上而外，還收到康熙皇帝所賜綢緞二十五幅、海狸皮三張、雪豹皮三張、絲絨三幅、海豹皮三張和若干數量的茶葉。他們在北京把上述禮物中的一部分綢緞和全部茶葉賣掉，用所得價款買了三百五十二顆藍寶石和紅寶石及其他物品後 43，於1662年11月回到莫斯科，將帶回的全部物品交付給帝俄政府的財務機關。

很明顯的，俄廷必定已經察覺：外交使節的挫折並未減少他們在貿易方面所能獲取的厚利。因而帝俄政府又於1668年派遣前曾兩度來華的阿布林率領一個商隊到北京進行貿易，所運毛皮等類貨物總值四千五百盧布，大半在北京售出，得銀一萬一千五百多兩（當時一兩白銀相當於一盧布），然後又以此款購買中國貨物赴俄銷售，共得價款一萬八千七百多盧布，獲利達三倍以上。這種厚利，多半是由於清廷對俄商的免稅政策所助成的，可是當時清廷的大臣卻始終未能察覺此一隱

42 蔣良騏，《東華錄》（台北：文海出版社，1963年影印1884年上海王氏活字版），〈順治朝〉，卷5，頁26；J. Baddeley, op. cit., Vol. II, p. 153.

43 Gaston Cahen, transl. W. Scheldon Ridge, Some Early Russo-Chinese Relations（Shanghai: The National Review Office, 1914), pp. 33-35；Bantysh-Kamensky著，中國人民大學俄語教研究譯，《俄中兩國外交文獻匯編，1619-1792》（北京：商務印書館，1982），頁25-28.

患的存在而有所補救。

17世紀的60年代，正是俄匪徒切爾尼果夫斯基再度竊據雅克薩之時日，同時又有通古斯族領主根忒木爾投俄等類衝突事件陸續發生於黑龍江地帶，使清廷非常不滿。1670年春，康熙皇帝命令寧古塔將軍巴海派員赴尼布楚遞交文書，對俄方侵擾黑龍江地區事提出質詢，要求俄方派人到北京商談，解決兩國間的一切糾紛問題。尼布楚的總管阿爾興斯基（Daniel Archinsky）應邀於1670年4月19日指派米洛凡諾夫（Ignatii Milovanov）率領十名哥薩克軍役人員前往北京，並寫一公文，指示米氏向清廷表明下列四個要點：第一，無沙皇命令他們不敢遣根忒木爾返回清方。第二，雅克薩附近土著居民殺死俄方軍役人員，因而哥薩克才去討伐。第三，要求在中國境內允許俄人自由通商。第四，建議中國皇帝向俄國沙皇進貢，請其保護。同年夏，他們經由額爾古納河及熱河等地到達北京。根據巴甫洛夫斯基（Pavlovsky）所著《中俄關係》一書中的記載；由於米洛凡諾夫的機變，對清廷官員並未提到公文中第四點的內容，並且通過蒙古籍的翻譯人員，把公文改譯成爲呈文的格式。還向理藩院表明他也願遵行清廷所要求的跪拜禮，因此不但受到清廷盛情的款待，還意外的得到康熙皇帝的親自接見，又賜給他們每人若干衣帽及綢緞等禮物。8月，清廷派遣官員孟格德與三十名士兵護送他們返回尼布楚，把康熙皇帝致沙皇的一封國書及多種禮品面交阿爾興斯基，重申和平解決邊境問題的願望；要求俄方送回根忒木爾，制止羅刹侵略中國領土與殘暴中國屬民。尼布楚總管阿爾興斯基也表示決不許切爾尼果夫斯基等再恣意妄爲[44]。

康熙皇帝的國書被傳送到莫斯科以後，俄廷並沒有立即作任何積極的反應。到1675年2月，沙皇阿列克塞才派遣一位名尼果賽（Nicholai G. Spathari）以大使名義出使中國。尼氏本爲希臘人而在摩爾達維亞

44 Michael V. Pavlovsky, *Chinese-Russian Relations* （New York: The Philosophical Library, 1949）, pp. 140-141；J. Baddeley, *op. cit.*, Vol. II. pp. 197, 202.

(Moldavia)的宮廷服務，後來又轉到莫斯科任外交方面的譯員。紀錄中稱他學識淵博，長於外交。不過從他出使中國的作爲來看，他的外交技術並不高明。沙皇發給他的國書中主要目的爲尋求中俄和睦相處之道及中俄間最捷便的通商路由，對康熙皇帝前幾年送來的國書中所言，沒有任何答覆。尼氏率領一百六十名隨從人員，於1675年3月由莫斯科出發，於1676年2月始抵達東北的嫩江，先派遣數年前曾經來華的米洛凡諾夫到北京報信，清廷得知後特派禮部侍郎馬喇前往迎接，3月12日和尼果賴會晤，詢問他有關停止侵略、交還根忒木爾及俄廷此次國書的內容等情，尼氏態度倨傲，說俄方並不知道中國國書內容爲何，也拒不透露俄方國書的大意。但清廷並無意將他們逐出國境，仍讓他們繼續進京的行程，5月下旬行抵北京，受到理藩院尙書和耶穌會士南懷仁（Ferdinand Verbiest，1623-1688）神父的歡迎。然而尼氏頑強如故，拒絕將國書交理藩院先行翻譯。雙方會議談判二十多次，最後清廷大臣同意，讓尼氏把俄方的國書和禮品分別放置在午門內的兩張黃綾案上，不必行跪拜禮。6月16日，尼氏依清廷排定日程，隨清廷大臣們及南懷仁神父同去皇宮大殿覲見年方二十三歲的康熙皇帝，當時鐘鼓齊鳴，氣氛嚴肅，尼氏終於隨群臣向御座上的康熙行了三跪九叩禮，但他事後仍向清廷大臣抗議要他在大殿前向不知是誰的人叩頭，爲什麼中國皇帝沒有問候俄國沙皇？

　　清帝曾五次賜宴使臣及其隨員，兩次召使臣赴宮中的御宴，席間康熙皇帝與尼氏從容談論；先問沙皇安好及其年齡，執政多久？再問使臣年齡，並問他曾否學過哲學、數學、三角及天文？信什麼宗教？等等。8月13日，召尼氏赴宮中接收清帝賜給沙皇及使臣們的禮品，因爲尼氏不願行跪拜禮，所以未舉行任何儀式，致使清廷大臣很不高興。尼氏及其隨員一整天都忙著接收禮品，無暇吃飯，也沒喝一口水，更感到異常屈辱。這種情形，自然會影響雙方官員談判時的情緒。

　　因爲尼氏早在6月18日即曾按照沙皇的訓令，向清廷遞交了一份照會，提出十二項要求，包括催促清方釋放以前俘擄的哥薩克之徒；清

廷應派遣使團攜帶寶石、金銀、綢緞等物品赴俄報聘；中國每年應向
俄輸出若干數量的白銀及各種寶石；中俄兩國商人得自由來往於雙方
國境並進行貿易等主要項目。可是對於清廷多次向俄方提出的停止侵
略及引渡根忒木爾的要求，則置之不理。及至尼氏收受清帝所賜的禮
品後，就一再要求對他提出的十二項條款給予答覆。於是清廷通知尼
氏：因為尼氏一再抗命，不遵中國朝廷的禮節，同時俄廷對中國方面
以前多次給我方國書中的要求均未得到回答，因此中國皇帝不再寫國
書答覆沙皇。理藩院更進一步的告知尼氏：今後除非俄方能遵行清方
以前所提出的條件，否則不願再收納俄方的公文、使節和商人。如果
將來俄國再遣使來華，就必須派遣一個通情明理的人；居住在邊疆的
俄人應安分守己，不可再侵擾中國屬民。尼氏請求給他一份公文，
以便他回返俄廷復命，清廷考量之後，就應允南懷仁神父以私人名義
寫了一封拉丁文的信給俄國沙皇，說明尼氏在華完成他出使任務的情
況 [45]。

　　8月底，清廷決定命尼氏離京返俄。9月1日，尼氏及其隨從人員被
迫分乘六十輛大車啟行，仍舊派馬喇護送。當他路過尼布楚時，曾依
從清廷的指示，試圖說服當地的總管，要約束雅克薩地區的俄人，不
要再闖入黑龍江及精奇里河等流域；更不要再向精奇里河沿岸的通古
斯人強收貢物 [46]。

　　他們一行到達色楞靳斯克（Selenginsk）的時候已是11月初，於是就
停留在那裡避寒過冬，到次年5月3日才再度啟程，同月16日到達伊爾
庫茨克，6月7日抵葉尼賽斯克。1678年1月5日回到莫斯科，這距離
1675年3月4日出使之時已將近3年，費了不少的財力與人力，結果出使
目的並未達成。不過尼氏還是得到了一些意外的收穫；當他停留在北
京時，曾藉南懷仁神父的協助，探明了許多有關康熙皇帝對俄國外交
政策的消息，並且還收受了南懷仁自己所繪製的世界地圖（坤輿全

45　Bantysh-Kamensky, *op. cit.*, p. 51.
46　S. J. Joseph Sebes, *op. cit.*, p. 67.

圖）。這使他對當時清廷及中國的一般情況都得到相當程度的瞭解。他
返俄以後，除向俄廷提出一份出使中國期間的使團公務日誌外，又向
外務衙門呈交了一本書，內中詳細描述由托博爾斯克到中國邊界沿途
的山嶺、河流、城市、居民生活的各種狀況。還向沙皇建議在額爾古
納河一帶建築碉堡，以作制服那一地區土著人民的兵力集結之處 [47]。
由此可以看出俄廷派遣使節來華的真正目的是尋求侵蝕中國疆土最便
利的基地，只是這種企圖當時還隱蔽在擴大來華貿易的要求之下，未
在正式外交文件中顯露出來而已。

　　尼氏向尼布楚當局轉達清方消除邊區騷亂之意，並未得到應有的
重視。黑龍江流域的情況毫未改善，雅克薩的俄人還於1681年在額爾
古納河與精奇里河及其支流地區建築了幾座碉堡，更造成對中國獵人
與行商的嚴重騷擾。清方曾於1681與1682年兩次送信到尼布楚，要求
派人舉行會商，又寫信到雅克薩去，指控他們對該區居民的暴行，希
望他們自動撤退返俄。再當俄人落入清方陣營時，均被優容款待之後
遣回俄方，以傳達善意的訊息。但都未得到任何滿意的回應 [48]。康熙
皇帝察覺到善意的外交實無法制止俄人在邊疆的暴亂時，乃決計以武
力使之就範，因而才發生1683-1685及1686-1687年的兩次軍事行動。
直到1686年9月，俄廷派遣戈洛文為全權大使與中國議和的消息才傳到
北京。1687年8月，清軍遵照上諭，自前線撤軍。詳情已見前節。

九、俄清雙方遣使議和及其訓令

　　為著停止在黑龍江沿岸的敵對行動而與中國議和，俄廷派遣費要
多羅、亞、戈洛文（Theodore A. Golovin）為全權大使，到中俄邊境舉
行談判。當時俄國的朝政並不穩定；皇室由伊凡五世（Ivan V, 1682-
1696）任第一沙皇，其異母弟彼得一世（Peter I, 1682-1725）任第二沙

47　J. F. Baddeley, *op. cit.*, Vol. II, p. 337.

48　F. A. Golder, *op. cit.*, pp. 56-57.

皇。因爲他們兄弟二人當時均未成年，所以由伊凡五世之姊索菲亞
（Sophia, Regent 1682-1689）公主攝政。此項任命是經朝廷重臣商討後
再由索菲亞派遣的。戈洛文是托博爾斯克總管之子，對朝政相當熟
悉。他的兩個重要助手是尼布楚總管佛拉索夫（Ivan Vlasoff）和葉尼賽
斯克教會的長老柯爾尼茨科依（Simeon Kornitskoi）。他們對西伯利亞的
情況也非常淸楚。此外隨從人員爲五位貴族，一名翻譯，三名書記。
俄廷於1686年頒發了兩次訓令給戈洛文，第一次訓令指示中俄兩國邊
疆應以黑龍江爲界，如果此一提議被拒，即爭取以黑龍江的支流貝斯
特拉（Bystra）河（即牛滿河）或精奇里河爲界。如果此一讓步仍不能得
到中國的同意，就要求以雅克薩爲界，但俄人在黑龍江、貝斯特拉河
及精奇里河沿岸應有漁獵場。關於商務方面，第一要察訪鄂畢河（Ob
R.）、額爾齊斯河（Irtysh R.）及色楞格河（Selenga R.）通達中國的道路情
況；第二要求兩國的進出口貿易雙方應有官方正規的管理；第三應盡
力勸使中國皇帝派遣大使赴莫斯科，並促使中國商人把中國的純銀、
寶石、天鵝絨、白色與黃色絲織品以及其他珍貴貨品盡量行銷於俄
國。最後還叫戈洛文設法與外蒙古的王公相籠絡，以藉其助力加強使
團的聲勢。爲達此目的，應不惜贈送任何禮品[49]。

　　1686年1月26日，大使一行乘五輛馬車從莫斯科出發，由三名校官
和五名尉官率領五百零六名莫斯科火槍兵隨行護衛。此外，還派了十
二名軍官赴西伯利亞諸城，增募了哥薩克兵一千四百餘名，加入護衛
行列。9月底，行抵葉尼賽斯克附近，停留過多。1687年5月15日，再
度啓行。9月下旬抵達烏丁斯克（Udinsk）的時候，又接到俄廷的第二次
訓令，命令他們在力爭以雅克薩爲界而仍被拒的時候，俄方就提議兩
國均不在雅克薩設堡、駐軍和移民。俄軍可撤出雅克薩，但俄國人得
在其附近及牛滿河、精奇里河一帶漁獵。除非萬不得已，應極力避免
戰爭。即或交涉失敗，也應向中國方面提議雙方再次派使臣重新協

---

49 *Ibid.*, pp. 69-71.

商，以避免破裂[50]。

10月25日，戈洛文到達外蒙古邊境的色楞靳斯克（Selenginsk）。11月19日，派了一名參贊送一封信到中國邊境去報告他的行程，並向清廷建議以色楞靳斯克爲談判地點，以便雙方進行會議。清廷在得知戈洛文達到色楞靳斯克的通報而後，康熙皇帝就立即採取行動，於1688年4月決定任命全權大使，準備與戈洛文會談。使團的成員包括內大臣索額圖，都統公佟國綱，左都御史馬齊，護軍統領馬喇、理藩院尙書阿爾尼，漢人秘書二人，一名張鵬翮，一名錢良擇。另有兩位西洋傳教士隨行，擔任翻譯，一名張誠（Jean Francis Gerbillon），法人；一名徐日昇（Thomas Pereyra），葡萄牙人。並且率領八旗前鋒兵二百，護軍四百，火器營兵二百一同前往。

索額圖啓行前，康熙皇帝頒發訓令，指示談判方針：

> 羅刹侵我邊境，交戰於黑龍、松花、呼瑪爾諸江，據我屬民所居尼布楚、雅克薩地方，收納我逃人根忒木兒等，及我兵築城黑龍江，兩次進剿雅克薩，攻圍其城，其黑龍江之地，最爲扼要。……環江左右，均係我屬鄂倫春、奇勒爾、畢喇爾等人民及赫哲、飛牙喀所居之地，若不取之，邊民終不獲安。朕以爲尼布楚、雅克薩、黑龍江上下及通此江之一河一溪，皆我所屬之地，不可少棄之於鄂羅斯。我之逃人根忒木兒等三佐領，及續逃一、二人，悉應向彼索還。如鄂羅斯遵諭而行，即歸彼逃人及我大兵所俘獲招撫者，與之劃定疆界，准其通使貿易。否則爾等即還，不便更與彼議和矣[51]。

1688年5月30日，中國使團自北京啓程，出居庸關北行，通過蒙古，7月下旬到達克魯倫河附近，爲噶爾丹部叛軍所阻。因當時厄魯特的準噶爾部正東侵喀爾喀（即外蒙古地區），發生戰爭，道路阻斷，無法通過。當康熙皇帝得到報告後，就立即召回使團，另方面通知戈洛

50　*Ibid.*, pp. 73-73.
51　《清聖祖實錄》，卷134，頁3；卷135，頁15。

文，同意改在尼布楚舉行談判。此次使團成員略有更動，阿爾尼與馬齊均未前往，而新任命加入的有黑龍江將軍薩布素、都統郎坦、都統班達爾善，及理藩院侍郎溫達。使團第二度離開北京的前夕，康熙皇帝特頒發最後訓令：

> 今以尼布楚爲界，必不與俄羅斯，則彼遣使貿易無棲托之所，勢難相通。爾等初議時仍當以尼布楚爲界，彼使者若懇求尼布楚，可即以額爾古納河爲界 [52]。

1689年6月13日，中國使團再度自北京啓程，出古北口北行，7月底，到達尼布楚附近，在石勒喀河南岸扎營，隨同到達的侍衛軍隊共有八千多人，還有一支砲艇、三千至四千頭駱駝和一萬五千多匹的馬。俄方大使戈洛文遲至8月19日始到尼布楚，雙方隨即進行磋商，20日達成協議：會議定於22日舉行，地點在尼布楚城與河岸之間，臨時搭設帳篷作爲會場 [53]。

細察中俄雙方的訓令；第一次兩方面的要求距離相差很遠。第二次訓令，雙方不約而同的作了相當重要的讓步，因爲俄清兩國當時都有困難問題的存在，俄國在黑海北岸的擴張戰爭，正被土耳其擊敗，實無足夠的人力與物力到遠東去與中國爭鋒。而中國西部則有準噶爾的崛起，一再東侵喀爾喀蒙古地帶，清廷數度派兵征討，長城以北，戰火綿延不斷，也急需與俄締訂和約，以確保東北的邊疆，免受蒙古情勢動盪的影響。雙方在內部的壓力之下，俄方才願放棄雅克薩，清方的康熙皇帝也願放棄尼布楚，兩方的要求距離於是拉近，大大的減輕了兩國使臣們在談判上的困難。

十、尼布楚談判的經過

1689年8月22日，中俄兩國使臣舉行第一次會議。當日清晨，中國

52　同前，卷140，頁30。

53　E. G. Ravenstein, *op. cit.*, p. 58.

使團率領四十名高級官員及七百六十名士兵渡過石勒喀河前往赴會。依照雙方的約定，雙方使節只能帶二百六十名士兵入場侍衛，其餘五百名則安排在會場外的周圍。俄國使臣也同樣帶了相等數量的軍官與士兵入場，而留其餘的士兵於場外。除了劍、腰刀而外，其他任何武器均不准攜入帳內[54]。清方一切均照協議辦理，但俄方卻違反協議，其隨行衛兵除帶腰刀外，還暗中攜帶手雷[55]。

　　會議開始後，戈洛文首先發言，他說兩國間的軍事衝突是由中國方面侵犯沙皇國界所引起，所以江左應屬俄以恢復戰前狀態。清朝首席使臣索額圖立即予以反駁，他說戰爭實係俄方哥薩克人在沿江流域肆行掠奪、搶劫及虐待臣服於清帝國之土著居民等暴行所引發，中國皇帝被迫始遣軍以抗俄人之入侵。並更進一步的指責托爾布津於1685年違反停戰投降的協議，再度入侵雅克薩，因而中國皇帝又再度被迫派兵包圍雅克薩。後來得到俄方全權大使到達的訊息，中國方面才自願解雅克薩之圍，舉行和談。但這並不表示中國有放棄雅克薩及週圍地區之意，因為雅克薩及達呼爾地區一直是中國的領土。戈洛夫卻以達呼爾人曾進貢黑貂皮於沙皇為據，提出以黑龍江為國界的要求。索額圖駁稱俄人在雅克薩附近地區定居只是不久以前的事，俄羅斯從未實際佔領黑龍江流域。即以貝加爾湖以東的領土而論，亦全係中國藩屬蒙古汗之轄區，以此為據，俄國應該將雅克薩、尼布楚、色楞靳斯克及其附近地區歸還中國。否則中國將再度進攻雅克薩。戈洛文非常憤怒的說：「和議桌上不應以戰爭相威脅；如果中國真欲從事戰爭，請即宣戰」。於是第一次會議就此終場[56]。

　　第二次會議依照計畫於次日繼續舉行，戈洛文首先聲言：清廷代

---

54 *Ibid.*, pp. 58-60.

55 Hsuan-ming Liu, "Russo-Chinese Relations up to the Treaty of Nerchinsk", *The Chinese Social and Political Science Review*, No. 23（1940）, pp. 416-418.

56 *Ibid.*, p. 418.

表團昨天既然主張某些領土應該隸屬於中國，就應進一步明言這些地區的實際範圍。索額圖為了使談判能迅速達成協議，即遵照康熙皇帝的第二次訓示，減低了前一日的要求，允許俄國保有色楞斯克和尼布楚，以便作為對華貿易的場所。惟雅克薩則當歸屬中國。戈洛文認為此一提議不值一笑，因此兩地區之應屬俄國，乃無可爭議之事，仍舊堅持以黑龍江為界的主張，後來又提出以貝斯特拉河和精奇里河界的建議，爭論多時，毫無進展，第二次會議終於不歡而散 57。

因為戈洛文堅持他原來的提議，致會議陷於停頓。自8月24日到9月7日兩個星期之間，雙方代表未曾舉行會議。據俄方的記載：是清方的全部軍隊先動員起來包圍了尼布楚城；又慫恿週圍郊野的土著部族放棄了俄國國籍，遷到中國方面去游牧，與清軍匯合在一起。清方的資料則強調索額圖仍本著清帝和平訓示的原則，希望能早日完成談判與締約的任務，所以仍然通過譯員繼續進行商談。恰巧二十五日俄方派遺名貝洛博茨基（Andrew Belobodsky）的譯員到清使處所，表示願意簽訂前兩次的會議紀錄，索額圖乘此就允許張誠與徐日昇兩位教士以私人資格前往俄方營帳，詢問戈洛文的確切意向，他們進一步明告戈洛文，清廷使團所得訓令：除非中國確保雅克薩及其附近的領土，清廷代表團絕不能與俄立約。可是在雅克薩與尼布楚之間廣大土地的劃分，則仍願與俄方代表團商討，請俄方詳為計議。並強調清方確有和平的誠意，必將竭盡一切努力來促進談判的完成 58。

26日晨，俄方派傳信人到清方營帳來詢問中國方面最後的決定。清方使團指出地圖上的格爾必齊（Gorbitsa，張誠的法文日記中為Kerbechi）河及外興安嶺山脈可畫一線，河西及山嶺以北之土地歸屬俄國，河東及山嶺以南的土地歸屬中國。又指明自格爾必齊河以上的地區則應以額爾古納（Argun,張誠日記中為Ergone）河為界，河的東南岸之土地仍歸中國，河之西北岸的土地則歸俄國。俄方傳信人持此資料

---

57 *Ibid,*. p. 418.

58 E.G. Ravenstein, *op. cit.*, p. 60.

與訊息離去後，清方又派遣兩位教士到俄方去詢問他們的最後決定，並提議進一步劃清外蒙古與俄國的邊界。但戈洛文以未曾得到沙皇政府對此事的訓令為由，拒絕討論外蒙古的邊界問題。俄方又要求住在額爾古納河東南岸的俄人得以搬回俄境。此兩點清方均予以同意。然而俄方忽又提出一個反建議：自格爾必齊河源頭至黑龍江口劃為邊界；界南歸屬中國，界北土地則屬俄國。兩位教士當面斥責戈洛夫節外生枝，罔顧信義。原來兩位教士於25日前往俄方幹旋之時，即曾對戈洛文鄭重明言：除非俄方同意撤出雅克薩及其鄰近地區，則實無繼續談判之必要[59]。

兩位教士隨即返回清方營帳向使團報告俄方盡反前議的事實。使節團於是在尼布楚和雅克薩地區加強部署，以防止俄方的突然襲擊。並派人去鼓動附近的蒙古人起來反抗俄人。但對俄方解釋：兵馬移動乃為取得水草之方便。俄方亦積極加強其禦防的力量，建造尼布楚城區的戰備工事。實際上雙方都沒有認真的想從事戰爭，到27日的傍晚及次日的上午，戈洛文就連續兩次派譯員來見清方使臣，反覆磋商，同意撤出雅克薩，但以夷平該城為條件，也同意以額爾古納河為兩國邊界之一部，卻堅持住在河東的俄人仍受俄國的保護。為了解決一些次要的爭端，清方就派遣張誠神父到俄方去見戈洛夫，提出界約的初步條款[60]。

但到劃定界線之時，又發生新的難題，原來雙方既然商訂，由格爾必齊河向東北，沿外興安嶺以至於海作為兩國邊界，但外興安嶺在烏第河（Ud River）流域分為南北兩支：南支是烏第河與黑龍江之間的分水嶺，先折向西南，繞過烏第河源，折而向東，但未達海濱即趨 平衍；北支是烏第河與勒那河之間的分水嶺，稱諾斯（Nosse）山，東向直

---

59 Father Gerbillon's Diary, in Fu-Kuang Chen, "Sino-Russian Relations Since 1689", *The Chinese Social and Political Science Review*, 10(1926), pp. 502-503.

60 E.G. Ravenstein, *op. cit.*, p.61.

達海濱。烏第河灌漑之區，原爲中國管轄的領土，1407年(明永樂5年)
曾在此設立了兀的(烏第)河衛所 [61]。因此，清方使節團認定的邊界
線，是指直達海濱的北支。由於烏第河流域盛產上等貂皮，沿海漁產
又極豐富，俄方堅不同意，於9月2日送交清方一封書面抗議，宣稱決
不能放棄伸展到諾斯山麓的領土。清方代表舉出中國在黑龍江口以北
設有五處城鎮之證據，聲明不能讓予俄國。9月6日，俄方又提出新的
修正草案，建議烏第河與接近黑龍江的山嶺之間所有入海河流及其間
一切土地，暫不分界。留待將來再行議定。當時張誠神父從旁調停，
勸清方代表不必堅持，清方代表爲從速完成和談，因此即時表示接
收，和約的原則就此確定。又經過詳細磋商以後，始把約文草就。雙
方協議，訂於9月7日正式簽字 [62]。

十一、尼布楚條約之簽訂

公元1689年9月7日，俄曆7197年8月27日，中國清康熙28年7月24
日，中俄尼布楚條約經雙方大使簽字，兩國間第一個條約正式成立。

當天上午，雙方還派員到尼布楚城就簽約程序和儀式等問題進行
磋商，討論了很久才作最後決定。下午六時，中俄使團進入會場，會
中先由雙方譯員朗讀拉丁文本約文，經過仔細核對，證明與雙方所協
議的條款相符，然後兩國全權大使分別進行簽字手續；事前雙方商定
各準備拉丁文本一份，俄方準備俄文本一份，清方準備滿文本一份。
俄國大使在自己準備的拉丁文本和俄文本上簽字用印，中國大使在自
己準備的拉丁文本和滿文本上簽字用印，接著雙方又在對方的拉丁文
本上簽字用印。簽署後雙方使臣全體起立，各持約本以兩國君主名義
宣誓，清方使臣並且遵照康熙皇帝的訓令，以基督教儀式，祈求全能
的上帝，監視他們守約的誠意。然後雙方交換了約本，兩國大使相互

61　《明太宗永樂實錄》，卷48。
62　Thomas Pereyra's Diary, in S.J. Joseph Sebes, *op. cit.*, pp. 269-273.

擁抱，並鳴砲舉杯，彼此祝賀，典禮在十分友好的氣氛中完成。

尼布楚條約是中國第一次與一個歐洲國家正式簽訂的條約，約文共分六條，其內容如下：

1.以流入黑龍江之綽爾納河，即韃靼語所稱烏倫穆河附近之格爾必齊河為兩國之界。格爾必齊河發源處為石大興安嶺，此嶺直達於海，亦為兩國之界：凡嶺南一帶土地及流入黑龍江大小諸川，應歸中國管轄；其嶺北一帶土地及川流，應歸俄國管轄。惟界於興安嶺與烏第河之間諸川流及土地應如何分劃，今尚未決，此事須待兩國使臣各歸本國，詳細查明之後，或遣專使，或用文牘，始能定之。又流入黑龍江之額爾古納河亦為兩國之界：河以南諸地，盡屬中國，河以北諸地，盡屬俄國。凡在額爾古納河南岸之墨爾勒克河口諸房舍，應悉遷移於北岸。

2.俄人在雅克薩所建城障，應即盡行除毀。俄民之居此者，應悉帶其衣物用品，盡數遷入俄境。

兩國獵戶人等，不論因何事故，不得擅越已定邊界。若有一二下賤之人，或因捕獵，或因盜竊，擅自越界者，立即械繫，遣送各該國境內官吏，審知案情，當即依法處罰。若十數人越境相聚，或持械捕獵，或殺人劫略，並須報聞兩國皇帝，依罪處以死刑。既不以少數人民犯禁而備戰，更不以是而至流血。

3.此約訂定以前所有一切事情，永作罷論。自兩國和好已定之日起，嗣後有逃亡者，各不收納，並應械繫遣還。（此時根忒木爾已死於俄境，故清使團未再提及此事）

4.現在俄民之在中國或華民之在俄國者，悉聽如舊。

5.自和約已定之日起，凡兩國人民持有護照者，俱得過界來往，並許其貿易互市。

6.和好已定，兩國永敦睦誼，自來邊境一切爭執既已如此結束，倘各嚴守約章，爭端自無從而起。

此約將以滿文、漢文、俄文、拉丁文刊之於石，置於兩國邊界，

以作永久界碑 63。

　　俄國使團對尼布楚條約的簽訂表現出極為高興的態度,換約程序
完成以後,他們以音樂與美酒招待中國使團,並懇留中國使團多住一
天再回北京。雙方交談至深夜,索額圖等始起身告辭,俄方全體使臣
送中國使臣了一段路,然後才擁抱分別。次日,戈洛文又派員向清朝
使臣贈送貂皮、猞猁皮、自鳴鐘、銀壺、銀杯等禮品,以紀念雙方在
談判時間建立的真摯友誼 64。同一天,戈洛文還特別邀請了張誠和徐
日昇兩位教士到尼布楚城內作客,給予他們極為親切的招待,並感謝
他們在談判中所提供的有益的協助 65。從這些當時實況的記述可以看
出,不僅戈洛文的外交才能遠優於在1676年使華的尼果賽,而且他也
確以此次談判能為俄國獲得最佳利益感到滿足。

　　最值得注意的一點是尼布楚條約並沒有官方的漢文約本。到了嘉
慶時期(1796-1820),《黑龍江外紀》一書的作者西清才依據滿文約本
譯為漢文,何秋濤所著《朔方備乘》中的漢文本即係根據西清的翻
譯,不過文字稍有出入。上海海關總稅務司所編纂而於1908年出版的
Treaties, Conventions, etc., between China and Foreign States 第一冊內英
文的約本係譯自俄文。F. A. Golder所著*Russian Expansion on the Pacific
1640-1850* 一書中的英譯則係根據張誠神父的日記中所載法文轉譯而
來,所以兩者的內容不甚相符,惟依雙方規定:日後對約中文字有任
何異議,當以拉丁文本為權威約本,而拉丁文本是張誠與徐日昇兩位
教士繕寫的,又經過雙方的核對,其中文字不應再有錯誤。

　　尼布楚條約的全部約文雖然簡短,但實際上卻產生了非常良好的
效果;中俄兩大帝國,都藉此達到了他們所期望的目標,大清帝國確

63　西清《黑龍江外紀》,卷1,頁13-14,見王錫祺編,《小方壺齋輿地叢
　　鈔》(上海:居易堂,1877-1897),第一集,第六帙。

64　S. J. Joseph Sebes, *op. cit.*, pp. 281;287;齊赫文斯基主編,《十七世紀俄
　　中關係文件集》,卷2,頁600,錄自中國社會科學院近代史研究所,
　　《沙俄侵華史》,卷1,頁209。

65　S. J. Joseph Sebes, *op. cit.*, p. 289.

定了額爾古納河、格爾必齊河及外興安嶺至海的國界，從法律上肯定
了黑龍江和烏蘇里江流域的廣大地區是中國的領土。中國也收回了被
俄國哥薩克和一般亡命之徒侵佔的一部分領土，制止了帝俄對黑龍江
流域進一步的侵略。俄國雖然侵略黑龍江流域為非法，卻能通過此次
條約把大清帝國所讓予的貝加爾湖東南岸以至尼布楚一帶廣大地區正
式納入版圖，並獲得了重大的通商之利。大清帝國雖然讓予俄國若干
領土及免稅貿易，但確保了東北邊疆一百七十年的繁庶與安寧 66。

十二、締約後的邊疆實況

尼布楚條約簽訂以後，索額圖一行於1689年9月9日自尼布楚的南
岸拔帳啓程回返北京。10日，戈洛文派人分別通知雅克薩與額爾古納
堡的俄國軍役人員，命令他們拆毀雅克薩城；把額爾古納河東的碉堡
遷到西岸；修建尼布楚的城堡；增強該城的軍備；稍後還要建造烏丁
斯克的堡壘。直到10月下旬才啓程返莫斯科 67。

同年10月，索額圖使團一行返抵北京，康熙皇帝隨即召集議政
王、貝勒、各部大臣等舉行會議，商討邊疆的防務事宜，由簽約的使
臣報告訂約經過和邊區的情況後，一致建議沿邊設立界碑及險要之地
駐兵設防，清帝對此兩種建議均予照准。

關於設置界碑一事，朝廷迅即採取措施，於1690年逕自派遣官吏
前往東北邊區，製碑刻字，擇地設立，而未通知俄方會同辦理。《盛
京通志》中的記載，界碑乃立在格爾必齊河的東岸。《皇朝通志》記
界碑文刻於額爾古納河摩崖，西清的《黑龍江外紀》與何秋濤的《北
徼界碑考》都說界碑立在格爾必齊河口。碑首刻有「大清國遣大臣與
俄羅斯議定邊界之碑」等字，並以滿、漢、蒙、俄及拉丁五種文字，

66 中國社會科學院近代史研究所，《沙俄侵華史》(同前)，卷1，頁199。
67 Bantysh-Kamensky, *op. cit.*, pp. 85, 86.

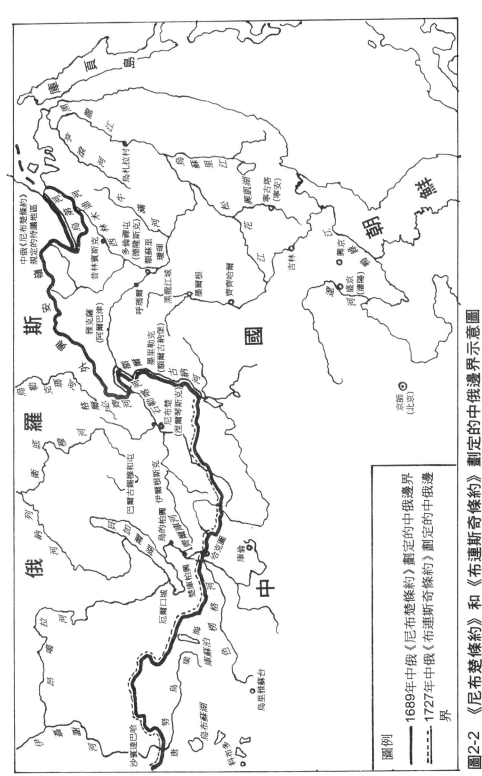

圖2-2 《尼布楚條約》和《布連斯奇條約》劃定的中俄邊界示意圖

將條約內容摘要刻列於上，共計有七條。此時刻碑的漢文是由大學士徐元文所寫定[68]。

惟楊賓在其所著《柳邊紀略》一書中有比較詳細而具體的記述。他說康熙庚午（即康熙29年，1690），6月，巴海將軍受命率軍護送立界碑的官員到東北邊境，分三隊由不同的地點進入威伊克阿林大山之中：一隊從亨烏喇入；一隊從格林必拉入；一隊從北海繞入。山中氣候甚寒，不生樹木，滿地均為三尺到四尺以上的苔蘚植物所覆。三隊官員在山中會合後，互相報告沿途所見。然後將界碑豎立於山中要地[69]。據此記載，則大多數的界碑立在山中，在河流沿岸的應為少數，至於威伊克阿林大山顯然是外興安嶺諸巒嶂中的某一主峰之名。

到了1842年，俄國國家科學院（Academy of Sciences）派了一位科學家米頓多夫（A. Th. von Middendorff）率領一地形測繪員到西伯利亞的東部去作勘察旅行。1844年9月，他們在回程時，由烏第河未定界地區潛入中國國境，深入外興安嶺南麓的牛滿河、古里河等地，然後經石勒喀河回到外貝加爾湖，歷時四個月。1845年初，他發表報告，說他發現清廷派人所立的界碑是在精奇里河與急流河的會合處、西林木迪河、牛滿河等河岸，而不是在外興安嶺之中。並且說黑龍江下游是從來不屬於中國的無主土地，因此他主張俄國應佔領黑龍江。蔣廷黻根據米氏的報告而斷定這是由於清廷官吏的無知，以致造成這種自動放棄二萬三千方英里領土的錯誤[70]。

以上幾種記載，各有其不同的觀點；《皇朝通志》與《盛京通志》是官書，其記述雖簡略，但所述必有官廳的文獻為根據。何秋濤

---

68 何秋濤，《北徼界碑考》，卷8，頁14-15；24-25。

69 楊賓，《柳邊紀略》（北京：1697年初版，本文所用乃嚴一萍輯，百部叢書集成。台北：藝文印書館，1956年據光緒中會稽趙氏刻仰視千七百二十九鶴齋叢書本影印），卷1，頁27。

70 E.G. Ravenstein, *op. cit.*, pp.95-66；蔣廷黻，〈最近三百年東北外患史〉，見所著《中國近代史研究》（台北：里仁書局，1982年重印），頁104-105。

與楊賓的書，均屬私人著述，資料也必有所本。何秋濤爲清道光時
人，1844年的進士。楊賓是康熙時代的人。他雖然籍隸江南，但幼年
隨父流戍寧古塔。曾被舉爲博學鴻儒，力辭不就。何秋濤說楊賓的足
跡遍東北。很可能爲設立界碑官吏的隨員之一。他所著的《柳邊紀
略》是1697年出版，距離立界碑之時不及八年。最重要的是他把山
名、地名、人名、山中氣候及植物都記載得很清楚，他所根據的資料
實在比其他的著作更爲週詳而正確可信。米頓多夫的調查乃一百五十
四年以後之事，而且他也未曾深入外興安嶺大山中進行實況勘察，他
如何能斷定深山中全無界碑？蔣廷黻的〈最近三百年東北外患史〉爲
一中篇論文，是在1932年寫的，他參考的資料不甚週全，尤其是沒有
看過楊賓的《柳邊紀略》，他的結論是相當脆弱的，因爲像他所說的
疏忽與錯誤在清朝行政制度的層層監控下很難發生和過關。還有1693
年俄國派遣到北京的大使伊茲勃蘭特伊台斯(Izbrant Ides)也曾受命調
查清廷在邊界建立的界標 [71]，並未提出任何異議的報告。如果米頓多
夫所發現的果真是清廷於1690年建立的原始界碑，那一定是在此一百
五十四年的長期之內邊境發生了相當嚴重的變遷所造成的結果。這種
變遷包括軍事重心南移，邊防廢弛，地方經濟情況改觀，人口流動，
交通路線改道，卡倫遷移廢棄。鄂博與界碑因年代久遠，爲日光風雪
雨露浸蝕而傾塌湮沒。俄方的亡命者與偷渡之徒，以及具侵掠性的軍
人與探察家賄賂當地無知土著偷移界碑等情事，都是18世紀後期及19
世紀初期在東北、外蒙、西北邊疆各處一再發生而常見常聞之事。當
時清政府已漸漸爲內亂及海洋列強的相繼紛擾所困，對東北邊界的天
然與人爲的變局都無餘力應付了。

　　有關沿邊險要之地駐兵設防一事，清廷也同時進行布置。照後來
的實際情況顯示，清朝政府是把東北的軍事重心設置在璦琿(黑龍
江)、墨爾根、吉林(寧古塔)三處，各處均有將軍駐鎭。吉林將軍管轄

71　Bantysh-Kamensky, *op. cit.*, p. 89.

黑龍江下游及庫頁島，璦琿將軍管轄黑龍江中上游。墨爾根將軍的轄區不甚明確，1699年又將駐鎮地南移至齊齊哈爾，似象徵著此一轄區是從格爾必齊河口至額爾古納河一帶。駐防的兵數則因時代不同而常有增減。18世紀的初期，駐防在東北三省的軍隊總數大約有四萬人；九千六百人在吉林，一萬一千四百人在黑龍江，其餘的則在奉天。黑龍江上游地區，設有十二個卡倫，每一處卡倫駐兵三十名。黑龍江的北部邊區設有十五卡倫，每處駐兵二十名。其目的在查阻俄人偷渡入境。此乃《盛京通志》上的記載，時代大概在1722年康熙皇帝逝世以前。到雍正年間情況沒有什麼變動，因為在1727年，雍正還批准在黑龍江、寧古塔、盛京三處仍照前設立子母炮一百位，以固邊防的措施[72]。可見子母炮早已設置，只是前此的史書中均略而未提。

　　英人E.G. Ravenstein採用俄國方面的資料，因而在他的書中就有較為詳細的記載。他以1818年的數字為例，說明黑龍江地區駐有二百三十八名軍官，一萬零四百三十一名士兵。吉林駐有三百二十三名軍官和一萬二千八百五十二名士兵。各處部隊多係輕裝的騎兵，部分士兵還在當地從事耕田自給的工作。此外尚有小隊炮艇分載十八名軍官及一千八百二十二名水兵泊駐在吉林、Petun、璦琿、齊齊哈爾等地。在松花江及其支流地區的土著屬民，也由當地政府分別把他們組成保安隊，施以軍事訓練，然後作為保衛地方治安之用。其總數達五萬四千人[73]。由這些部署和軍力的數額看來，清廷並未忽視東北邊疆防務。

　　每年夏季，都有中國官員率領士兵二百四十名到黑龍江區域視察邊界防務；先視察沿江兩岸，然後換乘馬匹，進入深山地帶，沿邊巡查，並且把負責察邊者的姓名、職銜、以及到邊地的年月日書於木牌之上，再埋於山中某處，以便次年巡查人員掘開取出，呈報將軍，作

　　72　《盛京通志》（北京：1736年初版，1852年增補版），卷5-52；《清世宗實錄》，卷56，雍正5年丁未4月丙午；張伯英等，《黑龍江志稿》（北平：1932），卷62，〈大事志〉，卷2，頁61。

　　73　E. G. Ravenstein, op. cit., p. 74.

為考績之證。凡遇有鄰接俄人駐防之處，都要與俄方指揮官交換禮品，並以蒙古語交談。大致言之，締約後中俄邊界情況可算安寧而友好，時日稍久，亦偶有犯禁之情事發生，但清方常不願過於苛責，對科學性質的測量與探察常予寬容，甚至對移居中國界內的俄國獵人，只要他們安分守己，不滋擾生事，清方邊吏亦常不追究[74]。

19世紀20年代以後，又有俄方大量的農民擁入亞東地帶，始再度掀起中俄邊疆的不安。很多有關俄人早期在黑龍江地帶探險的出版品，也因帝俄政府之鼓勵而相繼出現於俄國國內[75]，象徵著帝俄傳統的領土擴張之行動，又在一般野心家與政府的主腦人士共同策劃下復活。

十三、後　語

自16世紀晚期到17世紀的初期，俄羅斯人以舉世罕見的飄風之勢，向亞洲東部進軍，在極短時期內就完成了西伯利亞到太平洋岸的佔領。為著尋覓糧食的供應，就向南方搜索前進，卻意外的發現了中國。

俄人最早竄入中國的地區是東北邊境的黑龍江流域；實際上自第十五世紀的初期起，中國的明朝政府即已在此一地區建立了法理上的統治權，並繼續行使軍事上的控制與行政上的治理權。只因氣候嚴寒，人口異常稀少。清人取代明朝的統治權以後，仍舊依循明朝的傳統，對東北邊區只作軍略上的控制，而未大量的移民實邊。

俄羅斯人滲入黑龍江流域的年代，正是清人自東北率其部眾入主中原的時期。他們一發現此一地廣人稀與物資豐富的地區，就視為不可多得的樂土，到處向土著居民勒索食糧、牲畜、毛皮等出產，並誣指為貢品，邊區土著居民本來對這些俄人非常友善，可是這一般俄人

---

74 *Ibid.*, pp. 68, 71.
75 *Ibid.*, p.114.

多是在其國內無法立足的亡命之徒，不能改變其貪婪殘暴的本性，對
土著肆行劫掠與殺害，甚至食人肉充飢，從此在中國屬民的心目中留
下不可抹滅的惡劣印象。

俄人入佔中國邊區的行動多爲俄屬西伯利亞地方政府所發動，莫
斯科的帝俄政府僅予以默許，在政令上卻沒有發生直接的聯繫。帝俄
政府的主要目的是謀求對中國貿易的厚利。中國滿清政府在與俄人的
多種糾紛中，急求解決的爲緝捕逃犯與領土完整兩項問題，雙方的要
求原無嚴重的牴觸，本可互相調適而迅即達成一種互信的平等條約，
然而中國傳統上妄自尊大的舊習過於僵化，又沒有一個維護實利的外
交政策，雖然清初的君主及少數大臣也大致看出俄國與其他邊疆民族
不同，無意強求俄國爲中國的藩屬，但在實際的接觸中卻沒有氣魄改
變朝貢制度的虛儀末節，以致多次的外交談判均因此而滯礙難通 。康
熙皇帝偶爾也表現出其容寬的傾向，卻依舊沒有進一步開創一個外交
方面的新局，日後外交上的失敗多植根於此。

清朝興起於東北，因而視東北爲皇室的故鄉，劃爲保留區域，不
准關內的人北向移民定居。就保衛邊疆的實效而論，此種策略實不健
全，從17世紀以來，東北的人口，在二百年之內，一直未能大量的增
加，經濟也未能充分的發展。又因邊區土著居民，都本性善良，社會
安寧，紛爭罕見，所以清政府就未曾在此一地區建置強大的軍事設備
及嚴密的安全組織，於是此一遼闊而富庶的國土，遂爲俄國偷渡的不
法之徒所竊據。所幸他們早期滲入的地帶是黑龍江的中上游，也就是
達呼爾人、滿人和漢人聚居的人煙稠密之處，得以及早發現。當時清
廷正在傾注全力建立控制全中國的統治權，一般主政者還保存著建國
初期的警覺性和奮鬥力，才能完成1689年中俄和約的簽訂。然而這終
竟是基於人治所獲致的結局，而非清帝國的邊防組織與制度有勝人之
處。

第三章
十八世紀中俄間的貿易與外交
——西方文獻的檢討

一、前　言

　　18世紀中國與俄羅斯之間的貿易與外交，都已由逐步開展而漸趨繁密，然而有關此類史料卻非常貧乏。原因很特殊，在中國方面，是由於當時正值清朝康熙、雍正、乾隆的盛世，朝廷誇顯其文治武功，凡是有礙朝廷與皇室尊嚴的史跡，常多隱諱；與西方外邦平等交往的紀錄，則常遭不入史館而被銷毀的命運。在俄國方面則是由於1812年法皇拿破崙入侵俄國，莫斯科大火，許多收藏在宮庭與官府有關中俄外交文獻都付之一炬。

　　可是在中俄關係史上，18世紀卻是一個非常重要的時期，因為此一時期是承兩國正式締結尼布楚劃界條約之後，雙方開始規劃，進而保持貿易與外交和平發展的一個轉捩階段，尤其是目前臺灣正遭逢俄國熱浪衝襲之際，當時一種由貿易帶動外交的經過與波折，對臺灣今日的處境，實具有歷史的啟示性。為此，本文作者發微掘隱，蒐集西方史學家所留下有關這一段史實之傳述，以補我國史籍碎篇斷簡之闕遺。其目的在敷陳中俄兩國於推展平等外交中所遭遇之頓挫，以及雙方商業活動所帶給西伯利亞與兩國邊區之經濟性的後果，使一般準備參與中俄間任何經貿活動的國人，能自這些必須具備的歷史常識與經驗中，獲取一些正確的歷史教訓。

　　本章主要資料多得自俄國史學家Bantysh-Kamensky與法國史學家Gaston Cahen之著作,以及俄國使華大臣Izbrant Ides的使華筆記與其他商務代表的報告等實錄,輔以Mark Mancall與Scheldon Ridge之譯述,再就其所傳述者與我國官吏或私人著作中所言相印證,經過一番有系統的整理之後,始以「述史」的方式敷陳史實,而不採「論史」式的究討,緣本文所傳達者為我國史籍之外的新資料,所言均史實之描述,實係一種史料之延伸,而非史料之衝突,不必應用治史的原則以考訂多種傳述之異同。所用資料中以得自Bantysh-Kamensky的著作為最多;他的《俄中兩國外交文獻匯編》係1804年在喀山(Kazan)出版,逃過了莫斯科大火之厄。其次為Isbrant Ides的筆記,他的書第一次出版是在1704年,為私人著述,不藏於官府,與莫斯科大火無涉。Cahen之書出版於1912年,時期較晚,因此他蒐集到的資料也最週全。中國的資料多係片言數字,僅用於相互印證。

　　因為本文的資料多採自外人,所以年月日也用俄曆(Julian Calendar),重要之處則註明中國的年月日。俄曆比西曆(Gregorian Calendar)在17世紀晚十天,18世紀晚十一天。

二、外交使節掩護下的俄國商隊

　　自1689年中俄締結尼布楚條約之後,東北邊疆的貿易活動隨即展開。1691年,俄國商隊獲准由尼布楚經東北進入北京,俄商從此就以尼布楚為對華貿易的重鎮,以北京為雙方交易的中心,幾乎每年都要派遣一支龐大的商隊前往中國。此種頻繁的貿易自然會引起雙方許多處理事務上規律異同的糾結,於是雙方在外交上的折衝又必然成為事實的需要。清廷之與俄人締約,主要的意圖只是保持邊境的安寧,並無意與之建立經常的外交關係,然而貿易的開放,情勢漸漸改變,雙方使節之往還,終於難免。

　　俄人之擾華,係圖藉機謀求商賈之利,惟尼布楚條約中只規定兩

國邊境人民，得往來貿易，沒有明言商隊可赴北京經商，因而初期俄方的旅行商隊，常借官方派遣人員的名義，或藉信使的掩護，進入北京，以達到經商牟利的目的。如1690年5月25日，原任尼布楚會議俄方談判使臣戈洛文（Theodore A. Golovin）遣一名信使到北京報信，傳達居住在額爾古納河南岸的俄國人民，須等明春天氣轉暖時方能遷返俄境等類的訊息，當其派遣的信使隆沙科夫（Lungsakov）到達北京時，攜有隨員八十九名，並且運來的毛皮有六十大車，很顯然的是藉機來推銷皮貨。這一群人於1691年返俄時，以所推銷的貨款購買中國的土產，運走中國絲織貨物總值達一萬四千四百六十四個盧布之鉅 [1]。1691年，尼布楚的俄方當局又派遣使者來華，次年使者到達北京時，又有商隊七十人與之同來，清廷允予接待，並備房舍供其居住，但聲明此乃額外優遇，不得作爲先例 [2]。

　　當時俄國對華貿易的利潤非常優厚，俄廷因此企圖擴充對華貿易的範圍，並想把珍貴毛皮一類的貨物由政府壟斷經營。但因道路遙遠，消息難通，不知中國市場對俄國貨物的需求量及清廷對中俄間貿易的態度如何。爲著探察清廷的意向和反應，考慮再度派遣一個使節來華，試行談判，看是否能與中國政府商訂一種具體的規劃，以奠定一個長期互市的基礎。恰巧此時有一個接近俄國沙皇彼得的荷蘭裔商人名伊慈勃蘭德・伊台斯（Izbrant Ides）（清朝的史書中譯爲雅布蘭）者，上書請求俄廷允許他取道西伯利亞前往中華帝國經商，並請求向國庫借支六千盧布，此數的一半付現金，另一半給予貂皮和其他毛皮，還請求賜予他一項官商的官銜，使他可以在中國逗留五六個月，以便出售貨物，並購買中國的貨物回俄，因此請沙皇特命他向中國皇帝致送國書的一種任務，允許他攜帶若干名額的外國人及俄國人前

1　中國社會科學院近代史研究所編《沙俄侵華史》（北京：人民出版社，1978年），第1卷，頁236。

2　劉選民〈中俄早期貿易考〉，見包遵彭等編《中國近代史論叢——早期中外關係》（台北：正中書局：1981年），第2輯，第3冊，頁20。

往，協助他完成這一項遙遠的行程。沙皇的答覆遠超出伊台斯的期望；除了如數借給他現金和毛皮外，還命令他爲正式出使中國的使臣，攜帶沙皇的親善國書，辦理俄中兩大君主之間的外交事務。沙皇答覆伊台斯的御批是1692年1月29日簽署的，六週以後使節團準備就緒，於同年3月14日自莫斯科啓程（伊台斯的隨員勃蘭德在筆記中說是13日啓程的，見俄國使團使華筆記第57面）[3]。

俄廷除了給予伊台斯六千盧布借款外，還交給他一千二百盧布的禮物，其中五百盧布爲送給清朝皇帝的禮金，四百盧布的貂皮分送各部院大臣，一百盧布的貂布贈予蒙古的政教領主。二百盧布的貂皮供出售[4]。

伊台斯率領的隨員有二十一名，其中十二名爲日耳曼人，九名爲俄羅斯人，包括外交衙門派來的兩名書吏，二名准尉，一名醫生。同行商隊共約四百人，有些人是在途中會合，九十名哥薩克衛隊似乎也包括在四百名之內。臨行前俄政府頒發訓令給伊台斯，期望他辦理並完成下列幾項任務：

1. 探明清廷對尼布楚條約的意見，對該約的規定是否願恪守不渝。

2. 探明清廷對烏第河與在石頭山嶺之間未曾劃定邊界的計畫如何。

3. 向清廷聲明：此次使節未奉與中國大臣們談判有關蒙古劃界之訓令。

4. 要求中國引渡住在鄂嫩河畔的俄國叛民——布里亞特人和溫科特人；並釋放被俘的俄國人員。

5. 探明中國各地商品的行情及俄國貨物在中國的銷售情況。要求允許伊台斯自由通行各城市，並採購所需的商品。

---

3 伊茲勃蘭特・伊台斯（Izbrant Ides）著，北京師範學院俄語翻譯組譯《俄國使團使華筆記》（以下簡稱《筆記》，北京：商務印書館，1980年），頁48。

4 《筆記》，頁33、34。

6. 要求清廷允許中國商人攜帶各種貨物與銀兩赴俄國經商。

7. 要求清廷撥地供俄國在北京建造一座東正教的教堂[5]。

伊台斯自3月14日離莫斯科後，沿途因天氣與治安的情況不太便於行旅，進行緩慢，於5月14日始從歐洲進入亞洲，7月1日始到達托博爾斯克(Tobolsk)，10月13日到達葉尼塞斯克(Yenieisk)，1693年2月11日到達伊爾庫茨克(Irkutsk)，5月22日到達涅爾琴斯克(即尼布楚)，7月10日離開該城，於8月1日抵達中國邊境，取道嫩江，與北京派來迎接使團的兩名侍讀學士及一百多名的隨行人員會合，然後越過蒙古草原，經過長城的喜峰口，於11月3日到達北京(康熙32年10月16日)[6]。由城外進入北京城及到達會同館(後稱俄羅斯館)時均有兵士和官員迎接，當即被安置在館內的宅院，每天都得到各色食物和飲料的供應。使節團一行至此，已經過了一年又八個月漫長而艱辛的旅程，終於到達了他們所期盼的目的地[7]。

11月14日，伊台斯進宮呈遞國書，並有十五名隨員列隊捧上禮品，伊台斯行中國傳統的三跪九叩禮，呈上國書，並獻上禮品。次日，國書和禮品均被退還；因國書上沙皇的名號寫在大清皇帝的名號之前，不合中國的傳統體制，但當時的康熙皇帝(1661-1722)顧念俄國僻遠，不識中華禮節，僅令官員向使臣指明日後應遵守中國的規定，先將國書交付官員審閱，再行正式呈上。16日，領侍衛內大臣索額圖到賓館拜訪使臣。17日，伊台斯和使節團十四名主要隨員應召赴皇宮，接受皇帝的賜宴，他們被引導先在便殿等候，當即有官員奉旨前來表示歡迎，並問他們是否會講拉丁語，隨後登記他們的姓名，多次清點他們的人數。最後，侍讀學士奉諭領他們上殿；他們走過了三重

5　《筆記》，頁57、305；尼古拉·班蒂什──卡緬斯基(Nicholas antysh-Kamensky)編著《俄中兩國外交文獻匯編》(以下簡稱《匯編》(北京：商務印書館，1982年)，頁88、89。

6　《筆記》，頁48、54、55、77、280-282；《匯編》，頁89、91，腳註一。

7　《筆記》，頁196、197、307。

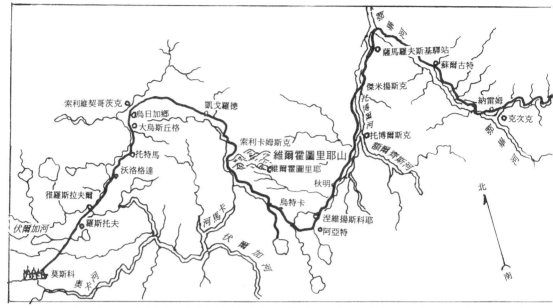

圖3-1 伊台斯使團出使中國路線圖(按伊台斯筆記荷蘭文初版刊載的地圖複製)

禁門和三座廷殿，其中有一重禁門最爲金碧輝煌。又走過一處雪花白石建造的橋，橋下有水流過，蜿蜒曲折，環繞著整個皇宮，水流過的地方，都建有美妙無比的拱橋。皇帝接見使臣及賜宴的地方爲清帝寶座所在的保和殿；伊台斯隨兩名侍讀學士到達後，被安置在寶座的側面，隨員則坐在使臣的後面，寶座兩側站著三百多名宮廷大臣。使臣伊台斯獨自一桌，隨員們每三人一桌。中國官員參加宴會者約一百名，分若干桌。皇帝的餐具是純金的，使節團所用的是銀器[8]。

康熙皇帝在樂聲中進殿，升座時，使節們均行禮如儀，然後入座。皇帝凝視伊台斯，命領侍衛內大臣索額圖領他走近寶座，然後傳達皇上問候俄國沙皇陛下康泰的旨意，使臣敬答。皇帝隨即傳諭進膳，使臣還座。經過幾次的賜膳賜酒以後，康熙帝詢問伊台斯是否懂拉丁、日耳曼、義大利、葡萄牙的語言？旋命侍臣到宮中請來三位耶穌會教士，其中一位是法國的張誠（Jean Francis Gerbillon, 1654-1707）。張誠先用拉丁語，後又改用義大利語代皇帝傳達問訊：從莫斯

---

8 《筆記》，頁208-209；284-290。

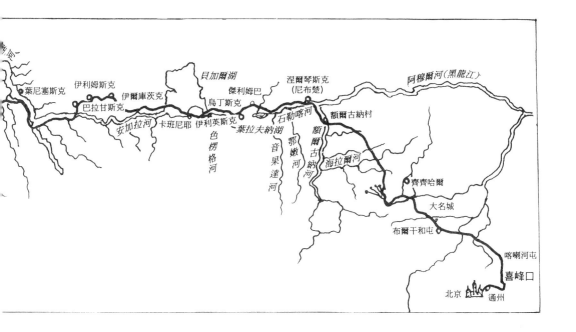

科到北京的距離？行經多少時日？用車馬船的路程？莫斯科的氣候？波蘭、法國、義大利、葡萄牙、荷蘭等國距莫斯科的遠近？最後問及沙皇是否還在與瑞典及土耳其蘇丹從事戰爭？此一御宴延續了三個小時。最後，康熙帝賜酒賜茶。罷宴。命侍臣送使臣與隨員們歸館。伊台斯和他的隨員在筆記中記載康熙皇帝大約五十歲年紀（實際上僅四十歲），中等身材，儀表頗有威嚴，眼睛甚大而色黑，鼻子隆起，稍有髭鬚，臉上有麻子 [9]。與一般高級朝臣華麗的錦繡朝服相反，康熙皇帝穿著的是沒有彩繡的便服：深底花紋綢緞的普通長袍，深藍緞子的銀鼠皮褂子。由頸至胸掛著大粒珠子串成的朝珠，頭戴貂皮鑲邊暖帽，帽上垂著紅絲帽纓，向後垂著幾根孔雀翎，辮子垂在背後。身上沒有佩帶任何金飾物和寶石，靴子是黑色絲絨作的 [10]。

自後使節團又依次接受清廷大臣及耶穌會教士的筵宴，觀賞了宮

---

9 《筆記》，頁200、202-213；《匯編》，頁92；Gaston Cahen, English Transl, Scheldon Ridge, *Some Early Russo-Chinese Relations*（Shanghai: The National Review Office, 1914), pp. 36-37.

10 《筆記》，頁213。

廷內排演的戲劇、雜技、北京街道市容、耶穌會教堂、馴象、猴子和
老鼠的特技表演,並接受馴象群向使節下跪的敬禮[11]。

12月12日,使節團再度應邀出席康熙皇帝在太和殿祭祀冬至的大
朝會,伊台斯隨中國朝臣行三跪九叩禮,但未與清帝交談。27日,侍
讀學士奉命詢問伊台斯有無口信,請其說明。伊台斯於次日以俄文按
照俄國政府的訓令抄列了六項要求,送理藩院,交清廷近臣索額圖。
此一書面要求直到次年(1694)2月19日始在理藩院得到索額圖的正式答
覆。這些答覆是以備忘錄的形式並用拉丁文寫的:

1. 關於引渡逃離俄國的溫科特人和布里亞特人一事,在蒙古地
   區未與俄國劃定邊界以前,不能解決。

2. 俄國被俘人員願意返回其本國者,聽其自便。

3. 俄方提出的第三、第四、第五項均係商務問題,清方併為一
   項答覆如下:中國允許外國使臣及商人前來進貢或貿易,但
   不派遣使臣或商人攜帶貨物、鑽石、金銀前往外國。

4. 永久定居於中國的外國僑民可共有一所教堂,暫時停留者則
   無領用地基建造教堂之必要[12]。

另外一封備忘錄內清廷也提出了六項要求:

1. 今後俄國派遣使臣來華,人員限二百人,如由邊境統領派
   出,則限五十人。答覆中雖未提及中俄貿易問題,但清政府
   已於1693年宣布了一項規定,准俄羅斯國貿易,人不得過二
   百名,隔三年來京一次,在路自備馬駝盤費,一應貨物不令
   納稅,犯禁之物不准交易,到京時安置在俄羅斯館,不支廩
   給。定限八十日起程回國。當時(1694)康熙帝也發布了另一
   項上諭:命在北京建造一幢俄羅斯館,以為俄國使臣及商務
   人員的招待之所[13]。

---

11 《筆記》,頁214-216;224-227。

12 《匯編》,頁94。

13 張綏《東正教和東正教在中國》(上海:學林出版社,1986年),頁

2. 俄國的國書不合中國體制；今後俄國派來使臣所攜奏文應先令黑龍江將軍審閱，合則入奏，否則不供車馬，不准進京。

3. 俄人在精奇里河、比林達河及其他河流沿岸常有越界打獵及射貂情事，應行查拏治罪，以後不准私越邊界。

4. 蒙古地區劃界事宜，應請俄廷及早進行，定期擇地劃訂。

5. 希望今後俄廷致送清廷的國書中，先寫清帝的稱號，後寫俄國沙皇的名號，否則不予接收。

6. 希望今後俄國使臣前來北京時，應攜帶精通拉丁文和蒙文的通譯[14]。

　　與伊台斯同來的商隊所攜帶的貨物，清廷允其在留京期間進行交易。貨物中屬於俄國庫者約值四千四百盧布，屬於私商者值九千六百盧布，伊台斯本人者至少值三千盧布。這些商品均在北京交換得大批的中國貨物，用二十七匹駱駝和十四匹馬馱載回俄，其中屬於國庫者值一萬二千盧布，屬於私商者值三萬八千盧布，屬於伊台斯的價值多少則不甚清楚，不過在他俄文版筆記的序文中說，伊台斯的中國之行發了大財，單就他帶回俄國的一些精美寶石已價值連城，其中一塊藍寶石以1907年之前的德幣計算就值三萬馬克。他還用從中國帶回去的東西向各界人士送了厚禮，舉行多次盛大宴會，每次沙皇彼得都親自出席[15]。

　　根據伊台斯的出使報告，1693年12月12日，使節團第二度陛見清帝，在御宴中伊台斯曾接受康熙皇帝親手賜茶的榮寵，但自後就沒有機會入宮參加任何朝會。1694年2月5日，清廷派侍讀學士通知使節團，清帝諭令他們可於當月17日離京返俄，望於17日前作好啓程的準備。16日，使節團及哥薩克應召入宮接受清帝頒賜的禮品。18日，使臣伊台斯應召至理藩院見索額圖及其同僚，討論邊境所發生的一切問題及今後通使的規定。然後接受盛大的筵席款待。19日晨，再度赴理

────────────────────(續)

184。

14 《匯編》，頁93。

15 《沙俄侵華史》，頁241；《筆記》，頁10、32。

藩院接收用拉丁文書就的覆文，此一覆文就是伊台斯所提六項條款的正式回答。當日下午啓程離北京，大批顯貴的宮廷大臣和官員陪送他們出城門。離京城後，在初到北京時停留過的驛站過夜。20日停留了一天，2月21日離開驛站，正式登程 [16]。

2月25日，他們到達喜峰口，出長城，越過蒙古草原，向嫩江進發。3月22日，伊台斯宴請了陪送他們的官員及其扈從，互相很有禮貌的告別。28日，抵達嫩江。4月14日離開嫩江，5月19日抵達邊界上的額爾古納城堡。6月4日抵達尼布楚。7月26日抵達烏丁斯克(Udinsk，現改名為Ulan Ude) [17]。8月1日，由貝加爾湖(L. Baikal)駛抵伊爾庫茨克，26日駛抵葉尼塞斯克。9月26日駛抵納雷姆(Narym)。10月4日駛抵蘇爾克特(Surgut)。11月19日行抵托博爾斯克，伊台斯因患病，一直停留在此地，到12月中旬才離去。1695年2月1日始回到莫斯科 [18]。

伊台斯此行固然受到清廷隆重的禮遇，並獲得貿易上的優厚利潤，但是他依照俄國政府訓令所提出的六項要求，並沒有得到中國政府完滿的答覆。不過他從另方面還是獲得了與他外交任務有關的重要情報；在他留京期間，向耶穌會教士中的法國神父及其他教士探聽的結果，他獲知清帝確實欣然接受尼布楚和約，願與俄國君主共同遵守和約的規定，沒有破壞和約的意圖。中國人將在額爾古納河上游建一

---

16 《筆記》，頁228、296、300。

17 烏丁斯克城建立於17世紀的50年代，當時正值俄人東侵的浪潮高漲之際。俄國1917年革命後，民族主義高漲，烏丁斯克乃改為烏蘭烏德的蒙名。國立中央研究院近代史研究所翻譯《劍橋中國史》時，把烏蘭烏德誤為外蒙古的庫倫，並誤指即Urga。實則兩地相距甚遠，庫倫在外蒙古，現改名為烏蘭巴托(Ulan Bator)，為外蒙古的首都。烏蘭烏德在西伯利亞貝加爾湖之南，位於色楞格河(Selenga R.)的右岸，現為Buryat A.S.S.R.的首府。原文中本無此錯誤，錯誤僅出現於中文譯本中。《劍橋中國史》原文為The Cambridge History of China, Volume 10, edited by John K. Fairbank and K. C. Liu (Cambridge: Cambridge University Press, 1980)。上述錯誤見張玉法主譯的《劍橋中國史》。第10冊(台北：南天書店，1987年)，第7章，頁382。

18 《筆記》，頁229、238、307-309。

座城，還要在黑龍江與精奇里河接近處再建另一座城市，目的都是供
居住之便，並非作爲進犯俄境的基地。對中國市場情況他也作了一些
概略的調查；從中國運往俄國的貨物以各種珍貴的寶石，中等和上等
的綢緞、以及深色單幅棉布的利潤最大；從俄國運往中國的貨物則以
各種貂皮、銀鼠皮、灰鼠皮、猞猁皮、北極狐皮、兔皮及其他類似的
毛皮較爲有利。這些消息對俄國政府而言，是一件非常重要的大事，
實際是爲兩國間的貿易開闢了一條新的道路，從此可以積極作進一步
的籌畫，去擴大對華的貿易了 [19]。

三、俄國官家商隊陸續到達北京

　　1698年以後，中俄關係即進入一個新的階段，從這一年起，俄國
對華貿易都以國家商隊爲主，雖允許私商可以加入隨行，但不能像以
前一樣的獨立經營。俄方在隨後的幾年中，也發佈了一系列的行政命
令和商務規定，由瓦爾哈圖(Verkhotur)海關負責管理一切俄商的貿易
活動。凡是派遣來華的商隊都有政府任命的監督一人，擔任指導和經
管有關貿易及行旅的事務。中國政府原有俄商不得超過二百名、三年
來京一次的規定，但俄方從未遵守，1698年至1718年的二十年之間，
俄國來華的商隊即達十次，平均每兩年一次，每次人數都超過二百，
最多時竟超過一千人。除官方派遣的商隊到北京貿易外，俄商藉傳送
公文信件的機會，零星附從來華貿易者更是未曾間斷。十次正式官方
的商隊則自1698年開始。1697年，俄國君主諭令皇商郎古索夫
(Lyangusoff)攜帶皇家貂皮等貨物前往中國貿易，所率領的商隊、書
吏、工役及軍役人員共有四百八十九人，於1698年7月11日抵達尼布
楚，24日自尼布楚啓程，向中國進發，10月11日(清康熙37年9月18日)
抵達北京。所運來的皮貨價值三萬一千三百盧布。1699年7月交易完

19　《筆記》，頁303；《匯編》，頁95。

畢，啓程返俄。離華前換回的中國貨物價值六萬五千盧布 [20]。

1699年初，俄廷又派出第二次的皇商來華，並由西伯利亞事務衙門秘書長委尼尤斯（A. Vinius）致書索額圖，請予以優待。此次商隊由勃科夫（A. Bokoff）與奧斯科爾科夫（G. Oskolkoff）率領，運來皮貨的價值爲三萬二千三百盧布，1700年到達北京，次年返俄，換回的中國貨物價值七萬六千盧布。奧斯科爾科夫向俄廷報告：商隊行經尼布楚、齊齊哈爾、嫩江到北京，需時一百五十日。如自色楞格城經庫倫、戈壁、張家口至北京，約七十天即可到達 [21]。此爲俄人企圖改換來華道路的開始。

1702年，俄廷派遣第三次商隊來華，由薩瓦捷耶夫（Savatyeeff）率領，除商隊人員、職員、工役共五百六十五人外，尙有東正教教士謝爾格伊（Sergii）及司祭斐奧多錫（Feodosii）隨行。1704年7月（康熙43年6月）抵達北京。薩瓦捷耶夫等貿易終結後，獲得清廷允許，穿行蒙古返俄 [22]。自後俄國商隊來華都行經此一新道。

1704年，俄國又有第四次來華商隊之派遣，由曾於1700年到過北京的奧斯科爾科夫率領，他在西伯利亞途中，與回俄的薩瓦捷耶夫相遇，後者以穿行蒙古之經驗相告，因此奧氏到達外蒙邊境時，就決定取道蒙古，並且只帶二百人入京，其餘的人都留在邊境貿易。奧氏此行，獲利達五萬五千盧布 [23]。

奧氏停留在北京時，請清廷規定以蒙古通路爲中俄貿易的唯一官道，但尼布楚總管因稅收關係，極力阻撓，然奧氏堅持不願再行舊道。清廷只得致書俄廷，任其自行酌定。俄廷得書，乃於1706年3月17日派紹林（M. Chorin）來華商討此事。同年5月27日，又命正在途中的紹林留在西伯利亞辦理稅務，改派胡佳科夫（P. Khudyakoff）接替他前

20 《匯編》，頁96；劉選民上引文，頁23；《沙俄侵華史》，頁242。
21 《匯編》，頁96；劉選民上引文，頁23-24。
22 劉選民上引文，頁24。
23 《沙俄侵華史》，頁243。

往中國[24]。

　　1708年6月13日（康熙47年4月初7日），胡佳科夫率領的第五次商務行抵北京，隨即與理藩展開談判，終於確定蒙古為中俄通商往返的官道。胡氏所率領的商隊此行也獲利達二十七萬盧布之鉅[25]。

　　1710年三月，俄廷又派遣第六次的商隊來華，率領的人是薩瓦捷耶夫，他曾於1698年及1704年兩次來華，一切事務，頗為熟悉，因此貿易也進行得相當順利。同時俄廷也議定設置對華商務專員，隨商隊管理一切貿易相關之事，並委胡佳科夫擔任此職。1712年7月9日（康熙51年6月17日），胡佳科夫率領著第七次的來華商隊抵達北京，同時他也是來華的首任商務專員。隨後與理藩院幾度協商，得到清廷的允許，自後俄方商務專員有權審判犯法的俄商，裁處中俄商人之間的一切業務糾紛。這也就是領事裁判權的開端。胡氏又要求增加商隊的人數，清廷終於允許增至二百二十人[26]。

　　1714年秋，又有俄國派遣的第八次商隊到達北京，領隊的人就是曾經兩度到過北京的奧斯科爾科夫，同時他也是繼胡佳科夫而擔任第二任的商務專員，所以又向理藩院提出增加商隊人數至四百的要求，但他的談判尚不如胡佳科夫的順利，而遭到清廷的拒絕。奧氏於1715年啟程回俄，在途中病歿[27]。

　　1714年2月，俄廷委古夏特尼哥夫（M. Gusyatnikoff）為第三任商務專員，並率領第九次派往中國的商隊。1716年夏，古氏一行抵達色楞格，西伯利亞總督復令一名英國醫生喀爾文（Thomas Garwin）和一名瑞典工程師朗格（L. Lang）加入他們的行列，前者是應清康熙皇帝之邀請而選派來華的，後者就是1720年再次來華擔任常駐北京的商務代辦，同年11月11日（康熙55年10月9日），到達北京，三人都受到清廷的禮

24　《匯編》，頁96；劉選民上引文，頁25、26。

25　《沙俄侵華史》，頁243；劉選民上引文，頁25、26。

26　劉選民上引文，頁26。

27　同前註。

遇，商隊也允其逾期進行貿易，直至次年秋季才啓程返俄 [28]。

俄國商隊自從開通到北京貿易的管道後，歷年輸入中國的俄貨太多，銷售量漸減，中國商人積欠俄商的貨款也漸多，清廷爲避免糾紛，至此都由康熙皇帝出款墊還，也進一步規定自後雙方交易只以現款買賣爲限，並由理藩院直接管理。1717年10月16日（康熙56年9月6日），清政府的理藩院寫了一封信給俄屬西伯利亞總督加加林（Prince Gagarin）公爵，請他轉達俄京：今後不要再讓俄商隊前來北京，惟仍舊准其在邊境城市貿易。但俄方未得此信之前，已於1717年春季委派伊芬（Ifin）爲商務專員，率領第十次商隊前往中國。不僅如此，並且於1718年又委派伊斯托普尼科夫（T. Istopnikoff）率領第十一次的遣華商隊前往北京，此時北京堆積的俄貨更多，買主甚少，於是清廷決定只准尚在邊境待命的第十次由伊芬帶領的商隊前往北京，而拒絕伊斯托普尼科夫所率領的商隊入境。

自後北京的中俄互市完全停止。理藩院並且於1719年6月再度寫了一封信給西伯利亞的俄國總督，表示中國人對俄商到北京的次數太繁，深感不滿，並歷述爲他們提供糧秣、車馬等事，實在不堪其擾的情況。因此要求俄商自後只在邊境城市貿易，不准擅入內地 [29]。

恰巧東正教派駐北京第一屆教士團的首領、修士大司祭伊拉里昂（Hilarion）亦於1719年在北京逝世，理藩院就派修士輔祭菲利蒙送信到西伯利亞總督處，報告伊拉里昂的死訊，並詢問俄方是否願意再派修士大司祭前來北京，以繼伊氏之遺缺 [30]。俄廷爲著保持對華貿易的利益及解決駐北京教士團的存續問題，感到實有派遣使節來華與中國政府重開談判之必要。

28　劉選民上引文，頁26、27。

29　劉選民上引文，頁27；《匯編》，頁102-104。

30　《匯編》，頁105。

四、圖理琛使節團取道俄國赴土爾扈特報聘

　　正值一波復一波的俄商進入北京之際，清廷也曾派出一個使節團，取道俄國，遠赴伏爾加流域（Volga Valley）宣慰土爾扈特部族流人之舉。此一使節團的首席使臣究竟是何人不甚清楚，只因其中的一位成員圖理琛寫了一本《異域錄》，記載此一使節團往返俄國的經過，所以後來的歷史傳述家都稱之為圖理琛使節團。無論如何，這是清廷第一次到過俄國的使節，為一般朝臣增加了不少的異域見聞，同時也在中俄相互接觸的進程中增加了不少的了解。

　　土爾扈特原為漠西蒙古中的一部；漠西蒙古的正確名稱應為厄魯特（Eleuths）蒙古。自明末以來，經過數度的分合演化，形成四大部落：準噶爾，遊牧於伊犁河流城；土爾扈特，遊牧於塔爾巴哈台地帶；和碩特，遊牧於烏魯木齊一帶；杜爾伯特，遊牧於阿爾泰一帶。其統治階層的種族均屬於蒙古。16世紀初年，準噶爾一部勢力漸強，土爾扈特受其威脅，其部族首領遂率眾越過哈薩克地區及吉爾吉斯草原，遷到伏爾加河的下游遠避[31]，至清初時已經臣屬於俄國，但因宗教和習俗與俄人不同，反與清帝國和西藏繼續保持著密切的聯繫。大約在1703年的前後，土爾扈特汗阿玉奇之侄阿拉布珠兒與其母及臣屬五百多人從伏爾加河流域往西藏朝拜達賴喇嘛，到西藏以後，由於準噶爾興兵作亂，道路阻隔，不能回返故土，只得又從西藏到達北京，歸降於清帝，康熙皇帝遂賜珠兒以貝子的封號，安置在嘉峪關外的領地裡遊牧。1712年，土爾扈特的阿玉奇汗派遣了一名使者和二十名隨員，在俄國軍官的護送下到達北京，向清廷要求讓他的侄兒回去[32]。

　　清廷經過了一番考慮之後，認為宜派一個使節團到伏爾加流域的

31　Arthur W. Hummel, *Eminent Chinese of the Ch'ing Period, 1644-1912* （Washinton D.C.: U.S. Government Printing Office, 1944), Vol. II, p. 785.

32　*Ibid.*, Vol. II, p. 785.

土爾扈特去報聘，並討論珠兒回返故土的路途問題。清廷所派遣的此一使節團由五名朝臣組成，他們的名字是殷扎納、納顏、圖理琛、雅圖與胡彭，還有三名武官和二十三名侍從隨行。出使的目的雖然以報聘為名，實際上是要防止土爾扈特與準噶爾互相結合，並訪察俄國山川險要及民情國力 [33]。

　　1712年6月5日（康熙51年5月13日），理藩院致書西伯利亞總督加加林，告知他圖理琛使節團將假道俄國出使至 土爾扈特的緣由，請予以方便。當時俄國的商務專員胡佳科夫正率領第七次的商隊在北京進行貿易，理藩院因而召他到該院衙門，請他護送中國使節團到目的地去，凡使節團所需要的糧秣、車馬，均希望俄方妥為供應。清廷在尚未得到俄方回信之前，即命使節團於6月15日啓行離京。臨行前康熙皇帝親頒訓令，對處理土爾扈特及俄羅斯事，均有週詳的指示。8月13日，行至色楞格，俄方以軍禮相迎，然後停留在該城達六個月之久，俄廷的訊息和護送的人員方才到達。1713年初，始自色楞格出發，8月14日到達托博爾斯克，與西伯利亞總督加加林相見會談，加加林說沙皇彼得一世已經獲悉中國使節團的行程，但他現在軍前指揮對瑞典的戰爭，否則沙皇一定非常願意接見中華帝國的來使 [34]。使節團亦告知加加林：東正教會駐北京的司祭年歲已老，急需遣人替代。同時又傳達康熙皇帝的旨意，請俄方代覓一外科良醫，送北京宮廷服務，此外並互相報告雙方的國情，盡禮而別 [35]。8月21日，自托博爾斯克出發，11月26日到達喀山（Kazan），12月到達辛比爾斯克（Simbirsk），再經過薩拉托夫（Saratov）繼續前進，1714年6月5日度過伏爾加河，7月1日到達察里津（Tsaritsin）附近阿玉奇的遊牧地 [36]。雙方以宗邦與臣屬之禮相見後，阿玉奇汗向使節團詢問中國之事甚詳，並請使節們仔細考察俄

33　《匯編》，頁97。
34　何秋濤《朔方備乘》，卷43〈異域錄〉，頁37-38。
35　同前註，頁36。
36　《匯編》，頁100。

國情形，凡所見者應詳盡記述，奏聞清帝 [37]。使節團停留兩週後仍由原路回國，12月2日經過托博爾斯克時，遵照康熙帝的旨意，攜帶修士大司祭伊拉里昂、司祭、輔祭、教堂助理及僕役共十餘人同行，於1715年4月20日（康熙54年3月27日）抵達北京。這批俄國來的教會神職人員備受禮遇，供養豐厚。對護送使節團的軍役人員也都以厚禮遣還。理藩院遵照康熙皇帝的指示，於同年4月寫一封信給西伯利亞總督加加林致謝 [38]。這次同來的北京伊拉里昂就是前一節提到在1719年逝世的第一屆駐京大司祭。

據圖里琛所著「異域錄」的記載，此行共歷時三年零十個月，其中對俄國的氣候、山川、樹木、沿途物產等方面記載較詳，人情風俗、政情、國力等方面則較略，圖里琛在卷下並說他以後又曾兩次奉旨前往俄國境內，辦理公務 [39]。但卷下後部篇章脫落不全，所遺漏的事實，已無法搜考。

五、俄國伊茲瑪依諾夫的使華

自從1719年清廷向西伯利亞總督提出暫停北京中俄貿易的通知後，俄政府感到非常不安，為了保持其貿易上的優厚利益，決定派遣大使前往中國，與清廷重開談判。1719年4月，俄廷委派禁衛軍上尉伊茲瑪依諾夫（Count Izmailoff, 1685-1738）為特命全權遣華大使，以圖解決因日久弊生的商務糾紛。伊氏為丹麥後裔，曾奉俄沙皇彼得一世之命，到丹麥軍隊中習軍事，回俄後在禁衛軍中服務，1710年又奉命到丹麥擔任一項外交使命，且受封為伯爵。他啟程赴北京之前，俄政府的外交委員會和商務委員會都曾頒發非常詳盡的訓令，指示伊氏要設法與清廷締結通商條約，讓俄商可在中國全境自由經商，在北京設立領事

---

37 何秋濤《朔方備乘》，卷44，頁30、31。
38 《匯編》，頁101、101；Gaston Cahen, *op. cit*,. p. 56、57.
39 何秋濤《朔方備乘》，卷44，頁53。

館，在各省設置副領事，副領事應有權處理在華俄人彼此間的一切糾
紛，也有權裁決俄商的犯罪行爲。爲了避免與中國官員發生種種爭執，
俄廷此次決定國書上尊重清帝爲陛下，以代替從前所用的殿下 40。

　　1719年7月16日，伊氏攜帶國書，自彼得堡啓程；他率領兩名秘
書，其中一名是1714年到過北京的郎格，一名譯員，一名蘇格蘭的醫
生貝爾（John Bell），兩名數學家，一名禁衛軍軍官和三名士兵，還有
一名從托博爾斯克派出的神父，9月7日，再從莫斯科出發，12月16日
到達托博爾斯克，1720年3月30日抵達伊爾庫茨克，在此又有一位當地
修道院的修士大司祭加入他們的行列。5月27日到達色楞格，即時派人
到中國國境方面去報信。伊氏一行人在色城停留了十四個星期，等待
北京的消息，最後，接待人員到達，允許伊氏率領九十名隨從人員前
往中國。9月16日，由色城出發，穿過草原地帶，歷時四十多天，抵達
長城境地，接近北京時，即有一批接一批的貴族和官員受清帝之命前
來，向伊氏表示歡迎並致賀之意，當清帝獲悉伊氏在途中患病時，即
從北京派遣醫生前往診治，並時刻守護不離。11月18日，伊氏騎著御
馬，在鼓樂聲中及士兵的簇擁下進入京城，環遊許多街道後到達賓
館，接著就有三位大臣前來歡迎，並收受國書的副本。11月28日，伊
氏一行乘八十匹駿馬赴郊外的離宮，覲見康熙皇帝。入宮以後，由秘
書手捧國書前行，近大殿御座伊氏接過國書，與隨行人員一齊跪下，
康熙皇帝親手接過國書，從容向伊氏說明：由於尊敬俄國皇帝，把他
看作自己平等的朋友和鄰人，所以撇開過去的傳統慣例，親自從使臣
的手中接受國書。伊氏行三跪九叩禮後，即被安排在御座右側的貴賓
席上就座，接受御宴 41。

　　12月2日，俄使臣伊氏再度入宮覲見康熙皇帝，呈送沙皇的禮品，
康熙皇帝說上一次是用中國禮節，此次可用他們本國的習慣吃喝和娛
樂，不必拘於禮節。同月5日，伊氏第三度入宮，進獻他私人的禮品，

40　《匯編》，頁106、107-109。
41　《匯編》，頁106、109-115。

康熙皇帝問他是否到過很多國家，隨後就與伊氏一同看了很久的地圖，又交談了有關歐洲各國的情況，伊氏也提到康熙皇帝對天文學及其他學術的研究與成就，歐洲各國均已傳聞，並深爲欽佩。次日，朝臣向使臣宣佈清帝的諭旨：開放賓館，使節及隨從人員可任意赴各處自由行動，也允許任何人到賓館訪問俄使，還明示理藩院官員應聽取俄使的建議[42]。

　　俄使一行人員在北京停留了三個多月，被召入宮覲見清帝共達十二次，其中參加過閱兵典禮和射獵，詢問歐洲的情況，討論兩國天文學及其他科學的進展，參觀過清帝的內宮、御座、儀仗、地球儀及其他珍品。多次都是不拘儀式而廣泛的交談，至於沙皇和伊氏本人所贈送給康熙皇帝的禮品，都顯示出含有中西文物交流的意義，如沙皇的禮物中包括英國自鳴鐘、寶石懷錶、羅盤、數學製圖儀器、望遠鏡、顯微鏡、晴雨表和珍貴的毛皮等。伊氏本人所贈送的則包括金錶、金煙盒、法國銀劍、名種的俄國狼狗、法國獵狗及丹麥名馬等。清帝回贈的禮物包括東方珍珠、琺瑯金碗、花盆、精緻器皿、錦緞、綢緞等等，都是中國土產中的精品[43]。

　　自1720年12月18日起，俄方使節與清方官員展開多次談判，至1721年3月2日止，雙方共交換了十二件信函和備忘錄，顯示中國官員一絲不苟，與康熙皇帝寬容大量和富有彈性的風度形成明顯對照。這些換文的主要內容包括下列各點：

　　1721年1月2日，理藩院通知伊氏：蒙古西北邊境有七百二十七名清帝國的蒙古屬民，殺人越界，逃入俄境，要求俄方依尼布楚條約規定，從速遣返。伊氏以其不屬授權範圍，不願處理，後來因清廷的壓力才讓步，派隨員去向西伯利亞總督建議，促其從速遣返這一批逃人，但以清政府允許伊斯托普尼科夫率領的商隊入境爲交換條件。

　　關於伊氏要求締結一項商務條約之事，清方官員認爲俄人來京貿

42　《匯編》，頁115-116。

43　《匯編》，頁116。

易，必須跋涉長途，備嘗辛苦，實爲一種沈重負擔，加之俄國商人又常打架鬥毆，酗酒胡行，造成中國方面諸多損失。貿易本一小事，不值得爲此而造成雙方邦交上的巨大傷害。今後如能尋出一條捷徑，自托博爾斯克經額爾齊斯（Irtysh）河及阿爾泰地區，到達中國國境，中國政府就願意在邊境上建立一座城市，以爲雙方貿易之所。商談很久，清方准許郎格以商務代辦名義留駐北京，由中國政府承擔其生活費用，又允許在色楞格等待已久的伊斯托普尼科夫商隊到北京貿易（即前此要求入京的第十一次商隊），惟以二百人爲限。同時理藩院也應允發給一百張蓋有火漆印的證書，交由俄使攜回俄國，自後凡是持有此種證書的俄國商隊，仍可前往北京貿易。但在前項逃入俄境七百多名人犯未遣返以前，拒絕與俄方締結通商條約。

此外清廷也通知俄使：由於俄人在額爾齊斯河一帶及鹽湖附近的許多地方建立了不少的要塞，而這些土地都是屬於中國的，所以中國方面也打算在額爾齊斯河流域建立一座要塞，並駐紮軍隊。最後，清帝在答覆沙皇的信件中指明劃定中俄國界的重要性，希望俄方從速派遣使臣來華劃定蒙古地區北部的邊境。

1721年2月23日，伊茲瑪依諾夫最後一次前往北京西郊行宮覲見清帝辭行，康熙皇帝召伊氏和兩名秘書到御座前，親自賜茶敬酒，允許他們行吻手禮，然後又握住伊氏的雙手久久不放，誠摯的保證對俄帝始終不渝的情誼，許諾答覆俄帝的信函和對郎格的眷顧，承允一俟返回北京城內皇宮時就接受郎格的委任證書。最後祝他們旅途平安而別。

同年3月2日，伊氏與其隨行人員分乘九十匹駱駝和九十匹馬離開北京，由一位官員陪送。很顯然的，駱駝是用以載運貨物，馬匹是充當俄使團人員的座乘。4月8日，到達色楞格。4月13日離開色楞格，於1722年1月23日才抵達聖彼得堡。然後伊氏曾向俄政府遞呈了一份出使報告：記述他旅途所見所聞，沿途地方的城市村鎮及物產的情況 [44]。

---

44 《匯編》，頁116-120。

　　伊氏回返俄國後，郎格繼續留在北京一年零五個月；他在商務與外交兩方面的任務，都沒有完滿的達成。因爲當時清廷要積極辦理的是索還七百二十七名逃往俄境的蒙古人犯，而俄方所竭力要求的則是伊斯托普尼科夫商隊進入北京的批准。雙方都輕視對方之所重，而重視對方之所輕，長期達不到一種平衡的共同結論。但無論如何，由於康熙皇帝善意的特許，談判官員終於讓步，允准俄商隊入境，並於1721年9月29日順利的到達北京。但是俄貨定價太高，引起官員的不滿，因此公開低價拋售國庫的貂皮以爲抵制，使俄國商隊的貿易蒙受相當損失 [45]。

　　最使清方官員感到不安的是蒙古逃犯和西北邊境情勢的演變；由於俄方藉口他們認定國籍的標準與中國的不同，堅持要調查當中俄締約的前後這七百多名逃犯究竟落籍在那一邊之後才能確定，因此遲遲不遣。同時又發生俄廷與準噶爾領袖互遣使臣舉行談判之事，更使清廷不能容忍。加之從前清帝當面囑託俄使伊茲瑪依諾夫向俄國沙皇呈報劃定蒙古邊界一事也久無回信。清廷綜合這些因素，經過一番考量之後，決定暫停中俄之間的貿易。是年4月中宣佈驅逐庫倫的俄商，5月通知郎格和伊斯托普尼科夫商隊，要求他們最好在7月啓程回俄，等到上項問題解決以後再來中國貿易。1722年7月17日，郎格奉召前往北京郊外行宮向清帝辭行，康熙皇帝接見他的時候表示驚訝，爲何至今未得到俄廷有關蒙古逃犯的任何答覆。還有俄廷與準噶爾互通公文也是不友好的行動，雖然如此，康熙皇帝仍舊重申他對俄帝的友誼與和平的願望始終不渝。最後，康熙皇帝祝郎格旅途平安，希望他能很快的再回中國。郎格隨即離開行宮，當天下午就與商隊啓程回國 [46]。

　　然而，這些糾紛卻一再延誤而未能早日解決，雙方不友好的行動日益增多。康熙皇帝也於1722年12月9日（康熙61年11月13日）逝世，清廷的對俄政策也因統治者之更迭而出現轉變之機。

45　《匯編》，頁125-126。

46　《匯編》，頁122-126。

六、薩瓦之使華與布連斯奇條約及恰克圖條約之簽訂

　　自從1721年初起，因為發生七百二十七名蒙古叛民逃入俄境之事以後，清廷即與俄方爭論不休，雍正皇帝即位之後，情勢也並未和緩，每年都要幾次派人員到色楞格去，要求俄方引渡，俄方一直藉口尚在調查之中，不予確實的答覆，以致清廷理藩院的官員年年都是空勞往返。無論中國方面把逃犯的問題看得如何緊急，俄方都沒有相當程度的回應，只是積極籌備商隊的派遣；尚在俄方商務代表郎格和伊斯托普尼科夫商隊被逐出北京之前，俄廷即已委派了一名特列季雅科夫的商務專員，率領了另一支官家商隊，於1722年7月20日自俄京啟程，前往中國。1724年2月1日，到達伊爾庫茨克，當地長官隨即派人到中國報信，請求接待。中國政府不但拒絕商隊入境，同時也一併拒絕英諾森(Innocent)主教前往北京就任神職的要求。幸好就在這一年郎格在當地的簿冊中發現有二十六名男人和五十八名喇嘛，未曾編入俄籍，應該遣回中國，乃於3月2日對清廷理藩院發出公文，請派專差前去交接。7月10日，清廷派遣的兩位大臣到達色楞格，首席是議政大臣一等公鄂倫岱，為雍正皇帝的堂弟。另一位是理藩院尚書特古忒。他們與郎格會談的結果，是先接收俄方交還的八十四名逃人及其妻室兒女，帳篷和牲畜，解送到中國邊境。繼則要求交還全部逃犯。其餘事件，則等待俄方派遣的全權特使到達北京後，再行談判決定[47]。

　　1725年1月彼得一世病死，其妻凱薩琳一世(1725-1727)繼位。由於彼得早在1724年即已接受俄政府外務委員會的建議，要派一位官階顯貴的人士出使中國，舉行談判。此項政策業經朝議確定，凱薩琳乃藉祝賀清廷雍正皇帝即位和宣布她本人繼位的名義，於1725年6月18日，正式任命四等文官薩瓦(Sava Vladislavich)伯爵為特命全權大使出

---

47 《匯編》，頁132-134；Gaston Cahen, *op. cit.*, pp. 89-90.

使中國。薩瓦爲希臘後裔，是一位經驗豐富的商業鉅子和外交家。他率領的隨員達一百二十人，包括秘書、翻譯、商務代表郎格、武官布霍利茨(Bukholts)上校、宮廷與帝俄科學院的測繪專家六名、近衛軍少尉一名、軍士銜衛兵一名、使臣私人神父一名、醫生一名、往北京習滿漢語的學生二名，外加衛士一千五百名。英諾森主教此次也同行前往北京。同時攜帶著凱薩琳女皇贈送給雍正皇帝的禮品價值一萬盧布，贈送給其他中國人的禮物價值三千盧布。薩瓦本人贈送給清帝禮品的價值也達一千三百九十盧布 [48]。

　　1725年9月2日，帝俄政府的外務委員會向薩瓦頒發四十五條極爲詳盡的訓令，同時商務委員會也頒發了二十條訓令，9月14日又補發了一項密令。綜其內容，可分列爲四點如下：

　　(1)商務：使團最重要的任務爲締結通商條約；最低限度應恢復以往商隊貿易的權利；准許特列季耶科夫商隊隨同使團進入中國；俄商享受免稅優待；在北京設常駐商務領事；准許俄商在中國全境自由貿易；商隊不限人數。如能達到貿易上各項利益要求，對疆界的要求不妨讓步。

　　(2)疆界：使團必須從速繪測俄中邊境的山川地理，製成地圖，爲達到此目的，不惜拖延劃界的期限，以爭取準備的時間。無論如何，俄國決不能放棄貝加爾湖、烏丁斯克、色楞格、尼布楚等地區的土地及礦藏，也不能讓中國在額爾齊斯河上建築要塞。

　　(3)逃犯：強調除前面所述八十四名逃人業已引渡外，其餘的不再遣返。如因此而影響到貿易談判，則可另行考慮。

　　(4)傳教：使團應竭力設法攜同英諾森主教及其隨行神職人員進入北京。請求清廷允許他們在北京自由的主持教務，赴各處探視教徒。在北京修建一座東正教的教堂。

　　爲達到上項目的，使團應設法在北京尋取西洋各國在華耶穌會士

---

48 Gaston Cahen, *op. cit.*, pp. 90-94；《匯編》，頁143-145。

的幫助，以允許他們在西伯利亞有通郵與過境的自由爲報酬。密令中
指示薩瓦應偵察中國的山川形勢、物產資源和各城市的軍事防務情
形。到達北京之後，應收集當地軍政情報，包括軍隊的人數、武器裝
備與其他國家相互接觸的情況。

　　薩瓦於收到了各項文書和上述數種訓令之後，又領取了旅途用費
三千盧布，年薪六千盧布，執行公務及物品等費用三千盧布，各項禮
品共計一萬四千三百九十盧布。他本人攜帶的商品價值計達二萬盧
布。分載六十輛大車，於1725年10月12日自聖彼得堡啓程，12月27日
從莫斯科繼續前進，1726年1月24日抵達托博爾斯克，4月5日才抵達伊
爾庫茨克。使團在此地安排了一項重要的工作，就是派遣測繪員分組
進行俄中邊境的「勘查」地形：一組向西，另一組向東，兩個月後，
以勘查的資料分別繪製詳圖，並附關於這些地區的自然地理、人種志
及當地各民族與俄國之關係的報告。這些精心繪製的地圖和報告，日
後都用作有利於俄國劃界的根據 [49]。

　　1726年8月21日，薩瓦使團離開色楞格，24日，抵達恰克圖附近的
中國邊境布拉河。清廷大臣在此很熱情地接待他們。使團於9月2日從
布拉河啓程，10月10日抵達卡爾甘城（即現在的張家口），受到了官方
的鳴砲歡迎，出席了以皇帝名義招待的宴會，並欣賞了中國喜劇。10
月21日進入北京城，受到共約八千名步兵和騎兵的夾道鳴槍歡迎，沿
途鼓樂齊奏，舉槍致敬。到賓館後，即有兩名高級官員前來祝賀，設
宴款待。此種歡迎活動，延續了十天。11月4日黎明，薩瓦大使與郎格
乘坐轎式馬車，使團人員則分乘三十匹馬，魚貫入宮，晉見清帝，經
過五道宮門，在持續了一個小時的鳴放禮砲聲中，最後到達了皇宮正
殿，薩瓦大使和他的五名隨員步入大殿，行三跪九叩禮，奉上國書，
雍正皇帝雙手親自接過，命理藩院尚書轉向使節人員宣示：當今皇帝
陛下將遵循他父皇的一貫政策，與俄羅斯保持令人愉快的和平與友

---

49 《匯編》，頁137-143、145-146，腳註1、2、3、147。

誼。對偉大的俄羅斯女皇委派如此顯要的使臣前來中國，感到十分欣
慰；因此特以超出所有外國使臣均未曾享有的優渥禮儀來接見使臣；
兩國締約以來，迄無重大事故；至於邊境所發生的小糾紛，期待與使
臣定議，消除此類爭端。薩瓦大使亦致頌詞，祝賀清帝承襲皇位，願
皇上御體安康，政務順遂；請求指派大臣，舉行會議，希望消除邊界
上的糾紛，給予由此造成的損失賠償；恢復睦鄰關係[50]。

　　雍正皇帝爲回應俄使頌詞中的要求，隨即委派了三名高級大臣擔
任與俄方談判的任務。這三名大臣即吏部尚書查弼納、理藩院尚書特
克忒和兵部侍郎圖理琛。由法國的耶穌會士巴多明（Father Dominigue
Parremin, 1665-1751）擔任翻譯。兩方談判持續了七個多月，會議了三
十多次，先後提出了二十份草案；對條約的每一條款在口頭上與書面
上進行爭論也達二十次。清方代表認爲邊界劃分與遣返逃犯等大問
題，遠比俄方堅持的主教駐京、商隊入境、國書形式、信使常通等細
微末節更重要得多，雙方反覆爭論，相持不下。不過薩瓦在留京期
間，已經結識了翻譯人巴多明神父和大學士馬齊，請他們協助談判問
題之解決，如果結果有利於俄國，他承諾將贈送他們若干禮品以爲報
償。他們也確實曾以清廷談判代表的心態和策略相告，暗示談判雖是
艱難不順，但和約終將告成。僵持了半年有餘，清廷終於自動的在貿
易等問題上讓步，與俄方約定暫時不在北京簽約，只確立幾項原則爲
談判的基礎，再派遣三名全權大臣前往邊境，了解當地的情勢，搜集
有關的資料，然後把所有的問題作一終結的決議。受命前往邊境的三
名大臣是皇舅隆科多；蒙古郡王策凌和圖理琛[51]。

　　議定之後，薩瓦大使於1727年4月19日偕商務代表郎格和秘書格拉
祖諾夫（Glazulov）到北京郊外的行宮去覲見雍正皇帝，向他辭行，得

50　《匯編》，頁148、149、152-154；嵇璜《皇朝文獻通考》（上海：商務
　　印書館，1936年），萬有文庫版，卷300，〈四裔〉八，頁7485。

51　《欽定大清會典事例》（嘉慶23年敕修，有1818年序。北京：1899年初
　　版，1909年再版），卷752，頁13；A.W. Hummel, op. cit., Vol. l, p. 561；
　　《匯編》，頁154-155、160、165、169。

到雍正的溫詞慰問及誠意維持兩國友誼與和平的保證,隨後又接受盛宴款待。4月23日,薩瓦、郎格等一行離開北京,與他們同行的清方代表為圖理琛。6月14日,行達邊界,也就是距離色楞格一百俄里的布拉河畔,在此處與清方另外兩位大臣隆科多、策凌及其他十四名官員相會,他不顧中國大臣的異議,強行在此處河岸安營駐紮,調集了七百多名軍役人員作為護衛,堅持要以此處為會議地址,清方與他們爭論了九天,因不願談判破裂,勉強同意[52]。

6月26日,雙方開始談判,清方代表為隆科多、策凌、圖理琛,俄方代表以薩瓦為首,另有郎格、格拉祖諾夫和宮廷侍臣科雷喬夫(Kolichov)三人參加。談判初期清方首席代表隆科多態度堅決,毫不退讓,會議停滯不進。薩瓦一方面在邊境調集兵力,實施威脅,另方面聯絡馬齊與巴多明在北京為他活動,使雍正皇帝聞悉邊境上的情況,雍正不願談判破裂,乃藉故將隆科多調回北京,另派內務大臣伯四格參加會議,以策凌為首席,策凌雖為蒙古郡王,但對蒙疆邊界事務並不深悉,只因為皇室駙馬而得當重任。他改採退讓政策,談判情勢急轉直下,終於在1727年8月20日(雍正5年7月15日)雙方同意,簽訂布連斯奇劃界條約。此一條約有滿、蒙、俄、拉丁四種文本,代表俄方簽字者為薩瓦與格拉祖諾夫,清方為策凌、伯四格、圖理琛。約中規定清屬蒙古地帶的邊界:以恰克圖與鄂爾懷圖山之間的第一個鄂博為起點,由此向東至額爾古納河;向西至沙畢納伊嶺,北部歸俄國,南部歸中國。互換此一條約後,雙方即派出界務官,分組出發,到邊地勘分國界,格拉祖諾夫會同湖畢圖與納延泰劃定恰克圖以東的地段,同時俄宮廷侍臣科雷喬夫與清方的伯四格、寶福、額爾布坦劃定恰克圖以西的地段。勘定之後,雙方在東向沿邊設置了六十三個界標,在西向沿邊設置了二十四個界標;各界標處都設有卡倫;雙方並

---

52 《匯編》,頁162、163、165。

互換了土地分界的文據[53]。

此一界約並不能單獨成立，還要逐條寫入即將簽訂的總條約之中。經過了長期的磋商與等待，總條約終於由雍正皇帝親筆修改，互相校對就緒，才分別在北京與邊地簽訂；清廷簽署(蓋皇帝的玉璽和大臣副署)的日期是清雍正5年9月初7日(俄曆1727年10月21日)。俄方是到互換此一總條約之前始行簽署。此一恰克圖總條約的互換典禮是在恰克圖附近俄國營帳內舉行的，日期是1728年6月14日。典禮中雙方代表起立，俄使把他親筆簽署的俄文、拉丁文條約正本交給清方首席大臣郡王策凌，同時策凌把滿文、拉丁文、俄文條約正本交給俄使。然後相互鞠躬，並祈上帝賜福和持久的和平。雙方文武官員也相互祝賀，隨即設宴、祝酒、拜會而別[54]。

清俄為締訂此一條約，雙方在北京和邊界談判了三年，舉行了五十八次會議，提出了很多的爭論，遇到了不少的障礙，至此總算完滿告成。此一總約稱為恰克圖條約，全部約文共分十一條，簡述如下：

(1)兩大帝國永久保持和平。

(2)過去發生的不睦事件不再追究，今後要交還逃人。

(3)根據已作的劃界記文(包括布連斯奇界約的全部內容)劃分俄國與蒙古之間的領土界線。

(4)准許自由貿易；商隊每三年到北京一次；買賣免稅；雙方將在恰克圖和尼布楚附近建立經常貿易的集市。

(5)由清帝出資為俄人建築使節和商人居住的館舍及東正教教堂，允許信教自由；准四名任神職的俄籍神父及六名學習語言的學生入駐北京，均由清帝供給膳宿之費。

(6)有關國家事務，由俄樞密院與中國理藩院互通公文；或由俄方

53　《匯編》，頁174；Gaston Cahen, *op. cit.*, p. 98；《沙俄侵華史》，1卷，頁164、165；蔣良麒原纂，王先謙改修《東華錄》(雍正5年8月乙巳)，卷5，頁44、45。

54　《匯編》，頁181、182，腳註1。

邊境軍政長官與蒙古土謝圖汗互通公函。

(7)烏第河地帶仍保留爲未劃界之地。

(8)兩國邊境長官應迅速並秉公處理一切事務。

(9)關於應如何接待和供應使臣及信使膳宿的規定。

(10)逃兵、逃犯、越境行竊、殺人者和其他逃民，應按不同情節依法判罪。

(11)條約互換後，應將副本向邊境居民公布[55]。

由此一總約中所包涵的布連斯奇界約內容可以看出，俄國乘劃定邊界的機會，獲得了大量原來不屬於它的土地，這一點在郎格寫給薩瓦的報告中即已證明，他承認此次劃界，致使「……在很多地方都有大量空曠的蒙古土地，併入了俄羅斯帝國……」。格拉祖諾夫在報告裡也自承他在劃分地界時，把契科伊河上游有良好黑貂獵場將近三百俄里的地區劃在俄國境內；還把具有天然鹽湖約一百餘俄里的地區劃歸俄國所有；又把額爾古納河直至源流的地區也劃歸俄國，具體地說，就是貝加爾湖一帶和唐努烏梁海以北葉尼塞河上游地區，都被劃入了俄國的版圖。清廷之所以讓步，完全是由於雍正皇帝自行刪減了數項爭議不休的條款[56]，以圖結束拖延已久的締約談判，因爲當時準噶爾尚在新疆北部頑抗，時時有兼併蒙古的企圖。他寧犧牲邊界若干土地以換取俄國的簽約，安定北疆，保全蒙古。然後才能放手進兵準部，鞏固西疆。就安邊制敵的觀點而論，雍正的策劃，比之康熙尤勝一籌。

在兩國貿易方面，俄國也獲得了相當大的滿足，商隊可以重入北京；恰克圖與額爾古納河岸的祖魯海圖，都設置經常性的貿易圈，以便兩國商人在邊境上從事交易。北京東正教教堂的建立，以及學習滿漢語文的俄國學生之居留，都在條約中得到了固定的承諾；並得到清

55　《匯編》，頁178、179、181-183、389-394；《沙俄侵華史》，頁266-268。

56　《匯編》，頁174、175、178、373、374、376-378。

廷經費的支持和優渥的禮遇[57]。此一條約互換以後，兩國代表顯示已
經解決了一件大事，分別各賦歸程。清方大臣於6月18日自恰克圖啓程
經庫倫回返北京。薩瓦則在恰克圖多留住了數日，對地方商場之設置
和邊境的防務，都作了必要的部署。然後於7月3日由水路離開色楞
格，8月2日抵達葉尼塞斯克。11月17日經過托博爾斯克，12月18日到
達莫斯科。隨即向宮廷呈交了他帶回的禮品和兩份條約的原本。在他
一部題爲「中國之力量和狀況的秘密情報」的著作中，附帶的表示兩
點意見：一是沒有重大理由，不要和中國人交戰；二是關於在增加人
員、現金、軍糧、槍炮及其他軍需品方面，如何儲備國力，以供將來
作戰的需要[58]。俄人在18世紀的初期已懷抱此種遠見，中國人實在應
該警惕。

七、清廷首次遣使赴俄廷報聘

　　雍正皇帝不但在締約保疆的行動中表現得非常積極，並且還自動
的突破傳統慣例，派遣大使出國，遠赴俄廷報聘，進行重要談判。此
事誠爲中國與一個歐洲國家外交活動中的一件創舉，然而所有清朝官
修史書對此事竟一字未提，這意味著有關此事的文獻必是爲了某種原
因而全部銷毀了。至於私人著述，間或有一兩種道及者，大概也因清
朝厲行文字獄之故，隱諱而不敢多言，僅寥寥數語，以致沒有引起我
國史學家的注意，因而忽略了此一史實的存在。爲使此一重要史蹟不
致長期的湮沒不彰，本節將傳述一些由國外蒐集而來的資料，以補我
國國史之闕遺。

　　俄國保存著的清俄外交文獻中，有一件雍正7年(1729)5月初6日發
自北京理藩院的公函，文中宣示：滿清皇帝因爲俄國沙皇曾派使臣至
北京賀其即位之故，即將派一使節團至俄京報聘，以表答謝之意。俄

57　何秋濤《朔方備乘》，卷13，頁3、4。
58　《匯編》，頁191、395。

廷於9月29日收到此一公函，沙皇彼得二世（Peter Ⅱ, 1727-1730）於10
月23日覆書，宣明已訓令俄國文武官員，將以完備的禮節迎接中國使
臣於國界，並護送其至俄京。同月31日，九等文官格拉祖諾夫（曾隨薩
瓦大使到過北京）接受沙皇彼得二世的訓令，馳赴色楞格，負責恭迎中
國的使節。因爲清廷通知俄廷的公文發出後不久使節團即已啓程，及
至他們於8月11日到達了恰克圖的時候，俄京尚未收到是項公文，於是
使節團全部人員就在那裡等待了六個多月，到1730年的2月，正準備回
返北京之際，才得到俄方的通知，請使節團到色楞格去。3月3日，格
拉祖諾夫到達色城，即刻與中國使節團取得聯繫 59。

清廷派遣的使節團分爲兩組，第一組遣至俄廷，第二組遣至土爾
扈特汗國，每組有五位成員，以托時爲最高領袖，共率領隨從人員四
十八名。托時是滿人，此次使俄，攜帶的有雍正皇帝慶賀俄國沙皇即
位的禮物，並有理藩院致俄廷樞密院（Senate）的文書。至於使節團的
主要任務，要等到覲見沙皇時再作口頭報告。使節團於5月31日從色楞
格啓程，8月11日到托博爾斯克。11月30日才再從托城啓程，一共乘了
一百八十一部馬車，向莫斯科進發 60。

當時俄國的沙皇彼得二世已於1730年1月18日正在他結婚的前夕逝
世，繼位的是他的姑母安妮（Anne Ivanovna, 1730-1740）。使節團與護
送官格拉祖諾夫相互同意，這個消息等使節團到達莫斯科後再行正式
宣佈。1731年1月9日，抵達莫斯科近郊，在亞列克謝耶夫斯基
（Alekseevskii）村停留下來休息，準備入城的一切儀式。第三天，俄政
府大臣的柯爾巴托夫（P. Kurbatov）代表各位大臣前往祝賀，並致送禮
品。1月13日，使節團又移往坐落在城郊屬於前樞密大臣薩特科夫（F.
Saltykov）的府第，隨即受到盛宴的款待，並派宮中樂隊演奏音樂佐

59 清廷所言賀使，係指1726年到北京的Sava Vladislavich大使，詳情已見
上節；Mark Mancall China's First Missions to Russia, 1727-1731, in *Papers
on China* (Committee on Regional Studies, Harvard University, 1955), Vol.
9, pp. 85-86.

60 《匯編》，頁199。

膳。次日，使節團分乘九輛馬車進入莫斯科，行至紅場，受到鼓樂及鳴砲三十一響的敬禮。15日，樞密大臣斯捷潘諾夫（Stepanov）至使節團住所拜訪，傳達女皇問候之意。21日，斯氏再度拜訪，詢問使節團此行的主要目的，使節團回答說，他們是被派遣來慶賀女皇的即位和致送禮品的，並且攜帶了理藩院致樞密院的公函。尚有北京朝廷的其他訓令，他們將在與樞密院會談時再作口頭傳報，最後還提到他們原來未期望有覲見女皇的榮寵，如果女皇陛下願賜予使臣一次進侍之機，他們極願面達清帝的祝賀之忱。幾次會商，獲得一致的結論，即滿清皇帝的禮物，將於1月26日使節團覲見女皇時當面進呈[61]。

　　陛見之日，使節團所攜禮物，分裝十八個大箱，排列在禮車之前，由兵士們分別抬著先行，使節團則乘坐九輛轎式馬車，先後向克里姆林（Kremlin）宮進發，行至宮前，接受儀隊鼓樂的敬禮，隨即展開三度歡迎的儀式：第一次在宮門外的平台，第二次在宮門，第三次在陛見殿的入口。只有一部分品位高的使節團團員獲准入殿，使節團入殿後，向女皇下跪，將金色錦緞的國書遞交首席國務大臣，首席大臣再呈放在御前的案上。使節團團長托時依然跪在殿前，發表一篇簡短的演講：恭賀女皇陛下繼承俄國皇位，轉達清帝對女皇之永恆友誼，向女皇問安，祝願女皇陛下永遠順遂，如同太陽永放光芒。女皇亦致答詞，然後全體使臣行三叩首禮，再度以使臣自己的身分發表了一篇祝詞。又重行三叩首之禮，始退出宮殿，返回駐節的官邸，接受女皇的賜宴，此次安妮女皇收到的禮品有金鞘寶劍一把、金絲鑲滾的銀貂、錦緞、瓷器及精美的漆器等[62]。

　　使節團的真正目的，在其致俄國樞密院的公文中透露出來。此一文書的開始，把中亞的情況作了一個簡短的敘述，隨即就提出四項建議：第一、滿清皇帝在其征討準噶爾的軍事行動中，清軍或有越入俄境追捕逃兵之必要，在此項行動發生之時，希望俄方不要採取抗禦的

----

61 《匯編》，頁199、200、202、203；Mark Mancall, *op. cit.*, Vol. 9, p. 87.

62 《匯編》，頁204、205；Mark Mancall, *op. cit.*, Vol. 9. pp. 87-88.

措施。第二、清廷承諾將來佔領準噶爾時，可讓一部分與俄境鄰近之土地予俄國，以爲報酬。第三、如果準噶爾的部眾有降俄方者，希望俄方將其部酋解送清方議處，部眾則請俄方將其禁錮於有嚴密禦防設備的地方，以免其再聚結在邊境作亂。第四、請求俄廷儘速護送使團的人員到土爾扈特去，並請設法早日護送兩個使節團返回中國。這些建議都陳述得非常技巧，企圖解決滿清帝國在中亞所面臨的一些問題爲主旨。在陛見女皇時的頌詞中也曾簡短的陳述。俄女皇當時的答詞與以後談判的結論大致相同，包括下列的四點：第一、女皇的願望是兩國邊境的安寧，因之滿清帝國的軍隊應該以友好的態度來維持和平。第二、女皇雖不贊同外國軍隊進入俄國的領土，但她爲保持兩國的友誼之故，願勉從滿清皇帝的要求。至於分割準噶爾鄰近俄國的土地問題，屆時當再與中國協商。第三、如果與滿清皇帝爲敵的軍隊逃入俄國領土，俄國官吏將受命去監視那些越界的亡命之徒，使他們不致有任何反抗滿清帝國的舉措。至於解送個別部酋至清方議處之事，將視日後情況如何而定，如有必要，雙方屆時當再舉行談判。最後有關清廷遣使去土爾扈特一項，女皇爲兩國親善之故，特允該使節團前往，但自後清方與土爾扈特之間的一切溝通，均需經由俄廷樞密院轉達，而且土爾扈特業已被認爲女皇陛下的臣民，有關該部事務，還需聽候女皇的命令與裁決 [63]。由此可以看出，清廷所獲得的是俄方對清兵越界追擊敵人與羈留逃亡之徒的承諾，但締結引渡條款的請求被婉拒。此次以後，與土爾扈特的直接溝通也遭到否定。

俄曆1730年1月28日爲安妮女沙皇二十二歲的生日，因此清廷的使節團又被邀請至宮中參加宴會，會後清俄雙方還舉行了部長級的會議。3月1日，使節團又被邀至樞密院進見國務大臣哥洛夫金（Golovkin）、副大臣奧斯特曼（Ostermann）、雅古申斯基（Yaguzhinsky）、代理樞密院院長車爾卡斯基（Cherkasky）親王等人，在會中對使節團所提出之案件

---

63 《匯編》，頁206-209；Mark Mancall, *op. cit.*, Vol. 9, pp. 88-89.

均一一予以答覆。3月2日，使節團再度入宮覲見女皇，向其告辭，一
切禮節與第一次覲見相同。3月8日，使節團分為兩組，同時自莫斯科
啓程；第一組直趨托波爾斯克。第二組去土爾扈特。直到11月才回返
到托波爾斯克與第一組會合，於11月30日一同繼續歸國的旅程，到
1732年元旦才抵達托姆斯克（Tomsk）。依照使節團所得的訓令，他們
應該與護送官員如樞密院秘書巴枯寧（Bakunin）之輩在此地舉行會議，
所討論的主題有四個：第一是有關轄靼人的問題；轄靼人為完全居住在
俄國領土之內的居民，卻同時向俄國和準噶爾兩個國家進貢，因而俄準
兩國都以宗主國自命，要求對轄靼人的管轄權。清廷既然有對準噶爾
採取軍事行動的計畫，當然對俄準兩屬的轄靼人問題頗表關切。第二
是有關俄國與準噶爾互遣外交使節的問題；準噶爾早就派有使節駐莫斯
科，而俄國也派有武官駐節在噶爾丹策凌之處，清廷對此，當然異常關
切，企圖盡力防止俄準締結同盟情事之發生。第三是要求俄國派遣一
個使節團到北京去報聘，以期有往有來。第四個主題非常奇特；清方企
圖通過俄國，派遣一個使節團到土耳其去，希望俄國予以可能的協
助。此事顯示清廷非常急切的想與立國於回教文化中心的國家建立外交
關係，以便對居住在滿清帝國以內的回民發生某些程度的影響。同時
也有大量的回民在準噶爾的統治之下，這不能不使清廷在對準噶爾採
取決定性的策略之前，期盼從土耳其的影響中，能獲得某些回教集團的
合作。對於這些問題，巴枯寧都未能給予明確的答覆。1732年1月8
日，使節團自托姆斯克啓程，2月14日到達中國邊境，謝別俄方的護送
人員，越過蒙古，向北京進發。據俄方統計，此次俄方為招待使節團
而耗費了兩萬六千六百七十六個盧布零九十九個戈比克（Kopecks）[64]。

　　此一使節團尚未回國之際，清廷已採取一項對俄國平民示惠的措
施；在1732年1月4日，俄國樞密院收到清廷理藩院於雍正9年（1731）4
月28日發出的一項公文，該文明白宣示：對俄國一般官吏及平民歡迎

---

64 《匯編》，頁205、206、219、220；Mark Mancall, *op. cit.*, Vol. 9, pp. 90-
　91.

與護送使節之殷勤週到非常感謝，為此特派專人立即運送價值十萬銀兩(十三萬盧布)的織金錦緞、各色皮革、南京棉布、花緞、粗絲織錦、素緞、絲繡、毛料、銀錠、各色寶石及成衣等禮物至中俄邊境，請俄方派遣官吏接收，並請代為分贈給一般吏民。6月15日，理藩院一名高級官員諾善押送上項禮品到達色楞格，色城指揮官布霍利茨上校按單簽收了上項禮品，分裝為四百六十八箱，運送到莫斯科去。運輸費達三千八百三十一個盧布零四十個戈比克。1733年2月12日，運達莫斯科。俄廷經過幾度的選擇與商量，到11月才把這些禮品分贈給五名權貴人士而並未惠及平民 65。

八、第二次遣使赴俄廷報聘

前面已經提及，俄國沙皇彼得二世已於1730年1月逝世，俄廷隨後把他的死訊和安妮女沙皇即位的國情正式通知清廷。因為清廷第一次的使節團所攜帶的國書是給彼得二世的，所以雍正皇帝為尊重俄方起見，立即派遣了第二個使節團攜帶著致送安妮女皇的國書，未及等待第一個使節團歸國，就首途赴俄。此次清廷所派使團也分為兩組，第一組是去俄廷的，共三人，以德新為領袖；第二組是去土爾扈特的，以班第為領袖。後者到達邊境時，得知俄國不允假道，遂折回北京。1731年4月21日，第一組去俄廷的使節團抵達恰克圖，團中成員有德新、巴延泰、秘書福盧及隨從人員二十名。第二次使節團啓程之時，第一次的使節團尚在途中，直至次年(1732)1月8日，兩個使節團在株凌(Chulim)河流域的赫達(Chardat)村相遇，並舉行會談，會談之後，各奔前程。在1732年2月18日第二使節團抵達托波爾斯克，4月18日，他們越過了莫斯科近郊的離宮別院，達到了亞歷山德羅夫斯基(Alexandrovsky)修道院的所在，停下來與俄廷派遣的第一位代表舉行

---

65 《匯編》，頁218。

會談。4月27日到達首都聖彼得堡（此時首都又遷至聖彼得堡），舉行正式入城的儀式，一切歡迎禮節與第一次使節團的相同。次日，入宮覲見女皇，恰逢這一天是安妮女皇加冕的紀念日，因此禮節異常隆重，使節團團長德新通過一排一排的歡迎行列後，進入殿中，在殿中央向女皇下跪，將理藩院的文書呈遞給副國務大臣奧斯特曼伯爵（國務大臣哥洛夫金因患痛風未能出席），奧氏轉身將文書放置於女皇前的案上，而安妮女皇則端坐於皇蓋之下，接受使節團的叩首禮，然後由德新大使發表兩次講演，第一次是傳達雍正皇帝的問候之意，並保證清俄兩國間的友誼繼續不變。第二次是表示大使本人對其能在女皇加冕的紀念日獲得覲見之殊榮，深感榮幸。安妮也兩次優辭作答。當日又請使節們到宮中參加兩位親王主持的宴會，宴後，被邀欣賞著名的聲樂與器樂的演奏會。晚間，還參加了一個衣香鬢艷的舞會，並觀賞了一場光彩奇麗的煙火[66]。

1732年5月12日，清帝贈送給俄女皇的禮物運到俄宮，共計有十九箱；其中包括大理石的器物、瓷器、漆器、皮革物品以及各色絲緞。俄廷也有禮品回贈，贈予清帝的為艷紅與金絲的錦緞，都鑲有天鵝絨的花彩，計值一萬五千八百零二個盧布，同時還有價值三千盧布的西伯利亞產的毛皮。又賜給清方使節每人現金一千盧布及四匹羽紗，賜予每一位秘書五百盧布及兩匹羽紗。7月9日，使節團再度覲見女皇辭行，覲見禮儀與第一次的相同。覲見以後，他們曾去拜訪仍在養病中的國務大臣，並接收了一封給理藩院的覆函。此一覆函主要的是俄廷對清帝友誼之保證與兩國和睦之期望。使節團於1732年7月15日離開聖彼得堡，十二天後到達莫斯科，在賓館受到樞密院的盛宴招待，還被請去參觀工廠。8月2日，才從莫斯科分乘一百輛馬車再度出發，由兩位高級官員護送。9月21日抵托波爾斯克。11月7日到托姆斯克。12月24日到伊爾庫茨克。1733年1月20日到達色楞格，又受到禮砲的歡迎和

---

66 《匯編》，頁214、215、229、230；Mark Mancall, *op. cit.*, Vol. 9, p. 93.

款待。23日到達了中國邊界的恰克圖，使團在該處發表正式聲明，感謝俄國官方一切盛情與榮寵的招待。然後告別俄方護送官員，越過邊境，自行向北京進發。事後經俄方發表，為此次使節團的護送與招待，共耗費了二萬二千四百六十個盧布零六十個戈比克[67]。

俄國方面的資料，記載得翔實動人，顯示他們非常重視此兩次使節的前往訪問。反觀中國，此兩次遣使赴俄在歷史上的重要性，實不亞於俄國，然而官史上並無任何紀錄，只有非官方的資料中才發現有少許的蛛絲馬跡，可與俄國的史料相印證。第一部書敘述此事的是陳康祺所編撰的《郎潛紀聞》；陳康祺是同治10年（1871）的進士，生平事業不詳。這部書共32卷，前面有陳康祺本人在光緒6年（1880）寫的序。全書都是摘錄或敘述以前未曾發表過的異聞與軼事，其中有一個簡短的〈托時傳〉，在第5卷第1頁的後半頁有如下的兩句話：

> ……雍正7年（1729），以革職倉場侍郎托時賞加侍郎銜，出使俄羅斯。10年（1732），使回[68]。

傳中其他事跡均與出使俄國之事無關。《清史稿》與《清史》兩書中都無托時的傳記，只在卿貳的年表中有他的名字出現。他是正黃旗人，姓佟佳，托時是他的名字。早年以筆帖式出身而漸遷至內閣侍讀學士兼侍郎之職。他也沒有任何出使俄國的日記之類的著作遺留下來。

第二部書提到此次遣使的是李桓（1827-1891）編的《國朝耆獻類徵初編》。李桓是湖南湘陰人，生平事業亦不詳。這部300卷的書是他自己出資刊印，出版日期大約是光緒10年至16年（1884-1890）。卷72有一〈托時傳〉，非常簡略，所述與《郎潛紀聞》中的大致相同。原文如下：

> ……7年，賞（托時）侍郎銜出使俄羅斯。

---

67 《匯編》，頁231，腳註1、2、3；頁232，腳註3、4。

68 陳康祺《郎潛紀聞》（北京：1880年初刊木刻版，有陳氏本人光緒6年序），卷5，頁1。

……10年，使回[69]。

事實上此兩書所根據的是同一資料，就是清代國史館所撰纂的〈托時本傳〉。可是〈托時本傳〉本身並未納入《清史稿》及《清史》兩種正史之內，所以這段外交史上的重大事件就鮮為人知。無論如何，第一次遣赴俄廷使節團團長托時的名字總算在中國史籍之中得到了印證，然而第二次赴俄使節團團長的名字卻不易查考，因為不但《清史稿》、《滿洲名臣傳》、《皇清文獻通考》、《欽定大清會典事例》等官史中沒有任何紀錄，即或《朔方備乘》與《郎潛紀聞》等私人所撰的史料書籍中也沒有任何線索。只有郭廷以在他所編撰的《近代中國史》一書內有一段關於此事的記載：

> ……1730年（雍正8年）圖理琛二次出使俄國，到聖彼得堡，希望獲得俄人的合作諒解，以解決準噶爾問題，名義上則說是往賀彼得第二的即位。陳康祺《郎潛紀聞》（卷5）云：「雍正7年（1729），以革職倉場侍郎托時，賞加侍郎銜，出使俄羅斯，10年（1732）使回。」是此次使臣為托時，托時與圖理琛音相近，托時曾獲罪，而雍正6年圖理琛以上年在恰克圖定界時，與俄使鳴砲謝天，私立木牌於定界處，旋焚之，擅納俄羅斯貿易人入界等罪，亦曾被逮治，擬斬，11月宥免。托時與圖理琛似為一人。但陳康祺於同書同處又另記有圖理琛事。且云托時等事詳見《史館本傳》。查《清史稿》及《清史列傳》內並無托時傳，圖理琛有傳，然並未記其雍正7或8年使俄事，《朔方備乘》亦未提及[70]。

在前面的引文內，顯示郭廷以已察覺到雍正8年確有第二次遣使赴俄之事的存在，但未追蹤查考這次使臣是誰，遂逕自誤混兩次使臣為一，而且誤指使臣為圖理琛。最大的錯誤是強指托時與圖理琛的音相近，

69　李桓《國朝耆獻類徵初編》（湘陰：李氏刊本，1884-1890年），卷72，〈卿貳傳〉32，頁39。

70　郭廷以《近代中國史》（臺北：臺灣商務印書館，1979年三版），頁53。

遂認定托時與圖理琛是一個人。事實上圖理琛與俄使在1728年6月締約
恰克圖條約時，已經是兵部侍郎，後來官至內閣學士，死的時候是
1741年（乾隆6年）[71]。而托時最高才官至盛京刑部侍郎，死的時候是
1760年（乾隆25年）[72]。兩人及其事業實風馬牛不相及，郭氏最後的一
個錯誤是以爲國史館所撰纂的《史館本傳》就是《清史稿》或是《清
史列傳》。實際上國史館所撰纂的列傳存稿爲數甚多，《清史稿》中
的列傳部分與《清史列傳》只選輯其中一部分重要的出版公布而已。
民國初期印行的《滿洲名臣傳》也是從《國史館本傳》存稿中選輯出
來的。郭廷以先生對這些史料巨著和歷史上的重要人物沒有辨別清
楚，因而就誤認《史館本傳》與《清史稿》及《清史列傳》爲同一種
書了。

　　第二次赴俄使節團團長既不是圖理琛，又不是托時，那麼他究竟
是什麼人呢？俄史資料中很明白的記載著第二次赴俄大使是Desin'，
只是我們在清朝的史料中尋不到任何的印證，不過俄史資料說明他在
清廷的官職是內閣學士。本文作者對此一名字的諧音及所述官職作一
番推敲研究之後，才認定他是德新。官私史料書籍中雖然沒有他的傳
記，可是在《大清世宗憲皇帝實錄》中他的名字卻出現多次[73]，實際
上德新就是《大清世宗憲皇帝實錄》的主要編纂人。他在1725年（雍正
3年）已由翰林侍讀學士陞爲內閣學士兼禮部侍郎[74]。俄史資料中說他
的官職是內閣學士而未提及他的兼職[75]，顯示與托時之從未陞至內閣
學士和只有一個賞侍郎銜的資歷有著很大的區別。由此可以證明第二
次使節團長絕非托時，所以加州大學徐中約教授在他的《近代中國之
興起》（*The Rise of Modern China*）一書中認定兩次使節團的團長均爲

71　A. W. Hummel, *op. cit.*, Vol. II, pp. 784-787.

72　李桓《國朝耆獻類徵初編》，卷72，〈卿貳傳〉32，頁38-40。

73　《大清世宗憲皇帝實錄》（臺北：華文書局，1964年影印1741年原刊
　　本），卷32，頁8；卷36，頁7；卷51，頁16、27；卷136，頁2。

74　同前註，卷32，頁8。

75　《匯編》，頁214-215。

托時的論斷是不正確的 [76]。

　　至此可以完全證實，清廷滿籍大臣之中確有一人名德新，而且他的官職與俄史中第二次赴俄大使的完全相符。

九、恰克圖中俄貿易之繁盛

　　自1718年中俄北京貿易中斷以後，到恰克圖談判締約時才重現復甦的景象；因爲俄方薩瓦大使的請求，清廷允許俄商再度入境。1727年9月13日，俄方商務代表郎格與商務專員莫洛科夫（Molokov）獲准率領官家商隊自中俄邊境啓程，前往北京。郎格本在北京參與中俄談判，4月23日隨薩瓦大使從北京回到恰克圖。此次又率領再往北京。商隊有各種隨員二百零五人，還有往北京學習漢語和蒙語的三名學生同行。交通工具包括馬一千六百五十匹，貨車四百七十四輛，糧車一百六十二輛，牛羊五百六十五隻。所攜貨物價值約一千萬法郎 [77]。同年12月26日到達北京。清廷允許商隊留京六個半月，以便進行買賣。一切居住和膳食等費均由清廷供應；馬牛羊等牲畜均允自由放牧於張家口附近草原；奔散走失的牛馬牲畜，均由清廷負責賠償。學習語文的學生則自到達北京之日起，即獲得清帝發給的薪餉，每人每月白銀三兩，白麵一袋（等於26.24公斤）。1728年互換條約以後，俄方又派伊爾庫茨克一個修道院的修士大司祭安東尼普拉特科夫斯基（Antony Platkovsky）任駐北京的主教，率領兩名神父和三名學生前往中國，於1729年3月17日到達北京。這些教士與學生都受到清廷的歡迎和禮遇 [78]。

　　1728年6月7日，郎格離開北京之前，獲准到城外行宮去覲見雍正皇帝，雍正特別表示對郎格的眷顧，清廷大臣亦對他保證爲俄人在

76　Immanuel C. Y. Hsu, *The Rise of Modern China*（New York: Oxford University Press, 1970）, p. 156.

77　Gaston Cahen, op. cit., pp. 108-109.

78　《匯編》，頁150；《東正教和東正教在中國》，頁206-207。

京建造教堂，爲學生指定教師的承諾不會改變。郎格於7月13日離開北京，10月4日抵達邊界的城堡。1731年，俄國又組織一個商隊，也就是恰克圖締約以後的第二批商隊，仍委任郎格爲商隊代表，率領一百一十三名隨行人員，又有四名學生同行，於1月26日自托波爾斯克啓程，5月13日到達伊爾庫茨克，7月19日抵達色楞格。10月12日得到由專差從北京送來給他的旅費一萬兩白銀，清廷官員說明：由於他多次到過中國，清帝特施眷顧，這筆銀子是特別贈送給他的[79]。11月3日，郎格一行從恰克圖出發，因爲在途中耽誤了許多時日，他和商隊抵達北京的時候，已是1732年3月22日了。清帝聽說郎格領隊到來，非常高興，理藩院的大臣也祝賀他的平安到達，郎格以中國的禮節向大臣們請安，中國大臣們也鄭重的詢問俄國大臣們的建議。貿易開始之後，允許俄人任意在城內活動，允許他們拜訪天主教傳教士。雍正皇帝也常派近臣，殷殷存問，時加賞賜，一切照顧非常週到[80]。

　　1735年，清廷的統治者發生更迭，善於權衡利害得失又了解國際情勢的雍正皇帝於9月27日逝世，由他的第四皇子乾隆承繼皇位。此時俄方已派出第三批的遣華商隊，仍舊由郎格任商務代表。1736年12月6日郎格依例獲准去覲見乾隆皇帝(1736-1796)，並且只行三鞠躬禮。第二天就開放堆放俄國貨物的館舍，任人購買[81]。雖然有皇帝的特殊眷顧和清廷大臣的友好合作，但貿易的情況卻不如俄方所預期的那樣有利。根據郎格的分析：第一，清政府方面所設的限制太多，如在俄羅斯館週圍派駐了數百名衛隊，入館買賣的中國人都要經過詢問後才發給出入證，官員檢查違禁物品等類的限制，致使貨流不暢。第二，由於來自庫倫和張家口等地的私貨充斥市場，北京的毛皮供過於求，價格低落。第三，俄國海關及其他官員的貪婪與走私，損害官家的利益。第四，自1727年締約以後，俄國商隊之運輸與生活費等類支出均

---

79 《匯編》，頁188-189、201-202，腳註1。
80 《匯編》，頁225-258。
81 《匯編》，頁252、256、258。

由其自理，清帝不再恩賜，他們的開支，自然大爲增加 [82]。這種生意清淡和利潤消減的前景，薩瓦大使在北京談判時已經看出，所以他在致俄廷的報告中即建議設置恰克圖和祖魯海圖的貿易圈以爲補救 [83]。恰克圖條約成立以後，恰克圖就漸漸蔚成兩國之間的通商重鎭。

自1727年至1762年之間，進入北京的俄國商隊共有六次。當派遣最後一支商隊的時候，俄國女沙皇凱薩琳二世（Catherine II, 1762-1796）已經即位，她廢止官商，改由願意納稅的俄國商人組隊前往，但招募多時，俄商多不願應募加入，所以到1762年4月29日由克羅波托夫（Kropotov）率領商隊啓程時，人數非常少，隨員只有十五個人。到北京的時期大概是5月，他一直等待到八月，因爲清帝在熱河打獵，沒有觀見的機會，只見了首席（領班）軍機大臣傅恒和其他兩位大臣。清廷得知俄方官貨大部已在恰克圖附近賣出，運到北京的多是克氏和私商所屬的貨物，因此理藩院對他們商務活動也加以限制，沒有像郎格那樣寬容和禮遇。不過他此次所攜帶的皮貨，價值爲八千九百二十三盧布九十二戈比半，而在北京出售實際得款值一萬四千七百二十盧布。雖說是生意清淡，事實上還是賺了一筆可觀的利潤 [84]。清廷隨即也得知俄方徵收貨物稅之事，抗議俄方違反條約的規定，俄方未予答覆。中國方面則一直遵守規定，未徵稅款。

從此以後，俄國商隊就沒再進入北京，所以兩國的商務都集中在邊境上的恰克圖。恰克圖一城，實際上分爲兩部，在俄界內的部分稱

---

82 Gaston Cahen, op, cit., pp. 27-125；《匯編》，頁252、256、258。
　　郎格的抱怨雖多，似乎也非毫無根據，例如1737年郎格向理藩院抱怨
　　生意清淡是由於清政府派人在賓館週圍護衛，搜查出入商人，發給入
　　出證等措施，使富人均裹足不前，所進入賓館的多是窮人，買不起俄
　　商貨物。這都是清政府造成的貿易障礙。理藩院官員駁斥他是無理取
　　鬧，但仍持寬容態度，在賓館門外貼示布告，宣示俄館貿易對外開
　　放，鼓勵商人購買，所嚴禁者惟違禁品而已。果然生意確有了起色，
　　在兩個月內貨物大致均已售完。見《匯編》，頁259-260、261-262。

83 Gaston Cahen, op. cit., pp. 113-114.

84 《匯編》，頁344-345、349-351。

恰克圖，在中國界內的部分稱爲買賣城，分界地帶樹立標柱，一面刻俄文，一面刻滿文，以爲兩國疆界的標誌。城內則有街道，有居民，有官舍、教堂、稅局、兵營、貨棧等建築。北京貿易停止後，此處的商業日趨繁盛。惟只准以貨易貨，不用貨幣或金銀，亦不准賒欠。清方特設官吏專司管理，中國輸出的貨物爲茶葉、大黃、棉花、絲綢等等；俄國輸入中國者則爲毛皮、革製品物、英國紡織品等等。不過貨物的價格均爲雙方的監督官員所訂，一經雙方同意，就不能改變[85]。

就因爲商業日趨繁盛，雙方的關係也日趨複雜，種種商務和人事的糾紛也層出不窮，例如俄方違反條約規定，徵收中國貨物入口和俄國貨物出口的關稅，雙方各執一詞，不能解決。俄方商人帶入中國邊界的馬牛羊群，時常失散，因此要求清方賠償，其數目常達數千頭之鉅。又常有俄商賄賂清方監督和蒙古領主，以換取走私貨物的通融過關。俄方盜賊或牲畜常闖入中國疆界，中國守邊兵卒防阻者常遭殺害。當這一類的事件發生時，雙方所持理由與解釋各異，不易妥協。而妨害兩國和好關係最爲嚴重者則爲雙方的逃犯問題，逃犯又因準噶爾的叛亂更加繁多。1757年，清廷所遣大軍消滅了準噶爾全部叛亂政權，因之大量的準噶爾族群就逃入俄境，叛亂的領袖阿睦爾撒納逃入俄國邊界，清將順德納率官兵越界追捕，在額爾齊斯河尋覓十餘日不得，與俄邊境守備官喀比潭會議，亦不得要領，清廷又命理藩院行文要求引渡，俄方拒絕，藉口阿睦爾撒納是一個自主民族的領主，有權在俄國避難。正當清廷發出最後通牒雙方關係非常緊張之際，阿睦爾撒納於1757年9月21日在俄境患天花病死亡[86]，雙方情勢得以紓解。當時已是1758年，也就是清乾隆二十三年了。

然而其他的糾紛仍舊遷延不能解決，最重要的爲清廷抗議俄方違約在恰克圖徵收高額的稅；在中國邊界地帶豎立木樁，侵佔中國領土

---

85 R. M. Martin, *China*（London: Madden, 1847），Vol. Ⅱ, pp. 417-418, 424-425.

86 《朔方備乘》〈聖訓（乾隆）〉二，卷首二，頁789；《匯編》，頁316。

與放哨鄂博；切斷清方哨兵巡邏的道路；俄國邊區屬民結夥逾越卡倫，劫走大量牲畜及各種財物；收容準噶爾叛民頭目舍楞及其弟洛藏扎布而拒絕引渡等問題，爭執不休。1764年（乾隆29年），清廷下令，完全停止恰克圖的中俄貿易，所有管理商務官員及商人全部撤回中國境內。大概雙方商人因一切買賣停止，異常不便，曾有賄賂清方官員允許私相買賣之事，對於此點中俄史料均未敘述清楚。不過後來被乾隆皇帝發覺，竟將庫倫辦事大臣丑達處以死刑，額爾經額判爲斬監候，桑齋多爾濟被削除郡王的爵位[87]。可見此事非常嚴重。

　　雙方在僵持中清方曾兩度提出互派要員到邊界解決爭端的建議，都沒有獲得順利的回應。最後還是凱薩琳二世自己希望與中國恢復以往的和好關係，於1767年1月任命曾經到過北京的禁衛軍上校克羅波托夫爲全權代表，與清廷解決一切邊界案件和爭端。1768年在庫倫與清廷欽差辦事大臣慶桂、貝子瑚圖靈阿締結通商章程以及增修引渡逃犯的規定共十條，然後清廷准予開關，恢復恰克圖的貿易。此次雙方停市共達五年。至於雙方談判情形，因中國方面的記載非常疏略；俄方亦因談判代表克羅波托夫在歸國途中病死，所以未留下出使報告之類的文件[88]。在中國談判及補充條款的詳細經過，均不得而知。

　　十一年後，即1779年，又因俄方審理俄犯未先通知清方會審，庫倫辦事大臣索林乃一面閉關，一面奏請停止雙方貿易。不久，俄方要求重新開市；清廷亦覺索林處理事務，過於操切，因此派尚書博清濟等赴恰克圖查辦俄犯。並於1780年（乾隆45年）允許重新開市，一切仍照舊章。此次停市前後共二年。

　　五年以後，即1785年，又因俄方屬民持械越界搶劫華商，雙方因懲罰問題發生糾紛，互相指責，不能解決。清廷遂命理藩院停止恰克圖

87　《匯編》，頁345-347；《朔方備乘》，〈俄羅斯互市始末〉，卷37，
　　頁22-24；聖訓二，卷首2，頁19-21。

88　〈匯編〉，頁358-359；《朔方備乘》，〈俄羅斯互市始末〉，卷37，
　　頁35；《東華錄》，乾隆33年8月丁卯。

對俄貿易,並擴大範圍,將東北、新疆、直隸、山東等地對俄貨物輸出亦一律禁止。此次停止互市一直延續到1792年,才由俄方伊爾庫茨克的總管色勒裴特(Serabate)到買賣城與庫倫辦事大臣松筠於同年2月8日簽訂協議五項:(1)恢復恰克圖貿易;(2)兩國商人不得賒欠;(3)雙方邊吏須和諧相處;(4)嚴禁邊民盜竊;(5)自後盜竊人命案件兩方會同審理,中國臣民由中國治罪,俄人由俄國治罪。竊物則加倍罰賠[89]。

此次雙方貿易停市前後達八年之久,自後邊界較為安定,商務亦能平順的發展,直至18世紀之末,沒有再發生閉關之事。

十、結　論

18世紀的中國獲得了一種新的歷史經驗,即在西方國際條約的架構下,與一個文化背景和政經制度不同的俄羅斯發展邦交。因為這個時期的俄羅斯是從西伯利亞的陸路來與中國發生接觸的,所以此一時期的中俄關係,只環繞著兩項主題盤旋進退。中國方面念念不忘的是保衛邊疆與追索越界的逃犯,俄國方面急迫需要的是盛產毛皮的邊區曠地與對華的商賈之利。在雙方衡量彼此需求的緩急下遂產生了劃分邊界與開放貿易的締約行為,而後中國的領土得到了法律上的承認,俄國的貿易為它帶來了巨大的經濟利益。

最值得引人注意的是許多新的外交現象在中俄兩相接觸之中相繼出現,形成處理雙方有關事務之規範:第一,清廷統治階層人士漸漸體認到除了中國傳統的宗藩關係之外,尚有平等獨立國家之存在;以平等地位對待俄使的事例在康熙年代即已數見不鮮,到雍正年代更加明顯;派遣托時大使赴俄的公文中曾以雍正的口氣明言:清廷的使臣是去俄國祝賀彼得二世繼承俄國皇位,而不是去宣讀諭旨的。清俄兩大帝國自古以來就是鄰國,寫諭旨是不應該的[90]。唯一的缺陷是沒有

---

89 劉選民上引文,頁43。
90 《匯編》,頁205。

訂立一種接待平等國家使節的體制，使政府官員有固定的範例可循，
後世就不致遺忘，或發生不必要的紛擾了。第二，雍正皇帝派遣的第
一次的赴俄大使托時曾對俄方表示，清廷希望經由俄國介紹，與回教
文化中心的土耳其建立邦交[91]，這表明清廷期盼此舉可對居住在滿清
帝國西疆的大量回民，能發揮某些程度的影響。由此點可以看出清廷
的國際外交視野更為擴大，不似以前的畫地自限了。第三，清廷官員
外交談判的技能有長足的進步；他們謹守條約的規定，不接收俄方樞
密院以外任何機構的公函、備忘錄、抗議書之類的文件。關於俄方在
恰克圖徵收輸往中國的貨物稅一事，只提抗議，而未以徵稅為抵制手
段。第四，最難得的是培養容忍和諧的氣氛；清廷經常對年年不絕於
途的俄方信使都殷勤招待，臨行時都優為賞賜，如對1733年6月到北京
的彼得羅夫，理藩院即以清帝的名義贈送他一百兩銀子，五幅緞料，
二十四匹棉布，對他的通譯、二名士兵、一名差役也都分別贈送了禮
物[92]。當1756年10月俄信使扎莫希科夫在理藩院看到贈給他的禮物只
是一些花緞時，他就大聲吵鬧，要求更贈給他銀兩，他未收禮品就揚
長而去，中國官員不怒不慍，隨後就把禮品追送到他的住所[93]。這些
都是少數典型的例子。如果沒有準噶爾部酋阿睦爾撒納引渡的問題發
生，中俄之間的外交關係，當可引向更為平順之路。

　　雙方在恰克圖條約商務談判的過程中，清方代表比以往同樣事務
之處理更能掌握國家權利的維護；例如俄方遣華商隊的運費和生活
費，自1728年以後均由俄方自理，清廷不再負責支付或招待。唯一的
缺點是約中還有免稅的規定，此事成為日後雙方爭論的根源。清廷信
守條約的規定，始終未曾課稅，俄方則自1762年開放私商組隊前往中
國之後，即施行徵稅政策，其結果不僅充裕了俄政府的稅收，繁榮的
商業更帶動了西伯利亞多方面經濟的發展，除北京的貿易不計外，18

---

91 《匯編》，頁219；Mark Mancall, *op. cit.*, Vol. 9, p. 90.

92 《匯編》，頁243。

93 《匯編》，頁305。

世紀後半期，恰克圖的中俄貿易就佔俄國整個對外貿易的7％-9％，佔俄國在亞洲貿易的67.6％。1760年對華貿易的關稅佔俄國總關稅的20.4％，1775年增加到38.5％。1769年恰克圖一個城市的貿易總值為二百萬盧布，1781年就躍為七百五十萬盧布。西伯利亞的城市人口也迅速增長；到18世紀30年代，色楞格城的人口增加了37.6％，伊爾庫茨克的人口增加了31.2％[94]。這些增長的人力和開發出來的經濟價值，都積成日後帝俄政府侵佔黑龍江流域的實力基礎。

---

94 《沙俄侵華史》，頁269；Harry Schwartz, *Tsars, Mandarins, and Commissars* (New York: Anchor Press, 1973)，p. 41.

第四章
清雍正皇帝兩次遣使赴俄之謎
——十八世紀中葉中俄關係之一幕

一、前　言

　　清朝因厲行文字獄之故，以致官修史書常多隱諱，而隱諱的事蹟中在外交史上最具重要性者莫過於雍正朝(1723-1735)遣使赴俄一事；根據俄國的歷史資料，1729年(雍正7年)及1731年清廷曾兩度派遣使臣正式聘問俄廷，覲見女皇，並舉行重要談判。此乃歷史上中國第一次主動的派遣外交使節至一個歐洲國家，而所有官修史書竟一字未提，這意味著有關此事的文獻必是為了某種原因而全部銷毀了。至於私人著述，間或有一兩種道及者，亦寥寥數語，沒有引起我國史學家的注意，因而忽略了此一史實的存在。為著使此一重要外交史蹟不致因中俄關係之長期的疏離而湮沒不彰，本文作者乃在極為有限的資料中，蒐集西方有關此一史實之傳述以補我國碎篇短節之闕遺。所藉重者以Bantysh-Kamensky與G. Cahen之著述及Mancall與Ridge二人之英譯為主，然後再就其所傳述者以與我國私人著述中所言者相印證，作一有系統的整理和研究，期望能提一線索，便於日後作更進一層次的探討與闡釋。

二、遣使赴俄前之中亞情況

　　溯源究柢，遣使赴俄之事與當時中亞部族勢力之消長有關；從17

世紀的初年起，至18世紀的60年代止，歐亞大陸實際上有三個強大的
帝國都向著中亞地帶拓展他們的勢力，這三個國家就是滿清帝國、準
噶爾和俄羅斯(Russia)。其中的準噶爾現已不復存在，所以它的歷史
少為世人所注意，然在當時，它確是中亞一個舉足輕重的強大國家。
嚴格說來，準噶爾只是漠西蒙古之中的部落名稱；漠西蒙古的正確名
稱應為厄魯特蒙古，其內部區分，大別為三部；和碩特在東，以烏魯
木齊地區為中心，土爾扈特(Turguths)在西，以塔兒巴哈台地區為中
心。在兩者之間的是綽羅斯(Choros)，而綽羅斯又分為三部：就是準
噶爾、杜爾伯特和輝特。這三部的中心區域是中亞的伊爾提西
(Irtysh，舊譯額爾齊斯)河的流域 1。其中的綽羅斯和輝特在歷史上沒
沒無聞，而和碩特、土爾扈特、準噶爾及杜爾伯特四部較為活躍，故
常稱漠西四部。其種族均屬於蒙古，統治人物大致都與成吉斯汗一族
保有或多或少的血緣關係。準噶爾在第16世紀的末期即已興起，在和
多和親的領導之下，建立了一個永久的都城於艾米爾(Emil)河的南岸
(今新疆省塔城的西北)，漸漸採用定居的風習，元首以巴圖爾琿台吉
(皇太子的轉音)為稱號 2。因為地域上的方便，與俄羅斯早就有了頻
繁的交往，從俄羅斯那裡獲得了戰爭用的火器、製槍炮的工匠和各種
牲畜，國力隨之日益強盛，杜爾伯特被其征服，其他兩部也不能抗
禦，和碩特人被迫遷入現在的青海省境內，後來還是被它併吞 3。在
第17世紀的初年，土爾扈特人被迫遷入裡海(Caspian Sea)之北的伏爾
加河及頓河流域(Volga Don Valley) 4，距離較遠，暫得保全。

---

1 Fang Chao-ying, "Galdan", in Arthur W. Hummel, *Eminent Chinese of the
  Ch'ing Period*, Vol. Ⅰ, p. 65； Fang Chao-ying, "Tulisen", *op. cit.*, Vol. Ⅱ,
  p. 785.

2 *Ibid.*, Vol. I, pp. 265-266.

3 同上。

4 *Ibid.*, Vol. Ⅱ, pp. 785-786.

(一)厄魯特蒙古的分部：

(二)準噶爾統治者的世系：

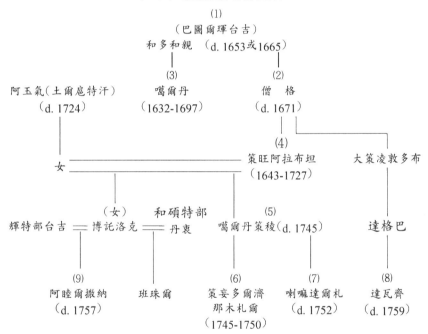

　　前面提到準噶爾的第一個雄主和多和親有子十二人，他死後由其第六子僧格繼位，其長兄車臣很嫉視他，於1671年攻殺之而竊立。僧格的同母弟噶爾丹當時在西藏剃度爲喇嘛，並受喇嘛教的教育，聽到他哥哥僧格被謀殺的消息，即自西藏返準噶爾，破戒還俗，擊殺其長兄車臣，自稱台吉，並娶和碩特的鄂齊爾圖汗之女爲妻，但不久他藉故攻殺了他的岳父而搶掠和碩特的游牧地爲己有，藉此權勢，遂自稱琿台吉。1678年，他率兵侵入喀什噶爾、雅爾罕及其他天山南路的城

邦，置官收稅，把東土耳其斯坦全部收在他的統治之下。1679年，西藏的達賴喇嘛就因而加封他爲博碩克圖汗[5]。他此時已統一了厄魯特的各部及天山南路的一部分，於是繼續向東擴展，前鋒達到哈密和吐魯番一帶[6]。1687年噶爾丹帶領三萬人馬，藉故東侵漠北的喀爾喀蒙古（現外蒙古地帶），因爲喀爾喀人早已臣服了滿清，滿清的康熙皇帝（1662-1722）不得不採取軍事行動，以後就在漠北地區斷斷續續的發生了多次戰爭，直到1697年噶爾丹死時方告一段落[7]。

繼噶爾丹而當權的準噶爾領袖是策旺阿拉布坦（1643-1727），他是噶爾丹的姪兒，於1697年繼位，是準噶爾最有才能的君主之一。在他的統治之下，準噶爾的領土東部擴展到哈密的附近，西部包括巴爾喀什湖（Lake Balkhash）地帶及西伯利亞之一部。中亞的吉爾吉斯（Kirghiz）人、哈薩克（Kazakhs）人及土爾扈特人一時都屈服於他的威勢之下。1715年和1720年曾兩度與俄羅斯發生衝突，俘獲了若干名在俄軍中服役的瑞典人，最著名的如名任納特（Renat）的瑞典軍官[8]。以後俄準之間維持了三十多年的和平。準噶爾國境內的農工商業均甚發達，成爲當時中亞最繁榮的國家。策旺死後，由他的長子噶爾丹策稜繼立爲主，他雖然生性嚴厲，但也很有才能；曾於1731年率領大軍邀擊滿清帝國的官兵，和通泊之役把清軍打得大敗，擄掠眾多，自後斷斷續續與清軍纏戰達四年之久，至1738與1739年之間，才與滿清帝國訂約休戰，劃阿爾泰山爲清準兩國的邊界，休養生息，境內更爲繁盛[9]。直到1744年，境內發生疫症，出痘死者甚眾，重要的宰桑（貴族）多人出痘身亡，而噶爾丹策稜也恐怕傳染痘症，就逃往北部邊境藏避，國內遂呈現不安現象，所屬吉爾吉斯頭目乘機作亂，噶爾丹策稜不得已乃

5 *Ibid.*, Vol. I, pp. 265-266；《大清世宗憲皇帝實錄》（台北：華文書局，1964影印1741年原版本），卷78，頁15a-b。

6 Fang Chao-ying, "Galdan", *op. cit.*, Vol. I, p. 266.

7 *Ibid.*, Vol. I, pp. 266-268.

8 Fang Chao-ying, "Tsewang Araptan", *op. cit.*, Vol. II, pp. 758-759.

9 *Ibid.*, *op. cit.*, vol. II, p. 759.

回伊犁調兵定亂[10]，但未收效果。1745年噶爾丹策稜病亡，由他十二歲的嫡子策妄多爾濟那木札爾繼立，才引起了策稜諸子之間的內爭及滿清入侵的後果[11]。

三、滿清雍正皇帝遣使赴俄之動機

滿清帝國的康熙皇帝於1722年12月逝世，由他的第四子胤禛繼位，是爲雍正皇帝（1723-1735）。那時策旺還健在；策旺的政策是一方面與俄羅斯維持和平，另方面東向進兵蒙古而與滿清帝國爭雄，滿清費了很大的軍力才把準噶爾自蒙古南侵的峰頭擋住，1723年滿清的勢力雖進入了西藏地帶，但在西藏地區的統治權力並未穩固，一般不願屈服於滿清的藏人有很多逃往準噶爾去歸附策旺。又因徙居於伏爾加——頓河流域的土爾扈特部的領袖阿玉氣（Ayuki）之女就是策旺的妻子[12]，他們同種又同信佛教，頗有的合流的傾向。同時，策旺曾於1720年遣使波羅肯尼干（Borokene-gan）至聖彼得堡，覲見沙皇彼得大帝（1682-1725），請與俄廷締結防守同盟，以抗滿清帝國，許俄人在其境內有開礦之權[13]。因而俄國也於1722年派員翁科夫斯基（Unkovsky）爲使臣去見策旺，並準備在必要時作軍事示威的行動[14]。他們的談判雖未成功，但是準噶爾與俄羅斯之間的和睦邦交仍舊是導向締結同盟的良好基礎。這些對滿清帝國不利的現象，雍正皇帝當然看得非常清楚而感到不安，這從他即位之後就積極與俄國締訂了恰克圖條約的態度中可以看出，然而恰克圖條約只解決了在蒙古方面的問題，並未能解

---

10 王先謙，《東華錄》（台北：文海出版社，1963影印1884年上海王氏活字版），乾隆朝，第1冊，卷7，頁12b-13a。

11 Fang Chao-ying, "Tsewang Araptan", *op. cit.*, Vol. II, p. 759.

12 Immanuel C.Y. Hsu, *The Rise of Modern China*, p. 153.

13 陳復光，《有清一代之中俄關係》（昆明：雲南大學文法學院，1947），頁41。

14 *Ibid.*, pp. 41-42.

除來自中亞的威脅。如要解除來自中亞的威脅，必須採取軍事行動；
所以他在採取軍事行動之前，不能不顧慮到俄國的意向，並且不惜以
最友好的態度和優厚的條件換取俄國的合作，以阻遏俄國與準噶爾同
盟之實現。

　　第二個促成雍正皇帝遣使赴俄的重要因素與他奪位的陰謀有關。
現在一般研究清史的人，大致都認為雍正並非康熙皇帝指定的皇位繼
承人。原來康熙皇帝有子三十五人，並且已經立了皇二子胤礽為太
子，後來因為胤礽的行為常踰宮廷的體制，終被廢黜 [15]，自此以後就
不再立皇太子。康熙皇帝在位日久，皇子們多已長大成人，且都受了
良好的教育，又因康熙皇帝親近耶穌會教士，常指派教士為皇子們的
師友，所以他們的思想和行為多受教士們的影響。康熙皇帝晚年既沒
有皇儲，年長而有才能的皇子們當然免不了各懷繼位的圖謀，他們所
親近的教士們也有參與或知悉此項圖謀者，例如皇九子胤禟(1683-
1726)的擁護者之中有個名穆敬遠(Jean Mourao, 1681-1726)者，就是一
個熱中參預圖謀的葡萄牙教士。此外支持胤禟的還有皇十子胤䄉
(1682-1741)和蘇努(1648-1725)以及蘇努的兩個兒子。蘇努是雍正皇
帝的堂兄弟，他的第六子勒什亨(天主教名類斯Louis)及十二子烏爾陳
(教名若瑟Joseph)都是天主教徒，他們雖然都擁護胤禟為繼位者，可
是胤禟自己卻衷心的支持皇八子胤禩(1681-1716)和皇十四子胤禵
(1688-1755)；胤禵與雍正皇帝同母，他才是康熙皇帝所指定的合法繼
位人。照後來株連的情形來看，大概有十五個皇子都曾參預奪位的圖
謀。圖謀的本身與天主教無關，不過信仰天主教義的人多指責雍正皇
帝奪位的行為是邪惡的 [16]，所以才引起雍正皇帝對教士個人之猜忌和
憤恨 [17]，因此他除了以嚴酷的手段對待那些有奪位預謀的兄弟們而

15　Fang Chao-ying, "Yin-jeng", in Arthur W. Hummel, *op. cit.*, Vol. II, p. 924-
　　925.
16　*Ibid.*,pp. 693, 694.
17　*Ibid.*, p. 694.

外，在1723年（雍正元年）就開始禁止天主教士在各地方傳教 [18]。由於
他對歐洲的宗教還有相當的了解，所以他一方面限制天主教的傳播，
另方面又非常優容的允許俄國的東正教在北京建立教堂，並且允許俄國
的東正教教士長住北京，爲俄國居民及留學生們執行宗教事務 [19]。
從這些事實看來，他確有引進東正教派以抵制天主教的企圖 [20]，想以
宗教上的讓步來換取俄國的政治上的支持。

　　第三個促成雍正皇帝遣使赴俄的重要因素是滿清朝廷要保持與土
爾扈特的聯繫。前面已經提到土爾扈特因受準噶爾的壓力而於1616年
西遷伏爾加——頓河流域的經過；土爾扈特遠遷後，由於他們信仰佛
教，所以始終與西藏保持著密切的關係，滿清朝廷也想利用他們牽制
準噶爾，曾於1712（康熙51年）派圖理琛去通聘安撫，當時土爾扈特的
領袖阿玉氣汗就向圖理琛建議：清廷應多與俄羅斯通聘周旋，以免其
阻梗滿清與土爾扈特之間親睦關係的發展 [21]。而且他認爲中亞的任何
事務，俄羅斯都應分享重要的責任 [22]。圖理琛是雍正時談判恰克圖條
約的重要人物，他訪問土爾扈特歸來以後的外交言論，當然會爲雍正
皇帝所重視。

四、第一次使節之派遣及其到達俄國之經過

　　基於上述的各種因素，當然滿清朝廷早就有與俄國溝通的需要。
但是此一遣使的朝議是怎樣發起的？遣使的決策與人選是怎樣制定
的？遣使的目的及訓令的內容如何？在清朝的官史及朝臣的奏章之類
的資料中都尋不出任何的線索。

---

18 John K. Fairbank, Edwin O. Reischauer, and Albert M. Craig, *East Asia-The Modern Transformation*（Boston: Houghton Mifflin Co., 1965), p. 62.

19 何秋濤，《朔方備乘》，卷9，頁3-12。

20 John K. Fairbank, Edwin O. Reischauer, and Albert M. Craig, *op. cit.*, p. 50.

21 Fang Chao-ying, "Tulisen", in Arthur W. Hummel. *op. cit.*, Vol. II, p. 785.

22 Mark Mancall, op.cit., Vol. 9, p. 84.

　　至於使節團在俄國的一切外交活動，更尋不出絲毫的痕跡，然後
在俄國史料中卻保存著完整的紀錄。俄國保存著的清俄關係的資料中
有一件雍正7年(1729)5月6日(中國舊曆)發自北京的公函，文中宣示：
滿清皇帝因爲俄國沙皇陛下曾派使臣至北京賀其即位之故 23，甚願派
一使節團至俄京報聘，以表答謝之意。1729年1月23日，俄國沙皇彼得
二世(Peter II, 1727-1730)覆書，宣明已訓令俄國文武官員，將以完備
的禮節迎接中國使臣於國界，並護送其至俄京。爲達成此項任務，俄
廷將派遣高級官員一名至色楞靳斯克(Selenginsk)恭迎使節 24。同月
31日，伊凡、格拉祖諾夫(Ivan Glazunov)接受沙皇彼得二世的訓令，
馳赴鄰近蒙古邊境的色楞靳斯克，負責監督歡迎中國使臣的一切任
務，其監督的地區包括色楞靳斯克、伊爾庫茨克(Irkutsk)及托波爾斯
克(Tobolsk)三個主要城市。因爲滿清朝廷通知俄廷的國書發出後不久
使節團即已啓程，及至他們在8月11日到達了恰克圖的時候，俄京尚未
收到的是項國書，所以俄方還沒有任何的準備，於是使節團全部人馬
就在那裡等了六個多月，到1730年的2月，正在不耐煩而準備回北京之
際，方得到了俄方的通知，請使節團到色楞靳斯克去。3月3日，伊
凡・格勒朱諾夫達到色城，即刻與中國使節團聯繫 25。

　　滿清帝國的使節團分爲兩組，每組五人，一組遣至俄廷，另一組
遣至土爾扈特汗國。使節團的最高領袖名托特。除使節團的成員而
外，還有大量的侍從和僕役隨行。托時是滿人，此次使俄，攜帶的有
滿清皇帝慶賀俄國沙皇即位的禮物，並有理藩院致俄國樞密院(Senate)
的文書。至於使節團的主要任務，托時告訴俄方人員說，要等到觀見
沙皇時再作口頭報告 26。使節團於5月31日從色楞靳斯克啓程，8月11
日到托波爾斯克。11月3日才再從托城啓程，一共乘了一百八十一部馬

23 *Ibid.*, Vol. 9, pp. 85-86；清廷所指係1726年到北京的Sava Vladislavich大
　　使。詳情見本文第七節。

24 Mark Mancall, *op. cit.*, Vol. 9, p. 86.

25 *Ibid.*, Vol. 9, p. 86.

26 *Ibid.*, Vol. 9, pp. 86-87；《匯編》頁175。

車，向莫斯科進發。遣赴士爾扈特汗國的使團，也同道到莫斯科去，
然後再從莫斯科向伏爾加流域進發。這是遵照俄國參政院的指示而安
排的行程，以顯示俄羅斯對其帝國領域之內的外族，仍必須施行相當
程度的控制[27]。

　　當時俄羅斯的沙皇彼得二世已於1730年1月結婚的前夕逝世，繼立
的是他的姑母安妮女皇（Anne Ivanovna, 1730-1740）。格勒朱諾夫在路
上無意中說出上項實情之後，滿清使節很鎮靜的請俄方最好等到了莫
斯科後再作正式聲明，否則使節團將被迫在中途折回北京，換取新的
國書和聽取新的訓令[28]。使節團一行都受到沿途各城市的鳴炮歡迎和
熱誠的招待。1731年1月9日，抵達莫斯科的近郊，在亞列克賽耶夫斯基
（Alekseevskii）村停留下來休息，準備入城的一切儀式。第三天，國務
大臣彼得‧柯爾巴托夫（Peter Kurbatov）代表俄廷前來表示歡迎之意，
並致送禮品。1月13日，使節團又從亞村遷移到坐落在城郊屬於前樞密
大臣索特可夫（Count Fedorovich Saltykov）的府第，隨即受到盛宴的款
待，並有宮中樂隊演奏音樂佐膳。次日，使節團分乘九輛馬車進入莫
斯科，行至紅場，受到鼓樂及鳴炮三十一響的敬禮。同月15日，樞密
大臣司特本諾夫（Stepanov）至使節團寓所拜訪，其目的在探詢覲見女
皇的儀式，並傳達女皇的問候之意。21日，司氏再度拜訪，詢問使節
團此行的主要目的。使節團告訴他說[29]，他們是被派遣來慶賀女皇的
即位和致送禮品的，並且攜帶了理藩院致參政院的公函。尚有北京朝
廷的其他訓令，他們將在與參政院會談時再作口頭傳報。最後還提到
他們原來並未期望有覲見女皇的榮寵，如果女皇陛下願賜予使臣一次進
侍之機，他們極願面達滿清皇帝祝賀之忱。此一會談雙方獲得一致的結
論，即滿清皇帝的禮物將在1月26日使節團覲見女皇時當面進呈[30]。

27　Mark Mancall, *op. cit.*, Vol. 9, p. 86.

28　《匯編》，頁186; Mark Mancall, *op. cit.*, Vol. 9, pp. 86-87.

29　Mark Mancall, *op. cit.*, Vol. 9, pp. 87.

30　*Ibid.*, Vol. 9, p. 87.

陛見之日，使節團所攜禮物，分裝一十八個大箱，以九輛馬車分載，排列在使節團的禮車之前，向克里姆林(Kremlin)宮進發，行至宮門，接受儀隊鼓樂的敬禮，隨即展開三度歡迎的儀式：第一次在宮門外，第二次在宮門，第三次在陛見殿的入口。只有一部分品位高的使節團團員獲准入殿，其餘的人則佇立於殿門之外。使節團入殿後，向女皇下跪，將金色錦緞的國書遞交國務大臣，國務大臣再呈放在御前的案上。此時使節團團長托時依然跪在殿前，並發表一篇簡短的漢文或滿文演講，當即有人譯爲俄文，俄國女皇隨即致答詞，然後使節團行叩首禮三次，祝賀女皇，又再度發表一篇演講，重行三次叩首之禮，始退出宮殿，返回駐節的官邸，與俄方朝臣共同參與賜宴。此次安妮女皇所收到的禮品有金絲鑲滾的銀貂、錦緞、瓷器及精美的漆器等31。

使節團的真正目的，在其致俄國參政院的文書中透露出來。此一文書的開始，把中亞的情況作了一個簡短的敘述，隨即就提出四項建議，第一，滿清皇帝在其征討準噶爾的軍事行動中，清軍或有越入俄境之必要，在此項行動發生之時，希望俄方不要採取抗禦的措施。第二，清軍得在俄境追捕準噶爾的逃兵。第三，如果準噶爾的部衆有降俄方者，希望俄方將其部酋解送清方議處，部衆則請俄方將其禁錮於有嚴密禦防設備的地方，以免其再聚結在邊境作亂。第四，請求俄廷儘速護送使節團的人員到土爾扈特去，並請設法早日護送兩個使節團返回中國。這些建議都陳述得非常技巧，企圖解決滿清帝國在中亞所面臨的一些問題爲主旨，希望俄國允許清兵越界追擊敵人，防止準噶爾的領袖有重整兵力與東山再起的機會。最有趣的是要求俄國的合作，呼籲土爾扈特歸向滿清。這些幾乎類似於締結同盟的條款之要求，雖然並未獲得俄方的全部讚許而滿足滿清的期望，但後來在實質上卻予滿清以最大的協助，使其能收中亞軍事行動的全功。俄國女皇

---

31 *Ibid.*, Vol. 9, pp. 87-88.

當時的答覆與以後談判的結論大致相同，包括下列的四點。第一，女皇的願望是兩國邊境的安寧，因之滿清的軍隊應該以友好的態度來維持和平。第二，女皇雖不贊同外國軍隊進入俄國的領土，但她為保持兩國的友誼之故，願勉從滿清皇帝的要求。第三，如果與滿清皇帝為敵的軍隊逃入俄國領土，俄國官吏將受命去監視那些越界的亡命之徒，使他們不致有任何反抗滿清的舉措。至於解送個別部酋至清方議處之事，將視日後情況如何而定，如有必要，雙方屆時當再舉行談判。最後有關滿清遣使至土爾扈特一項，女皇為兩國親善之故，特允該使節團前往，但自後滿清與土爾扈特之間的一切溝通，均需經由俄國參政院轉達，而且土爾扈特業已被認為女皇陛下的臣民，有關該部事務，還需聽候女皇陛下的命令與決定[32]。由此可以看出，滿清朝廷所獲得的是俄方對清兵越界追擊敵人與羈留逃亡之徒的承諾，但締結引渡條款的請求被婉拒。此次以後，與土爾扈特的直接溝通也遭到否定。

　　當時是俄曆1730年的1月28日，恰逢安妮女皇二十二歲的生日，因此滿清使節團又被邀請至宮中宴會，會後清俄雙方還舉行了部長級的會議。3月1日，使節團又被邀至參政院進見國務大臣哥洛夫金（Golovkin）、副大臣奧斯特曼（Osterman）、雅古申斯基（Yaguzhinsky）及代理樞密院院長車爾克斯基（Cherkasky）親王等人，在會中對使節團所提出之案件均一一與以答覆。土爾扈特的問題在會中又再度的提出，俄方又再度對該區之控制權予以明確的肯定。3月2日，使節團再度觀見女皇，向其告辭，一切禮節與第一次觀見相同。在啟程之前，俄方亦以禮物答謝滿清：贈予清帝者為金銀絲織錦緞三件，價值一千三百盧布。黑貂四十七件，價值二千零七十盧布。黑色與棕色狐皮十八件，價值七百三十盧布。此外還賜予使節等人黑貂、狐皮及白底黑斑的貂皮多件，價值四千盧布[33]。3月8日，使節團分為兩組，同時自

---

32 《匯編》，頁175-176；Mark Mancall, *op. cit.*, Vol. 9, pp. 88-89.

33 《匯編》，頁182，註1；Mark Mancall, *op. cit.*, Vol. 9, p.89.

莫斯科啓程；第一組直驅托波爾斯克。第二組去土爾扈特，直到11月
才回返到托波爾斯克與第一組會合，於11月30日一同繼續歸國的旅
程。到1732年元旦日才抵達托姆斯克(Tomsk)。依照使節團所得的訓
令，他們應該與護送的官員如參政院秘書巴枯寧(Bakunin)之輩在此地
舉行會議，所討論的主題有四個：第一個是有關韃靼人的問題；韃靼
人爲完全居住在俄國領土之內的居民，卻同時向俄國和準噶爾兩個國
家進貢，因而俄準兩國都以宗主國自命，要求對韃靼人的管轄權。清
廷既然爲著要對準噶爾採取軍事行動的計畫而來，當然對俄準兩屬的
韃靼人問題頗表關切。第二個是有關俄國與準噶爾互遣外交使節的問
題；準噶爾早就派有使節駐莫斯科，而俄國也派有武官駐節在噶爾丹
策稜之處，滿清對此，當然異常關切，企圖盡力防止俄準締結同盟情
事之發生。第三個主題是要求俄國派遣一個使節團到北京去報聘，有
來有往，才不致損及雍正皇帝在朝廷的威望 34。第四個討論的主題非
常奇特；清方企圖通過俄國，派遣一個使節團到土耳其Turkey去，希
望俄國予以可能的協助。此事顯示滿清朝廷非常急切的想與立國於回
教文化中心的國家建立關係，以便對居住在滿清帝國以內的回民發生
某些程度的影響。同時也有大量的回民在準噶爾的統治之下，這不能
不使清方在對準噶爾採取決定性的策略之前，期盼從土耳其的影響
中，能獲得某些回教集團的合作。對於這些問題，巴枯寧都未能給予
明確的答覆。1732年1月8日，使節團自托姆斯克啓程，2月14日到達中
國邊境，謝別護送的俄方人員，經過蒙古，向北京進發 35。據俄方統
計，此次俄方爲招待使節團而耗費了兩萬六千六百七十六個盧布零九
十九個柯柏克(Kopecks) 36。

　　此一使節團尚未回國之際，滿清朝廷已採取一項對俄國平民示惠
的措施；在1731年之內，俄國參政院已收到清廷理藩院於雍正9年

---

34 《匯編》，頁191； Mark Mancall, *op. cit.*, Vol. 9, pp. 89-90.

35 Mark Mancall, *op. cit.*, Vol. 9, pp. 90, 91.

36 《匯編》，頁191，註1。

(1731)7月28日發出的一封公文，該文明白宣示，對俄國一般官吏及平
民歡迎與護送使節之殷勤非常感謝，為此特派專人立即運送價值十萬
銀兩(十三萬盧布)的錦緞、南京棉布、各色寶石、花緞、粗絲織錦、
絲繐、草帽鞭及成衣等禮物至中俄邊境，請俄方派遣官吏接收，並請
代為分贈給一般吏民。清廷隨後派遣理藩院一名高級官員諾薩(Nosha)
押送上項禮品至恰克圖，當即通知色楞斯斯克的地方政府官吏。色城
的指揮官布霍利茨(Bukholts)按單接收了上項禮品，分裝成四百六十
八箱，運送到莫斯科去。運輸費達到三千八百三十一個盧布零四十個
戈比克 37。1733年2月12日，運達莫斯科。俄廷經過幾度的選擇與商
量，到11月才分贈給五名權要而並未惠及平民。這五名權要是比隆伯
爵(Count Biron)、列文瓦爾伯爵(Count Levenvol'd)、奧斯特曼伯爵、
雅古申斯克將軍及車爾克斯基親王。分配剩餘的部分則賜給了外交部
的官員 38。

　　在這封理藩院的同一公文內又提到土爾扈特的一件事；就是有若
干土爾扈特人曾經到西藏去晉見達賴喇嘛，當時已轉道到北京，清廷
正準備派遣官員護送他們回伏爾加流域去，因為此一行程必須通過俄
國境內，所以希望俄方准其入境，並護送他們回去 39。

五、第二次遣使赴俄之經過

　　前面已經提及，俄國沙皇彼得二世已於1730年1月逝世，俄廷隨後
把他的死訊和安妮女皇即位的國情正式通知滿清朝廷。因為清廷第一
次的使節團所攜帶的國書是給彼得二世的，所以雍正皇帝為尊重俄方
起見，立刻派遣了第二個使團攜帶著致送安妮女皇的國書，未及等待
第一個使節團歸國，就首途赴俄。1731年4月21日，到達恰克圖，俄方

---

37 *Ibid.*, p. 190.
38 *Ibid.*, p. 189-190, n. 3.
39 Mark Mancall, *op. cit.*, Vol. 9, p. 91.

指揮官巴枯寧請他們在那裡等待俄方的歡迎及護送人員,當俄國參政院獲得清廷已另遣一個新使節團的訊息之時,隨即就向伊爾庫茨克的副總督發出指令,要他負責自中國邊境迎接並護送該使節團至俄京的一切事宜,但應注意的一點,就是絕不要允許使節團中的任何成員通過俄國領土到土爾扈特去。此次滿清朝廷本來也曾派遣了兩個使節團;一個是到俄廷去的,共有三人,以德新(譯音)爲首;另一組是到土爾扈特去的,共三人,以班第(d. 1755)爲首。後者到達邊境時,得知俄國不允假道,這一組遂轉回北京。俄國還訓令巴枯寧在托波爾斯克等待使節團,然後同至俄京(此時爲聖彼得堡)。第二使節團派遣之時,第一使節團尙在途中,並未歸國。第二使節團是1731年10月初旬通過伊爾庫茨克的,至次年(1732)1月8日,兩個使節團在株凌(Chulim)河流域的赫達(Chardot)村相遇,並舉行會談,會談之後,各奔前程,而巴枯寧則護送第二使節團向西進發,於1732年2月18日抵達托波爾斯克,在此接收自俄廷送來的訓令,然後兼程前進。大約在4月18日,他們越過了莫斯科及其近郊的離宮別院,達到了亞歷山德羅夫斯基(Aleksandrovsky)修道院的所在,在那兒與俄廷派遣來的一位代表舉行會談。4月27日到達首都聖彼得堡,舉行正式入城的儀式;使節們坐的是馬車,有三個聯隊的陸軍士兵夾道迎衛,鼓樂齊奏,並由海軍鳴炮三十一響。一切歡迎與觀見的儀節與第一次使節團的相同 [40];次日,即4月28日,入宮觀見女皇。這一天恰逢是安妮女皇加冕的紀念日,因此禮節異常隆重,使節團團長通過一排一排歡迎的行列後,進入殿中,並在殿中央向女皇下跪,呈遞理藩院的兩封文件給副國務大臣奧斯特曼伯爵(國務大臣哥洛夫金伯爵因患痛風未能出席),奧伯爵轉身將文件放置於女皇前面的案上,而安妮女皇則端坐於皇蓋之下,接受使節團的叩首禮,然後由德新大使發表兩次講演,第一次是傳達雍正皇帝的問候之意,並保證清俄兩國間的友誼之繼續不變。第二次是表

---

40 *Ibid.*, Vol. 9, pp. 92-93;《匯編》,頁191。

示大使本人對其能在女皇陛下加冕的紀念日獲得覲見之殊榮，深感榮幸。安妮也兩次以優辭作答。當日又請使節們到宮中參加兩位親王主持的宴會，宴後，被邀欣賞著名的聲樂與樂器的演奏會。晚間，還參加了一個衣香鬢影的舞會，並觀賞了一場光彩奇麗的煙火[41]。

覲見時阿呈遞理藩院第一封公文的內容與大使所發表的講辭相同，第二封公文是對布霍列茨（Bukholts）上校致蒙古士謝圖汗信函中所述之事實表示滿意，該信說如有蒙古人逃亡入俄境者，人畜皆予以流放。兩封公文的日期都是雍正9年2月3日[42]。

1732年5月12日，滿清皇帝贈送給俄羅斯女皇的禮物運到冬宮，共計有十九箱；其中包括大理石器物、瓷器、漆器、皮革物品以及各色絲緞。俄廷也有禮品回贈，贈予清帝的為豔紅與金絲的錦緞，都鑲有天鵝絨的花彩，計值一萬五千八百零二個盧布。同時還有價值三千盧布的西伯利亞的毛皮。又賜給清方使節每人現金一千盧布及四匹羽紗，賜予每一位秘書五百盧布及兩匹羽紗[43]。7月9日，使節團再度覲見女皇辭行，覲見禮儀與第一次的相同。覲見以後，他們曾去拜訪仍在養病中的國務大臣，並接收一封給理藩院的覆信。這一封覆信主要的是俄廷對滿清帝國友誼之保證與兩國和睦之期望。同時也提到了兩國間的各種小問題。這封覆書的日期是1732年7月13日，不是發自參政院，而是發自帝國法院的外交事務處（Imperial Tribunal Administering Foreign Affairs）。因此清方拒絕收受，並且於1733年9月19日退還俄方，請其遵照1727年恰克圖條約的規定，由參政院改寫。俄方只得照辦，並於1734年1月送達清方[44]。此是後話。

使節團於1732年7月15日離開聖彼得堡，12日後到達莫斯科，在該處受到盛大的招待，還被請去參觀工廠。8月2日，才從莫斯科分乘一

---

41 Mark Mancall, *op. cit.*, Vol. 9, p. 93;《匯編》，頁192。

42 Mark Mancall, *op. cit.*, Vol.9, p. 93.

43《匯編》，頁201，註3& 4．．

44 Mark Mancall, *op. cit.*, Vol. 9, pp. 93-94.

百輛馬車啓行，由兩位高級官員護送。在下諾弗哥羅城（Nizhni Novgorod）改乘兩隻大船，自伏爾加河航行至喀山（Kazan），再又換乘馬車繼續前進，於9月21日抵托波爾斯克城。11月7日到托姆斯克。12月24日到伊爾庫茨克。1733年1月20日到達色楞靳斯克。從那裡再經過了23天的行程，就到達了中國的邊界。使節團在該處發表正式聲明，感謝俄國官方一切盛情與榮寵的招待。然後告別俄方護送官員，越過邊境，自行向北京進發 [45]。事後經俄方發表，爲此次使節的護送招待，共耗費了二萬二千四百六十個盧布零六十個柯柏克 [46]。

六、中國史籍中之蛛絲馬跡

俄國方面資料，記載得詳實動人，顯示他們非常重視此兩次使節的前往訪 問。反觀中國，此兩次遣使赴俄在歷史上的重要性，實不亞於俄國，然而官史上並無任何紀錄，只有非官方的資料中才發現有少許的蛛絲馬跡，可與俄國的史料相印證。值得注意的是這些資料都是在清代末年才公開發表的。第一部書敘述此事的是陳康祺所編撰的《郎潛紀聞》；陳康祺是同治10年（1871）的進士，生平事業不詳。這部書共三十二卷（初聞14卷，二聞6卷，三聞12卷），前面有陳康祺本人在光緒6年（1880）寫的序。全書都是摘錄或敘述前此未曾發表過的異聞與軼事，其中有一個簡短的托時傳，在第5卷第一頁的後半頁有如下的兩句話：

> ……雍正七年（1729），以革職倉場侍郎托時賞加侍郎銜，出使俄羅斯。10年（1732），使回。…… [47]。

傳中其他事跡均與出使俄國之事無關。《清史稿》與《清史》兩書中都無托時的傳記，只在〈卿弍〉的年表中有他的名字出現。他是正黃

---

45 *Ibid.*, Vol. 9, p. 94；《匯編》，頁 203。

46 《匯編》，頁203，註2。

47 陳康祺，fl.1871，郎潛紀聞（上海，1882），卷5，頁1b。

旗人，姓佟佳，托時是他的名字。早年以筆帖式出身而漸遷至內閣侍
讀學士兼侍郎之職。他也沒有任何出使俄國的日記之類的記錄遺留下
來。

　　第二部書提到此次遣使的是李桓（1827-1891）編的《國朝耆獻類
徵》。李桓是湖南湘陰人，生平事業亦不詳。這部300卷的書是他自己
出資刊印。出版日期大約是從光緒10年至16年（1884-1890）。卷72有一
托時傳，非常簡略，所述與《郎潛紀聞》中的大致相同。原文如下：

　　　……七年（1729），賞（托時）侍郎銜出使俄羅斯。8年，襲其祖舜
　　　古爾岱所遺騎都尉世職。十年，使回。……48。

事實上此兩書所根據的是同一資料，就是清代國史館所撰纂的托時本
傳。然而兩書的措詞遣句，卻略有不同，顯示此兩部書的內容是摘錄
而非全部抄襲。可是托時本傳本身並未納入《清史稿》及《清史》兩
種正史之內，所以這段外交史上的重大事件就鮮為人知。惟北平故宮
內卻儲藏著一部分俄文檔案，直到民國25年（1936）始由故宮博物院的
王之相與劉澤榮二人整理，把其中帝俄政府在1760年至1757年間對中
國所發的二十三件公文譯為中文，並予以發表，編列為第二十三號檔
案的公文是1757年5月20日俄國樞密大臣致中國國務大臣的函件，係有
關滿清帝國征滅準噶爾最後一個統治者阿穆爾薩納時的一段交涉，文
中回述到1729年至1733年兩次遣使赴俄之事及當時談判的內容，由此
可以看出當時雍正皇帝的談判計畫，也可以證明俄方資料的可靠性。
此一公函實際上是對清廷於1756年10月13日發出兩項公函的答覆，並
因滿清政府未能遵守托時於1731年在俄京所協議而提出的控訴。公函
的前半部是1756年10月13日清廷致送俄方兩項公文的摘要，後半部才
是俄方的答覆。原文甚長，現在只將其要點摘述如下：

　　清方第一項去函係要求俄方引渡準噶爾叛酋阿穆爾薩納，因阿穆
爾薩納兵敗逃入俄屬吉爾吉思哈薩克（Kirghiz-Kazakh）境內。清廷第二

48　李桓，1827-1891，《國朝耆獻類徵》（湘陰：李氏刊本，1884-1890），
　　卷72，〈卿貳傳〉32，頁39a。

項去函謂清軍將領因追擊烏梁海逃亡入俄境的不法之徒，到達伊爾庫
茨克的國界之上，要求俄方交出逃亡之輩，而俄方以此輩人等自行入
境歸向，不願交出。因此清方不滿。欲令軍隊武力進入俄方前哨地
方，自行捕捉。第三部分才是俄方答覆的正文，爲第二十三號公文的
重心所在。公文首先說明與清俄兩國爲鄰的準噶爾民族，迄今未曾屬
於任何一國，係處於自有君主的統治之下。然後回溯1731年清廷派往
俄廷的大使侍郎托時及其隨員曾要求俄方收容準噶爾所屬各部落逃往
俄境之人，並嚴加管束，務使不能在國界一帶再作任何騷擾行動，惟
請俄方將逃亡者之中的王公貴族交付清方。托時大使並曾向俄方聲
明，清廷願在占領準噶爾土地時，分割若干部分土地予俄方。

此次清方對準噶爾採取軍事行動以前，該民族已發生內爭，彼時
就有大量逃難之人請求歸化俄國。就情理而言，清方對準噶爾之征伐
不能妨礙準噶爾人之志願歸化俄國。何況清方對該民族實行軍事行動
與進行搜索之時，並未預先通知俄國，因此現已歸化俄國之準噶爾人
的有關事宜，亦無與清廷協商之必要，因此等事曾經托時大使議結在
案。但清方於1756年以兩千名軍隊在托姆斯克侵入俄境，要求交出業
已歸化俄國之準噶爾人，依兩國現行條約（指1727年所訂恰克圖條約）
第十款之規定，應禁止以武裝越過國界。又依照1731年赴俄大使（托時）
之提議，視此等歸向俄國之準噶爾人爲不安分之徒，均將由國界移至
內地遠方各處，希望清方也採取同樣步驟辦理。再者，清方既聲明準
噶爾已入滿清國籍，則俄國對準噶爾人戰時在沿邊所造成之一切損失
有向清方要求賠償權。在另方面，吉爾吉思及哈薩克民族均屬俄國國
籍，清方如對該民族中之俄屬人民實行戰爭，與現存清俄兩國之友好
關係不合，應與俄方協商辦理。至於清方所要求引渡之阿穆爾薩納現
在何處，俄方尚不明悉。並指明清方所要求交出之準噶爾人並非中國
本族人民，不能依現行條約辦理，然當以雙方友誼關係另行商辦 [49]。

49 《俄國來文原檔》(Arkhivnye materialy na russkum iazyke iz byvshego
imperatursko dvortsa)（北平：故宮博物院，1936）No. 23, pp. 304-312.

　　此一俄方文件雖然是18世紀中葉準噶爾覆亡時所發生的一段交涉，可是俄國政府所依據的準則多是托時使俄時的建議及談判的協議，可見他們把這些文件都存放在時常應用的範圍之內，然而在中國的檔案中卻沒有發現任何托時赴俄談判的紀錄或奏章。第二十三號公文之能夠保存到現在，主要的原因可能是公文本身為俄文的，沒有引起清廷官吏的注意，如果它是中文的，恐怕也被銷毀了。

　　查考第二次赴俄使節團團長究竟是誰的問題比第一次的更難解決，因為不但《清史稿》、《滿州名臣傳》、《皇朝文獻通考》、《欽定大清會典事例》等官史中沒有任何紀錄，即或《朔方備乘》與《郎潛紀聞》等私人所撰的史料書籍中也沒有任何線索。只有已故郭廷以先生所著的《近代中國史事日誌》中1731年項下有「再遣使往俄（1732抵聖彼得堡覲見）」之句 [50]，惟未提到使臣的姓名及出使詳情。另外在他所著《近代中國史綱》一書內也有一段關於此事的記載：

> ……是年清軍進剿準噶爾，雍正特知照俄方，如準噶爾人逃入俄境，可予收納。1729年至1732年間，圖理琛再度赴俄，希望俄對準噶爾問題與中國取合作態度。大致看來，康、雍兩朝，俄人頗受優遇，對於中國實亦了解較多 [51]。

郭廷以的著作雖非原始資料，可是他的史學淵博，盡覽中外群書，他的著作係根據原始資料而寫成是毫無疑問的。他已察覺到雍正時期確有第二次遣使赴俄之事的存在，但未暇追蹤查考這次的使臣究竟是何人，在前面的引文內又誤植此兩次的使臣為圖理琛。事實上圖理琛在1729年至1732年之間因犯案流放到外蒙古築城服刑，至1735年乾隆帝即位後方將他赦免復職 [52]，所以他在這個時期之內絕無擔任使臣到俄國去的可能。

50　郭廷以，《近代中國史事日誌》（台北：商務印書館，1936），Vol. I, p. 23。

51　郭廷以，《近代中國史綱》（香港：中文大學出版社，1979），Vol. I, p. 25。

52　Chao-ying Fang, "Tulisen", in Hummel, *op. cit.*, Vol. II, pp. 786-787.

　　然而在俄史的資料中卻明白的記載著第二次赴俄大使是Desin'，說他在清廷的官職是內閣學士 [53]。本文作者對此一名字的諧音及所述官職作一番推敲研究之後，斷定他是德新。官私史料書籍中雖然沒有他的傳記，可是在《大清世宗憲皇帝實錄》中他的名字卻出現多次 [54]。實際上德新就是《大清世宗憲皇帝實錄》的主要編纂人之一。他在1725年（雍正三年）已由翰林侍讀學士陞為內閣學士兼禮部侍郎 [55]。俄史資料中說他的官職是內閣學士而未提及他的兼職禮部侍郎，這種只記述他的主要官職在原則上是正確的，而且顯然與托時之從未陞至內閣學士和只有一個「賞侍郎銜」的資歷有著很大的區別。由此可以證明第二次使節團長絕非第一次使節團的團長托時。所以加州大學的徐中約教授在他的《近代中國之興起》（*The Rise of Modern China*）一書中認定兩次使節團的團長均為托時的論斷是不正確的 [56]。

七、清廷為何隱諱遣使赴俄之史實

　　清代初期與歐洲國家有往來的不多，曾與之締訂條約並保持正式外交關係者僅俄羅斯一國。當時清廷處理外交事務，事實上並不似後世人所想像的那樣無知。通常清廷如果有某種與外國有關的事件發生而需要委派外交人員處理者，必定以上諭的方式將此事交由各部大臣們議覆，再由皇帝根據這些議覆的意見而決定人選，然後由理藩院對被選派定的使臣指示處理某種外交事件的原則，使臣們自己也要提出談判的具體計畫之奏摺。最後還要陛見，向皇帝領取訓令。使臣在任務完畢之後，一定要有奏章呈報皇帝，敘述出使的經過及任務是否達成的原委。這種辦事的程序之事例，在《欽定大清會典事例》、何秋

53　Mark Mancall, *op. cit.*, Vol. 9, p. 106, n. 32；《匯編》，頁214-215。

54　《大清世宗憲皇帝實錄》（同前），卷32，頁8b；卷36，頁7a；卷51，頁16b；卷136，頁2b。

55　同前，卷32，頁8b。

56　Immanuel C. Y. Hsu, op. cit., p. 156；陳復光，同前，頁58。

濤的《朔方備乘》、圖理琛的《異域錄》，以及各皇帝的聖訓等類的
書中都可以看出。清廷派遣使節赴俄廷之事，正發生在滿清鼎盛之
際，又在清俄已經締結尼布楚條約及恰克圖條約而對國際間的協議有
了相當認識之後，必不致草草了事，當無可疑。何況當時的統治者又
是以嚴峻不苟著稱的雍正皇帝，如果說像此一請求俄國助清以摧毀強
敵準噶爾的大事，當時竟毫無紀錄，無論就法制與情理而言，恐怕絕
不可能。這必定是後來事過境遷，發覺此一外交事件對朝廷之體制及
國威有礙，不便讓此類的紀錄留之於後世，遂將有關此事的文獻予以
有計畫的銷毀。然而目前本文內下頁所提出的銷毀這些史料的因素，
都是假定性的推測，只能作為以後求證的一種線索，而不能作為結論。

　　我們在分析清廷為何要隱諱這一類史料的因素之前，應先回顧一
下早期清俄外交的一般情勢。中俄兩國因為同居歐亞大陸領地接壤之
故，所以兩國之間在17世紀的初年即已發生商務及外交的來往，此種
來往，當然與蒙古統治時期的宗藩關係不同。根據西人的記載，公元
1617年(明神宗萬曆45年)即有俄國商隊經朝廷允許進入北京貿易。次
年，有名伊凡・裴特林(Ivan Petlin)者，自稱是托波爾斯克總督古拉金
親王(Ivan S. Kurakin)所派遣的使者經蒙古到達北京，他雖然未得覲見
萬曆皇帝，卻獲得萬曆帝的一封上諭，內中宣稱使者曾受明廷優渥的
招待 [57]。第一次到達清廷的俄國正式使臣是巴依科夫(Theodore T.
Baikoff)，他是當時俄國沙皇亞歷克西斯(Alexis MiKhailovich, 1646-
1676)所派遣，並攜帶著沙皇致滿清順治皇帝(1644-1661)的國書，於
1656年抵達北京，他態度粗率，拒絕向清帝行叩首禮，又任意派隨行
的商人離開京城，四處作商務活動，使朝廷官員大為不悅，因而不允
他覲見，但特許使團買賣中俄貨物後離京，臨行前還獲得一封上諭，
作為他抵達北京的憑證。但俄廷並未因此而減低其通清的熱誠，又於
1658年派了一位名伊凡・佩爾菲利耶夫(Ivan Perilieff)者來華，到北京

---

57 John F. Baddeley, *Russia, Mongolia, China*（London: Macmillan, 1919），
　　Vol. II, p. 72.

時已是1660年，清廷大臣仍因爲不合中國的傳統體制而不許他覲見皇帝，可是所給予的招待卻非常隆重，並讓他們買賣中俄貨物後攜帶著清帝厚賜沙皇的禮品，於1662年離京返俄[58]。

比較順利的溝通開始於康熙時期(1662-1722)；那個時期，清俄兩國在黑龍江流域的雅克薩地帶發生了斷斷續續的衝突，清廷非常不滿，要求俄方解決逋逃犯的問題。俄方駐守尼布楚的總督雅爾興斯基(Daniel Archinsky)應邀於1670年派米洛凡諾夫(Ignatii Milovanov)帶領了十名哥薩克(Cossacks)到北京來，由於他的機變，得以覲見康熙皇帝，領得一封康熙皇帝致沙皇的公函離去[59]。俄廷收到康熙的公函後，又派了一位名尼果賽(Nicholai G. Spathari)到中國來。尼氏是一個希臘學者，隨行人員有兩名秘書和數名科技專家，於1676年5月經尼布楚抵達北京，受到理藩院尙書與南懷仁神父(Jesuit Father Ferdinand Pere Verbiest, 1623-1688)的熱烈歡迎[60]。尼氏態度倨傲，堅持不願行跪拜禮，康熙帝特別降旨免除，以西方見君禮覲見。康熙帝氣度開朗，覲見時與尼氏從容談論，詳詢沙皇的年齡及尼氏本人對哲學、數學及三角術的造詣，隨後賜宴並賜沙皇禮物，因尼氏接受時不願行禮，所以未舉行任何儀式。清廷因之也不給予上諭，但允許南懷仁神父以私人名義寫一封拉丁文的信，證明尼氏已完成他的出使任務[61]。

尼布楚條約締結之後，清廷對俄方的了解更有深遠的進展，滿清帝國與俄羅斯東部的國界及商務關係既經約文明訂，因之雙方的商務及外交的活動一時頗爲頻繁。當時準噶爾與清帝國之間的戰亂擾遍了

---

58 蔣良騏，《東華錄》（同前），順治朝，卷5，頁26a；嵇璜，《皇朝文獻通考》（上海：商務印書館，1936），萬有文庫版，卷300，頁考7481。

59 Michal N.Pavlavsky, *Chinese-Russian Relations* (New York: The Philosophical Library, 1949), pp. 140-141; Fu-Kuang Chen, "Sino-Russian Relations Since 1689", in *The Chinese Social and Political Science Review*, Vol.10 (April-June, 1929), pp. 483-485.

60 Gaston Cahen, op.cit.,pp. 2-3；嵇璜，同前，卷300，頁考7482。

61 Jcseph Sebes, S. J., *The Jesuits and The Sino-Russian Treaty of Nerchinsky. The Diary of thomas Perera S. J.* (Rome: Hitsoricum S. I., 1961), p. 66.

中國西北部的邊疆，清俄的往返並未因此而中斷。俄國彼得大帝還在
1692年派遣了一個規模龐大的使節來華，由雅布蘭、伊台斯(Izbrant
Ides)率領，於1693年到達北京，隨行的外交及商業人員達四百名之
多，雖然所攜彼得大帝的國書不合中國傳統的模式，但未構成雅氏呈
遞國書的障礙，覲見時康熙帝詢問他是否能識拉丁、義大利、葡萄牙
等國的語文，又問莫斯科距離北京、義大利及波斯的水陸路程，最後
問及俄國沙皇是否還在與瑞典從事戰爭。談話內容顯示出康熙帝對歐
洲的語文及國際大勢都有相當廣泛的常識 [62]。同年，康熙帝發布上
諭，命在北京建造一幢俄羅斯館，以為俄國使臣及商務人員的招待之
所 [63]。在俄國方面，彼得大帝也向清廷表示更進一步的友好之意，於
1716年選送了一位英國醫生到清廷來人為康熙帝服務，又派了一名瑞
典籍的工程師為常駐北京的商務代表。英國醫生名卡爾文(Carwin)，
商務代表名郎格(Laurent Iang)。兩人留華期間，時常與康熙帝見面，
就俄瑞間的戰爭及西洋醫學等類的話題作任意的交談或討論。1719
年，彼得大帝又派遣伊茲瑪依諾夫伯爵(Count Izmailoff, 1685-1738)為
特使來華，以圖解決因日久弊生的商務糾紛。伊氏為丹麥後裔，受俄
封為伯爵，隨從人員達九十人，包括科技專家、譯員、秘書、蘇格蘭
醫生比爾(John Bell)及前此曾駐北京一年半的郎格 [64]。伊氏風度頗
佳，雖強調他係沙皇代表的身分，但正式陛見仍行中國傳統的跪拜
禮，康熙帝也特別優容，破除舊例，親手自伊伯爵的手中接過俄皇的
國書及禮品，並隨即聲稱俄羅斯是與大清帝國平等的友邦，沙皇也是
與他同等的鄰國君主。然後又從容的與伊氏閒談到天文學與數學等學
術問題。伊氏說歐洲各國都已知道皇上對西方科學有濃厚的興趣，並
且也知道皇上向有敦睦鄰邦的善意。賜宴之後，康熙帝又提到清俄兩

62　Gaston Cahen, *op. cit.*, pp. 36-37.

63　何秋濤，《朔方備乘》（同前），卷12，頁4-5。

64　Gaston Cahen, *op. cit.*, pp. 69-70; Fu-Kuang Chen, *op. cit.*, Vol. 10（July-
　　August, 1926）, p. 727.

國商旅常爲遙遠而荒寒的路途所困，建議俄方採取伊爾提西河的水道
運輸，估計由該河航運三個月即可抵北京。伊氏留京三個多月，康熙
帝共召見了他十一次，詳詢歐洲各國情況、俄國的政治制度、俄國新
都聖彼得堡與舊都莫斯科形勢的優劣。並且還請伊氏參加閱兵典禮及
狩獵活動 65。其中多次係非正式的晤談而沒有嚴格的行陛見的禮節。
1721年3月，伊氏攜帶著康熙帝后贈予俄國帝后的豐厚禮品及上諭離京
返俄，郎格則獲准以商務代表的名義繼續留駐北京 66。

　　最令人詫異的是生性嚴酷的雍正皇帝所持的對俄政策反比康熙時
期的更爲寬和；俄廷從清廷理藩院於1723年6月發給西北利亞總督的公
函中體會到這種轉變，即刻就派上年回俄的郎格再回西北利亞去，在
那裡與清廷所派出的兩位高級官員完成一項初步談判，同時向清方通
告：俄廷即將派遣一位顯貴率領一個正式使節團前來北京。這就是指
後來到北京談判恰克圖條約的薩瓦（Sava Vladislavich, d. 1738）全權特
使 67。薩瓦爲一位有經驗的外交家兼商業鉅子，他率領隨員一百二十
人，由一千五百名士兵侍衛，於1726年抵達北京，受到清廷隆重的接
待，陛見之時，雍正帝特以優禮相待，親手接取他呈遞的國書 68。在
另一次的陛見中，雍正帝又向他提出大清將以公平及和平的原則與俄
羅斯相處的保證 69。這種異常親善的態度，實是恰克圖條約終能締結
成功的基礎。而這些事實均足以顯示康熙與雍正兩位君主是具有自發
的意願，要與俄羅斯維持和睦的邦交，訂約分界，從來未將兩國的關
係納入宗主國與藩屬國的架構之中，這與鴉片戰爭以後的被迫情形完
全不同。當然康熙帝開明而寬容的性格爲形成此種意願的一部分原

65　Gaston Cahen, *op. cit.*, pp. 75-76; R. M. Martin, *China: Political,
　　Commercial, and Social* (London: James Madden, 1847), Vol. I, p. 390; Fu-
　　Kuang Chen, *op. cit.*, Vol. 10 (September-December, 1926), p. 936.

66　Gaston Cahen, *op. cit.*, pp. 76-77.

67　*Ibid.*, pp. 84-85.

68　*Ibid.*, pp. 84-85, 89-94；嵇璜，同前，卷300，〈四裔〉八，頁7485。

69　Gaston Cahen, op. cit., p. 98.

因，但是最基本的因素還是由於他對歐洲及俄國的政教制度有相當的了解。雍正帝卻是想爭取俄國的協助或中立，所以才不惜卑辭厚禮以換取俄國的合作。他所安排的棋子到乾隆統治的初期都發生了有利的功效。乾隆皇帝之對準噶爾採取軍事行動，雖然是憑著強盛的國力，但他也看清楚了他祖父和父親傾注全部兵力與準噶爾纏戰了四十多年之久而尚未能把準噶爾擊潰的事實，這種歷史上的啓示使他在初期仍遵循著雍正帝的政策，即從對俄的外交準備著手，再進一步的完成擴展大帝國的雄圖。在他統治的初年中：即或發生了幾項邊界糾紛，都很慎重的應付而未致影響其軍事目標[70]。當時的俄國亦因志在東歐及近東求發展，無暇顧及東亞，所以對滿清大致採行協調的政策，以便保持其既得的通商之利。

　　清廷在摧毀準噶爾而在天山南北路建立了統治權之後，並未依照1731年托時大使訪俄時所作的承諾，把準噶爾屬地的若干部分讓與俄國，俄方只在第二十三號公函中一爲提及，並未根據上項協議而堅持其要求。後來俄方允許送驗準噶爾部酋阿睦爾撒納的屍體時，清廷在乾隆23年（1758）所發的上諭中有承認俄方尚能「……謹守舊約……」[71]之句；這當然是指托時大使訪俄時以換文的方式所達成的協議，可見當時此一談判紀錄的文件仍舊保存在政府的檔案之中，而且乾隆皇帝以及朝廷的官吏都能在適當的時機予以適當的應用，並未由此一文件而引發任何爭議或忌諱。如果說在清廷朝政的發展中出現某些因素以促使清廷採行隱諱此類文件之措施的話，那必定是乾隆23年之後的事了。

　　再從滿清帝國擴展疆土的發展過程來看，準噶爾事件是一個重要的關鍵，此乃由於準噶爾是滿清所遭遇到的唯一強敵而又與歐洲國家

70　陳復光，同前，頁58-59；63；64。

71　王先謙，《東華錄》，乾隆朝，Vol. II，卷17，頁2a；Mancall認為有關此一史實的資料係雍正帝所銷毀，此點與本文作者的見解不同，請參考Mancall, *op. cit.*, Vol. 9, p. 102.

有外交牽涉的民族，征服了準噶爾及天山南路以後，滿清建立大帝國
的基業可說是已大致完成，自後33年中雖也斷斷續續的在邊疆及內地
用兵，但就軍事上的規模和外交上的籌劃而論，實與準噶爾用兵之艱
鉅有天淵之別。這難怪乾隆帝自後在上諭中常提到「從前聖祖世宗屢
申撻伐」而未能成功，他自己卻能「克集大勳」一類的言論，後來甚
至誇示他的勳業是「於古誠希，示後有述」[72]。在這種情況之下，如
果仍舊讓那些請俄助清以滅準噶爾的外交文件載入官史之中，不但對
乾隆帝輝煌的十全武功有礙，而且托時和德新兩位大使對俄國安妮女
皇行三跪九叩禮的紀錄實有損於清帝國的國威。清廷這種態度到後來
英國派遣馬嘎爾尼（Macartney）及亞姆哈斯（Amherst）兩位大使到中國
來時表露得更為明顯。不過僅就滿清帝國單方面的因素而企圖隱諱這
些紀錄和協議也不可能一步就達到目的，俄國政情的發展也有助成這
些外交文件消失其時效的情況存在。我們仔細研究雍正帝對俄的外交
動向就發覺他對中俄國界的問題有一套解決的準備；尼布楚條約已劃
清了東北邊界，當然不在話下。他即位不久，就積極的與俄國締結恰
克圖條約，以謀確保外蒙古。隨即又派托時遠赴俄廷，就是計畫將於
解決準噶爾之後再確定西北的中俄邊界，更不惜預先提出割讓若干土
地與俄的承諾，用意即在確保西疆。無奈到乾隆帝決定向準噶爾進兵
時，俄國的安妮女皇早已去世，在位的是彼得大帝的幼女伊麗莎白
（Elizabeth, 1741-1761）女皇，前朝當政的大臣如奧斯特爾曼、慕尼赫
（Munich）、哥洛夫金等人都被流放到西伯利亞去，代之而起的是副國
務大臣貝斯圖色夫、瑞尤明（Bestuzhev Riumin），他集中其注意力於歐
洲，從事七年戰爭（1756-1763）[73]。對中亞方面，由於地理環境及宗教
等因素，俄廷的主政者都缺乏進取的興趣。第19世紀的50年代之前，
俄國與中亞的遊牧部族之間實無確定的國界，屬於他有效控制之內

---

72 同前，Vol. II，卷14，頁25b；Vol. V，卷42，頁20b。

73 Michael T. Florinsky, Russia: *A History and an Interpretation*（New York: Macmillian Co., 1961), Vol. I, pp. 453, 454, 456.

的，只是從烏拉河(Ural River)西北方沿著緯線五十一度東至阿爾泰山脈之北的地區。伊犁河下流以西的哈薩克及布魯特，既不屬俄國，也未屬滿清，雙方雖聲稱對此一地區的部族有宗主權，事實上兩國都鞭長莫及，軍事與行政的力量並未滲入各部族之中。加之乾隆帝在征服了天山南北路之後，即在上諭中表示業已滿足而無再行西進的意圖[74]。在另一方面，俄國也正忙著應付波蘭、巴爾幹及克里米亞(Crimea)的戰爭與奪取，沒有任何經略中亞的計畫。何況中亞疆域遼闊，庭戶遙遠，即或當時清廷要與俄方締結邊界條約，也缺乏著手的共同依據。這種情勢使清俄在中亞的國界問題冷卻了很多年，經過了一段冷淡的歷程之後，已完成全盛文治與武功的乾隆皇帝，當然不願再保留這種曾向俄人「求助」的外交文件了。

八、尾　聲

我們詳細分析了雍正時期的一幕清俄外交活動之後，就可以明白的看出在康熙初年清廷即已察覺俄羅斯是歐洲的一個大國。在兩國的接觸中，清廷也沒有以天朝自居而卑視外邦的傲慢氣派。雍正帝派遣托時大使遠赴俄廷舉行談判，其動機是基於事實需要，沒有像19世紀以後為列強所迫的情勢存在。德新大使赴俄完全是基於尊重一位新即位的俄國女皇之國際禮節，同時謀取雙方對托時大使所達成的協議的肯定與保證。這兩次的談判與活動大體上是成功的[75]；從此以後，使俄國從親準轉變到親清，這在清方對準噶爾採取軍事行動時發生了很

---

74 王先謙，《東華錄》，乾隆期，Vol. II，卷17，頁1b、2a、2b、4b。

75 Mark Mancall認為此兩次使節的任務都不算成功，這一點與本文作者的見解不同，因為他根據Bantysh-Kamensky的書中所說(見該書頁168)清廷有意請俄國出兵助清攻擊準噶爾，此點與解送準噶爾部酋至清方議處都沒有得到俄方的同意。但是到乾隆對準噶爾用兵時，俄國大致還是採取了合作的態度，不但沒有協助準噶爾，並且還把準噶爾逃入俄境的部眾解除武裝而禁錮在內地，這不能不算清方用兵成功的重大因素之一。

大的正面效果。此種成就並非倖至，應該歸功於雍正帝的嚴密籌劃而
來。使臣們注意到轄耗人兩屬俄準的國籍問題，可見他們已能認識國
際錯綜問題的重要性。清廷希望俄廷爲中介以圖與土耳其建立邦交，
固然沒有實現，但清廷在解決西北回民問題的誠意與國際眼光是很明
顯的。這種對國際間事務的看法與談判，都顯示清廷已有國與國之間
須如何相處的醒覺，並非像毫無立國原則的部落君主了。最後需要指
明的一點，就是這兩次使節團中都沒有天主教士隨行以擔任翻譯的工
作，這一點可以作爲雍正帝有意引進東正教抵制天主教的註腳，至於
當時由什麼人擔任翻譯，沒有明確的紀錄，但兩次使節團的隨從人員
很多，其中或有北京俄羅斯館內學習俄滿漢語文的中俄學生隨行，也
未可知。再者，托時自俄京回北京時，距離中英簽訂南京條約的那一
年有一百一十年之久，而當時的清廷能運用外交的談判，以助成清帝
國對一個強敵的戰爭及征服，就其外交的技巧而言，反比鴉片戰爭時
及稍後的一般主政者要略勝一籌。這種現象是值得我們注意的。

　　清廷所作最短視的事情就是銷毀歷史資料的政策，這一段中俄外
交的史實，如果沒有俄國文獻的補充，恐怕已經湮沒，無聞於世了。
俄國資料書籍中最爲詳盡的應以N. Bantysh-Kamensky所著自《1619至
1792年間的中俄外交文獻匯編》（*Diplomaticheskoe Sobranie Del mezhdu
Rossiskimpi Kitaiskim Gosudartvami s 1619 po 1972 goda*）一書爲首，這
是一本完全根據俄國外交部的檔案所寫的巨著。完成的年代大約在18
世紀的末年，1803年出版。本文作者到1983年的夏季才在哈佛大學得
到此書的複印本，由於此乃18世紀的俄文，又因版本已歷時久遠，對
本作者而言，看起來實在異常艱澀，所以多藉重Mancall的英譯，不過
本作者就所引用的內容與原本書仔細的核對過，除了一兩處引用頁數
略有出入外，大致正確。本文引用外文之處則採自由的意譯，力求接
近口語而不爲外文語法所侷限。如果有任何錯誤，當由本作者負責。
第二本重要的書籍是Gaston Cahen的《中俄關係史》（*Histoire des
Relations de la Russie avec la Chinesous Pierre le Grand, 1689-1730*），書

中敘述清俄早期的外交及商務關係非常詳細，不過沒有寫到托時使俄
的事蹟。此書係於1912年在巴黎出版。可惜現在這兩種書都絕版了。
不但如此，連俄國外交部的檔案也在拿破崙攻陷莫斯科時大都被焚
了。第三本書提到清廷遣使赴俄的是R. M. Martin所著的《中國》
（*China*）一書；書中有「清廷第一次遣使赴俄，於1733年到達聖彼得
堡」之句，語焉不詳，未提使臣名姓，年代也不太正確。這本書是
1847年在倫敦出版，著作者是到過中國的傳教士，他能注意此一史
實，已很難得了。第四本提到托時使俄的是陳復光所著《有清一代之
中俄關係》一書，他似乎只約略的根據前兩種書，並未查閱陳康祺的
《郎潛紀聞》及李桓的《國朝耆獻類徵》等中文資料，而且誤認為第
二次赴俄大使也是托時，加州大學的徐中約教授就根據陳復光的書而
在他的著作中重述了此一錯誤。故宮博物院所藏《俄國來文原檔》是
很有價值的原始文件，可惜不是當時托時大使在俄廷的談判紀錄。自
耶魯大學畢業現在史丹佛大學任教的Mark Mancall在撰寫他的論文
時，曾參考上列數種西文書籍，但是未查閱《東華錄》、《世宗實
錄》及《高宗實錄》等書中的有關資料，他對德新一無所知。本文作
者所查閱過的中外書籍很多，所以才敢斷言有關此一史實的資料已自
官史中銷毀。至於所根據的參考書都在註釋中註明，遺漏之處，仍恐
難免。希望日後還有更多這一類的資料出現。

第五章
俄國東正教會在中國

一、前　言

　　東正教為基督教的三大宗派之一[1]，是以希臘語地區為中心的東方教會。西元988年自拜占庭(Byzantium)帝國傳入俄羅斯，後來教民日多，教區逐漸擴大，自1453年拜占庭帝國滅亡之後，俄羅斯教會就成了東正教中最大的教會。

　　東正教之傳入中國是在清初康熙皇帝(1661-1722)的年代；當時有不少的俄國哥薩克(Cossacks)與亡命之徒逃據滿清帝國的邊疆地帶，清廷派兵驅逐，在戰鬥中先後俘獲了幾批俄方的士兵，計有：1681年俘獲的31人；1684年俘獲的22人；1685年俘獲的46人。除40名送往盛京安插外，送往北京者有59名。清廷將其編入八旗的鑲黃旗中，為滿洲第四參領第十七佐領，駐扎在北京城東直門內胡家園胡同。這群俄俘之中，有一名馬、列昂捷夫(Maximus Leontiff)者，為東正教的司祭，自願於1685年隨眾前往北京，為這一群信徒的宗教生活而服務，因此康熙皇帝將胡家園胡同的一座關帝廟賜予他們作為臨時祈禱所[2]，這就是俄國東正教最早獲准在北京建立的一個據點。

　　在歲月的流逝中，此一臨時祈禱所的存在逐漸引起俄方的關注，

1　基督教的三大宗派是天主教、東正教和基督新教。
2　張綏，《東正教和東正教在中國》(上海：學林出版社，1986)，頁180。

1695年得到托博爾斯克（Tobolsk）都主教的承認，正式命名爲「聖索菲亞」教堂。1715年此一教堂又得到康熙皇帝的特許，擴充爲「俄國東正教駐北京傳道團」，准俄方派遣神職人員數名常駐北京，一切食宿生活費用均由清廷供應，恁其誦經禮拜，享有充分之信仰自由。

此一歷史事實所顯示的特殊現象是清廷在其嚴防外夷的政策中，惟獨對俄俘的待遇相當寬厚，對俄俘的宗教活動也特予優容，致使傳道團終能發展成爲一個掌管在華俄人宗教生活及在華留學生事務的常設機構。後來由於中俄之間的交往日趨頻繁，傳道團又因緣時會，承擔了兩國官方聯繫與談判的任務。當時英法等國還沒有獲得在中國建立使館的外交特權，就連與中國地方官吏直接交往的要求亦不易獲准，而帝俄卻能利用幾個戰俘的宗教生活，在中國的首都建立一個具有外交職能的機構，並且將這個類似使節的機構與帝俄的遠東政策編織在一起，而委以觀察中國政治生活中重大事件的職責，如此終於分散了此一機構對於佈道事業的關懷，影響了東正教在中國傳播的成就。

本章撰寫之目的即在探討東正教會在華發展之歷程，析述其對非宗教性活動所投下之心力，並闡明其工作成果在中俄兩國文化與外交方面所發揮之影響。

二、俄國東正教駐北京傳道團之成立

東正教傳入中國之初，其司祭的活動範圍僅限於與俄俘及其親屬之間，並沒有向一般中國大眾傳播教義的計畫。中國人不甚了解東正教的教義，因而稱胡家園胡同的祈禱所爲「羅刹廟」，稱司祭爲「喇嘛」。

清廷對俄俘的待遇並不菲薄；馬、列昂捷夫受七品官的年俸，還得到房屋、土地的賜予。自後他就剃髮留辮，著中國服裝，無再返俄之意。其他俄俘都在北京娶中國女子爲妻，成家立業，生活習慣漸漸

漢化，對宗教的信仰也漸漸冷淡[3]，但俄方仍稱這群俘虜的後裔爲阿爾巴津(雅克薩)人。

　　馬、列昂捷夫居留北京二十七年去世；正當他去世的那一年(1712)，清廷要派遣一個使節團，去宣慰自新疆遠徙到俄屬伏爾加(Volga)流域的土爾扈特蒙古部落，因此向俄方假道。彼得一世(Peter I, 1682-1725)就乘機提出交換條件：如清廷准許俄國派遣修士大司祭前往北京，接替馬、列昂捷夫的神職，俄國方可讓清廷派出的宣慰使節團入境，康熙皇帝同意了此一條件，隨即命令殷扎納、圖理琛等使節告知俄方：東正教教會可續派司祭進駐北京，並請俄方代覓一外科醫生，送往清宮服務[4]。

　　彼得一世得知此一訊息後，立即命令雅庫茨克(Yakutsk)的修士大司祭伊拉里昂(Archimandrite Hilarion，清代文獻中譯爲依臘離宛)、修士司祭拉夫連季(Lavrentii)、修士輔祭菲利蒙(Filimon)及其他七名教堂輔導人員，組成一個「俄羅斯東正教駐北京傳道團」，等候清廷所派宣慰使節殷扎納、圖理琛等人返抵西伯利亞時，與之結隊同行，向中國邊境進發，於1715年4月20日(俄曆)，即中國康熙54年3月27日，到達北京[5]。

　　由於康熙皇帝的寬厚政策，清廷隨即採取了一連串的禮遇措施：封伊拉里昂爲五品官，其他司祭、輔祭人員爲七品官，各按級受俸。同時賜予伊氏白銀八百兩，修士司祭和輔祭每人六百兩，其他執事人員每人三百兩，作爲購置房屋之費，又另行發給伊氏白銀七百兩，修

---

3 張綏，前引書，頁205-206、238註(1)。

4 何秋濤，《朔方備乘》(台北：文海出版社，1964年影印1881年北京版)，卷43《異域錄》，頁34-38。

5 此一日期係Bantysh-Kamensky在他所著，中國人民大學俄語教研室譯，《俄中兩國外交文獻匯編》(北京：商務印書館，1982)內第101頁的記載。又據圖理琛所撰《異域錄》內的記述：此一使節團的全部行程共歷三年零十個月。他們離開北京是1712年6月15日，如此返京之期應該是1716年的4月，方能符合三年零十個月的紀錄，同時中國的日期也應該是康熙55年3月28日。

士司祭和輔祭每人五百兩，其他人員每人二百兩，作為購買奴僕之費，每人食物，每月均有定量的規費；每五天還送雞、鴨、鵝、羊各種食品；每三年還發給四季所需衣服一次，此外理藩院還經常派大員傳達皇帝的關懷，詢問他們有無額外需要？有無任何不便之處[6]？

雖然享有如此優厚的待遇和禮遇的環境，這一屆傳道團卻沒有良好的工作表現。從現有的資料來看，有許多跡象顯示修士大司祭伊拉里昂不善理財；他委派了一個助理人員代他管理財物，不久之後，他發覺貴重的毛皮和銀兩已所賸無幾，但他也沒有採取任何補救之方，又如他得知中國人初次相見有互送禮品的習慣，他也入境隨俗，不及兩年，他所帶到北京的珍貴物品和貂皮，已大量的送給達官顯宦和老幼的街鄰，換回來的只是一些土產和食物，自後教會的財物狀況日趨艱困，他只得向理藩院借支教會人員的每月規費以為挹注。此一舉措又被隨同他前往理藩院的翻譯員洩漏，於是引起教會中人普遍的不滿，群起攻擊他侵吞公款[7]。此種流言蜚語傳至中國官廳，頗有損於神職人員的形象，從此理藩院的官員不再到教會親候，耶穌會士也多避與往來，伊氏非常沮喪，因此酗酒解愁，以致健康日頹，1719年4月26日，在北京郊外某溫泉返城的途中逝世[8]。

伊氏去世之前，耶穌會士馬國賢(Matteo Ripa, 1682-1745)神父曾去看過他，據他所撰回憶錄中的記載，伊氏相貌端莊，服裝整潔，對人彬彬有禮，拉丁語言相當流利，但不諳中國語文。他竟縱容屬下人員衣衫不整的閒浪街頭，又准許男女混合在一起作禮拜，這在當時的中國都認為是非常失禮的[9]。可見伊氏在華工作之未得好評，顯然都

6　Eric Widmer, *The Russian Ecclesiastical Mission in Peking During the 18th Century.*(Cambridge: The East Asian Research Center at Harvard University, 1976), pp. 41-42.

7　*Ibid.*, pp. 42-43.

8　*Ibid.*, p. 43.

9　Matteo Ripa, *Memoirs of Father Ripa*, tr. Fortunato Prandi（New York: 1846), pp. 102-103, taken from Eric Widmer, *op. cit.*, p. 44.

由他不識中國語文和對中國文化沒有正確的了解衍生而來。

　　伊氏死後，理藩院仍一本友好的初衷，於1719年派傳道團的兩名修士回俄國報喪，同時探詢俄方是否有另派修士赴北京接掌神職工作之意向。當時熟悉中國事務的西伯利亞總督加加林親王（Prince Gagarin）因事已被免職，兩國邊境又發生逃犯的糾紛，以致第二屆駐北京傳道團的修士大司祭一職虛懸了十一年，延至1729年才派人到北京就任。這中間曾發生很大的人事變化；本來第二屆傳道團早在1721年3月5日已經組成，由英諾森、庫利奇茨基（Innocent Kulchitsky）主教任團長，他於次年率團到達中國邊境，可是邊區已於1721年1月發生七百二十七名蒙古叛民逃入俄境之事，清方要求引渡，俄方拒不交還，雙方爭論經年，不能解決，於是理藩院通知俄方：中俄兩國的逃犯與邊界等問題未解決之前，不允許英諾森主教前往北京就任神職。英諾森主教只得退到伊爾庫茨克（Irkutsk），在當地居民中很辛勤的傳教，等待後命。適逢此時在伊爾庫茨克耶穌升天（Voznesenskii）修道院的修士大司祭安東尼、普拉特科夫斯基（Antony Platkovsky）正在千方百計的營求駐北京傳道團團長一職，因他曾於1720年隨當時俄廷遣華大使伊茲瑪依諾夫（Izmailoff）到過中國，自認對此神職，更能勝任。1726年，他乘俄廷派往北京談判恰克圖條約的薩瓦（Sava Vladislavich）大使停留在伊爾庫茨克時，向他暗進讒言，使英諾森主教失去薩瓦的信任。1729年6月16日，安東尼、普拉特科夫斯基終於因薩瓦大使的推薦而取代了英諾森，率領著第二屆駐北京傳道團到達北京[10]。上距恰克圖條約簽訂之期（1728年6月14日）已一年零二日了。

　　當時北京的聖索菲亞教堂只賸下修士司祭拉夫連季（Lavrentii）和三名輔助人員留守，經費與活動也隨之減縮，佈道工作，無法開展。素來關懷俄方宗教人士的康熙皇帝已於1722年冬季逝世，兩國邊界逃犯

10 Gaston Cahen原著，江載華、鄭永泰譯，《彼得大帝時期的俄中關係史》（北京：商務印書館，1980），頁266、267-268；Eric Widmer, *op. cit.*, pp. 73-74, 75-76, 78, 84.

糾紛一直未獲解決，理藩院的立場也一直沒有緩和的跡象，傳道團的
前景似乎很不樂觀。但是，對西方傳教士素無好感的雍正皇帝（1723-
1736）在中俄談判中最後讓步，允許俄方所提有關東正教駐北京傳道團
的要求，在恰克圖條約內予以明訂，就是該約第五款有如下的規定：

> 在京城之俄館，嗣後僅准前來之俄羅斯人居住，至俄使薩瓦請
> 求蓋廟一節，由中國辦理俄羅斯事務大臣協助於該館內蓋廟，
> 現在京喇嘛一人住該廟。又按請求再准補派三名喇嘛，俟其到
> 達後，照先來喇嘛之例，供以膳食，安置於該廟。凡俄羅斯人
> 等，可按其規矩前往禮拜念經。再將薩瓦留於京城念書之四名
> 學生以及通曉俄羅斯文、拉丁文之兩名成年人，亦准住此廟，
> 並以官費養之。

根據此一條約的規定，俄羅斯東正教駐北京傳道團成為正式的常
設機構。自後，俄國每隔十年，可改派傳教士組團前往北京，接替前
屆的領隊及其他神職人員。每屆的名額均為教士四名和學習滿漢語文
的學生六名。此外，清廷尚須協助俄人蓋廟；從當時俄方駐北京的商
務代表郎格（Lange）寫給薩瓦大使的信中的敘述，教堂的建造可於1728
年3月完工，但是不幸，1730年9月和10月北京連續發生幾次大地震，
蓋好不久的聖索菲亞教堂又被震毀了。清廷於是又協助俄人在北京東
江米巷（後來的東交民巷）另建一座教堂，於1732年完工，命名為「奉
獻節」教堂，這就是俄羅斯館的「南館」[11]。原來胡家園胡同的教堂
也於同年重建，那就是俄羅斯館的「北館」。

三、傳道團歷屆成員之更迭與生活狀況

雍正皇帝即位之後，他一方面在全國各地嚴禁西洋人傳教，另一
方面又准許俄國傳道團在北京正式成立常駐機構，並予以公費供養的

---

11 G. Cahen著，江載華、鄭永泰譯，前引書，頁269、284；張綏，前引
書，頁188-189。

待遇。此一耐人尋味的政策，顯示雍正皇帝用心極爲深遠。他只因善於僞飾和籠絡權臣，才得承繼皇位，得位之後即刻意羅織，迫害他的親兄弟，株連他的堂兄弟及其親屬。耶穌會士與他的兄弟們親近者多，且同情他們的遭遇，於是引起他的猜忌。因此頒行禁教令，將各地教士逐往澳門。至於在北京的欽天監，以及在官府中任外交翻譯工作的耶穌會士，他一時尚無法將其罷黜，然而他蓄意引進俄國的東正教士，培養俄國的留學生，以期將來能取代耶穌會士的任務。策劃之週密，遠勝過康熙年代。

北京大地震以後所擴建的俄羅斯館除南北兩處各有一座西式教堂而外，其餘都是中國式的官廳或衙門建築，計有商館、商品棧房、使節官舍、學館、文館、修士住宅、學生宿舍、鐘樓，等等。僅商館一處，就有三百八十七個房間，還有駝馬的廄舍和存放貨物的堆棧，五十名僕役的住屋，以及廳堂、花園之類的公共活動場所 12。自1729年起，傳道團移其本部於南館。還有「俄羅斯文館」和「俄羅斯學」兩所學校也是屬於「俄羅斯館」之一部，前者爲八旗子弟學習俄國語文的學館，學生二十四名，教習二名及副教習數名，從俄國留學生中選任。後者則係應薩瓦大使之要求而設立，名義上隸屬於國子監，但事實上設置於「俄羅斯館」之內。教習二名，來自國子監，授滿漢語文 13。後來俄國不少的漢學家，都是這所「俄羅斯學」培教出來的。此外清政府還設立了一所拉丁文學校，由巴多明（Parrenin）神父主持，學生名額亦爲二十四名 14。

南館和北館重建以後，新到任的修士大司祭安東尼試圖把握時機，重整旗鼓，使傳道團可以表現一番盛況，他大事修建教堂內外的裝潢和用具，置備金銀的祭器，贈發教徒的服飾等等。當聖彼得堡未

---

12 E. Widmer, *op. cit.*, pp. 88-89, 89-90, 91.

13 John Dudgeon, *Historical Sketch of the Ecclesiastical, Political, and Commercial Relations of Russia with China* (Peking: 1872), p. 27.

14 《匯編》，頁244。

能全部供應他需索的經費和物資時，他轉向理藩院提出要求，並列舉了價值五千多銀兩的物品詳單。理藩院頗有耐心，依照他所提供的式樣，爲他仿製相當數量的祭器和餐具、司祭們用的禮服、散發給教徒的救濟金和衣物等等。但當他要理藩院爲他購置鑽石戒指和嵌鑲寶石的權杖時，理藩院就大感驚奇了 [15]。

然而他的最大困擾還是來自教堂內的人事糾紛，隨從他到北京的第二屆傳道團成員有：修士司祭菲力蒙諾夫（Filimonov）和約瑟夫（Ioasaf）兩人，另有一名修士司祭拉夫連季係上屆成員留任。學生三名，是：舒利金（Shulgin）、波諾馬列夫（Ponomarev），和羅索欣（Rossokhin）。還有三名學生早於1727年隨薩瓦大使到了北京，他們是：沃伊科夫（Voeikov）、普考特（Pukhort）、特列季亞科夫（Tretiakov），1732年又有兩名學生隨商務代表郎格到達北京，名字是：伏拉迪金（Vladykin）和貝科夫（Bykov）。1736年，郎格再度抵華，又帶了一個名希希羅夫（Shikhirev）的學生到達北京，這些人員都屬於第二屆的修士大司祭管轄。然而實際上的人數並不止此，還有安東尼主教自己攜來的僕役，上屆留下的執事人員，以及原來的老戰俘及其親屬都在北館內擔任工作，這些人彼此不和，又多不服從安東尼主教的領導。盜竊、酗酒、聚賭、鬥毆等類事件，屢屢發生，而主教也被控挪用公款，誣諂別人。清廷對此種紊亂現象非常不滿，理藩院只得出面干涉，將曾經四次謀殺主教的菲力蒙諾夫關押了三個月，然後驅逐出境，並表示願協助安東尼結束其駐北京的任務 [16]。

1734年10月，俄國神聖宗教會議接受郎格的建議，解除安東尼的駐華職務，任命特魯索夫（Trusov）爲東正教第三屆駐北京傳道團團長，前往接替。1736年6月，特魯索夫與郎格所率領的商隊一同抵達中俄邊境，11月到達北京。不久郎格即對安東尼的行爲舉行調查，然後

---

15 E. Widmer, *op. cit.*, pp. 116, 117-118.

16 G. Cahen原著，前引書，頁269-270，286-287註61、64、72、73；E. Widmer, *op. cit.*, pp. 119, 120-121.

嚴行拷打，予以扣押，解送回俄 [17]。

　　第三屆傳道團的成員除團長特魯索夫自己而外，與他同行的僅有修士司祭安東尼、盧霍夫斯基（Antony Lukhovskii）一人，另外兩名修士司祭：拉夫連季和約瑟夫都是上屆成員留任的，不過隨後就有三名教堂服務人員和四名學生到達。此次俄廷對魯氏提供了不少的支助：給予一千盧布購買用具，另給二千盧布的貨物，將在中國市場出售，再將本利去購買教堂附近的三個宅院 [18]，作為教會供職人員的居住之所。其他舉行聖禮的經費及各神職人員的薪俸都予以確定，以期都能安心工作。然而教會的情況沒有多大的改善，特魯索夫的領導能力和品德並不比上屆的主持人高明。他到任不久，就有屬下人員控告他有辱職守，說他常穿著中國女人的衣服，自稱是處女，在院中及教堂中到處招搖，惹出許多笑話。又揮霍無度，甚至將教堂中的銀質祭品都偷出變賣，約瑟夫發現贖回 [19]，學生伏拉迪金寫信給俄國神聖宗教會議，列述他的這些敗行，此案到1741年9月才著手調查，但特魯索夫因酗酒過度而患了癲癇病，早已於是年4月去世。

　　神聖宗教會議派到北京的調查員是鮑勃羅尼科夫（Bobrovnikov），既然特魯索夫已死，神聖宗教會議就命鮑氏留在北京，擔任此過渡時期的領袖，繼續領導第三屆傳道團。此事非鮑氏所願，自稱未進過神學院，缺乏領導能力，上書請求解職，然上級認為他不安心工作，加以申斥。他因此異常煩惱，憂鬱成疾 [20]，終於1744年4月在北京逝世。

　　此時留任的第一屆成員狄亞柯諾夫（Diakonov）已於1736年在北京去世，克柳索夫（Kliusov）已於1737年去世，學生中的沃伊科夫和舒利金荒於酒色，先後於1734年及1735年死於北京。波諾馬列夫也於1740年死於北京，希希羅夫死於1742年。羅索欣早於1741年返俄，伏拉迪

17　E. Widmer, *op. cit.*, pp. 125, 130, 131.

18　《匯編》，頁247-248。

19　張綏，前引書，頁209。

20　同前引書，頁210-211。

金和貝科夫也於1746年隨商隊回國，駐北京傳道團再度陷入淒涼冷落
的境地。

　　爲了改進傳道團成員徵選狀況，俄國神聖宗教會議只得以提高薪
俸、獎勵、榮譽爲條件，向各方徵求下屆赴北京傳道團團長的人選，
各教會先後應命提出的候選人共達七名，但均視去中國供職爲畏途，
多方規避，最後選中基輔一個修道院的副院林采夫斯基（Lintsevskii）
[21]，要他擔任第四屆駐北京傳道團的團長，他一再以腿疾請辭，均未
獲准。1743年8月，他被晉升爲修士大司祭。次年，與赴華商隊同時啓
行，旅程艱困緩慢，至1745年11月始到達北京。隨行的有兩名修士司
祭：魯勃列夫斯基（Vrublevskii）和斯莫爾熱夫斯基（Smorzhevskii）。此
外增派的三名教堂輔助人員和三名教堂服務人員也同時抵達北京[22]。

　　林氏接任之後，發現教會陷於一片破敗之象，諸事待理，他力圖
振作，對內積極改進工作環境，督導教士和學生行爲趨於正軌；對外
交接清廷官員和耶穌會士，以圖獲取一些情報資料[23]，惟他不識中國
語文，在吸收新教徒方面毫無成就。然而他是第一個能任滿十年又能
安全離華返俄的一位修士大司祭。當他於1755年離華之際，傳道團只
有他和一位修士司祭斯莫爾熱夫斯基二人尚健在人間，其他的人員都
先後去世了。

　　第五屆駐北京的修士大司祭爲尤馬托夫（Yumatov）；他於1754年
12月23日到達北京，隨行的有兩名修士司祭，一名修士輔祭，三名教
堂輔祭人員及三名僕役。另外還有四名學生，因當時邊境又有逃犯的
糾紛，清方拒絕收納，隨即遣送回俄。他接任以後，竭力設法改善教
會的頹唐景況，爲了另闢財源，他栽培了許多花木果樹，再出售花木
果實以補助支出。他與教會內的人員都相處和諧，與中國的精英分子
和耶穌會士都維持良好的關係，每逢節日，他常用自己的薪金，廣開

---

21 E. Widmer, *op. cit.*, p. 136.

22 《匯編》，頁280-281。

23 張綏，前引書，頁211-212。

宴席，中國高級官員多應邀請，群往教堂參觀，並參加他主持的禮拜和宴會[24]。

尤氏的任期本來至1765年已滿，但俄國此時正當凱薩琳二世(Catherine II, 1762-1796)奪得政權的初期，無暇注意遠在中國的教會事務，於是一直拖延到1771年11月，下一屆的修士大司祭才到達北京。但尤馬托夫已因長期等待，焦慮成疾，早於是年6月在北京逝世。當時只有教堂輔助人員齊明(Zimin)一人倖存，其他的人都死了[25]。

第六屆傳道團的主持人茨維特(Tsvet)原是一所神學院的法、德語教師，1768年神聖宗教會議晉升他爲修士大司祭，命他率領第六屆傳道團前往北京，接替前屆尤馬托夫的職務，隨行的屬下有修士司祭兩名，修士輔祭一名，教堂輔助人員兩名，在一名監護人、三名哥薩克、十二名僕役的陪伴之下，於1771年年末抵達北京。當時南北兩個教堂中的人員淪亡殆盡，器物也被盜賣一空，以致成員無心工作，茨氏亦沮喪萬分，困居北京九載，經常藉酒澆愁，返俄以後，且因工作無所成就而遭降職處分[26]。

1780年10月，希什科夫斯基(Shishkovsky)受命以修士大司祭的身份率領第七屆傳道團自俄啓程，於1781年10月2日與隨團成員和學生共九人抵達北京。當時教堂的破敗冷落情形如故，死亡的陰影依舊揮之不去。四名學生之中僅安東、伏拉迪金(Anton Vladykin)一人能活著回國，到外交部去擔任譯員，其餘三人都因酗酒死在北京。宗教方面，僅有三十五人經常到北館作禮拜，其中二十五名爲阿爾巴津人的後裔，十名爲當地人。當時北京的環境非常安寧，傳道團的成員和學生均可自由的到城中及郊區的溫泉或勝地遊玩，有時學生還受邀前往皇宮擔任外文的翻譯工作[27]。

24　E. Widmer, *op. cit.*, p. 141.

25　*Ibid.*, p. 143.

26　張綏，前引書，頁214。

27　E. Widmer, *op. cit.*, pp. 144-145.

　　希什科夫斯基在北京任職十四年，卸職後於1795年5月21日啓程返俄，行至張家口附近忽然患病，次日逝世。同行人草草的將他埋葬於附近荒地，轉瞬就失其墳塋的所在 28。接替希氏的是第八屆的領隊格里鮑夫斯基(Gribovsky)，他於1794年11月27日到達北京，在中國居留了十三年半，因不識中國語文，沒有任何樹建。他爲了歛財，竟至剋扣下屬的薪金，對中國商人放高利貸，結果發生賴債糾紛，他向中國官廳求助，才將他的二千二百銀盧布追還 29。

　　第九屆傳道團到達北京時爲1808年1月，領隊的修士大司祭就是日後的名漢學家俾丘林(Bichurin)，他的教名是雅金甫(Hyacinth)，出身於司祭家庭，畢業於神學院，曾任文法教師，精通漢、滿、蒙、拉丁、法等語文。當他初到北京的時期，行爲也是放蕩不端，引起理藩院的不滿，一度傳召他和教士人員，當面訓斥了一番，自後他竟能努力於學術研究，成爲俄國漢學家行列中的集大成者。他在北京任職十三年，於1822年返俄，反遭降級及被捕的處罰 30。第十屆傳道團於1820年12月2日到達北京，領隊是卡緬斯基(Kamensky)修士大司祭，他原是隨第八屆駐北京傳道團到過北京的學生，返俄後在外交機構中任蒙、滿語文的譯員，受命赴北京爲主持人時，沙皇賜以多項殊榮，還配備了一名醫生隨團到北京服務。1831年任期屆滿返俄，又得到優厚的獎金。隨他到北京的修士司祭丹尼伊爾、西維洛夫(Daniil Sivillov)與醫生伏伊特謝克霍夫斯基(Voitsekhovskii)後來都到喀山(Kazan)大學擔任過滿、漢語文講座 31。

　　第十一屆傳道團的領班有前後兩位：1830年至1835年是原來第十屆成員魏若明(Beniamin)擔任，只因他個性專橫，引起很多人事糾

28　*Ibid.*, p. 146; Dudgeon, *op. cit.*, p. 34.

29　Albert Parry, "Russian(Greek Orthodox) Missionaries in China (1689-1917)", in *Pacific Historical Review* (1940), Vol. 9, no. 4, p. 413.

30　E. Widmer, *op. cit.*, p. 103；張綏，前引書，頁220。

31　J. K. Fairbank編，張玉法主譯，《劍橋中國史》(台北：南天書局，1987)，第10冊，頁390。

紛，俄國外交部於是出而干涉，改派團內成員阿瓦庫姆(Avvakum，漢名安文公)擔任主持人，阿氏才智出眾，糾紛因而平息。這一屆人才不少，除神職人員而外，還有醫生、畫家、天文學家，以及大學教授數人，且與清廷的王公大臣都維持良好的關係[32]。

第十二屆的主持人為波利卡爾普(Policarp，漢名佟正笏)，他原是第十一屆的修士輔祭，由於俄國神聖宗教會議很賞識他的學問和能力，特別召他返國，晉升他為修士大司祭，外交部又特別賦予他前所未有的信任和權力。1840年他以領隊的身分再度到達北京，遵照俄廷的指示，竭力取得清廷重要人物的好感，以期能順利的獲得中國政府重大政策的有關情報，但他為人專橫，使內部成員們的工作受到阻礙，收穫不如前屆，然而本屆成員中也有不少的人才，如名漢學家符‧普‧瓦西列夫(V. P. Vasiliev)、修士司祭固里(Gury)、修士輔祭巴拉第(Palladius)、醫生塔塔里諾夫(Tatarinov，漢名明常)。這些人固然對漢學研究都有所成就[33]，但也多是十九世紀俄國侵華浪潮中推波助瀾的人物。

第十三屆的主持人就是巴拉第，他的任期是從1850年到1858年，正是帝俄侵占中國黑龍江以北的關鍵時期。第十四屆的主持人就是固里，他的任期是從1858年到1864年，正是帝俄乘英法聯軍之際，脅迫清廷割讓烏蘇里江以東之地的關鍵時期，這兩位修士大司祭都因時勢的需要而捲入了外交的漩渦之中，並且扮演了相當重要的角色，致使傳道團的非宗教性活動達到了前所未有的頂點。

然而這些宗教人士在外交工作上活躍的參與，正是他們在這方面職責消減的成因。由於中俄兩國情勢的改變，俄廷決定於1861年設立常駐北京正式的外交使館，並以南館為辦公之所。傳道團的全體人員，只得遷回北館的聖索菲亞教堂。從此以後，他們只是教民的牧師

---

32 R. K. I. Quested原著，陳霞飛譯，《1857-1860年俄國在遠東的擴張》（北京：商務印書館，1979），頁42。

33 同前書，頁43-44；張綏，前引書，頁233-234。

或神學家，所關心者僅爲教民的精神生活，而非風雲變幻的外交與政
治問題了。

四、傳道團在華之職責與成就

俄國的神聖宗教會議是屬於帝俄政府中的一個機構，東正教駐北
京傳道團爲此一機構所派出，原則上必須遵循政府的指示，作爲處理
在華教務的方針。所以傳道團的佈道事業自始就有此一制度上的侷限
性。

本來俄俘中的司祭列昂捷夫投降到北京的主要目的，是要保持俄
俘的傳統宗教，不致在異端的人海中被淹沒。除此以外，並沒有積極
向中國人傳播福音的打算，只自居爲一個僑民教會已足。然而彼得一
世得知北京俄俘中有一個祈禱所的存在時，就極表關注，特下諭旨，
要這群投降自保的弱者，肩負起《調查中國情況》的重任，以期爲
《國家的高度利益》而服務[34]。這就爲日後對歷屆傳道團頒發訓示的
內涵立下了不可踰越的準則。

自傳道團正式成立起，歷屆主持人前往北京，都要授受此類的訓
令，只因早期的駐華教士，多不識中國語文，實無達成此種任務的能
力。初期只能通過在華耶穌會士取得少量的情報，其內容也不過是邸
報中登載的皇帝詔令及大臣的奏章等類文件，不能算是直接調查的機
密資料。直到18世紀中葉和19世紀的初年，先後有尤馬托夫、俾丘
林、卡緬斯基、阿瓦庫姆、西維洛夫、佟正笏、巴拉第、固里等精通
中國語文且對中國文化有相當了解的修士到任，才能對中國的社會實
況有直接的了解，隨團到北京的留學生，經過多年的培訓，也出現幾
名才智之士，當他們在學之時，就常被徵調到理藩院充當譯員，頗爲
清方官員所信任，樂於提供一些不常見的文件，給他們翻譯，他們的

---

34 見張綏，前引書，頁185及其註釋3。

見聞也因之日益擴展。最爲人所稱道的幾位是：伏拉迪金、羅索欣、阿·列昂節夫(Alexis Leontiff)、巴克雪夫(Baksheev)等，他們在中國研讀的成果，對奠定俄國漢學的基礎，都有一定程度的貢獻。

　　教士中最傑出的漢學家應爲第九屆傳道團的主持人俾丘林，他漢、滿、蒙語文的造詣遠超過他的前後同僚，留華十餘年中，他搜集了大量有關中國本部、滿洲、蒙古、新疆、西藏等地方的文獻，都能充分應用，撰纂成爲系統的著作，重要的譯著有：《資治通鑑綱目》、《大淸一統志》、《四書》、《西藏記事》、《蒙古札記》、《準噶爾和東土爾其斯坦的遠古和現狀記述》、《成吉斯汗前四汗本紀》、《三字經》、《北京記事》、《北京城廓平面圖》等等。後期的著作還有：《西藏青海史》、《十五世紀到現在的衛拉特和卡爾梅克歷史》、《中華帝國詳志》、《中國國風與民風》。其他有關中國的語言、人口、階級的短篇論文也時常見諸雜誌，且曾得獎多次。1820年他自華返俄時，用十五頭駱駝，駄運了幾噸重的中國書籍回去。還有數次到過中國的蒙古學專家科瓦列夫斯基(Kovalevsky)回俄時，也攜帶了大量的書籍；他贈送給喀山大學的就達189種，共計1433卷。並贈送給博物館許多文物 [35]。

　　第十三屆傳道團的主持人巴拉第與第十四屆的主持人固里，都可稱之爲中國通，然而他們非宗教性的活動與寫作多偏向於對華外交策略與政經情況的關注。不過巴拉第還是有幾種學術性的著作和譯述，其中重要的如：《佛陀傳》、《早期佛教史略》、《佛教神祇概述》、《金七十論》、《長春真人游記》(邱處機著)、《中國伊斯蘭教文獻》、《漢俄大辭典》等。他居留中國達三十三年之久，精通中國語文，在《漢俄大辭典》內共收集了一萬一千六十八個常用漢字條目的注釋，又首創中文的俄譯法則，至今價值猶存。

　　留華學生的成就多在翻譯方面；第二屆傳道團隨團學生羅索欣在

35　R. K. I. Quested著，陳霞飛譯，前引書，頁40、42-43。

這方面的專精頗為人稱道,他在北京居留了十一年,從1735年起,即任理藩院的譯員,並在內閣俄羅斯文館教授俄語,憑他的工作與教學經驗,編譯了一部《俄羅斯翻譯提要全書》,又編輯了一部《中國絲織廠資料》。1741年返俄以後,一方面翻譯《八旗通志》和圖理琛著的《異域錄》,另方面從事漢滿語文的教學。第三屆隨團學生阿、列昂節夫翻譯了《大清律例》、《理藩院則例》,還編譯了一本《中國地理手冊》。第六屆隨團學生巴克雪夫對中國的秘密社團有很高的興趣,他多方訪問調查,紀錄資料,寫成了一本《1772年至1782年清帝國的秘密活動、意向、事件和變化記要》。此外他還編纂了一部《滿俄辭典》。第十一屆隨團學生扎哈羅夫(Zakharov)利用中國資料,寫了《中國西部疆域記述》一書,又繪製了一份「中國西部疆域圖」。因此他於19世紀60年代出任塔城總領事,成了俄國侵佔中國西域邊區主要的設計人。

　　以上的事實顯示:到了18世紀的末期,俄國派駐北京的教士和學生大致已經克服了中國語文上的困難,對中國社會的動態才有了相當程度的了解。除了教士和學生以外,俄方又加派了各類人員如醫生、畫家、天文學家、植物學家、大學教授隨團前往北京,他們與中國社會各階層的接觸逐漸拓展,在北京的各種活動也不致受到過分的限制。當十九世紀初期中俄關係發生驟變時,傳道團的主持人佟正笏、巴拉第、固里等就頓時成了兩國交涉中不能缺少的人物;他們的任務不僅是擔任雙方的翻譯或送外交文書,有時還參加談判。如中俄締訂北京條約的談判,完全在傳道團內舉行,並由身為修士大司祭的固里和身為隨團醫生的塔塔里諾夫主談 [36],確實有損教會的常規和清譽。由於他們精通中國語文,又對中國正在形成的局勢,都能作週詳細緻的分析,遂得到當時俄國遣華使節的倚畀而承擔重任。他們助長帝俄攫取中國土地及其他權益的策略固然成功,但其培育雙方和諧種子的

36　R. K. I. Quested著,陳霞飛譯,前引書,頁266。

工作卻完全失敗。

五、尾　聲

　　1860年中俄北京條約簽訂以後，清廷不再供應俄羅斯東正教駐北京傳道團的生活費，於是由俄國政府出資，協助傳道團重新修建北館的房屋。神聖宗教會議每年給予傳道團一萬五千六百銀盧布，作爲常年經費。惟將此數用於教堂設備的添置、教堂與成員所住房屋的維修，以及其他執事人員的開支之後，所餘無幾，以致傳道團成員的生活十分拮据，更沒有足夠數量的資金作爲佈道活動的經費了。

　　溯自傳道團成立至此，已經經歷了將近一百五十年的歲月，其間由俄方派到中國的神職人員至少也有一百五十五名，有姓名可考的學生先後共計有三十五名。然而到1861年時，在北京地區的教徒人數尙不足二百名，其中還包括阿爾巴津人的後裔在內[37]。這與天主教和基督新教在中國傳教的情況相比，顯然大爲遜色。實際上當時基督教三大宗派之中，東正教得到清廷的待遇最爲優越，然其傳教的成果卻最不足道。基本的原因是傳道團原來只爲俄俘的宗教生活而服務，安於僑民教會的性質爲已足。再加上俄國政府所強加於傳道團非宗教性的職責，以及駐北京的俄國教士主領禮拜仍用「教會斯拉夫語文」(Church Slavic Language)等因素[38]，傳教事業之受到障礙，自屬不可避免之事。

　　針對此種缺陷，第十四屆的修士大司祭固里也作了一番補救的努力，他將《新約全書》譯爲漢文，又編寫了一本漢文的《東正教規程》。巴拉第於1864年再度到北京任修士大司祭後，也將聖書的〈詩

---

[37] Archimandrite Innocent, "The Russian Orthodox Mission in China", in *The Chinese Recorder* (October, 1916), pp. 679, 680.

[38] 教會斯拉夫語文係第9世紀時自拜占庭到俄羅斯傳教的教士所首創，用以譯介聖經。18世紀之初，彼得一世實行文字改革，新語文代興，但教會中仍沿用舊斯拉夫語文不改。

篇〉和〈日頌〉譯爲漢文。第十七屆主持人伏拉維昂(Flavian)開始用
漢語主領禮拜,並竭盡全力,收集前人所有著作四十餘種,全部改編
爲白話漢文,以利教義的傳播。不過自他離職返俄以後,新到的教士
在短期內不能熟悉工作的情況,語言的練習亦非短期可以奏效,致使
傳道事業一直沒有長足的進展,至19世紀之末,北京地區受洗的中國籍
信徒只有四百五十九人,其中有一百四十九名爲阿爾巴津人的後裔[39]。

　　1900年,中國有義和團排洋之亂,東正教會與其他在華教會同樣
的遭遇劫難,北館、安定門外、張家口的教堂都被付之一炬,還有信
徒二百二十三人在北京被殺,當時傳道團的修士大司祭英諾森(或譯英
諾肯提乙)、費古洛夫斯基(Innocent Figourovsky)率成員至東交民巷的
使館避難得免。1901年辛丑條約訂立後,傳道團得到清廷所付一萬八
千兩白銀的賠償。常年經費由俄方增加到十五萬金盧布。俄方又提升
英諾森爲東正教第一任駐北京的主教。一時氣勢轉盛,他強迫收買北
館週圍的民房 ,大興土木,開辦學校,設初、中、高級班,又設神學
院一所,在直隸省增開了二十多個傳教點。後來又在北京增設男女修
道院、男女小學、氣象站、圖書館、漢文印刷所、織布廠、牛奶廠等
等。但是好景不常,1917年俄國發生革命,經費來源斷絕,僅能從中
國政府取得庚子賠款的按期償付,得以維持。傳道團原來存放在道勝
銀行的儲款,被英主教全部挪去購買公債,用以支援反抗共產黨的白
黨政權,1920年白黨完全失敗,所有公債,變成廢紙。正在連遭打擊
與挫折之際,又有大批俄國的貴族、皇族、軍官、官吏、資產階級商
人、地主及其家屬,流亡到中國避難,北京教會全部房屋都變爲帝俄
流亡人士的棲身之所。1922年以後,流亡到中國的俄人日益增多,教
會財力不堪負荷,英主教憂勞成疾,於1931年去世。自後再沒有才德
兼備的人繼起領導,教會內相繼發生盜賣教產及人事糾紛,挫折連
延,佈道事業完全停頓。各地學校、工廠,亦無法維持,全部學生、

---

39 張綏,前引書,頁241。

工人均被解散。中日戰爭時期，外在環境逆轉，造成內部分裂，致使教會情況江河日下。中共取得政權之後，異常歧視白俄，俄僑紛紛逃離中國。1956年，傳道團因已失去僑民教會的意義，乃改組爲中華東正教會，取得自主地位。同時莫斯科教廷下令，調回全部蘇聯籍的神職人員，將教產交還中國，教權移交中國的神職人員，至此結束了俄羅斯東正教駐北京傳道團在中國二百四十一年的歷史。

　　東正教在華佈道事業之失敗，一小部責任應歸咎於傳道團成員自身之潦倒頹唐。然而當時也確有多種不利於他們的環境之存在；一般俄國教士與學生初到北京時，幾乎都有生活不能適應的困難。或許當時中俄兩國的氣候與生活條件相差甚遠，疾病救護與醫療設備當然也大不相同，居留期限明定爲十年，不准攜帶眷屬，亦不能出外旅行，只有侷處館舍，或藉酒解愁，或荒於酒色，以致意外頻傳，死亡相繼。此種不幸現象延續了百餘年，至十九世紀初期，俄方加派醫生隨團前往北京，情況才稍改善。所謂行爲不端，實與他們生活不能適應所發生的困擾有密切的關聯，對於此種情況，淸方表現了適度的容忍，沒有過份的干擾他們個人的生活和學業。

　　蘇聯和中共的史學家時常強調傳道團在北京主要的任務是偵察中國市場的商情，他們認爲經濟利益是帝俄所追求的主幹，其他政治與外交活動僅爲附屬的枝葉，派駐北京的教士只不過是爲沙皇和商業資本家奪取中國市場的先鋒而已[40]，帝俄政府確實非常重視對華貿易之利，但偵察中國商情的主要效勞者並不是傳道團。緣自18世紀中葉以前，有關兩國貿易之事，多由俄方派駐北京商務代辦郎格和經常往返於兩國之間的商隊處理。中葉以後，北京的貿易衰落，俄方商隊不再進入北京，中俄貿易只集中於邊境恰克圖一地，主要商品由毛皮逐漸轉變爲茶葉，俄方其他貨物很難與廣州進口的西歐貨品相競爭，俄廷想與英國在華市場的優勢相抗，才命駐北京的教士調查中國市場的需

40　A. Parry, *op. cit.*, p. 408.

要，最早應命向俄外交部提出報告的是第十一屆的修士大司祭魏若明，當時已是1836年。第二個應命提出報告的是第十二屆的修士大司祭佟正笏[41]，當時已是1843年，只因北京的俄方商務代辦早已裁撤，所以才命他們擔任此種職責，但到1861年以後，此種職責又劃到新成立的俄國使館去了。

自18世紀末期開始，滿清帝國的優勢漸漸消失，權力平衡向有利於帝俄一邊移動，清方軍事與經濟的力量落於俄國之後。俄方的侵略份子就乘中國內患方殷之際，窺伺中國東北的大片土地，恰逢此一時期，堪稱中國通的巴拉第和固里等教士均先後居留在中國的首都，對當時朝廷的動靜和邊疆的虛實，都瞭如指掌，他們以非同等閒的宗教領袖地位，向西伯利亞地方當局提出冗長的政治性報告，使穆拉維約夫(Muraviev)的侵華行為具備了充實的知識作後盾。然而他們這種偏離宗教領域的貢獻，卻構成了中俄長期不能和諧的因素，還使中國從此陷身於滿洲的糾紛和日俄長期敵對的後果之中。

西方史學家認為中俄兩國的宗教關係是一種和平穩定的力量。而俄國東正教駐北京的傳道團無異是一個具有外交職能的使館，為培養與建構雙方和諧而作了長期的努力，舖平後來發展的道路[42]。然究其實際，傳道團不過是一個與外交沾邊的組織，沒有真正的外交家任職其中，巴拉第與固里等教士的活動，又未能兼顧睦鄰與互利的原則，結果既未能達到宗教方面的任務，更未能善盡外交方面的職責，兩方失誤，終未能盡符學者所期許的盛名。惟有羅索欣、俾丘林、瓦西列夫等人在文化學術領域之內的努力，終將漢滿語文與中國固有典籍的迷霧撥開，尋出研究漢學的途徑，傳述中國的經史，闡明中國學術思想的成份與精義，奠定俄國人認識中國文化的基礎，構成彼此相互了解的影響力，歷久長存。

---

41 *Ibid.*, pp. 416-417, 417-418.

42 G. Cahen原著，江載華、鄭永泰譯，前引書，頁263。

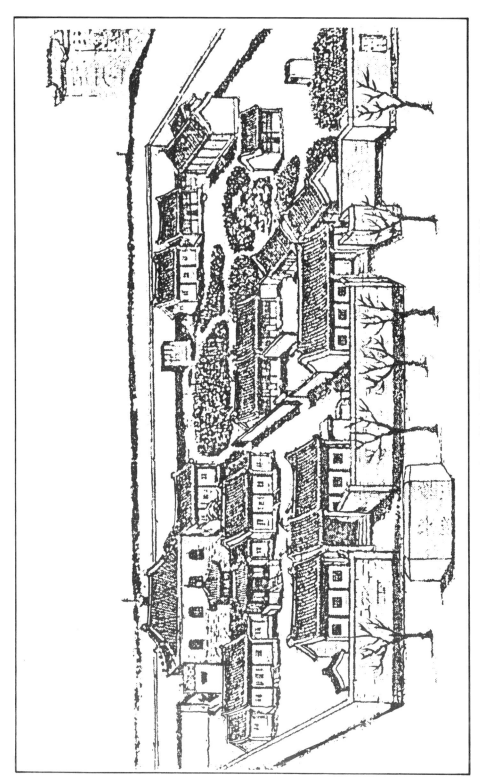

圖5-1 1695年沙俄在北京建立的第一座東正教堂「羅剎廟」——俄羅斯北館

第六章
十九世紀俄國侵華之政潮與戰略

一、前　言

俄人在西伯利亞東侵的浪潮，經過尼布楚條約規定的遏阻之後，確曾消退了一段時期，然而零星的哥薩克與游動的獵商和商人[1]，仍舊是18世紀期中西伯利亞不絕於途的常客，不過他們大都向東北方前進，去到荒寒的堪察加，在濱海沿岸的地帶，建立了一些據點，再謀獲取生活上所必需的物資，但因氣候嚴寒，糧食缺乏，從雅庫茨克城到鄂霍茨克海岸，要經過一段綿長而又極為艱辛的陸上旅程；運送食物去接濟遙遠的堪察加，實非易事。因而渴求取得黑龍江的航行權，以解決運輸糧食的困難。這種意圖，經過了一般探險者和地方官吏的宣揚和鼓勵之後，終於匯成19世紀俄人再度入侵中國黑龍江流域的高潮。

俄國本是一個土地遼闊而人口稀少的國家，為何俄人願意捨棄故土而投身到遙遠的地方去拓荒？主張佔據黑龍江流域的究竟是俄國的何種人物？他們用何種策略才自滿清帝國獲得了大片土地而完成了他們擴張的夢想；本章將要根據清俄雙方的歷史文獻對上項問題尋出客

---

1 獵商是以自己的資本從事獲取毛皮動物，或者從土著處以貿易、掠奪、以及徵索貢物的方式取得毛皮；商人或其代理人以及小商販是把從獵商手中交換來的或買來的毛皮，運到俄國內外市場上去出售。獵商有時被稱為探險家和征服者。——作者註

觀而平情的答案。

二、俄人再度爭奪黑龍江流域之圖謀

自18世紀轉入十九世紀的年代裡,中俄兩大帝國的統治者也都同時發生了更迭,滿清帝國的嘉慶皇帝(1796-1820)在太上皇(即乾隆皇帝)逝世後,於1799年實行親政,因乾隆用兵多年,國計民生,日趨艱困,自後國勢遂由盛轉衰。俄羅斯帝國的亞力山大一世(1801-1825)則於1801年的宮庭政變中被擁繼位,整軍勤政,傾其全國之力,與法皇拿破崙(1804-1814)爭奪歐洲之霸權。中俄兩國的形勢,一衰一盛,顯然不同。

當帝俄政府全神專注在西歐國際社會中爭雄的變局時,並未忘懷於中國黑龍江地帶的得失。遠在18世紀的時候,俄國官方或半官方的探險隊及科學的勘察隊,即已常常參雜在投機的獵貂者與商隊之間,相繼深入西伯利亞的東部,察考測繪個別區域的情況。然後以俄國利益爲出發點,寫成報告,公之於世,這種言論,常能使帝俄政府在制訂決策時引爲依據,成爲俄國向東方擴展的另一種推動力量。1741年,西伯利亞歷史學家米勒爾(G. F. Müller)曾強調指出,以黑龍江爲運輸糧食到堪察加的一條水道,實具有重大意義。1746年,探險家奇里科夫(A. Chirikov)甚至公然提議:俄國應在黑龍江口建立一個據點,以維持與鄂霍茨克海南岸的交通線,再從中國政府方面取得黑龍江的自由航行權。此一建議,未被俄廷採納,但派遣白令(Bering)去到庫頁島,作了一次勘察。1753年,俄西伯利亞總督米亞特列夫(Myetlef)又提出同樣的建議,希望俄政府與中國舉行黑龍江航權的談判,以完成經由黑龍江運送糧食到堪察加和鄂霍茨克的計畫。樞密院批准了此一建議,一方面命外交部就航行權一事與清廷舉行交涉,同時命色楞格城的司令官雅科比(Jacobi)准將秘密調查中國邊疆的軍事實力。航權的談判沒有完成,雅科比准將卻報告了相當獨特的見解,他

精通中國事務，認爲清廷不會讓俄國船隻在黑龍江上航行，提出此種
要求，只會加強中國的警覺，採取必要的預防措施。據他調查，當時
黑龍江流域的中國兵力約爲四千人，如俄國想獲得黑龍江的航行權，
就必須要準備更多的軍力，才能於必要時以武力佔有。他又提議建立
一支內河船隊，並在黑河沿岸重要地點，修築要塞 [2]。當時帝俄政府
無意採取武力行動，所以對這些建議都沒有任何反應。

　　1783年到1787年間，法國航海家拉彼魯茲（La Perouse）對黑龍江口
進行了一次勘察，十年後英國航海家布勞頓（Broughton）又進行了一次
勘察，兩次的勘察都得出了錯誤的結論：薩哈林（庫頁島）不是島嶼，
而是半島；黑龍江口有流沙淤積，不便於航行。這兩次的報告使俄國
對黑龍江航行的熱切期望，大爲減低 [3]。但是關係黑龍江運糧到堪察
加的想法並未消失。到了1803年，俄政府又派遣克魯遜什特恩
（Krusenstern）前往遠東調查，他又犯了拉彼魯茲與布勞頓同樣的錯
誤。然而他卻建議俄國佔據庫頁島南端的阿尼瓦灣（Aniwa Bay），以爲
進佔中國吉林省沿海之準備。就是在這種情形之下，俄廷乃於1805年
任命戈洛夫金伯爵（Count Golovkin）爲全權大臣，前往北京與清廷舉行
談判，期望與中國政府訂立商約，要求擴大中國西北部邊疆的貿易；
允許俄人在黑龍江航行及在江口設立商埠；俄商船應享有至廣州、南
京及其他內地重要城市發展貿易之權；俄政府得派公使常駐北京；派
領事駐黑龍江口及廣州等地。如清廷不允在北京設使館，則要求駐北
京的俄國教堂之主教有保護俄國商人利益之權。

　　戈洛夫金的隨員有二百四十多人，包括礦物、植物、醫學各類學
者如波托基（Potocki）和克拉普羅特（Klaproth）等人在內，於1805年6月
從聖彼得堡啓程，9月，抵達伊爾庫茨克，10月，到達恰克圖，在此停

---

2 A. Vasiliev著，徐濱、許淑明等譯，《外貝加爾的哥薩克》（北京：商
　務印書館，1978年），第2卷，頁125-127；第3卷（北京師院外語系俄語
　專業師生合譯），頁10-11；《匯編》，頁309-312。
3 《外貝加爾的哥薩克》，第3卷，頁11。

留了兩個多月。清廷嘉慶皇帝得知俄使將到的消息，即派大臣前往庫倫迎接，並命撥付十萬兩白銀作為招待俄使的費用。1806年1月3日（嘉慶10年11月26日），俄使一行抵達庫倫，清廷駐庫倫的辦事大臣命其演習覲見禮節，俄使拒絕行跪拜叩頭之禮，要求援英使馬戛爾（Earl Macartney）之例，行歐洲禮節。庫倫大臣認為俄使不識禮儀，拒其進京，隨即將全部俄使節團人員遣返俄境。所負使命，全未達成。嘉慶帝得知以後，甚為失望，因此三年之後，蒙古邊境又傳聞另有俄使來華的消息時，嘉慶帝即頒旨令，謂俄使果到，蒙古大臣應免其行叩首禮，以示優容 [4]。實際上俄皇亞力山大一世自後忙於抗拒法皇拿破崙之戰事，無暇顧及東方，未再派遣大臣出使中國。

自後俄國除了在1806年一度佔領了庫頁島南端的阿尼瓦灣以外，就未再對黑龍江的航行問題，採取積極的行動。1828年西伯利亞東部總督拉文斯基（Lavinsky）曾根據流竄到西伯利亞的十二月黨黨徒瓦西里耶夫（Vassiliev）的建議，奏請帝俄政府派遣考察隊去勘察黑龍江口，但立即遭到拒絕。此時主要的反對力量並非來自中國，而是來自俄國國內；俄國外交部擔心侵略黑龍江會破壞俄中兩國之間的友好關係，從而使恰克圖的貿易受到損失。因為，伊爾庫茨克和恰克圖的商人在恰克圖的貿易中發了幾百萬盧布的財，他們怕隨著黑龍江流域之歸併於俄國，恰克圖的貿易將會衰落下去，於是就在彼得堡有權勢的階層中，竭力散布黑龍江不適於航行的訊息。這樣，恰克圖的貿易就成了侵佔黑龍江的障礙。此時的外交大臣尼希諾德（Nesselrode）就是反對侵擾黑龍江最有力的朝臣之一，他認為西伯利亞全境實為放逐罪犯極佳的地區；中國為一大國，應該與之親善友好；黑龍江並非俄國必需之地，如果侵擾，必定引起中國之驚恐與猜疑，致影響俄人商業上的利益。這些言論，先後得到財政大臣康克林（Kankrin）與伏隆申科

---

4 王彥威、王亮合編，《清季外交史料》（北京：1932-1935年），嘉慶朝，卷一，頁33-34、35；《清仁宗聖訓》（北京：1824年），卷109，頁4-5。

(Vron Chenko)及派寧伯爵(Count Panin)的大力支持[5]。

然而到了19世紀的40年代，中國的情況發生了變化，因爲當時英國人迫使滿清政府開放了沿海五個口岸，與歐洲人進行貿易。此一新的情勢又刺激俄國人重新向東方尋找出路。

1843年，俄國國家科學院派遣米頓多爾夫(A. Th. Von Middendorff)院士去考察西伯利亞的東部和東北部。1844年9月，他與地形測繪人員於勘察旅行之後，由烏第河未定界地區潛入中國國境，深入外興安嶺南麓的牛滿河、古里河等地，歷時四個月才經由石勒喀河回到外貝加爾湖。次年，他發表報告，認爲黑龍江下游是無主的土地，因此建議俄國應在黑龍江口建立貿易點。沙皇尼古拉一世(Nicholas I, 1825-1855)非常重視他的報告，並命制訂入侵黑龍江的計畫。一般官方刊物和民間雜誌也隨後刊載了一些有關黑龍江的文章，鼓舞人們的興趣和注意[6]。

1846年5月，由於海軍方面的申請，沙皇授命俄美公司去考察黑龍江[7]；該公司的船隻康士坦丁號，在海軍少尉加夫里洛夫(Gavnilov)的指揮下，載運一支二十五人組成的勘察隊，於8月駛達江口，他乘舢舨進入河口灣十二海里處停靠，經過四個星期的勘察，他認爲黑龍江口不適於作港口，因爲那裡只有吃水不超過五英尺的船隻才能通行[8]。於是侵佔黑龍江的活動又暫時沉寂了下去。

三、涅維爾斯科伊在北太平洋西岸之侵略活動

尼古拉一世在位的時代，俄廷對中國的政策，由於執政大臣們的見解不同，分演爲兩派，一派就是前節所提到的外交大臣尼希諾德和財政大臣伏隆申科等人爲代表，主張與中國親善，發展恰克圖及兩國

5　陳復光，《有清一代之中俄關係》，頁80、81。

6　《外貝加爾的哥薩克》，第3卷，頁13。

7　S. Okun著，俞啓驤等譯，《俄美公司》（北京：商務印書館，1982年），頁212。

8　《外貝加爾的哥薩克》，第3卷，頁14。

邊疆貿易，每年國庫可坐收五十萬至一百萬盧布的巨額收入，實遠較
侵佔中國邊疆土地爲有利，另一派是以內務大臣彼羅夫斯基（Perovsky）
和海軍參謀長緬施科夫（Menshenkov）公爵等人爲代表，主張乘中國內
部變亂與外受海洋列強交侵之際，採取迅速行動，併吞黑龍江地區，
才符合羅曼諾夫王朝的最高利益 9。兩派爭持不下，只有取決於沙皇
本人的最後裁決。尼古拉一世對中國問題並無深切之研究，但其侵略
中國的野心則甚明顯，俄人探察黑龍江的計畫雖然數度受挫，他始終
不甘放棄，時常積極物色能夠爲他效命的人選，去到西伯利亞的東
部，對中國的邊區，作一詳盡的探察。

　　1847年9月6日，尼古拉一世在出巡途中，經過莫斯科南方的圖拉
（Tula）省時，召見當地省長穆拉維約夫（Nicholas Muraviev, 1809-1881）
並特地任命他爲東西伯利亞的總督，當面叮囑他要關心恰克圖的貿易
和西伯利亞的金礦。至於黑龍江問題，以後再詳談。最後又以法語補
充說，「會聽話的人，當然不必多說」。穆氏立即領會沙皇暗示的意
義。穆拉維約夫出身於一個貴族家庭，在1809年8月11日生於彼得堡。
1826年畢業於皇家貴族軍事學校。他身材不高，相貌不揚，性情暴
躁，活潑好動，兩眼炯炯有光。當他在高加索服役時，他的行政才能
即已受到沙皇的賞識。此次受命後即時趕到彼得堡去辦理一切正式就
任的手續。1848年1月離開首都，3月，抵達伊爾庫茨克就職。時年三
十八歲 10。

　　然而此時正值帝俄政府得到海軍少尉加夫里洛夫的報告之後，大
家都認爲報告中所說黑龍江口吃水過淺，不適於作港口的事實已成定
論，連海軍參謀長緬施科夫公爵也放棄了黑龍江通航的念頭。卻未料
到此時海軍中又出現了一名涅維爾斯科伊（Nevelskoy）的大尉，他的探
察活動使情勢完全改觀。涅維爾斯科伊也是出身於貴族地主之家，畢

9　《有清一代之中俄關係》，頁79-80。
10　F. A. Golder, op.cit., p. 263；《外貝加爾的哥薩克》，第3卷，頁14-15、
　　17-18。

業於海軍武備學校，派到波羅的海艦隊服役，1846年升海軍大尉。
1847年末，帝俄海軍部建造了一艘運輸船，命名爲「貝加爾號」，由
涅維爾斯科伊任船長，派往鄂霍茨克，擔任該處與彼得巴夫洛夫斯克
（Petropavlovsk）之間的運輸事務。恰逢此時，涅氏與穆拉維約夫都在
彼得堡辦理前往西伯利亞東部就任的一切準備工作。由海軍參謀長的
介紹，涅氏前往拜訪穆拉維約夫，他告訴後者：希望能在公餘之暇率
領貝加爾號前往韃靼海峽和黑龍江口，作一次實地勘察，以確定當地
的真實情況。穆氏答應對他的所有工作，將予以全力支持。二人就約
定聯繫的方法而別。涅氏隨即把此次談話的內容稟告了緬希科夫公
爵，緬氏告誡他只應作本職的任務，不要異想天開。至於黑龍江口
灣，是屬於中國的地區，沒有沙皇的詔令，是不能去考察的[11]。

1848年8月21日，涅氏乘貝加爾號從喀琅施塔得（Kronstadt）軍港出
發，開往堪察加，船上有軍官九人，軍士、水兵、炮兵二十八名。首
先橫渡大西洋，再繞過南美洲，最後穿過太平洋，費了八個月零二十
三天的時日，於1849年5月12日到達彼得巴夫洛夫斯克。卸貨完畢後，
涅氏立即南駛，6月28日，駛入黑龍江口灣，他派幾名軍官進入河口，
沿左岸航行，進行測量。他本人則沿河口灣南駛，經過親臨詳細考察
地形和測量水位以後，發現庫頁島是與大陸分隔的島嶼，其間相隔的
是一個寬四海里深達十四呎的海峽，海船從南北兩方都能進入黑龍江
口灣和黑龍江。證實從前認爲庫頁島是半島和黑龍江口有泥沙淤塞的
論斷都是錯誤的。他又繼續到鄂霍茨克海西南海岸進行測繪，在黑龍
江口的北面，發現一個巨大的港灣和一個廣闊的避風停泊場。立即把
這些發現都報告了穆拉維約夫[12]。

尼古拉一世爲了要統一侵佔黑龍江的一切事權和部署，特於1849

11 F.A. Golder, *op. cit.*, p. 263；《外貝加爾的哥薩克》，第3卷，頁19-20；
　中國社會科學院近代史研究所編：《沙俄侵華史》（北京：人民出版
　社，1978年），第2卷，頁73。
12 《沙俄侵華史》，第2卷，頁76-78、79；《外貝加爾的哥薩克》，第3
　卷，頁20-21。

年的1月,訓令俄廷成立黑龍江問題特別委員會,該會(又稱爲奇勒爾Gilayaks委員會,奇勒爾爲通古斯族人中的一支)除了追認涅維爾斯科伊爲海上勘察隊隊長外,還派遣阿赫杰(Akht)中校爲「陸上考察隊」的隊長,率領二十四名隊員於同年4月自彼得堡出發,前往烏第河未定界地區勘察,臨行沙皇並囑其遠離黑龍江地帶,不得與中國人發生衝突。就因要避免引起中國人的猜疑,又把隊名改爲「外貝加爾地區考察隊」。穆拉維約夫得知此事,深表不滿,他認爲這一切考察隊的活動都應該歸納到他的全部計畫之中,以致此一考察隊的勘察活動後延到1852年才開始[13]。

1850年夏,涅維爾斯科伊再度從彼得堡回到太平洋岸,率領二十五名武裝人員乘鄂霍茨克號戰船駛到幸運灣,隨後就佔領了距黑龍江口很近的海岸,於6月29日就在當地建立了所謂彼得冬營,豎立俄國軍旗,作爲第一個侵略據點。兩星期後他又親率水兵六名,譯員兩名,火炮一門,乘小艇闖入黑龍江,上駛約二十哩,到達特林村落的地界,當即有一名中國官員,帶領二百名左右的村民將他們包圍,聲稱未經中國許可,任何人都無權來到當地,要求他們撤離。但涅氏反用武力威脅這些平民,揚言他們已在幸運灣及黑龍江口附近建立軍用界標,全部濱海地區都屬俄國保護。8月6日,他們就在黑龍江口二十五俄里之處,中國城市廟街附近,建立了另一個哨所,名爲尼古拉耶夫斯克港(Nicholaevsk),以紀念當時的沙皇。並派六名士兵據守[14]。

穆拉維約夫得此消息後,異常欣喜,立即回返首都報告佔領黑龍江的消息,然而所得到的反應卻意外的冷淡,外交大臣尼希諾德的一派人士對涅氏在中國城市廟街附近建立界標之事,深表不滿。因此於1850年12月召開黑龍江特別委員會,提出討論,出席的大臣們多認爲

---

13 《沙俄侵華史》,第2卷,頁74-75;《有清一代之中俄關係》,頁81、83。

14 《沙俄侵華史》,第2卷,頁82-83、84;《外貝加爾的哥薩克》,第3卷,頁38。

涅氏未得授權，即擅自佔領中國地界，殊屬危險。俄國當以佔據黑龍
江口以北的幸運灣爲滿足，移民的時機尙未成熟，建立尼古拉耶夫斯
克的界標，必致驚擾中國人民，應立即撤退。涅氏違命擅權，應褫奪
其大尉的軍階及船長之職，降爲水兵。穆拉維約夫也應受警告，不得
擅行以武力侵犯中國。但是，尼古拉一世存心袒護涅氏，更不願撤銷
尼古拉耶夫斯克界標，於是召見涅氏，一方面責其違命擅行，降其爲
水兵，一方面又親賜勛章，擁抱涅氏，表示感謝他的愛國行動，再勉
其謹慎從事，勿再蹈違命之咎。最後宣布：俄國國旗既經在尼古拉耶
夫斯克升起，即不應再行降下。1851年1月，特別委員會重行開會，由
皇太子任主席，決議改採折衷辦法，改尼古拉耶夫斯克港爲俄美公司
的貨倉，以軍艦一艘及六十三名官兵留守。同時通知中國政府，聲明
黑龍江口界標爲美俄公司所建立，駐艦留守，是防備他國勢力的入
侵，無進犯中國之意 [15]。此乃外交大臣尼希諾德一派對穆氏與涅氏二
人的侵華行動第一度採取的的遏阻措施。

穆氏與涅氏雖在首都遭受挫折，但他們回到東方任所以後，仍舊
各行其所是；穆氏在外貝加爾一帶徵集土著居民，訓練成爲一支與哥
薩克相混合的勁旅，作爲日後滲入黑龍江地區的主力。涅氏則繼續在
沿海勘察，尋覓形勢優勝的港灣。1852年春，他發現韃靼海岸最狹窄
處的德卡斯特里（De Castries）灣，爲一最有價值的軍事港，未經呈報
批准，即擅自在海灣上建築多營。俄美公司此時又佔領了奇集湖附近
的闊呑屯，改名馬林斯克（Mariinsk），涅氏還率同部下的軍官們，對
黑龍江進行了測繪。同年8月7日，穆氏根據涅氏的意見，向俄廷陳述
佔領奇集湖和德卡斯特里港灣的必要性，因而也請求一併批准將於
1852年秋季沿黑龍江的航行，以補充黑龍江口的海軍力量，沙皇閱
奏，即詢問尼希諾德（此時任總理大臣）的意見，經尼氏說明以後，沙

---

15 Zenone Volpicelli（Pseudoneym Vladimir）, *Russia on the Pacific and the Siberian Railway*（London: S. Low, Maraton, 1899）, pp. 183-185；《有清一代之中俄關係》，頁85-86。

皇肯定尼氏的見解，就否決了佔領奇集湖和德卡斯特里港灣的提議，也沒批准沿黑龍江航行的請求，並且再次提醒穆拉維約夫對此事必須十分謹慎，不可操之過急 16。此時尼氏信守對華條約的政策依然受到俄廷的重視，穆氏與涅氏獨斷的侵華活動第二度遭到尼希諾德之遏阻。

到了1852年的12月，才發生了一些有利於穆氏的轉變，因為此時阿赫杰中校所率領的考察隊已完成勘察任務，他向穆氏報告：黑龍江下游及鄰近海岸地區，均未經中國佔領。穆氏得此有利的訊息，即偕同阿赫杰中校回到彼得堡，分頭向大臣們疏通見解。1853年3月，穆氏向沙皇上了一份機密條陳；他表示擔心英國可能佔領勘察加、庫頁島及黑龍江口，切斷俄國和太平洋的聯繫，因此他請求允許他直接與中國政府接觸，不必經過外交部的轉折，這是他企圖擺脫外交部的控制以便施行獨立的談判權之始。4月，他又向沙皇報告了阿赫杰中校的考察工作，並再度陳述佔領德卡斯特里灣和奇集湖及建立哨所的必要性，此時遠在東方的涅氏，也正積極進行海上的探察工作，6月，他侵入韃靼海峽南部最優良的海港哈吉灣，建立康士坦丁哨所，並擅自將哈吉灣命名為皇帝港。8月，他又率船北駛，在德卡斯特里灣海岸建立亞力山大哨所。10月，他率領水兵侵入庫頁島最優良的阿尼瓦灣，隨即升起軍旗，架設大炮，在港灣東面的高地建立穆拉維約夫哨所 17。這些港灣都位於黑龍江口之南，在外烏蘇里的沿海，都屬於大清帝國的版圖。

俄廷對這些轉變中的情勢也採取了相等的回應；沙皇在4月份收閱了穆氏的條陳和報告後，就於5月召開了有穆氏和其他高級官員參加的特別會議，會上，沙皇正式批准了德卡斯特里灣及奇集湖的佔領，不

---

16 《外貝加爾的哥薩克》，第3卷，頁52-53；《有清一代之中俄關係》，頁87-89。

17 《沙俄侵華史》，第2卷，頁91、93、95；《外貝加爾哥薩克》，第3卷，頁70、72。

過同時也指示大臣要通知中國政府，就此事與之進行交涉。通知中國
政府的職責屬於外交部，外交部仍舊根據尼希諾德遵守條約之原則，6
月16日照會清廷理藩院，聲稱：

> 竊查俄羅斯國，與大清國分界處所，自固（格別字）爾畢齊河之
> 東，山後邊為俄羅斯地方，山之南邊為大清國地方，雖經議定
> 在案，惟貴國立有界牌，敝國尚無界牌。……伏乞貴國派員，
> 或前赴恰克圖卡倫，抑或赴伊爾固特斯克（伊爾庫茨克之舊譯）
> 城，與敝國總理東邊西畢爾（西伯利亞之舊譯）大臣商辦。並求
> 在無界之近海一帶地方，亦設立界牌，兩國均有裨益[18]。

照會中言明山之南邊屬於大清，只要求與清廷討論設立界牌及近海烏
第河流域未定界的分劃事宜，顯示外交部所採取的政策與穆氏的行動
相反，外交部是遵守尼布楚條約的規定，僅要劃定黑龍江地區的邊
界，而穆氏的計畫卻是吞併黑龍江地區。由此可以看出，尼布諾德一
派的人士，仍在竭力遏阻穆氏侵華野心之實現。

　　同年10月，俄土兩國之間克里米亞（Crimea）戰爭爆發，英法均支
持土耳其，俄國情勢緊張，穆氏顧慮到戰爭可能蔓延到遠東，因此他
又於11月向俄廷上了一份有關防守沿海地區的機密條陳，強調只有掌
握黑龍江的航行權，才能保衛堪察加和江口外的沿海港灣，否則，既
不能運糧食和武器，也不能運送軍隊。此一條陳交付黑龍江特別委員
會審議。此時的委員會已完全為皇太子和康士坦丁親王控制，尼布諾
德一派人士已無能為力。此項條陳經委員會審議後，即進呈沙皇，並
提出建議：准許穆拉維約夫直接與中國進行劃界問題的談判；不等中
國政府的答覆，就可沿黑龍江運送軍隊，以保衛沿海地區，1854年1月
11日，沙皇批准了委員會的建議，並親自囑咐穆氏說：「但不要散發
出火藥味」。意即允許穆氏逕自航行黑河，但不要開戰。2月，外交部

18　復旦大學歷史組編寫組，《沙俄侵華史》，頁92；賈楨等纂，《籌辦夷
　　務始末》（臺北：文海出版社，1930年影印同治四年故宮博物院用抄
　　本），咸豐朝，卷6，頁31-33。

通知清廷理藩院說，已授權穆拉維約夫直接與理藩院就劃定邊界事務進行交涉。同時派外交秘書一人，中滿文翻譯官多人爲其隨員，一同前往東部，協助談判 [19]。至此，穆氏得沙皇之全力支持，大權在握，不必再受外交部之牽制，而尼希諾德的對華親善政策，則完全失敗。

四、穆拉維約夫吞併黑龍江流域之計謀與行動

俄廷外交部在1853年6月向中國政府發出的照會，於同年8月到達清廷理藩院，清帝也隨即命令庫倫貝子辦事大臣和黑龍江將軍搜集資料，儘快完成劃界談判事宜。1853年11月，中國代表齊集庫倫，等候談判，當時俄方恰克圖長官瑞賓德爾(Rebinder)奉外交大臣尼希諾德的密令，搜集有關邊務的一切文件，也準備與中國代表開始談判，但穆氏仍滯留俄京，遲遲不 來與會，並聲言邊界問題，須得沙皇的命令始能決定；他自己也未得沙皇的任何訓令，無法前往會議，實際上穆氏的計畫是要片面的強行通航，造成有利於俄國的情勢，先行強佔黑龍江北岸，然後再逼迫中國政府承認既成事實。當時他認爲時機尚未成熟，因此避免與清方任何代表舉行會議，致使瑞賓德爾的一番準備完全落空，到1854年1月11日沙皇尼古拉一世頒發授權穆氏與中國進行談判劃界問題的訓令後，他才於二月自彼得堡啓程返伊爾庫茨克任所，四月向清廷理藩院發出咨文，通知說：他要運兵通過黑龍江，並詢問雙方會議日期和地址 [20]。

1854年3月，英法加入俄土間的克里米亞戰爭。對俄國宣戰，此一事件的發展確實爲穆拉維約夫製造了很好的機會，他藉口要增強俄屬東北亞沿海地區的兵力，以防英國海軍的侵襲，因而要求經中國黑龍

---

19 《外貝加爾的哥薩克》，第3卷，頁72-73；《有清一代之中俄關係》，頁93。

20 《外貝加爾的哥薩克》，第3卷，頁71-72、73-74；《有清一代之中俄關係》，頁92。

江的航道，運送軍隊、武器和糧食到堪察加去加強防務，但是他的實際目的卻是吞併中國的黑龍江。穆氏回到任所後，就積極作通航的準備；從他所訓練的部隊中，抽調了八百名組成的混合邊防營和一百零九名哥薩克，連同將近三萬五千普特（Pud，一普特等於16.38公斤）的各種物資、軍糧、貯備品，分裝在七十五隻駁船和一艘「額爾古納號」輪船上，從額爾古納河左岸的烏季斯特列爾卡（Uststrielk）出發，駛入黑龍江。6月的第一週，到達中國設防的城市璦琿，黑龍江副都統胡遜布上船詰問，並告訴穆氏，沒有得到允許俄人通過的命令，勸穆氏不要前進，穆氏不從，強行通過，胡遜布自知沒有軍力足以阻止穆氏的船隊，只好任其順流而過。穆氏第一次的強行通航就此很輕易的完成[21]。

　　值得注意的是穆氏到達黑龍江下游以後，只把少數的部隊運送到堪察加的彼得巴洛夫斯克港灣去，而把大多數的部隊分佈在烏蘇里江口、馬林斯克（闊吞屯）、奇集湖、廟街、德卡斯特里灣，還修築了德卡斯特里灣附近的道路，沿途佔據村屯、砍木燒磚、建立營房、列置銅炮、駐紮守兵，非法佔領的行為至此完全暴露。7月初，穆氏為了紓解清廷的疑懼，委託俄東正教派駐北京佈道團第十三屆修士大司祭巴拉第（Palladius）上書清廷理藩院，聲稱：穆氏之往東海口岸，「雖由中國黑龍江行走，然一切兵事應用之項，俱係自備，並無絲毫擾害中國。……此次用兵，不惟靖本國之界，亦實於中國有裨益，但願中國內心相同，勿以兵過見疑。此次由中國境內行兵，甚得鄰好之益。如將來中國有甚難之事，雖令本俄羅斯國幫助，亦無不可，……」俄方的解釋雖極為曲折及友善，但究竟不得不承認是由中國境內行走，理藩院的官員和吉林將軍景淳也都能洞察俄人的詭計，然而當時內有太平天國的叛亂，外有東南英法海軍的威脅，東北邊境，無兵無餉，實不能與俄人再起兵端，所以理藩院在收到穆氏4月發出伊爾庫茨克的咨

21　《外貝加爾的哥薩克》，第3卷，頁75-77；《沙俄侵華史》，第2卷，頁101-102。

文後，經過內外大臣的協商，都認為經由外交途徑以保疆圉是唯一可行的策略，1854年12月，清廷命令庫倫辦事大臣答覆穆氏4月的咨文，約定次年6月中俄雙方代表到格爾必齊河會商安設界牌之事 [22]。

然而穆氏此時卻不願在他武裝強佔計畫尚未完成之前舉行談判，仍舊逕自準備第二次的武裝航行。1855年春，準備就緒。5月初，第二次武裝船隊啟航，遠征部隊、哥薩克軍、男女移民及兒童合計，大約有八千餘人，分乘一百二十餘艘的船隻，首尾連續達兩俄里之長（每一俄里等於3500英尺）。船中尚裝有要塞重炮、大批彈藥、糧食、牲畜等等，分三批出動。5月的第三週，首批船隊駛到呼瑪爾河口，與中國黑龍江副都統富勒洪阿及其隨員相遇，富等登船，面見穆氏，阻攔前進，令其由外海行走，並請他到格爾必齊河會議，穆氏不理，強行東駛。6月，到達黑龍江下游，隨即佔地屯兵、建築房屋、安設炮位；從闊吞屯到廟街三百多里的地帶，建立一連串的移民點和糧食物資倉庫，到1855年年底，聚集在這個區域的部隊和移民，已達七千餘人 [23]。至此，帝俄對中國黑龍江下游的非法佔領，實際上已大致完成。

穆氏及其船隊是8月到達馬林斯克的，中國全權代表富呢揚阿等也隨即於9月初趕到，原來清方早於1854年就派定了富呢揚阿為邊界委員，到馬林斯克，要與穆氏舉行談判，但俄方人員說：穆氏已往東部海岸與英國海軍交戰，行前並未交代查辦邊界事。富氏等被迫折回。現在（1855年9月）才又再度來到馬林斯克，要求舉行會議，穆氏稱病不出，先派譯員與清方代表週旋，及至正式開議，仍只派海軍少將札沃依科（Savoiko）代為出席，穆氏則提出書面的「劃界意見書」，宣稱：俄國為了保衛阿穆爾口（指黑龍江口）不受英法等外國人的侵犯，花費巨款在江口集結兵力，並構築永久性的工事。為了補償費用，俄國政

---

22 《外貝加爾的哥薩克》，第3卷，頁78-79、81；《籌辦夷務始末》，咸豐朝，卷8，頁25-26；《沙俄侵華史》，第2卷，頁110。

23 《沙俄侵華史》，第2卷，頁111；Zenone Volpicelli, *op. cit.*, pp. 210-211.

府要求合併整個阿穆爾左岸和沿海地區，從而使阿穆爾和烏蘇里成爲兩個帝國之間的疆界。富呢揚阿嚴詞拒絕。9月12日，繼續會議，穆氏始親自出席，詢問清方代表是否同意他提出的「劃界意見書」？富呢揚阿援引「尼布楚條約」及1853年6月16日俄外交部經由樞密院致理藩院的照會，反駁：上項照會明白的承認自格爾必齊河之東，山後邊爲俄羅斯地方，山之南邊爲大清國地方；當前會議之範圍，只限於討論未立界的近海地帶。黑龍江與松花江左岸的土著，均大清國的屬民，年納貢賦，已居住年久，無割讓之理。穆氏只說目前情勢改變了，強調割讓的要求是沙皇下的旨意。清方代表說他們只被授權劃界立牌，未被授權作割讓領土的讓步。穆氏也承認精奇里、西林木迪、牛滿等河流域均係大清地方，但仍要求割讓，堅請富氏等把他的「劃界意見書」帶回北京，促理藩院從速回覆。同時宣布：來年俄國還要浮運更多的兵力、物資和大炮到東部海岸去。會議至此也就無結果而散 [24]。

1856年1月，清方的庫倫辦事大臣、黑龍江將軍和吉林將軍會銜向俄羅斯樞密院提出抗議，指控穆氏的行動違反條約及以往照會中的諾言，穆氏也恰於此時返抵彼得堡，向不久前繼位的沙皇亞力山大二世（Alexander II, 1855-1881）面陳第三次航行黑龍江的籌辦情況，促俄廷採取積極的政策。沙皇於是正式任命穆氏爲全權代表，與中國談判邊界問題，又批准了他經營黑龍江的各項計畫。穆氏的政敵，總理大臣兼外相的尼希諾德恰在此時退休，繼任的外相高察科夫（Gorchakov）與穆氏相處甚爲款洽，穆氏此後更能暢行其志 [25]。

穆氏得到沙皇的任命和俄廷的支持後，即時向外貝加爾省的軍事首長科爾薩科夫（Korsakov）上校發出指令，命令他積極準備1856年的第三次航行。5月，準備完成。6月初，科爾薩科夫率領一百一十八艘大小船隻，運載的部隊與哥薩克軍共計有二十四名軍官和一千六百三

---

24 《沙俄侵華史》，第2卷，頁111-113；《外貝加爾的哥薩克》，第3
  卷，頁91-92。
25 《有清一代之中俄關係》，頁96-97。

十六名士兵，護送大批牲畜、糧食及軍需物資，由石勒喀河出發，駛入黑龍江。科爾薩科夫乘第一批船隊抵達璦琿後，通知清方的副都統魁福說，將有大批軍艦到達璦琿，在左岸儲備糧食，派兵保護。清方官員答稱：未奉到有關俄人航行的上諭，但對於俄艦之航行，彼等不加反對，所希望者，不要在左岸設立倉庫與警衛。並詢問黑龍江口俄軍之確數，科氏說，俄軍現有一萬人，還有五千人繼續開到，將以五百人駐紮精奇里河，然後分批下駛，清方官員只得任其通過。7月底，浮運的船隊，先後到達了馬林斯克哨所。在隨後的兩個多月內，俄軍相繼在黑龍江中游的左岸建立了附有儲糧倉庫的軍事據點：呼瑪爾河哨所、結雅（海蘭泡）哨所、興安哨所和松花江哨所。魁福曾派員往海蘭泡勸阻，俄方軍官保證：各處糧房，都係暫蓋，至秋後將全部拆毀。但後來並沒有實踐諾言。第三次航行到10月底已大致完成，沿江岸也建立了許多移民的村莊。11月，俄方的特別委員會又批准了穆氏在五年內從外貝加爾哥薩克軍抽調男女，向黑龍江左岸移民一萬五千人至兩萬人的計畫[26]。

1857年年初，英法兩國在中國廣東省的侵略行動又予穆拉維約夫以最佳的機會；他命科爾薩科夫領導第四次航行的全部準備工作，目的是運送補充部隊和移民及其眷屬到黑龍江中下游的左岸去。穆氏釋放了一千多名罪犯，勸他們自新，去作開闢家園的移民；又釋放一批女犯人，任他們互相選擇，結為配偶。結果使移民及其眷屬成了此次航行的主要人物，士兵們卻都充當了護衛、舵手和木匠。合哥薩克、移民、婦女、兒童們共計約有二千四百餘名；馬、牛、羊、豬合計二千四百九十八頭；各種穀物五千五百三十二普特；其他各種應用物品如冬季用的皮襖、種籽、斧頭、釘、鐮刀、鐵鍋、鐵鍬、鋸、磨、漁具、玻璃、繩子、皮革、木工及打鐵工具，則不計其數。可見他們計畫之周全。這也是我們應該自嘆不如而當引以為警惕的。5月底，此一

---

26 《外貝加爾的哥薩克》，第3卷，頁101、104；《沙俄侵華史》，第2卷，頁118-119。

船隊在科爾薩科夫的指揮下，從石勒喀出發，駛入黑龍江，到了精奇里河口附近的結雅哨所以後，就逕自建造營房、屯兵駐守、演練槍炮。到1857年年末，黑龍江北岸的俄國移民，已達六千人。同時，共建成了十七個哥薩克村鎮，其中最大的村鎮是呼瑪爾、烏斯季——結雅和英格森。在松花江、烏蘇里江口也已強行建立了軍事哨所 27，他們把黑龍江上、中游左岸的佔領區和前幾年佔領的下游地區連成了一片，使清廷在開始談判邊界時所面臨的既成事實，確難用非軍事的手段所能改變的了。

　　此時的穆拉維約夫已全面掌握了處理黑龍江事務的權力；與中國談判的權力；組織哥薩克向黑龍江移民的權力；也有在談判破裂時全面向中國進軍的充分準備與決心。然而就在這個關鍵的時刻，俄廷改變了策略，不願在邊疆驟然採取軍事威脅的途徑，只擬先行派遣全權公使，與中國進行談判。在談判結束之前，暫停向黑龍江北岸移民。穆氏得此消息後，被迫大大的縮減他遷徙哥克薩的計畫，感到非常不悅。一種陰鬱的心情籠罩了他，他苦心經營了七年的成果，竟從他手中滑逝而去 28。

五、穆拉維約夫武力逼簽中俄璦琿條約

　　1857年2月，俄廷任命普提雅廷(Putiatin)伯爵為赴華公使，授予全權進行談判，並處理有關俄中兩國的一切事宜。此一任命，意味著前此穆拉維約夫與中國談判的全權已被撤銷。穆氏雖然極不贊同俄廷的此一轉變，但也無法挽回，只有服從而與普提雅廷的行動相配合，所以當普氏於1857年4月抵達恰克圖的時候，他命令全城張燈結綵，以

---

27 Weigh Ken Shien, *Russo-Chinese Diplomacy* (Shanghai: The Commercial Press, 1928), p. 25；《外貝加爾的哥薩克》，第3卷，頁129-130、139-140。

28 《外貝加爾的哥薩克》，第3卷，頁112、115-117、118。

隆重豪華、聲勢浩大的儀式去歡迎他，認為如此可在中國人的心目中
抬高普氏的身分和聲望。普氏到達邊境後，隨即通知清方，要求准他
前往北京，與清方舉行談判。5月，清廷回信答稱：中國與俄國並無任
何特別重大事務，值得特派如公使這樣的大員，不顧旅途艱辛，不遠
千里前來北京[29]。因而婉拒了普氏入京的申請。普氏不得已，即與穆
氏計畫，取道黑龍江和海路前往中國。

穆拉維約夫為了協助普提雅廷理解黑龍江問題，便伴同普氏於
1857年5月末，乘快艇自石勒喀河出發，經黑龍江口，改乘輪船取道海
路去北京。穆氏陪送了數俄里，方乘炮艇返回哨所。7月，普氏經北直
隸灣到達北河，請求入京，再度被拒，普氏乃自海路前往香港。12
月，普氏自香港致電俄外交部說，外交上的強硬要求，無法改變中國
對待外人的態度，不採取有力的強制措施，不能得到任何結果。同月
24日，俄廷阿穆爾特別委員會舉行會議，會中否決了普氏廢除與中國
的舊約另訂新約及召回駐北京傳教士團等建議；決定一方面佔領黑龍
江左岸，另一方面又不中斷俄中之間的關係。由於普氏的公使職銜已
無必要，故特任命普氏為分艦隊司令兼欽差大臣，以便監視英法兩國
聯軍和中國之間的衝突與演變，並與美國公使採取一致行動，爭取參
加英法與中國之間的談判，進而保障俄國的既得利益[30]。

穆拉維約夫也參加了此次特別委員會的會議，他藉口中國人火燒
俄國在塔城的貨圈和拒不接待普提雅廷公使，建議向中國提出割讓的
要求，把整個黑龍江左岸和濱海地區，直至朝鮮半島，都割讓予俄
國，並要求在烏蘇里江自由航行。穆氏在會議中的此一提案，竟使普
氏此次出使不利的遭遇轉變成為對俄國有利的條件，委員會又草擬了
一份咨文，答覆清廷屢次要求派員劃定烏第河邊界的問題，其內容是
告訴清方；穆氏已奉召回彼得堡，沙皇將就如何解決俄中邊界一事，
對他親授機宜。並重新授予他與清方進行談判的全權。經過如此的轉

---

29 《籌辦夷務始末》，咸豐朝，卷15，頁17-18。
30 《外貝加爾的哥薩克》，第3卷，頁142-144。

折，黑龍江的事務又重新由普提雅廷的公使職權之內，回到了穆氏的掌握之中[31]。

清廷拒絕接待普提雅廷公使前往北京談判，實屬最嚴重的失策；當時自清廷皇帝以至理藩院的官員，都對俄方政策轉變的內幕毫不知情，坐失引用外交影響力以制衡穆氏的良機，以致他的武力強佔的策略再度得逞。清廷理藩院後來似乎也發覺了此一錯誤，又連續向俄方追送了三次咨文，要求召回普氏，但為時已晚，普提雅廷早已航行到香港去了。

1858年初，穆氏自彼得堡回到伊爾庫茨克。3月，遣信使通知庫倫辦事大臣說，為了防堵英夷，請將海蘭泡空曠之地給予俄國，以便建築防禦工事；同時為了兩國的共同利益，俄國將於本年繼續向黑龍江和烏蘇里江沿岸移民。並要求中國代表最好在他自東海岸回程時與之談判。四月，穆氏由大主教英諾森（Innocent）陪同，乘專船沿黑龍江東下，到結雅河（精奇里河）與黑龍江匯流處的烏斯季——結雅鎮登岸；由於穆氏企圖把此處發展成為一座新城市，所以請英諾森在此為聖母報喜教堂舉行奠基典禮。5月，穆氏為此新城市舉行命名儀式，正式改名為布拉戈維申斯克（Blagoveshchensk）鎮[32]，惟中國人仍稱之為海蘭泡或黃河屯。

同月10日，穆氏應清方黑龍江將軍奕山的邀請，自布拉戈維申斯克鎮乘快艇前往隔江相望的瑷琿城相會，奕山設宴款待，席間穆氏起立敬祝清帝之健康，又表示沙皇對奕山之欽仰。奕山致答辭：清帝亦深佩穆氏之偉大；在黑龍江左岸得此鄰友，亦引以為榮。正式談判則於次日（11日）開始，當日隨穆氏出席的有樞密院中掌管對華外交事務的官員彼羅夫斯基（Perovsky）、總參謀部上校布多戈夫斯基（Boudagovsky）、滿語譯員希什馬廖夫（Shishmarov）等人，清方出席的除全權大臣奕山外，尚有副都統吉拉明阿及佐領愛紳泰等官員，會議

---

31 《外貝加爾的哥薩克》，第3卷，頁144-145。
32 同上書，頁149-151。

開始，穆氏首先發言，仍舊以助華防英爲由，因此俄國不得不在黑龍
江左岸建築要塞，以防英人之入侵，中俄必須沿阿穆爾河與烏蘇里江
劃定兩國邊界，對兩國才都有好處。奕山引尼布楚條約爲依據，加以
拒絕。雙方爭辯達四小時之久，最後穆氏將其所擬定的「條約草案」
交給奕山，限他次日答覆，雙方未達成任何協議而散[33]。

俄方條約草案共分六條，其內容如下：

(1)兩國以黑龍江與烏蘇里江爲界；

(2)在兩國界河上，只准兩國船舶航行；

(3)兩國界河沿岸，准予自由貿易；

(4)黑龍江左岸的中國臣民，應於三年內移居右岸；

(5)重新審訂舊條約，另立新規章；

(6)本條約爲以往諸條約的補充。

次日(12日)，雙方在俄船上舉行第二次會議，穆氏爲提高他自己
的身價，同時也爲留些餘地以便由他出面作最後的決定，稱病不能參
加，指派彼羅夫斯基代表出席，清方則由愛紳泰赴俄艦與之談判，並
將上項草案退還，嚴正拒絕俄方的要求，說明中俄兩國既定舊界，不
可更改，「以河爲界」的字句應當刪去。而且奕山將軍只授權就烏第
河區分界立牌與俄方會商，如果俄方不同意改變草案的內容，會議勢
必破裂。彼羅夫斯基表示「以河爲界」字樣斷不能刪改，又出言威
脅，說俄國完了解中國目前所遭逢的困難，根據中國近年來所作所
爲，俄國有權採取其他方式的行動[34]。

第三日(13日)，愛紳泰等堅持前議，要求俄方放棄第一條，並且
說明，烏蘇里江一帶是吉林省地界，不屬黑龍江省管轄，奕山無權決
定該地的劃界問題。對此，俄方雖允讓步，但只允改爲兩國共管。這
是預先留下日後重新談判的伏線。

第四日(14日)，穆氏見清方一直不肯屈服，因決定親自出席，想

---

33 《有清一代之中俄關係》，頁100-101。

34 《沙俄侵華史》，第2卷，頁130-131。

對奕山施加壓力。是日,他身穿禮服,佩戴勳章,以高姿態向奕山提出最後文本,逼奕山簽字。奕山以理力爭說,黑龍江左岸的居民一直向清政府納稅,這些地區都有中國的哨所,烏蘇里江至沿海一帶,是當今皇室的故鄉,更不能割讓。穆氏強詞奪理的說,俄國曾保衛黑龍江左岸,使之不致為外人所佔,應有充分的權利佔據此一地區。奕山反駁說,如果中國人為了同樣的目的,要去尼布楚地區,俄國政府是否允許他們渡過額爾古納河去驅逐外夷?穆氏聽了之後大怒,站起來抓著奕山和吉拉明阿的手,滿面怒容的轉向譯員,命令後者轉告奕山,現在他們能夠做的事,就是討論和同意他的永不會變更的決議,期限只寬展到明天。不待這些話翻譯完,他就快步走出,在大門口上馬,向碼頭疾馳而去 35。

根據奕山向清廷的報告,當天夜裡,停泊在對岸的俄艦火光明亮,槍砲的聲音不斷。奕山就是在這種武力恫嚇之下向俄方屈服的。此時江邊有俄艦七艘,軍械齊全。

第五日(15日),奕山派愛紳泰等登俄艦,表示願意接受俄方所提的條件,雙方約定於次日簽字。

第六日(16日),中俄雙方本來約定是日十二時簽字,但是條約文本一直到傍晚才謄清。當日下午六時,穆氏身穿禮服,偕同隨員前往璦琿城會見清方全權代表奕山,奕山當即設茶點款待,簡短寒暄後,雙方宣讀並審核條約的滿文和俄文文本,接著雙方簽字。然後交換,互致賀詞。時為1858年5月16日(咸豐8年4月16日),名為中俄璦琿條約。約文有俄文、滿文、蒙文三種文本。全約共三條:

(1)黑龍江沿岸分界:由額爾古納河入黑龍江之點起,直到黑龍江入海為止,左岸全屬俄國,右岸分為兩段,自額爾古納河到烏蘇里江屬中國,烏蘇里以東作為兩國共管之地。黑龍江、松花江、烏蘇里江只准中俄兩國行船,外國船隻不得行走。

---

35 同上書,第2卷,頁132-134。

(2)自精奇里河口以南，至豁爾莫勒津（Hormoldzin）屯（江東六十四屯），原住之滿洲人等，照舊允其永久居住，仍歸大清國官員管轄。

(3)烏蘇里江、黑龍江、松花江居住兩國之人，准其彼此貿易，官員等在兩岸彼此照看兩國商人[36]。

互換之後，奕山再度向穆氏重複他曾經說過的話：此事雖然在他與穆氏之間已經了結，但不知當他前往北京呈報時，他將有何結局。這顯示他對於個人仕途實有一種前程難卜的憂懼。只是他對於俄國的政情毫無常識，不知俄國沙皇對穆氏曾有「不准帶火藥氣」的戒令，又誤認穆氏採取堅決行動，是以一支可怕的軍事力量為後盾的。實際上這支軍事力量只是穆氏本人，加上外貝加爾軍、四個邊防營和一個砲兵營而已。由於這種錯誤的判斷，他竟在沒有足夠的堅持下就屈服於穆氏虛詐的武力恫嚇。更昧於國際外交常識，超越了他所獲授權的範圍，割讓了黑龍江以北、外興安嶺以南、加上烏第河未定界地區，共計六十多萬平方公里的大片領土，還把烏蘇里江以東的領土置於與俄人共管之下，授俄人進一步索求的依據，造成日後邊疆上禍患的根源。

俄方的反應當然是一片歡欣鼓舞的盛況；當沙皇亞力山大二世收閱穆拉維約夫送呈的條約原件和奏疏時，簽署了「感謝上帝」的御批，隨即於同年8月26日封穆氏為伯爵，賜姓阿穆爾斯基（Amursky）[37]，也就是以黑龍江之名為他的姓氏。

簽訂條約之後的第六天，即5月22日，穆氏就與英諸森大主教啟程航行前往黑龍江口，沿途命令哥薩克步兵營應於當年夏季佔據的江流的左岸，並遍設村鎮，又在烏蘇里江口建立軍屯。這一年，即1858年，俄方遷移到黑河流域的男女移民達三千六百九十六人，他們建立了三十二個村鎮，十三個由騎兵屯駐，十九個由步兵屯駐。又把中國

---

36 《沙俄侵華史》，第2卷，頁134-137；《有清一代之中俄關係》，頁102-103。

37 《外貝加爾的哥薩克》，第3卷，頁155、164。

人聚居的伯力城改名爲哈巴洛夫斯克（Khabarovsk），以紀念曾1651年率眾侵掠這個地方的哈巴洛夫。

同年12月8日，俄沙皇勅令設立阿穆爾省和濱海省，建立阿穆爾哥薩克軍，其人員由外貝加爾哥薩克組成，決定實行強制哥薩克移居阿穆爾地區的辦法，以武裝居民保衛新的邊界線 38。

1860年6月，穆氏藉共管之名，強行佔領海參崴，改名爲Vladivostok（控制東方之意）。立即派遣大批哥薩克移殖此一地區。

六、普提雅廷與中俄天津條約之簽訂

璦琿條約簽訂之後，俄方的欽差大臣普提雅廷又於同年6月1日（咸豐8年5月3日）與清廷全權大臣桂良及花沙納簽訂了「中俄天津條約」。該條約將俄國對華陸路通商之權，隨海洋列強之後而擴大及於中國沿海各通商口岸。

前節業已提及，俄使普提雅廷自清廷拒絕他前往北京後，即由海道到達天津，雖與該地的清方大臣文謙一度接觸，但未允許他進京。普氏知道無望，遂取道上海前往香港。當時英法聯軍侵華之役正在沿海持續未斷，英國使臣額爾金（Lord Elgin）、法國使臣葛羅（Baron Gros）、美國使臣列衛廉（William Reed）均齊集香港，普氏即與他們相互聯繫，乘機參與這些國家和清廷的談判，常以調解者自居，取得各方面的好感。普氏到達香港時爲1857年的11月，未滿一個月，英法聯軍即攻佔了廣州。次年2月，普氏又與英法美三國公使共同向清廷提出照會，要求清廷派遣全權代表到上海舉行談判，因爲清廷推託，不得要領，普氏就利用當時的情勢，乘機爲英、法、美公使出謀劃策，力說「除向北京施加壓力外，對中國政府無其他辦法，使這種壓力生效的最好手段，莫過於用軍艦進攻白河」。他又指出，5、6月天氣晴

---

38 同前書，頁155、156、161、166、167-168。

和，氣溫適中，是在北直隸灣採取軍事行動的最好時機。英法兩方果接受普氏的建議，於4月命其軍艦北駛，進逼大沽，清廷被迫，派遣直隸總督譚廷襄與四國代表作初度接觸，但因譚廷襄未經清廷授予解決英法所提要求之全權，英法拒絕與之談判。5月8日，英法聯軍照會譚廷襄，限於六小時內交出白河兩岸之砲台及堡壘，若無答覆，則將轟擊大沽要塞。清方不予理會，英法聯軍遂將白河兩岸砲台轟毀，大沽亦於同日被攻陷，四國使臣亦隨即進住天津，此時普氏對清方則以調停人的姿態，勸說清廷必須同意四國在津談判，並要求進京晉見皇帝；對英法則促使向清方施以「嚴重之壓力及突然之行動，方能奏效，若再遷延，將坐失良機」[39]。清廷在英法武力的壓迫下，終於5月中旬派大學士桂良、吏部尚書花沙納赴天津議和，與四國使臣分別展開談判，普氏以「從中調處」的身分，向桂良與花沙納二人勸告：早日與聯軍議和，以免局勢惡化。又另行單獨會見譚廷襄，表示：如能按照俄國條款從速定議，他即可代向英法「說合」。這種威脅與甘言果然奏效，他竟能在中美、中英、中法諸約之前，捷足先登，與桂良、花沙納於1858年6月1日（中美6月6日；中英6月14日；中法15日）簽訂了中俄天津條約，全約共十二條，有滿、漢、俄三種文本，其內容要點如下：

(1)此後兩國往來照會，均用平等款式。

(2)商務方面，除兩國舊有陸路通商地點外，開放上海、寧波、福州、廈門、廣州、台灣（台南）、瓊州七個通商口岸。俄國兵艦得停泊各埠，以保護俄商。

(3)嗣後陸路通商處所、商人數目及所帶貨物並本銀多寡，不必予以限制。

(4)俄國得在中國通商海口設立領事官；俄人若與中國人發生糾葛或其他事故，應由中俄兩國官員會同辦理；在華俄人犯罪，

---

39 《沙俄侵華史》，第2卷，頁153-154、159-160；《有清一代之中俄關係》，頁109-110。

按俄國法律受審。

（5）准許俄人由通商處所進內地傳教，中國方面不得禁止。

（6）今後凡中國給予別國的一切政治、貿易，及其他最惠國權益，對俄國亦應一律施行，毋庸再議。

（7）關於界務方面，特別規定中國與俄國將從前未經定明邊界，由兩國派出信任大員秉公查勘，務將邊界清理，補入此項和約之內 [40]。

最後一點又為俄人企圖進佔中國烏蘇里江以東的一片領土埋下了另一伏筆。

簽訂條約之後的第三天，普提雅廷致書英法兩國使臣致謝，英、法、美三國使臣也致書普氏，對他在共同執行困難任務中給予明智的合作，表示十分的感激。普氏又向清廷表示：俄國願為中華出力，因此將贈送火槍一萬枝，大砲五十尊，並派軍官來華，幫助教練戰術，修築砲台，勘探金銀礦藏，代為籌劃一切，以表酬謝之忱 [41]。他的外交辭令，在四個國家代表之中確實甚為突出，按普氏自1857年2月受命出使中國以來，進京之請，三度被拒，在天津、上海、香港之間往返奔走了一年多的時光，終於參加了英、法、美三國公使的行列，達成了俄廷所交付的任務。他不僅獲得了以前諸約所未能建立的商務關係，並且根據共同利益的要求，為俄國取得了多種新權益，以及最惠國條款的待遇。他對付清廷就用婉言忠告，或用危詞要脅；對付英法，則為之出謀劃策，或懲惡，或規勸，竟能使各方面均誤信他確為具有助成和局熱忱的良友。實際上他是利用英法發動的戰爭和清廷大臣的無能，而從中謀取了大量權益的受惠者。

6月底，普氏任務完畢離華，臨行前告知清廷：俄國即將派遣一位新的公使來華換約，勸清廷採取一切相應的措施。他回到俄國後即向

---

40 《沙俄侵華史》，第2卷，頁160-161；《有清一代之中俄關係》，頁111。

41 《沙俄侵華史》，第2卷，頁163-164。

外交部建議，儘快完成數項對華示好的行動：

　　(1)贈送已經允諾的槍砲予清政府；

　　(2)派軍官五名到中國為其訓練軍隊；

　　(3)派遣噸位較小的艦艇赴太平洋，以便駛入中國的內海活動。

這些建議，均在沙皇召集的御前會議中進行了研究，並得到沙皇的批准和嘉許[42]。

　　帝俄政府為著爭取時間，想搶先在英法之前完成換約的手續，決定不從彼得堡派遣新的公使，而將已在途中前往北京任教會監護官的彼羅夫斯基升格為公使，委任他辦理條約交換事宜。彼羅夫斯基為俄外交部四等文官，曾參與璦琿條約的談判，是穆拉維約夫的得力助手。1858年9月，彼氏到達北京，因為未及攜帶批准的天津條約正本和全權證書，等候了兩個月，到12月才向理藩院換約，清廷派禮部尚書兼管理藩院事務肅順，刑部尚書瑞常為代表與之會談，因條約的滿文本與俄文本有些文字歧異，雙方爭論了四個多月，才於1859年4月中完成了換約手續，對於穆拉維約夫與奕山簽訂的「璦琿條約」，清廷藉口奕山並無全權，拒絕換約。至於彼氏所提出的「補續和約」八條，亦拒絕討論。彼氏與理藩院文書往返，交涉了兩個多月，未得到任何進展，彼氏只得於1859年6月啟程返俄，將一切要續商的事務都移交給俄廷新派使臣去與清廷辦理[43]。

七、伊格那提耶夫與中俄北京條約之簽訂

　　彼羅夫斯基的使華很明顯的為過渡性質，所以當彼氏抵達北京不久，俄外交部就選定一名他們認為更加適當的人去出使中國，這就是少壯派軍人伊格納提耶夫(N. P. Ignatiev)上校，當時他年方二十七歲。

---

42 Baron A. Booksgevden著，王瑾、李嘉谷、陶文釗譯，《1860年北京條約》(北京：商務印書館，1973年)，頁4。

43 《沙俄侵華史》，第2卷，頁177-181、182。

俄廷選定他的原故，是要指派他擔任向清廷贈送武器、派遣教官、執行外交職務等使命的軍事援助團團長。爲提高他的聲望，沙皇亞力山大二世升他爲侍從少將，攜帶槍械一萬支、大砲五十門、軍事教官多名、及訓練經費五十萬盧布，於1859年3月6日從聖彼得堡啓程，4月4日趕到了伊爾庫茨克與穆拉維約夫相見，共商使華大計[44]。

然而，此時清廷的朝議發生了很大的變化；一般強硬派人士覺察到「璦琿條約」和「天津條約」中的損失太大，又懷疑俄方將利用軍援向清方提出更多的要求，於是拒絕交換「璦琿條約」，同時，以恐觸怒英人爲藉口，拒絕接受俄國的軍事援助。這種變化，使伊氏預定的任務失去了主要的目標。正當他在進退無據的時候，中國的驛使馳報恰克圖行政長官，聲稱：中國皇帝已同意讓俄國公使進京，伊氏始得以外交代表的資格，進入中國，雖然此時他尚未收到俄國外交部的授權令，5月24日，伊氏攜帶四名隨員和譯員及五名哥薩克侍衛人員，離開恰克圖，27日，到達庫倫。兩天後，繼續前進，越過戈壁和草原，於6月15日抵達北京郊外，俄東正教駐京全體教士和世俗人員前往歡迎。入城時，伊氏乘綠呢官轎，由騎馬的隨員和護送的哥薩克簇擁而行，被安置在俄羅斯南館居住，當時，正是僧格林沁在大沽砲台擊退英國艦隊的第五日，清廷對外人的轉趨強硬，惟對俄國使團，雖無熱烈的歡迎，然尚受到相當的禮遇，所有隨員，甚至低級官員和僕役，都享受充分的自由，在全城各處，通行無阻[45]。

清廷再度派肅順與瑞常爲談判代表，雙方於6月28日在南館舉行第一次會議，談判開始，肅順先聲明：公使可能尚未自彼羅夫斯基處獲悉，天津條約已完成交換，軍械和教官一事已作罷論，俄方所提各項建議，均已予肯定明確之答覆，北京已無未了之俄國事務。伊氏說軍械和軍事教官之事當然不必再議，他之來到北京是要根據「天津條約」、「璦琿條約」和其他諸條約應予解決的一切俄中問題。肅順解

---

44 同上書，第2卷，頁185-186。
45 《1860年北京條約》，頁7、8、9、18。

釋：清廷對消除中英之間的誤會，不得已而拒收俄方軍械，實屬權宜之計。並聲明：「璦琿條約」完全無效，因奕山既無全權證書，又無正式關防，朝廷萬難允許俄國侵佔滿洲的寸土。伊氏辯稱：中國全權大臣桂良曾宣佈皇帝已有上諭提到璦琿談判順利結束之語，怎能否認其合法性，雙方爭辯了兩個多小時，毫無結果。只約定以後雙方會商的方式而散[46]。

會議的次日，伊氏以書面方式向清方提出「補償和約」六款，並附有備忘錄一份，逐條作了說明。這就是彼羅夫斯基所提八條的縮寫本，其內容要點如下：

(1)本約補充璦琿條約第一條，及天津條約第九條；此後中俄兩國東疆，定由烏蘇里、黑龍江會合處，沿烏蘇里江流至松阿察河會流處，由彼處交界，依松阿察河上流至興凱湖及琿春河，沿此河流至圖們江，依圖們江至海口之地為界。

(2)西疆未定界，此後應順山嶺大河流，及當時中國常駐卡倫等處，由早年和約所定之地方起，往西直至齋桑綽爾，往西南順天山之特穆爾圖綽爾，南至浩罕邊境為界。

(3)開放庫倫、張家口、北京，及中國內地的陸路通商，允許俄國商人貿易，中國人亦可往俄國行商，兩國人民在各該國經商者，得典置田地，設立教堂，修蓋商場房屋。

(4)俄國得在庫倫、張家口、喀什噶爾、齊齊哈爾及中國他處，設立領事館。

(5)調整俄國邊務當局和中國邊務當局之間的直接關係，如兩國人員到分界處作記繪圖，遇有立界碑事即以圖為本。

(6)引渡逃犯，等等[47]。

對於此種要求，肅順逐條予以反駁，又於7月19日以書面照覆伊氏，嚴正指明：中國皇帝優待俄國，已將黑龍江空曠地方及闊吞屯、

---

46 《1860年北京條約》，頁9、10-13。
47 同前書，頁14；《有清一代之中俄關係》，頁115。

奇集湖等處，借與俄國居住，以堅兩國和好，但並非將烏蘇里以東地方借給在內，該地方係吉林將軍所管，不與俄國毗連，斷不能借，更何能言及分疆立界？關於西界，照舊定交界辦理。8月19日，雙方再度舉行會議，會上發生最為激烈的爭辯，肅順將給他看的「璦琿條約」文本 擲於桌上，告訴伊氏：這是一紙空文，毫無意義。伊氏頓時起立，大聲指責肅順蔑視國際文件，揚言他將要求清廷撤換全權大臣。隨即退出會議。次日，伊氏行文軍機處，指責肅順罪狀多條，聲稱與他談判毫無益處，要求軍機處另派大臣與議。

四日後，軍機處照覆伊氏，宣稱：肅順、瑞常均為皇帝親信大臣，斷無不誠心相待之理，其所發照會及面議言語，皆係據理直言，本處均已知悉，何謂先出無禮之言？中國根據「天津條約」，對俄國已作出重大讓步，允許俄人到七處海口通商，又將黑龍江沿岸地區，闊吞屯及海邊空曠地區借與俄人居住。至於烏蘇里、綏芬河一帶，並不與俄國接壤，絕不能讓與俄國。「貴大臣必欲將所求之事，件件允准，方為和好，有是理乎？」[48]

軍機處此一文件極關重要，實際上是以清廷最高行政決策機構的名義向俄人宣示，中國已放棄黑龍江左岸及闊吞屯以下海邊空曠之地，所要挽回者僅烏蘇里江以東的地區而已。如此俄人雖未獲「璦琿條約」批准生效之名，卻已據有所求土地之實。然而伊氏並不以此為滿足，堅持要依俄方所提條件辦理。自1859年的9月至12月，迭次向軍機處提出照會，要求從速簽訂「補續和約」，明文規定將烏蘇里江以東的「共管」之地割予俄國。1860年1月8日，又提出長篇照會，重複說明，聲稱烏蘇里江以東如不早為辦結，難保不啓爭端，最後結語揚言：「本大臣奉本國皇帝之命，轉告貴大臣，無論大清帝國准與不准，……將所借之地，本國堅守，永不復還。」[49] 其所持之理由與措

---

48 《1860年北京條約》，頁16、24-25；《籌辦夷務始末》，咸豐朝，卷42，頁26。

49 《沙俄侵華史》，第2卷，頁194-195。

詞極為牽強，且甚專斷，缺乏外交辭令的說服力。清廷再次覆照，據
理力爭，但俄方絕無任何減少苛求之跡象，相持不下的僵局，終不能
突破。

自後伊氏與外界的聯繫常受到干擾，他在北京的處境日益艱難，
他的態度與言詞也日趨激烈，雙方的談判也等於完全中斷。最後還是
俄國外交部作出了迴旋的決定，建議他暫時離開北京，到停泊在北塘
的俄國軍艦上去，注意海上列強的動向，和美國公使聯合行動，最好
仍本著1858年普提雅廷公使的精神，竭力以調停人的身份出現，並且
切勿使戰況擴大到足以摧毀滿清王朝的危險境地，用漢人王朝來代替
滿人王朝對俄國將極為不利[50]。

這個訓令1860年5月初到達北京，伊氏收到後遂決定於5月16日離
京前往北塘，清廷雖未允許他出京，但也未加阻止，他終於如願的達
到目的，上了俄艦，並於7月初抵到上海，立即與美國公使華若翰(J.E.
Ward)取得聯繫。此時的上海又成了英法海軍與外交人員活動的集中
點，自1859年5月英國海軍艦隊在大沽砲台前被清方將領僧格林沁擊敗
之後，急思報復，因而與法國海軍共同集結了增援的艦隊於上海，準
備北駛直隸灣，以期達到在北京交換「天津條約」之目的。伊氏為取
得聯軍對他的信任，即將其在北京的所聞所見，密告英法兩國的專
使。同年7月，伊氏與美使均先後乘艦回到了直隸灣，英法兩方的海軍
艦隊亦相繼到達，齊集於大沽口外。當時清方負責天津地區防務的僧
格林沁盡調北塘的兵力到大沽，增強砲臺與堡壘的防守。伊氏正在北
塘，得知調動事實，就立即將此種情報密告法國使臣，聯軍於是轉移
軍力，一舉而佔領了北塘，然後調度砲兵，集中火力，轟擊大沽砲
臺，清軍背腹受敵，不支敗退，大沽、天津相繼落入英法聯軍之手。
清廷咸豐皇帝始命桂良、恆福為欽差大臣，赴天津與聯軍議和，伊氏
乃乘此時機向聯軍及清廷示好，以期博得雙方之信任，於是一方面表

---

50 《1860年北京條約》，頁31。

示俄方嚴守中立，旨在促成有利於西方之和局。另方面向恆福表示：俄國極願援助清廷，但必須軍機處以書面請求，方能出任調人[51]。

9月，英法與清方談判破裂，聯軍突襲張家灣，清軍大敗，通州隨即被聯軍攻佔。伊氏為促成聯軍進襲北京之計議，即密向法軍統帥獻上俄國教士所繪北京的詳細地圖[52]，作為攻取北京的參考。此時咸豐皇帝已出奔熱河，命皇弟恭親王奕訢留守北京，與英法議和。元月24日，聯軍進兵至北京郊外，侵入圓明園，恭親王倉皇出走。英軍遂將園中珍寶搶劫一空，10月2日，佔領了北京形勢最為重要的安定門，以控制北京全城。伊氏認為時機已至，乃於10月3日自通州前往北京，到安定門外的聯軍行營，見英國專使，力勸英方減輕對華之要求，不能使清廷屈辱太甚；對法使則允竭力助成和局，消弭混亂。同時他又強調：為避免無政府狀態在北京出現，聯軍須早入城，也可使清廷有所警悟。他自己則於4日在英法軍隊的護衛下，乘官轎入城，進駐俄羅斯南館[53]。

恭親王得知俄使伊氏到京，即授意原任全權大臣瑞常、刑部尚書文祥及其他留京權要人士詢問俄東正教駐京大司祭固禮神父(Father Guri)，俄使前來北京的真實原因？是否願任調人？是否允諾援助中國？固禮答稱：伊公使關於清廷已往開罪之處，皆可不咎，極願援助清廷，保護北京；請其擔任調停事，亦可允諾，惟須正式請求，及承認俄國所提出之一切「合理要求」。恭親王代表允諾交換「璦琿條約」，但拒絕再締新約，惟請其早日出任調停。伊氏則向清廷大員們說明當時情勢之嚴重，強調須迅速派遣代表，解決中俄懸案，遵照他的忠告與聯軍交涉，北京方可免於劫難，滿清皇統方能維持，危局方能挽救。又聲明：清方必須完全承認俄方所提之條件他方能出任斡旋之責，伊氏此時已儼然成了和戰中舉足輕重的關鍵人物，恭親王對他

---

51 《沙俄侵華史》，第2卷，頁201-202、203。
52 《籌辦夷務始末》，咸豐朝，卷55，頁29-30。
53 《1860年北京條約》，頁119、120-121。

所提條件只有全部接受之一途,其所提條件為:

　　(1)恭親王本人須聽其忠告,並發給請求斡旋之正式公文;

　　(2)須將清方與英法交涉的情況隨時告知,不得固守秘密;

　　(3)他前在北京時提之一切條件,清廷必須完全承認。

10月6日晨,恭親王照覆,三項條件,完全承認。就在同一天,英法專使也請伊氏將他們的最後通牒轉交奕訢,限三日內答覆,否則將北京夷為平地。但在通牒送出之次日,英軍即將圓明園全部焚毀,園內二百四十餘所輝煌燦爛之宮殿,均化為灰燼[54]。

　　恭親王對英軍之野蠻,深為憤怒,認為英使在最後通牒中所提的要求過分苛刻,清廷不能同意。伊氏卻力勸清方認識當前情勢之嚴重;中國既無力抵抗,要提出異議是不可能的。他只能答應為求得下列數項讓步才願出面進行斡旋:

　　(1)以中國海關關稅作擔保,勸英法延後賠款的期限;

　　(2)要求和議一成,聯軍即退兵出境;

　　(3)不再要求清廷懲罰囚殺英俘的官吏;

　　(4)勸阻聯軍不要破壞北京皇宮;

　　(5)要求英法兩使迅速入京議和;

　　(6)勸說英法兩使入京時,所帶衛隊,不超過三百人。

當時情勢緊急,伊氏即時親往聯軍軍營,確告英法兩使:如果兩使能放棄砲轟京城的打算,他答應說服清廷同意聯軍提出的要求,屆時一定予以滿意的答覆。兩國使臣都樂於同意照此辦理。伊氏又通過清廷大臣們向恭親王表示:只要清廷能保證俄國的要求能得到圓滿的解決,他將力勸英方放棄公使常駐北京的主張。當清廷大臣們將接受英、法最後通牒要求的覆照送請他過目時,他也毫不猶豫的認為措詞含糊,逼使依照他的意見重新修改,磋商與修改的工作一直延續到8日的午夜才定稿,然後由大臣們趕送到恭親王處,請他認可並畫押,伊

---

54 《1860年北京條約》,頁125-126、127-128、129-130、131。

氏則於深夜將他所獲致的成果通知英法兩方,請他們採取措施,以免清晨向北京城內射擊。九日清晨,清方的答覆於七時前送到大本營。始避免了一場砲轟京城的災禍[55]。

在伊氏這種「調停」下,恭親王終於在10月12日(咸豐10年9月11日)到禮部衙門與英方特使額爾金簽訂「中英北京和約」;次日,與法方特使葛羅簽訂「中法北京和約」。聯軍軍隊撤出北京之期本訂在10月18日,後來一再拖延,到10月24日才開拔離去,英法兩國特使也於28日離開北京,兩使離京的次日,恭親王前往拜會伊格那提耶夫。二十六歲的親王舉止十分端莊,博得俄方人員一致的良好印象。他進入客廳,迎著伊氏的面,就伊公使幫助中國與聯軍議和一事轉達了清帝的謝忱,並表示歉意說,因事務紛繁,致使他未能早日來拜訪公使,與伊氏坐談時,很少提到政治方面的事件。次日,伊氏對恭親王也進行了回拜[56]。

原來在中英、中法的和約完成簽訂程序之後,伊氏即向恭親王祝賀,並提醒說,現在中國政府已度過了最艱難的時刻,希望能根據原先的承諾,任命全權大臣,會商有關俄國的事務。恭親王立即答覆:公使的願望他早已得悉,因此已命負責辦理此事的刑部尚書瑞常、侍郎麟魁、寶鋆、成琦等盡速前往俄羅斯館赴會。10月15日,雙方在俄羅斯館舉行首次會議,會議採秘密方式,一切消息,對外完全封鎖。會議一開始,伊氏即交予瑞常三個文件:

　　(1)俄國要求實質的簡明紀要;

　　(2)布多戈夫斯基上校所測繪的中俄東界地圖;

　　(3)長達十五條的條約草案一份。

此一草案較以前要求的更為廣泛而又苛刻,提出討論時,激起清方出席代表強烈的反應,終日的會商都在激烈的爭辯中進行。清方最不能同意的是根據布多戈夫斯基上校的地圖劃定東段疆界的一項。會議持

---

55 同上書,頁131-132、134-135;《有清一代之中俄關係》,頁131-132。
56 《1860年北京條約》,頁136-143。

續了兩週之久，依舊遷延不決，伊氏深為不滿，終於向瑞常等宣稱：
此次事件本來是清廷請求俄國援助及俄使保護，如果現在拒絕其合理
之要求，一旦沙皇聞知，實不利於中國。且聯軍離京不遠，若見俄使
留京不走，必生疑慮，勢必由天津折回，何況是他本人的勸說，聯軍
才退出北京的，現在如果仍由他致書英法兩使，請他們回京，續商修
約不妥之處，此事即可辦到。同時伊氏也在談判中就次要的地方作出
了一些讓步，以舒緩清廷大臣的忿悶之氣，幾天之後，會議有了進
展，清廷代表確認了俄方的主要條款，然後將條約文本呈報恭親王作
最後裁決[57]。

　　恭親王雖然沒有直接參與談判，但是對於俄國使臣兩面外交的伎
倆還是看得很清楚，所以他在上清帝的奏章內敘述必須委屈求全，因
「英法兩夷之來，皆屬該夷慫恿，倘或從中作祟，則俄夷之事一日不
了，即恐英夷之兵一日不退，深以為慮」。所以他主張早日結束中俄
談判，使人心安定，以全大局，因而得到咸豐皇帝批准。恭親王簽字
畫押的諭旨後，即迅速進行條約文本修訂和編寫會議紀錄的工作。並
決定於11月2日簽字。當日下午三時半恭親王到達俄羅斯南館，與伊公
使見面寒暄後，立即核對條約文本和閱讀會議紀錄，伊氏與恭親王先
後簽字蓋章。然後伊氏舉杯敬香檳酒，向恭親王祝賀，恭親王亦舉杯
回敬[58]。

　　這一項在1860年11月2日（咸豐10年10月初2日，公曆1860年11月14
日）簽訂的「中俄北京條約」（又名中俄續增條約）有俄、漢兩種文本，
漢文本係根據俄文本譯出。全約共十五條，主要內容如下：

　　(1)中俄兩國東部疆界，從石勒喀河與額爾古納河匯合處起，沿
　　　黑龍江順流而下，到與烏蘇里江匯流處為止，黑龍江以北土地
　　　歸俄國，以南到烏蘇里江口的土地屬中國。然後，從烏蘇里江
　　　口往南至興凱湖，邊界線順烏蘇里江和松阿察河而行，河東之

57 《1860年北京條約》，頁137-139、141-142。
58 同上書，頁144-145；《籌辦夷務始末》，咸豐朝，卷55，頁29-30。

地歸俄國，河西之地屬中國。又從松阿察河河源跨興凱湖到白棱河，從該河河口沿著山脊到瑚布圖河口，再從此沿琿春河和海之間的諸山到圖們江口，以東之地歸俄國，以西之地屬中國。邊界線的終點在圖們江入海處以上二十華里緊靠圖們江之處。

惟自國界至海濱原住之中國人，及其漁獵之地，俄國乃准其留住原地，照常漁獵。

(2)西疆未勘定之界，今後應順山嶺之走向、大河之流向及中國常駐卡倫路線而行，即從沙賓達巴哈界牌起，往西直至齋桑綽爾，再由此往西南到特穆爾圖綽（伊塞克湖），南至浩罕邊界。

(3)交界各處，准兩國人民自由貿易，各不納稅。

(4)俄商由恰克圖到北京，經過庫倫張家口地方，准其零星貿易，俄國得於庫倫設領事一人。

(5)俄羅斯在中國通商地域得設領事，管理商務。倘遇犯罪之人，照天津條約，按本國法律治罪[59]。

11月5日，伊氏派遣專差，將在北京締結的中俄條約送往聖彼得堡，呈報沙皇。他本人則定於10日離開北京，取道庫倫返俄，啓程前特往清廷向恭親王辭行，恭親王亦前往俄羅斯館送別，並感謝伊氏的贈禮。10日上午伊氏離京時，依照恭親王事先的吩咐，予以特別禮遇，讓伊氏乘轎到張家口。爲了向蒙古繼續前進，集合了六千匹馬和四千五百名乘馬的護送人[60]。同月27日上午到達恰克圖，結束他此次收穫豐碩的任務。

伊氏自1859年6月到達北京以來，已經歷了一年又五個月變化多端的時日，憑其詭譎之外交伎倆，竟能在古老的中華帝國與海洋列強的

---

59 《沙俄侵華史》，第2卷，頁214-216；《有清一代之中俄關係》，頁134；《1860年北京條約》，頁145。

60 I. F. Babkov著，王之相譯，《我在西伯利亞服務的回憶，1859-1875》（北京：商務印書館，1973年），上冊，頁81。

衝突之中，博得雙方利益衝突者之信任，又從中操縱利用，終於達到漁利之目的，自中國奪去四十萬零九百十三方英哩的大片領土，而且未費一兵一彈，實爲世界史中罕見之特例。

八、東部疆界勘分的經過

根據中俄北京條約雙方談判代表的約定，疆界地圖不予簽字，必須雙方派員到東部烏蘇里江流域共同查勘以後，再作決定。1860年12月，咸豐皇帝依據恭親王的奏請，特指派倉場侍郎成琦爲欽差大臣，命其前往吉林，會同吉林將軍景淳，辦理烏蘇里江分界事宜[61]。

1861年3月，成琦奉命從北京出發，同時清廷以成琦與吉林將軍景淳的名義向俄國濱海當局發出照會，請其派遣分界大員，到興凱湖一帶，會同勘辦。5月下旬，成琦等抵達興凱湖西北扎營。5月30日，俄方全權代表濱海省省長海軍少將卡札凱維奇(N. B. Kazakevich)與副代表，即東西伯利亞部隊總軍需官，布多戈夫斯基(璦琿談判時曾爲穆拉維約夫的隨員)上校也到達了興凱湖地帶，他們並不是根據條約的規定在松阿察河東岸的興凱湖畔扎營，而是越過松阿察河西面興凱湖的西北岸，在土爾河口扎營[62]，距離清方代表住處三十餘里，並於湖岸安設大炮一尊、火槍三十餘杆，隨來俄兵不知確數[63]。俄方的用意是表明他們所佔據的扎營地點是在俄國國界線內的。此一行動，清方不能承認，成琦多次抗議，要求俄方離去，都被拒絕。

6月6日，雙方在距俄營十里的達連泡舉行首次會議，兩國代表在白棱河的方位問題上發生重大分歧，因清方早年所存地圖上，只有白珍河，並無白棱河，北京條約的附圖中僅有白志河，與中國地圖中的

---

61 《籌辦夷務始末》，咸豐朝，卷71，頁5-6。

62 《我在西伯利亞服務的回憶》，上冊，頁85。

63 《籌辦夷務始末》，咸豐朝，卷79，頁9。

白珍河部位相等，其方位是在興凱湖的西南方[64]。俄方則堅稱位於興凱湖西北，已被俄軍強佔的土爾河口就是白棱河口，如此意圖在松阿察河河源和土爾河口之間畫一直線　以此線作爲兩國國界，即可將興凱湖的大半圈入俄國的版圖。雙方談判多日，相持不下，後來俄方派幫辦委員杜爾賓（Turbin）大尉，清方派屬員丁壽祺往返磋商，同意兩方各編製邊界紀錄草案，再行相互核對。結果俄方仍舊堅持己見，並以停止談判爲要脅，清方終於被迫讓步，承認俄方所提土爾河口的條件。

又因興凱湖以南，荒僻險阻，糧運不濟，難以行走，卡氏提議在興凱湖行營，依照和約，將地圖內未分之界用紅色劃斷作記，繪圖鈐印，應立界牌，各差小官豎立。成琦畏懼旅途艱苦，對此提議竟欣然表示同意[65]。於是就決定將未經實地履勘的疆界，按照俄方繪製的地圖，即中俄北京條約的附圖定議。

1861年6月16日，雙方簽訂中俄「勘分東界約記」，作爲北京條約的補充條款。同時簽署了「烏蘇里江至海交界記文」與北京條約的附圖，並進行互換。依規定，自烏蘇里江口至圖們江口應設立八處界牌，牌上一面書漢文，一面書寫俄文。互換約文的同日，成琦與卡札凱維奇在白棱河口對面設置了第一個喀字界牌。19日，清方三姓副都統富呢揚阿會同俄方代表在興凱湖與穆棱河之間的分水界上設置了第二個耶字界牌。其餘的均由俄方所派軍官和成琦指派的地方官員豎立。又根據「烏蘇里江至海交界記文」的規定，應在距圖們江口二十華里（十俄哩）的地方設置土字界牌，因清方立牌的官員未到，俄方竟將界牌設置在距離圖們江口二十二俄哩的朝鮮城鎮邊梁子村對面。事後俄方就立牌情況寫了一份文件，名爲「中俄設立烏蘇里江至圖們江

---

64 復旦大學歷史系編寫組，《沙俄侵華史》，頁136。

65 《籌辦夷務始末》，咸豐朝，卷79，頁15。參與此次談判的清方官員丁壽祺著有《海隅從事錄》，記載此行見聞，收在王錫祺所編《小方壺齋輿地叢鈔》的第三帙，可參考。

口國界牌博記」，作爲中俄「勘分東界約記」的附件 [66]。

此次清俄勘分東界，雖有會議，卻沒有實地履勘，從製圖、分界、立牌，到記文等類的重要事務，全由俄人主持，因此俄人又乘機侵佔了中國烏蘇里江以西與凱湖的廣闊部分、興凱湖西南的大片中國領土，以及圖們江出海口大片濱海之地。

到了80年代，吉林地方當局即發現有暗竊潛移界牌等情事的發生，土爾河以南邊界線附近的寬闊平坦地面均被俄人竊據，面積自三四十里至五六十里不等，並有俄兵駐守。琿春邊界圖們江東岸沿江百餘里地面也被誤爲俄國所轄之地，並於黑頂子及興凱湖地區越界設卡 [67]。1885年4月，總理各國事務衙門大臣慶親王奕劻奏稱：中俄東界牌博年深月久，形跡無存，界址湮失，請速派大員往勘 [68]。光緒皇帝隨即派會辦北洋事宜大臣吳大澂會同琿春副都統依克唐阿前往辦理。1886年3月，吳大澂到達琿春。五月初，俄濱海省省長巴拉諾夫(I. G. Baranov)及其隨員抵達岩杵河。在隨後的兩次會議中，雙方達成協議，俄方決定將黑頂子歸還中國，土字界牌設立於沙草峰以南越嶺而下之平岡盡處，從此一界牌順圖們江到海有三十華里，較舊界牌距江口稍近。6月23日，吳大澂與巴拉諾夫分別在中俄「琿春東界約」上畫押鈐印，彼此互換。隨後又考察了土爾河口以南的中俄邊界，增立界牌，簽訂了六個勘界議定書，總稱「中俄查勘兩國交界六段道路記」。雙方商定，中國船隻可自由航行圖們江 [69]，並將此規定，寫入界約，作爲附件，吳大澂又在長嶺子中俄交界處建立銅柱，畫刻銘文，以防俄方再有移動界牌之事發生。

重勘東界之事，至此完全結束。

66《沙俄侵華史》，第2卷，頁223-224。

67《清季外交史料》，卷57，頁7。

68同上書，卷57，頁9。

69同上書，卷69，頁15；吳大澂所撰《皇華紀程》一卷，記載此次談判之事，可參考。

九、結 論

上述各項資料，顯示自19世紀之初以來俄人向東北亞及中國邊區侵略的事跡，非常明確，由此可以歸納為如下的幾項要點。

自18世紀以來，清廷已經允許俄國東正教教士常駐北京處理教務，也允許俄國學生到北京留學，由他們累積而傳遞回去的知識，使俄國統治階層和知識分子對中國的了解得以不斷的增加，到了19世紀的前半期已收到了很好的效果。最明顯的事例就是每遇有任何中俄會議或談判時，所有滿文、漢文、蒙文的翻譯工作，均由俄人擔任，而且成效卓著，清方對俄國的了解反日漸落後。

西伯利亞的毛皮，及中國的糧食和物資，依然為一般獵商、哥薩克、貧苦的流民所艷羨的財富；鄂霍茨克海與外烏蘇里沿岸優良的港灣卻成了帝俄地方官吏和軍役人員所嚮往的新園地。

俄廷的對華政策，因群臣的見解不同而分演為兩派；外交部與財政部主張對華親善，發展兩國貿易，反對侵蝕中國的領土。內政部與陸海軍將領則主張乘中國內憂外患之際，脅迫清廷，廢棄中俄舊約，強佔中國的黑龍江流域。前者初佔上風，對後者的侵華行動，屢採阻遏措施。後者則獲得沙皇之支持，互相牽制，各不相上下。

俄國沙皇尼古拉一世、亞力山大二世、海軍參謀總長緬施科夫公爵等人雖均懷侵華野心，但仍坦承黑龍江左岸及江口沿海之地皆屬中國領土，時常告誡穆拉維約夫與涅維爾斯科伊等軍人不得任意侵擾。此種言論的紀錄，均保存於俄方的史料之中，亦即中國屬土的有力明證。不容野心的侵略者之歪曲或篡改。

清廷上下官員之國際常識，及辦理外交之技能，均遠落在俄人之後，對帝俄政府之權能分配與政策歧異所引起之政潮變化毫不知情，因此未能善為利用，貽誤時機，終致邊疆戰略要地陷入俄人之手。

俄方移植於黑龍江左岸及烏蘇里江以東之人，均係軍役人員、囚

犯與流民,他們之東遷並非自願,有的是在東西伯利亞總督的高壓之下的被迫行動,有的是逃避暴政的亡命之徒,尋覓生路。篳路襤褸,人畜的死亡率極高,真正應徵募而來的農民極少。很多人不願長途跋涉的危險和想到身無分文的前景,都從半途中回去了[70]。未能回去的移民都成了野心軍事將領升官進爵的犧牲品。

普提雅廷與伊格那提耶夫二人均係起自軍人的外交家,不擇手段的執行帝俄政府的侵華政策,亦係意中事。但前者慫恿英法向清廷採取強硬的軍事行動,後者向英法聯軍獻出北京及其郊區地圖,確實有損外交家嚴守中立的風度。雖然他們能自中國攫取了大量的權益和大片的領土,但這並不代表為俄國獲得了國家的最佳利益,因為穆拉維約夫於1861年離開遠東以後的若干年內,他的各項計畫大多失敗了。

第一,穆氏之要強佔黑龍江左岸,是要控制這一條河的交通,但是他不知那條幹線的天然困難是無法克服的。黑龍江自中游以下,十月底開始凍冰,4月20日前後才解凍,通常一年只有一百九十二天可以通行,而且解凍初期江中浮動的冰塊還是很危險的。

第二,穆氏想使黑龍江流域成為俄國遠東的糧食基地也未能實現,因為那裡集中於夏季的大雨對農作物是不利的,這使穀物只長葉莖,穀粒甚少,而且有時長不飽滿。既然糧食基地無法建成,交通線的戰略價值也就大大降低,同時又更降低了濱海邊區對俄國經濟的重要性。到了1865年8月,由於缺少糧食,鄂霍茨克海和堪察加的軍事哨所被放棄了。整個黑龍江和烏蘇里江地區只剩下了一支駐在尼古拉耶夫斯克港的海軍分遣隊,和有七名軍官及七百三十二名士兵的正規部隊[71]。軍隊原是移民的主力,竟也如此凋零,其他計畫可想而知了。

* 本章所用資料多來自俄國書籍,故文內所有的年月日均用俄曆(Julien Calendar),俄曆在19世紀時比西曆(Gregorian Calendar)晚12天。

---

70 Zepetin, *Constantin von. Der Ferne Osten*(Berlin: 1907-1911), Vol. II, pp.52-53. 引自 Andrew Malozemoff, *Russian Far Eastern Policy, 1881-1904*(Berkeley: University of California Press, 1958), p. 2.

71 Andrew Malozemoff, *op. cit.*, p.2-3, 4-5.

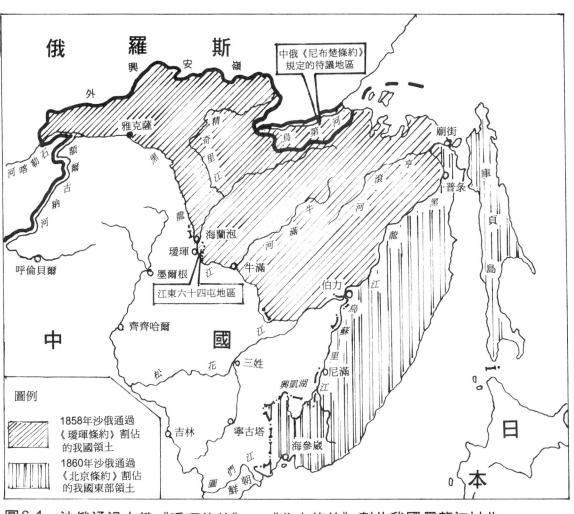

圖6-1　沙俄通過中俄《璦琿條約》、《北京條約》割佔我國黑龍江以北、
　　　　烏蘇里江以東大片領土示意圖

第七章
帝俄對中國西北疆域的蠶食與鯨吞

一、前 言

　　自中國甘肅省的玉門關以西，至蔥嶺東西及天山南北的廣大地區，中國古代都稱之為西域，兩千多年以前的西漢時代（西元前206-西元8年），中國政府即已開始在此一西北地帶實施直接的行政管轄，先後建立了「使者校尉」及「西域都護府」的制度，負安撫經營地方之責，因之朝廷派往西域的駐軍和官吏，得有機會參與此一區域之保安、屯田、水利等建設性的工作，而西域各部族的人民也漸漸的參與了中原體制下的軍役與政務，使中西文化與經濟方面的交流得到大規模的發展。

　　此一區域在古代是中國與歐洲交通貿易的要道，也是黃白兩種人接觸往來的匯流之處，種族甚為複雜，遷徙也很頻繁。到了清朝（1644-1912）初期，居住在這個區域的是蒙古、哈薩克（Kazakhs）、吉爾吉斯、塔吉克、烏梁海等族群，其統治階層的種族大致與成吉斯汗一族保有或多或少的血緣關係；被統治的人民則多屬信仰回教的維吾爾人或哈薩克人。其他少數民族尚多，不過當時在清帝國的版圖之內，還沒有俄羅斯人之蹤跡出現。

　　俄羅斯人與中亞地區之接觸，遠在其往西伯利亞東部進行探險與劫掠活動之後，不過帝俄政府之覬覦中國西部邊疆的野心，在17世紀初期，已顯現其端倪。緣由是當時中亞地區各部族之間的勢力消長，

發生了很大的變化，原來屬於中國的漠西蒙古，經過幾度分合演化，
竟在其四部之一的準噶爾領導之下發展成為一個舉足輕重的中亞大
國，其活動的範圍不僅遍及額爾齊斯(Irtysh)河上游、天山以北、巴爾
喀什(Balkhash)湖一帶的廣大地區，還在中亞極力朝西南和西北方向
發展，因此與俄羅斯逐漸接壤而有了頻繁的交往，惟滿清帝國則認為
俄羅斯與準噶爾之間的軍事及外交活動是侵犯了中國的主權，並且助
長了準部的叛逆行動。

　　到了18世紀的初期，俄國的彼得一世(Peter I, 1682-1725)又聽到中
國葉爾羌(莎車)地區盛產黃金的消息，就積極籌築一條從額爾齊斯河
上游到葉爾羌的堡壘線，以圖深入中國境內進行窺探；充分透露了帝
俄政府企圖侵佔中國疆土的野心，於是就引發了滿清帝國西北邊疆自
後層出不窮的糾紛和邊患。

　　本章研究的範圍與撰寫之目的均限於中國西北邊區的中俄接觸與
糾紛，內容牽涉相當複雜，主要的探求在蒐集中俄兩國在西北的交往
及雙方勢力之周旋進退的實況，透過這些所得資料，再追尋何者應享
有歷史上的權利，而為中國西北疆域主權的歸屬者。

二、十八世紀以前中國西北疆域之概況

　　元朝(1279-1368)的政權被漢人推翻以後，中國西北邊疆廣大的地
區依舊繼續為蒙古族群的生息之所，游牧於天山以北地區的集團稱為
斡亦剌惕部，明朝(1368-1644)則稱之為瓦剌。從第15世紀初期到中
期，瓦剌甚為活躍，勢力頗盛，到了16世紀，統治這片漠西大地的蒙
古人又演化為三個部落；和碩特部在東，以烏魯木齊地區為中心；土
爾扈特部在西，以塔爾巴哈台地區為中心；在兩者之間的是綽羅斯
部。而綽羅斯又分為三部：就是準噶爾、杜爾伯特和輝特。這三部的
中心區域是中亞的額爾齊斯河流域。其中綽羅斯和輝特兩部的疆域較
小，在歷史上沒沒無聞。而和碩特、土爾扈特、準噶爾、杜爾伯特四

部則較爲活躍，故常稱之爲漠西四部。這四部的總稱則是厄魯特蒙古，但有些史料中也稱之爲衛拉特，或卡爾梅克（Kalmack或Kalmuks），衛拉特出自蒙古史料，卡爾梅克出自俄國史料，厄魯特出自中國史料，所指的都是漠西蒙古。

自16世紀末葉到17世紀前葉，準噶爾一部興起，在其首領名和多和親者的領導之下，漸漸採用定居的風習，建立了一個永久的都城於艾米爾（Emil）河南岸（新疆省塔城的西北）。元首以巴圖爾琿台吉（皇太子的轉音）爲稱號[1]。因地域上的鄰近，與俄羅斯各方面的接觸日多，從俄羅斯獲得了戰爭用的火器、製槍炮的工匠和各種牲畜，勢力隨之日益強盛，竟至威逼鄰邦；杜爾伯特被其征服；和碩特也被其併吞。到17世紀的初年，土爾扈特人也終被迫離開自己的牧地，遷到裡海之北的伏爾加及頓河（Volga-Don Valley）流域去，屈爲俄羅斯的屬邦，冀得保全。

17世紀的70年代，準噶爾首領噶爾丹自立爲巴圖爾琿台吉，脅迫厄魯特各部遵從其號令，又進兵天山南路，渡過了吹河，征服了天山一帶的布魯特人，並佔領了費爾干納（Ferghana）等地[2]。繼噶爾丹而當權的是他的侄兒策旺阿拉布坦，承繼策旺的是他的長子噶爾丹策零，他父子都頗有才能，在他們的統治之下，準噶爾向東擴展到哈密的附近；北邊到額爾齊斯河中游和巴爾喀什湖的東南；西邊到吹河與塔拉斯河之間的地帶；南邊到達興都庫什山。中亞的哈薩克人及未能西遷的土爾扈特人都屈服於他的威勢之下。但策零死後，準噶爾就發生親族相爭的內亂。清廷於是決計出師西征，終於1759年將準噶爾全部消滅，結束了西北地區一百餘年的分裂局面。

清軍平定準噶爾最末一個酋阿睦爾撒納和南疆的大和卓木波羅

1　以上數節有關漠西蒙古數部勢力之消長，可參閱本書第四章〈清雍正皇帝兩次遣使赴俄之謎〉。

2　中國社會科學院近代史研究所編寫組，《沙俄侵華史》（北京：人民出版社，1980年），第3卷，頁44。

尼都(兄)及小和卓木霍集佔(弟)等叛亂之後，清廷改稱西北地區為新
疆，重新規劃其行政制度，並立即進行地理調查和地圖測繪，當時主
持地理調查工作的為參贊大臣鄂容安和大學士劉統勛等人，測繪地圖
的工作則由左都御史何國宗、欽天監監正明安圖主持，他們率領耶穌
會士傅作霖(Felix da Rocha)和高慎思(Joseph d'espinda)等人 3，攜帶測
繪儀器，分別前往伊犁與喀什噶爾兩路，測其北極高度，東西偏度，
勘查各地山川形勢，測定各地的經緯點，所繪畫的地圖，均須與各區
舊有地圖互相校勘，考驗無誤，然後遵照皇帝的諭旨，載入《皇輿西
域圖志》4。根據中國的傳統制度，任何一個朝代，如能將其統治疆域
之內的山川形勢，城鄉道里，方隅四至之地，載諸圖籍，昭示天下，
這就是當朝政府有效統治的版圖之明證。

　　新疆地方行政的體制，相當於直屬中央政府的省。因境內地理環
境的不同，劃分為兩個區域，以天山山脈峰脊為界，行政管轄遂隨之
分為南北兩部。北部，即額爾齊斯河、齋桑湖以北、阿爾泰、薩彥嶺
等區域，屬烏里雅蘇台的定邊左副將軍管轄。南部包括天山南北、巴
爾喀什湖以東、以南，直至帕米爾區域，歸總統伊犁等處將軍管轄。
全疆的最高行政軍事長官就是總統伊犁等處將軍，駐惠遠城，他管轄
下的塔爾巴哈台、伊犁、喀什噶爾三處各設參贊大臣一人，烏魯木齊
設八旗都統，其他要地則分別設置辦事大臣或領隊大臣。東部漢人居
住之地行州縣制，天山之北蒙人散居之處行札薩克(即旗長或管理者)
制，南部回疆則採用伯克(貴族、官吏等特權階級的代表)制。行政制
度因其民族之不同而各異。

　　18世紀中葉以前，新疆西北的塔爾巴哈台、伊犁、喀什噶爾三個
廣大地區，分別與俄羅斯、哈薩克、浩罕及巴達克山連界。與俄羅斯

---

3 Arthur W. Hummel, *Eminent Chinese of the Ch'ing Period, 1644-1912*
　(Washington D. C.: Government Printing Office, 1944), Vol. I, p. 280.

4 傅恆等撰，《皇輿西域圖誌》(北京：武英殿，1782年，增補版)，52
　卷。

交界的地方，僅從沙賓達巴哈（清代文獻中稱沙弼奈嶺）到額爾齊斯河
一段。沙賓達巴哈是1727年「中俄布連斯奇 條約」（「恰克圖條約」
之一部）所建立的最後一個界牌之處，交界線已有明確的規定。由沙賓
達巴哈往西北，經過中國的唐努烏梁海和科布多，中俄邊界在鄂畢
（Ob）河收納兩個支流匯合處的比斯克（Biysk）。從此轉向西南，雙方的
交界點是白河，由白河再向西南，中俄邊界到達額爾齊斯河的中游，
俄國在此條河流的最東方的據點，就是烏斯季卡緬諾戈爾斯克（Ust
Kamenogorsk）。中國文獻中稱之為鏗格爾圖喇。當時中俄雙方都認此
地為分界點[5]。

　　從額爾齊斯河向西南到帕米爾這段邊界，當時與中國為鄰的是哈
薩克、浩罕、巴達克山等汗國，界線綿長，跨越塔爾巴哈台、伊犁、
喀什噶爾三個區域。塔爾巴哈台的西北部以愛古斯（Ayaguz）河與哈薩
克為界；西南部與伊犁地區相接。伊犁西部幅員遼闊，其西北部以巴
爾喀什湖與哈薩克隔水相望，成為邊境湖泊；西南部延伸到吹河及塔
拉斯河，與右哈薩克交界。伊犁西南的邊緣，與喀什噶爾區域相接，
邊界沿山嶺轉向東南，到納林河再向南延伸，入帕米爾地區，外與浩
罕相接。再往南就到達了蔥嶺。當時與喀什噶爾境外相接的是巴達克
山。

　　清廷對西北邊疆的管轄，也非常重視。準噶爾之亂平定以後，即
先後採取了一系列的措施，以保持國界內外的安全。第一，建立巡邊

---

5 這些中俄邊境的交界點，在兩國的文獻中都有明確的認定：第一、清
　代文獻如嘉慶《大清會典圖》和何秋濤所著《朔方備乘》中都明白的
　記載：唐努烏梁海的西北部，阿勒坦河與哈屯河二水匯流成為鄂畢河
　之處與俄羅斯為界。俄國方面，1956年莫斯科出版的《蘇聯史綱》
　中，也承認18世紀的50年代，俄國的堡壘線才擴展到前述兩河匯合處
　的比斯克。第二，俄國文獻對白河交界點也有明確的認定，如1756年
　清方派官兵追趕逃入俄境的人犯，達到邊界，行文向俄方要求引渡，
　俄方覆文承認人犯由兩國交界的白河逃入俄國的邊堡。第三，1761
　年，清軍追討準噶爾的潰軍，曾進兵至烏斯季卡緬諾戈爾斯克，向俄
　方追索逃犯。當時雙方也共同承認此處為兩國的分界點。以上三處，
　文獻明確，中俄均無異議。

制度,自1759年起,每年均由定邊將軍、副將軍、參贊大臣率領官兵
巡邊。1761年以後,更進一步的規定每年秋季由將軍、參贊大臣、領
隊大臣率領官兵,分三路巡查邊境,然後會合,將經過情形上報。第
二,嚴禁越界放牧,因哈薩克人常從巴爾喀什湖以北、以西的地區,
越過邊界,到湖泊以東、以南,甚至到塔爾巴哈台區域內放牧。清方
屢下禁令,將越界游牧之徒驅逐出境。如係冬季越界躲避風雪,春季
仍行遣返,並令越界之人繳納馬牛羊若干匹,作爲賦稅[6]。由此可見
哈薩克雖向清廷稱臣納貢,但清政府並未將哈薩克人視爲屬民,並對
他們的入境施行管制。第三,從1758年起,定邊將軍兆惠、參贊大臣
阿桂、將軍明瑞先後提出沿邊設置卡倫的建議,最後清廷決定在塔爾
巴哈台區域內置卡倫二十九處;在伊犁區域內設置卡倫九十三處,由
沿邊各區的領隊大臣分別管轄,並有侍衛和佐領及士兵駐守。因爲要
集中兵力和運輸補給路途的方便,卡倫多不設在邊遠的地區,只由領
隊大臣率領官兵,定期到沿邊作機動的巡查。其任務爲稽察行人,緝
拿逃犯,管理地方治安。第四,建立石碣和鄂博,就是清政府又在未
設卡倫的邊遠地方,建立有蒙文或滿文的石碣,或設置石壘的鄂博,
作爲邊界的標誌。第五實邊屯田,開採湖鹽和鉛礦。其中屯田爲經營邊
區最重要的工程。18世紀中葉以後,清廷令新疆各地開辦屯田,於是
天山南北各灌溉中心、巴爾喀什湖以東、以南、額爾齊斯河濱河地帶、
伊犁河南、察林河東、吹河沿岸,都廣佈屯田。到同世紀的末期,伊
犁的軍政當局還主持食鹽和鉛礦的開採[7],以供應邊區的民生日用。

三、帝俄對中國蒙古領主之收買政策

18世紀以前的俄羅斯,實質上還是一個以農奴制爲基礎的農業國
家,其工商業的發展都沒有達到資本主義的階段,因之它對外擴張的

---

6 《沙俄侵華史》,第3卷,頁60-63。

7 同上書,頁63-70。

動機與目標，常受到這種經濟條件的影響，傾向於土地之佔有與有價金屬品之攫取，而非資源與市場之有效的利用。這種情況，在它窺伺中國西北邊疆的行動中表現得最爲具體。

俄人侵略中國西北邊疆的活動，大致可分爲三個步驟。第一個步驟是用小利去收買西北各部族的王公領主，誘勸他們臣服於俄國，圖謀取得牧地的宗主權，有時還運用策略，助長各部族之間的不睦，擴大他們的爭端，再表示協助某一方，或予以實物及武器的支援，以取得好感，進而從中漁利。第二個步驟是以武器供應小股哥薩克及其他軍役人員，分別滲透中國邊疆各地，實行直接侵佔，蠶食各區漁牧富庶之區，然後建立堡壘線及居民點，造成既成事實。第三個步驟，是以既成事實，向中國邊疆大臣或北京朝廷，提出解決邊界問題的要求，進而迫簽條約，獲取外交上的承認。

本節將敷陳俄人在第一與第二個步驟中活動的實況及清方的反應與措施。第三個步驟所涉及的時期與資料較多，將分別在下數節中析述。

大約從17世紀之初至18世紀中葉，帝俄因其侵佔中國東北的鋒芒爲清方所遏阻，遂轉向於漠北和西北地區，圖謀用間接的策略，以物質的利益，誘勸厄魯特蒙古的封建王公領主，接收俄國沙皇的專制統治，永遠臣服俄國爲藩屬。再通過這些王公領主，將其屬民變爲俄國的納貢者，逐漸侵佔他們居住的牧地。由於這種策略是以收買王公爲出發點，所以從17世紀之初，就連年派遣軍役人員或遊說的使者，滲入厄魯特蒙古，施行小惠，分別誘勸杜爾伯特(此時四部的共同領袖是杜部)和土爾扈特兩部臣服帝俄，要他們每年納貢。這種要求，當然得不到兩部首領的應允。後又探知厄魯特的諸台吉與喀爾喀(即漠北蒙古)數部領主不睦，認爲有機可乘，乃於1609年急急派人去向厄魯特各部台吉提供軍事援助，說要保護他們不受喀爾喀的侵犯，交換條件是要向沙皇效忠納貢，並締結保護條約 [8]。此種要求，也未得到預期的回

---

8 《沙俄侵華史》，第3卷，頁80。

應。

利誘的策略既未奏效，俄西伯利亞的殖民當局竟不擇手段，於
1610年派遣小股軍役人員，直接滲入額爾齊斯河中游兩岸的牧地，劫
掠牧民的財物。1612年與1613年，公然由俄方搭拉(Tara)的總督兩度
派遣軍役人員數百名，侵佔準部的亞梅什湖(L. Yamuish)，殺害了沿
湖一帶許多厄魯特的牧民，還俘獲了大批婦女兒童，送到莫斯科去充
當奴隸。這種類似盜匪的行為，竟曾得到羅曼諾夫(Romanov)王朝第
一任沙皇的傳旨嘉獎[9]。

1616年，俄方托博爾斯克(Tobolsk)總督庫拉金(Kurakin)公爵奉莫
斯科之命，派出身於立陶宛(Lithuania)的彼得羅夫(Pertoff)和出身於哥
薩克騎兵的庫尼增(Kunitsin)前往厄魯特，勸誘卡爾梅克(即土爾扈特)
的台吉歸順沙皇，當他們遭到拒絕時，就乘機搜集了不少有關中國政
治、地理、人口、物產和宗教的情報，攜帶著回返俄國[10]。

1617年，庫拉金公爵又派薩利耶夫(Savelieff)前往杜爾伯特部，
勸他們臣服沙皇。初到的幾天，未受到禮遇，他揚言喀爾喀境內托輝
特部的領主，已歸附俄國，杜部台吉才派了兩名使者，隨他前往俄國
了解實況，但未表明歸順之事。俄方又重新利用準噶爾與托輝特部之
間的宿怨，製造雙方的敵視，因此沙皇於1620年4月親自致書後者的領
主，表示：已命令西伯利亞各總督及其他官員，在任何情況下，保護
托部免遭卡爾梅克的侵犯。隨後又於5月以同樣的措辭寫信給準部的領
主，表示願意保護他們以抗敵人的侵襲。後來托部果真受了俄方的煽
惑，於1621及1628年對準噶爾兩度發動戰爭[11]，使雙方的軍民都受到
戰亂的危害。

17世紀的30年代，厄魯特四部中的準噶爾勢力日強，漸次兼併了

---

9 《沙俄侵華史》，第3卷，頁80-81。

10 Baddeley編著，前引書，下卷，第一冊，頁986-988。

11 見《沙俄侵略我國蒙古地區簡史》(以下稱《簡史》，呼和浩特：內蒙
古人民出版社，1979年)，頁20。

其他三部。1635年，準部的和多和親自立爲巴圖爾琿台吉，成爲厄爾
特四部的首領。俄國對此情況極端重視，隨即於1636年派遣曾於1616
年到過厄魯特的彼得羅夫再度前往準部活動。1639年，沙皇又派專人
向琿台吉贈送金色錦緞、呢絨、高腳杯。次年又派列密佐夫（Remezov）
去致送各種銀器、寶石、呢絨、綢緞。琿台吉因境內的哈薩克人和蒙
古人尙未完全向他順服，就暫時與俄保持睦鄰關係，主動向俄貢馬，
協助俄人從亞梅什湖運鹽等等，但也沒有歸順俄國之意。綜計到50年
代，俄方派到準部進行談判的重要使者共有九人，西伯利亞地方當局
派出較爲次要的使者尙不在內。

　　1653年，準部的巴圖爾琿台吉逝世，由其第六子僧格繼立爲首領
[12]，他停止了他父親對俄的親善政策，並拘捕了俄方於1665年派到準
部致送禮品和要求歸順沙皇的使者。1666年秋，俄方又派庫爾文斯基
（Kulvinsky）等六人攜帶沙皇的信件和禮品往見僧格，到準部時恰逢僧
格外出，等了一年多，僧格才回首府，只予庫氏以外交上普通禮節的
招待，並嚴正的要求解決兩國間一切糾紛事件，至於起立恭受沙皇的
書信及歸順俄國等條件均未應允。接見的次日，即遣送庫氏一行人出
境返俄[13]。

　　1670年，僧格被其兄弟們謀殺身亡，他的同胞幼弟噶爾丹自西藏
返回準部，殺其長兄車臣，自立爲琿台吉。至此準部對俄政策又發生
了變化，因爲噶爾丹野心頗大，蓄意擴大他的統治領域，要併吞東部
的喀爾喀蒙古而與滿淸帝國抗衡，便決心向俄屈服，以求得其協助。
1671年夏，他寫信向俄方表示：同意俄國向巴拉巴草原等處的準部屬
民徵收貢稅。1672年，噶爾丹又以護送俄方出使中國的阿布林（Ablin）
回國爲由，遣使去莫斯科表示親善。下述的幾個年份都提到有他的使

12　茲拉特金（Zlamtkin）著、馬曼麗譯，《準噶爾汗國史（1635-1758）》（北
　　京：商務印書館，1980），頁207。
13　同上書，頁229；《簡史》，頁24。

臣在俄國：1676、1677、1678、1679、1681，及1683 [14]。俄方派到噶
爾丹處的使者也不絕於途，僅70年代，帝俄政府就派了四個使團前往
準部。80年代，俄廷派遣與中國談判的大使戈洛文(Golovin)伯爵又建
議俄準雙方訂立軍事同盟，支持噶爾丹進佔喀爾喀，以便加強對準部
的關係和控制。於是雙方互派使者，反覆磋商，軍事同盟雖未達成，
噶爾丹卻因此得到大量軍器的支援和精神上的鼓勵，於是在1688年引
兵三萬，由杭愛山大舉進攻喀爾喀，戈洛文此時正在色楞格城
(Selenginsk)，也率俄軍協助他襲擊蒙民，劫掠蒙民牧場的牲畜，還強
迫各部領主簽訂歸順沙皇的條款，使喀爾喀軍民腹背受敵，同時也給
滿清政府以相當大的軍事壓力，這就是康熙皇帝在中俄邊界談判的前
夕，放棄尼布楚的重要原因之一 [15]。

帝俄政府支持噶爾丹的另一個嚴重後果，是使他受到鼓勵，竟癡
信他能與滿清帝國爭衡，遂自窮兵黷武，以致境內境外戰亂不休，軍
民大量傷亡，資財耗竭，實力日漸削弱而不自知，轉予帝俄從背後躡
進之機。這種跡象，到18世紀的初年逐漸顯現。

四、帝俄對中國西北地區之滲透與蠶食

18世紀的初年，中國葉爾羌盛產黃金的消息，傳播到了俄國，頓
時引起沙皇的特別注意，因為1703年，彼得一世從中亞希瓦汗國
(Khiva Khanate)的使臣口中，獲悉中國葉爾羌地區蘊藏著豐富的金
礦，1712年，西伯利亞總督加加林(Gagarin)也將葉爾羌產金的傳聞
上奏，聲稱他親見布哈拉商人從該地帶來的砂金，並建議沙皇出動
軍隊，從亞梅什湖建築堡壘線，延伸到葉爾羌區域，再伺機將該地
佔領。1714年，彼得批准了此一武力入侵的計畫，命令布霍列茨
(Bukholts)中校率領一支名義上為考察團的武力去執行。這支團隊包

---

14 Cahen，前引書，頁232。
15 《沙俄侵華史》，第3卷，頁87。

括二千九百名士兵和大批商人,還有從瑞典戰俘中挑選出來的採礦專家和工程人員隨行。經過塔拉時,又補充一千多名騎兵。1715年10月,布霍列茨率領的團隊侵入額爾齊斯河中上游,到達亞梅什湖,在湖岸強築亞梅舍夫(Yamuisheff)堡,並且留在當地過冬[16]。

當時準噶爾的首領是策旺阿拉布坦,他探知俄方的動向後,即令其部將率領一萬名準噶爾軍直逼亞梅什湖,1716年3月,通知俄軍,促令撤走,並隨即將堡壘包圍。5月,俄軍不支,炸毀堡壘,然後乘船向額爾齊斯河下游撤去。但又不甘示弱,在退到鄂木(Om)河口時,建築了一個堡壘,這就是鄂木斯克城(Omsk)的前身。1717年,俄方又從鄂木斯克向南試探,見無阻礙,就在鄂木斯克與亞梅什湖之間構造了一座熱列金斯克(Zheretinsk)堡壘,並重建亞梅舍夫堡。1718年,又向南延伸,在額爾齊斯河畔修築了一座塞米巴拉金斯克(Semipalatinsk)堡[17]。

彼得一世在布霍列茨中校所率領的軍事行動失敗後,又派使者去到準部,進行遊說,策旺拒絕接見,並將使者拘捕,彼得於是再度訴諸武力;1719年,先派人潛入齋桑湖和喀喇額爾齊斯河下游一帶偵察,然後命令近衛軍少校利哈列夫(Likhareff)仍以考察名義向準噶爾地區進軍。1720年5月,利氏受命,帶了四百四十名俄軍和俄國科學院的兩名地形測量人員,攜野戰炮三十門,臼炮六門,乘平底木船三十四艘,從托博爾斯克侵入齋桑湖一帶,再沿喀喇額爾齊斯河深入八十俄里,強行登陸,測繪地形。但不久就遭遇到準噶爾一支六千名部隊的強力反擊,延至八月,終於不支撤退,路過準部轄區鏗格爾圖喇時,又強築了一座前節已經提過的烏斯季卡緬諾戈爾斯克(Ust Kamenogorsk)堡[18]。帝俄政府在此兩次武力入侵的行動中,既未曾達到它佔領葉爾羌金礦的目的,也沒有得到任何疆場之上的勝利。不過

---

16 《沙俄侵略中國西北邊疆史》(北京:人民出版社,1979年),頁108-111。

17 同上書,頁108-109。

18 同上書,頁109-110。

就戰略的意義而言，他們這兩次的收穫卻不能被忽視，因爲他們每一次行軍的重點不在爭城略地，而在選擇地形阨要之所，建築堡壘，沿著額爾齊斯河，一步一步的向上游腹地推進，一座一座的連結成爲一串綿長的額爾齊斯河堡壘線（亦稱西伯利亞堡壘線）。最後又與鄂畢河畔的比斯克堡及托木（Tom）河畔的庫茲涅茨克（Kuznetsk）堡縱橫相接，將這兩大河流之間的大片領土都圈入了俄方的勢力範圍。

滿清政府對西北邊疆所發生的狀況都很清楚；當1721年俄廷派往北京的大使伊茲邁依洛夫（Izmailoff）晉見康熙皇帝之後，清廷的大臣就通知伊氏說：「……現在與準部的戰爭將近結束，中國政府要在額爾齊斯河地區建築要塞，並派駐軍隊。……」這表明清廷已有保衛疆土的決心。準噶爾的策旺阿拉布坦也非等閒之輩；1722年夏，他派到托博爾斯克的外交代表團團長阿桑霍吉就以外交辭令向西伯利亞總督切爾卡斯基（Cherkasky）大公指明：俄國人和衛拉特人之間自古以來就存在著良好的關係，當俄國人開始向額爾齊斯河上游推進，並在那裡修築城堡，把準噶爾人從他們的牧區趕走之後，這種關係才惡化起來了 [19]。俄國沙皇又於1723年派特使翁科夫斯基（Unkovsky）去到準部，勸策旺派全權代表去俄，簽訂臣服於帝俄的條約，策旺衡量情勢之後，確實派了一位使臣多爾濟隨翁科夫斯基一同去到俄國，但至1724年4月舉行談判時，多爾濟才表明他沒有得到談判準部轉入俄籍和允許俄人勘查準部礦藏的授權，只能就雙方和諧相處及要求俄方遣返準部的逃人等問題，舉行談判，如此而已 [20]。

1722年冬，滿清帝國的康熙皇帝逝世，1725年初，俄國的彼得一世去世，1727年末，準噶爾的策旺阿拉布坦被毒殺身亡。三國繼位的新首領各有其不同的新作爲，致使相互間的關係也隨之一變。

滿清皇朝繼位的雍正皇帝見準噶爾尚在新疆北部據地自雄，時時還想併吞漠北蒙古。他審度情勢，寧願將契科伊河（即楚庫河）上游、

---

19 《準噶爾汗國史》，頁353-354。
20 同上書，頁355-356。

貝加爾湖一帶、唐努烏梁海以北、葉尼塞河上游等地區放棄，讓予俄國，換取俄方的簽署恰克圖條約，以期劃定北邊，保全漠北。自後即可放手進兵準噶爾，根絕西北邊區的後患。

俄國彼得一世的繼位者是他不識字的皇后凱薩琳一世(Catherine I, 1725-1727)，她對政治毫無興趣，對滿清帝國與準噶爾的政策未作重大的變革。但清廷的對俄外交轉趨活躍，竟於1729年到1731年之間，自動的兩次派遣大使，托時與德新，先後至俄廷報聘，晉見安妮女皇(Anne Ivanovna, 1730-1740)，尋求俄方在清準交戰時中立的保證，並表示願在將來割讓一部分準部邊區的土地作為報酬 [21]，企圖減除障礙，以便向準部大舉進攻。帝俄政府察覺到此時清準兩方都在需要它，形勢對它有利 [22]，所以寧願靜觀三國間情勢的演變，而未對兩方作任何固定的承諾。準部的繼位者噶爾丹策零是策旺之子，他對內增殖工農商的生產力，對外則尋求俄國共同出兵進攻中國的承諾，承諾既未獲得，又不知善自保存自身的實力，統治階層中的重大糾紛與親族相殘之禍層出不窮，使人才與國力日益削弱而不自知。

噶爾丹策零於1745年去世，再過十三年，準噶爾汗國就被滿清帝國滅亡了 [23]。自後中俄兩國的領土直接相鄰，犯邊事件更加頻繁。在準部覆亡之前，俄方潛入準部轄下的扼要之區和牧地，早為常見之事；準部覆亡之後，更乘清方統治部署尚未固定之際，不斷派遣軍役人員或武裝勘探隊，深入中國的哈屯河、阿勒坦泊之間的領土，樹標測量。1760年以後，俄人又滲入色畢河及哈屯河的支流地帶，準備建造堡壘。到了70年代，清方發現哈屯河一帶已有俄人佔地耕種。90年代，俄人更潛入額爾齊斯河上游，在布克圖爾瑪(Bukhtarma)河地帶建蓋木屋。惟當時清方還能謹守邊防，隨時拆毀，或加以驅逐 [24]。

---

21 見本書第四章〈清雍正皇帝兩次遣使赴俄之謎〉。

22 《準噶爾汗國史》，頁335。

23 同上書，頁400。

24 《沙俄侵華史》，第3卷，頁108-111。

到了18世紀末及19世紀的初期，俄方侵略中國邊疆的行動又擴展到掠奪資源和據地移民的新範疇，掠奪資源是非法開採金礦和非法大量捕魚；據地移民是以武力支援移民永久的竊佔土地。在俄國官方所編製的調查報告中，有確實的資料敘述：早於18世紀的30年代，在屬於中國領域的葉尼塞河上游地方，已出現了俄國的採金業主，開採分佈在謝斯達、克姆（Systya Khem）河流域（今唐努烏梁海境內）和其他屬於中國的各金礦，從1838年到1881年之間，曾採得砂金四百六十四普特二十一俄磅，總值九百五十萬盧布 25，又據巴布科夫（Babkov）將軍在他的回憶錄中的記載：俄方爲籌措一些堡壘之間道路的修築經費，曾於1803年開始授予邊防哥薩克軍隊沿額爾齊斯河進行捕魚的特權，後來逐漸沿河向上游移動，達到屬於中國領域的齋桑湖周圍。1808年，更公然建立軍用漁場，大舉撈捕。當時湖內魚類非常豐富，從1803年到1845年這個時期，哥薩克軍隊在漁業收入的軍事經費達到五十萬零四千八百八十八個盧布 26。巴氏並指出，由於中國人愛好和平，竟容俄人在當時屬於中國的齋桑湖內和喀喇額爾齊斯河上游差不多三百俄里的地方，都享有捕魚的自由 27。

前節曾經提及，從額爾齊斯河向西南到帕米爾這段邊界，18世紀時期與中國爲鄰的是哈薩克、浩罕等外藩；俄國與中國的邊界相距尚遠，橫亘於中俄之間一片廣闊的草原地帶就是哈薩克活動的天地。他們分別組成三個帳（又稱玉茲），即大帳、中帳、小帳，清方文獻中稱之爲右部、左部、西部 28。他們每三年到北京進貢一次，僅屬外藩。清廷並不承認哈薩克爲中國的領土，也不把哈薩克人視爲中國的屬民，因此未將他們劃分爲旗、盟治理。不過中國境內也有哈薩克族群散居在邊區各地，與境外的哈薩克人常有來往，一般境外的哈薩克牧

---

25 《我在西西伯利亞服務的回憶》，下冊，頁468。
26 同上書，上冊，頁207-208。
27 同上書，上冊，頁209。
28 《沙俄侵略中國西北邊疆史》，頁122-123。

民，常常潛入清方邊境放牧，或在隆冬之際，進入清方卡倫地界，暫避風雪，相沿日久，常常遷延不去，以致兩者分辨不清。18世紀中期以後，俄國一步一步的向哈薩克進逼，迫使中、小兩帳向其歸順。19世紀的初期，就相繼在哈薩克中部建築了科克切塔夫（Kokchetav）、卡爾卡拉林斯克（Karkaralinsk）等堡壘，積極越過草原，向中國邊境以內的巴爾喀什湖推進[29]。

1820年，俄人深入巴爾喀什湖東北地區，築科克彼克特（Kokpekty）堡。1825年夏，俄方派舒賓（Shubin）上校率領俄軍三百餘人，侵入巴爾喀什湖東的喀喇塔拉（Karatal）河流域，另一支則侵入特穆爾圖淖爾地帶，強建房屋，勒索租賦，又擇水草美好之處，企圖築城種地，但被清方伊犁領隊大臣烏凌阿巡邊時查出，明令拆毀[30]。

19世紀的30年代，俄方採取更進一步的策略，越過額爾齊斯河的左岸，沿科克彼克丁斯克（Kokpektinsky）、阿亞古斯（即愛古斯）、勒布什（Lepsy）各河流向齊桑湖推進，目的是要把中國常駐卡倫線以外的地區盡行佔領。並於1831年在愛古斯河中游北岸，建築了一座愛古斯堡[31]。

1846年，西西伯利亞總督卡爾薩科夫（Karsakov）親王派遣數百名哥薩克南侵，次年，在庫克蘇河（今Aksu河）和勒布什河之間的中國領土建築一座科帕爾（Kopal）堡壘（今塔爾迪——庫爾干Taldy-Kurgan附近）[32]。1853年，又在伊犁河南邊建築維爾內（Vurnyi）堡（今阿拉木圖Alma Ata）。此一堡壘的建立，切斷了中國伊犁駐軍定期巡查伊塞克（Issyk）（即特穆爾圖淖爾）湖盆地的道路，控制了中國南疆與中亞諸汗國交往的重要門戶，奠定了俄國佔領外伊犁地區的基礎。自後，俄方陸續在此三個堡壘之間設置二十多個驛站，把他們的假定國境線，從

29　《沙俄侵華史》，第3卷，頁108。
30　同上，頁108-109。
31　同上，頁110。
32　同上，頁114-115。

愛古斯河經科帕爾推到伊犁河南岸的維爾內，在中國境內延伸七百五十多公里，沿線都設有武裝哨所，形成一條新的西伯利亞堡壘線[33]。因而巴爾喀什湖以東、以南的大片中國領土也被其圈入堡壘線之內，維爾內也就取代了科帕爾而成爲巴爾喀什湖以東、以南進行侵略的指揮中心。

同時，俄方又在此一區域內以武力強制移民；自1855年至1856年，一年之中建立了許多哥薩克村和居民點，佔據了中國的肥沃土地達十萬平方俄里[34]。

五、1851年中俄伊塔通商章程之簽訂

第19世紀30年代起，隨著帝俄的武力不斷向中亞推進和俄國資本主義的逐漸發展，帝俄政府強烈要求在中亞和中國西部 開闢新的市場。同時因爲鴉片戰爭之後，西方海洋列強通過不平等條約，取得了中國五口通商、協定關稅等權益，俄國商品在中國市場上遇到了西方國家的激烈競爭，恰克圖的貿易受到威脅，國庫的收入也因之減少。爲著補救此種不利的處境，帝俄政府力圖在中國西北邊境另尋一條經濟擴張的途徑。

1844年4月，俄國駐北京東正教會修士大司祭佟正笏(這是他的漢名，本名爲波里卡爾普〔Archimandrite Polikarp〕)正式向俄廷建議：應在中國的新疆開闢貿易場所。因此，俄外交部就在同年的年末，特派亞洲司副司長柳比莫夫(Liubimov)前往伊犁、塔爾巴哈台調查俄國商品在當地銷售的情況，特別是調查通往喀什噶爾、中國西部各省和西藏的道路[35]。柳氏喬裝爲哈薩克回教徒商人，化名爲霍羅曉夫

33　北京大學歷史系編，《沙皇俄國侵略擴張史》(北京：人民出版社，1980年)，下冊，頁56。

34　同上，頁56。

35　《籌辦事務始末》，咸豐朝，第1卷，頁7；J. K. Fairbank編、張玉法主編，《劍橋中國史》(台北：南天書局，1987年)，上冊，頁398。

（Khoroshev），混入塔爾巴哈台和伊犁，調查結果，他認爲要發展中俄在新疆的貿易，必須與中國政府進行談判，以使該地區的貿易完全合法化 36。俄廷接受了此種建議，並於1847年7月授權在北京的佟正笏，命他向清廷的理藩院要求允許俄人在伊犁、塔爾巴哈台、喀什噶爾三處通商。清廷以其所請與向例不符，加以拒絕。但俄方仍積極完成奧倫堡（Orenburg）到伊犁道路的修築，造成俄貨滲入的有利條件，使清方也感到貿易合法化之確有必要。到1848年，俄方再命佟正笏重提舊議，仍然被拒。1850年1月，護送第十三屆傳教士團到北京的科瓦列夫斯基（Kovalevsky）又向理藩院轉遞俄方樞密院的咨文，藉口生齒日繁，恰克圖貿易貨物，實不敷用，第三度提出添設伊犁、塔爾巴哈台、喀什噶爾三處貿易之請。清廷至此，恐再行拒絕，致激事端，終於勉強同意了俄方舉行談判的要求 37。

　　1850年5月，清廷正式通知俄方，表示同意在伊、塔暫行開放貿易之請，希望俄方於明春派員前來伊犁會談。1851年3月，俄廷派科瓦列夫斯基爲代表，前往中國舉行談判。科氏於7月7日（咸豐元年6月21日）到達伊犁，有滿語翻譯員札哈羅夫（Zakhalov）38、醫生塔塔里諾夫（Tatarinov）及四十名騎兵隨行，清方代表爲新任伊犁將軍的奕山。8日，俄方代表到將軍衙門拜見奕山及參贊大臣布彥泰，並致送禮品。次日，奕山與布彥泰回拜，也致送更爲豐厚的禮品。7月10日，談判開始，科瓦列夫斯基先提出開伊犁、塔爾巴哈台、喀什噶爾三地通商的要求，奕山命協領圖們泰、佐領哈布齊賢出席，說明喀什噶爾的貨物稀少，商賈無多，距內地較遠，商人往來運貨惟艱，礙難通商，惟伊犁、塔爾巴哈台兩地，皇上已允開放。科氏仍堅請，雙方相持數日，始作罷論。1851年7月25日（咸豐元年7月初10），奕山和布彥泰終於與

---

36 《沙俄侵華史》，第3卷，頁142-143。

37 《籌辦事務始末》，咸豐朝，卷1，頁7、8-9。

38 札哈羅夫曾於1840-1850年隨俄國東正教第十二屆傳教士團在北京學習滿語。1851年起任俄國駐伊犁領事，1858年升任總領事。他利用中國資料，編寫了《中國西部疆域記述》一書，頗受俄方重視。

科瓦列夫斯基簽訂了中俄伊犁、塔爾巴哈台通商章程共十七款。簽字以後，奕山設宴款待俄方人員，盡禮而別。科氏一行於7月31日啓程返俄，他們在伊犁共居留了二十五日，清方共支用了一千一百八十兩銀子的招待費[39]。

此次中俄雙方所簽訂的文件，雖名爲章程，實際上就是一個雙邊條約，有滿、俄兩種文本，其內容要點如下：(1)設置領事：通商章程第二款規定：俄國可在伊犁、塔爾巴哈台兩處設置領事官，常駐兩地。這是帝俄在中國設領事之始。後來事實顯示，帝俄的領事不僅是專管貿易，而且是外交、政情、軍事、經濟、地理、交通各方面資訊的搜集者及繼續入侵中國邊疆的計畫者。(2)領事裁判權：伴隨著領事而來的是領事裁判權；根據第七款的規定：兩邊商民，遇有爭鬥小事，即著兩邊管理貿易的官員究辦。第十一款又規定；倘有違犯禁令者，即交俄方貿易官究辦。換言之，俄人在此兩地犯法者，不受中國法律制裁，而由俄國領事裁判或懲罰。(3)貿易免稅：章程第三款規定：兩國商人貿易，彼此兩不抽稅。實際上俄國邊境並無開放通商的城市，中國的貿易商根本享受不到俄方任何免稅的優待。免稅的施行僅限於中國境內，成爲俄國單方面享受的一種特權，以後中俄每次訂約，俄方都要援例仿行。(4)建立貿易圈：章程的第十三款規定：俄商來往貿易、存貨、住人，必須房屋，因此在伊犁、塔爾巴哈台貿易亭，就近由中國指定一區，令俄商自行蓋造，以便住人存貨。次年兩地先後動工，1853年落成。初期爲居住和存貨的場所，後來逐漸擴充，包括到死人的墓地，佔地日廣，後來還有俄兵守衛，實際上成爲獨立於中國法權管轄之外的租界[40]。

至於邊疆貿易，當然起了相當大的變化；由於伊、塔兩地遠離中俄兩國內部的生產中心，沒有力量強大的商業集團的存在。但此一通

---

39 故宮博物院明清檔案部編，《清代中俄關係檔案史料選編》（北京：中華書局，1979年），第3編，上冊，頁12-14。
40 同上書，第3編，上冊，頁15-17。

商章程訂立之後，俄人可在兩地建立居留的房屋和儲存貨物的庫棧，
俄商每年可在伊、塔留住八個半月，販賣貨品。如貨物不能在預定時
期之內售完，仍可繼續留下，俟其商務辦妥，再行返俄。此類規定，
使俄人能在伊、塔集結成為俄方貨物的聚散地，發揮其貿易的影響
力，擴展其商業經濟的有利條件。果然，俄方的貿易額，自後有十分
顯著的增長，如1850年的輸出額為二十一萬一千五百一十六個盧布，
到了1854年，增至六十五萬二千一百二十七個盧布。四年間增長二倍
多，其中棉織品、金屬製品、呢絨分別增長一倍、二倍、四倍以上，
其他貨品如畜類、鐵器、珠寶、皮革、毛皮等物的增加尚未計算在
內。另一方面中國輸入俄方的貨品，僅茶葉一項，1855年就為俄國國
庫提供了十萬盧布的關稅收入 [41]。西伯利亞亦受惠不少，地方經濟日
漸繁榮。反觀中國新疆境內，因為遵守章程未曾納稅，與俄方相比，
盈虧各異。同時俄人在中國境內不斷的湧現，使伊、塔兩地人民感到
極度不安，終致釀成1855年焚毀塔爾巴哈台俄國商站倉庫的事件。

　　此一焚燒俄商貿易圈的事件實際上是俄方企圖攘奪雅爾噶圖的金
礦所引起；雅爾噶圖金礦位於塔城西南的雅爾噶圖山，屬塔爾巴哈台
參贊大臣管轄。當地盛產砂金，民間早有零星開採。1853年夏，清廷
根據參贊大臣豐紳的奏請，決定設立官廠，鼓勵人民前往採挖，以助
餉項。自後前往開採的人更多，因而引起俄人的垂涎。1853年9月，俄
方擅自派人前往礦山，阻攔中國金夫開採，同時由西西伯利亞總督照
會伊犁將軍，聲稱該礦區屬俄國管轄，中國不能開採，必須將採礦人
員即速撤回。伊犁當局一面聲明雅爾噶圖屬於中國，一面對俄方退
讓，藉口金苗不旺，將金礦開採措施停撤，並於1854年四度出動軍
隊，遣散礦工，但礦工很多散而復聚，依舊繼續採挖。俄方見此情
況，竟於1855年2月逕自出動武裝軍隊七、八百名，侵入雅爾噶圖，強
行驅趕中國礦工，對抗拒者施加繩捆、毒打、堵入礦洞用煙火燒薰、

41　維紐科夫（Veniukov），〈俄屬亞洲邊區旅行記〉，頁323-324。引自
　　《沙俄侵華史》，第3卷，頁151。

或逼投湖中淹凍至死。有紀錄可考者，礦工陳興等六人，當場被薰死，其他先後被殺害者共達二百餘人[42]。

平民遭此殘害冤殺，無處可訴，憤怒的群眾乃於8月26日（中國農曆7月14日）中夜四更時分，聚結五、六百人，到俄人所建的貿易圈，點放柴火，焚毀俄方的貨棧和住屋，藉洩冤憤。俄方駐塔城領事塔塔里諾夫等人至此無法立足，倉皇逃出卡外，俄商亦不得不停營業。伊犁方面的貿易也隨之縮減。1855年10月6日，俄國樞密院向清廷院致送咨文，不僅要求懲治罪犯，並且對俄商被劫之貨物；被焚之房屋與圈內公物，都要予以充分之賠償[43]。1856年6月，俄外交部決定派瓦里哈諾夫（Valikhanov）前往伊犁為談判代表，8月，瓦氏行抵伊犁，態度異常狡倨，要求十倍賠償，為清方所拒，相持很久，不能結案。10月，談判破裂。瓦氏回返鄂木斯克[44]。1857年6月，武裝俄軍三十餘名進犯中國伊犁奇沁卡外地帶，造成緊張局勢。8月，俄方又將伊犁領事和商民全部撤回，並封鎖邊境，斷絕通行，以威脅伊犁清方的軍政人員。1858年，俄外交部又決定重開談判，此時正是英法兩國以武力脅迫清廷簽訂「天津條約」之際，清廷無暇顧及西北，塔爾巴哈台參贊大臣明誼終於受脅屈服。1858年8月26日（咸豐8年8月1日），中俄雙方簽訂「塔爾巴哈台議定補貼條約」九款，清方除允重修俄國商站倉庫外，並以補貼俄商名義賠款十三萬五千六百八十二兩白銀（302,500盧布），以武彝茶葉五千五百箱（每箱淨重五十五公斤，等於八十俄磅或哈達克）折抵，分三年付清[45]。簽約後不久，札哈羅夫藉口俄領、俄商的安全，強求清方同意俄方得在伊犁、塔爾巴哈台兩處貿易圈內各駐兵五

---

42 《清廷中俄關係檔案史料選編》，第3編，上冊，頁187-188。

43 同上，頁216-217。

44 此處乃根據《瓦里哈諾夫全集》，第2卷，頁561中所載。見《沙俄侵華史》，第3卷，頁153-154，注釋1、2。

45 《清代中俄關係檔案史料選編》，第3編，冊，頁566-568、572-574、575-576、581-582、584-585。

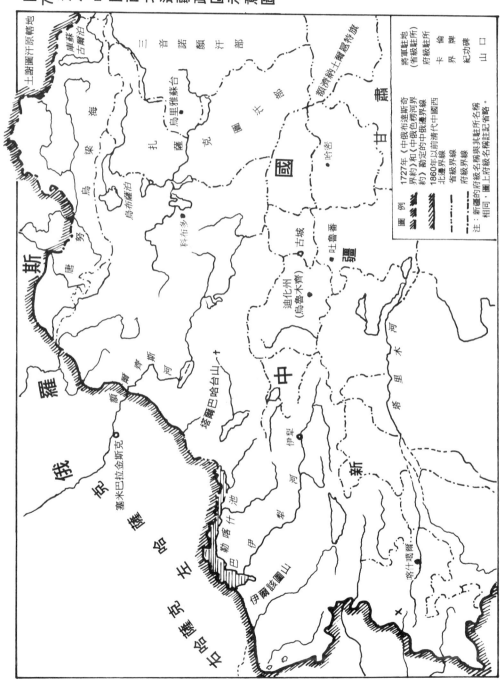

圖7-1 清代中國西北邊疆政區示意圖

十名，以資保護 46。自此遂開俄軍在中國西北境內城鎮駐紮之惡例。

此次事件原係爭執雅爾噶圖金礦及該地區的隸屬問題所引起，最後卻演變成爲補賠俄商損失作結，至於金礦及領土的歸屬問題，完全遺忘，在條款中隻字未提。俄方誤解爲此係一種默認，自後就得寸進尺，向伊犁西南的特穆爾圖淖爾（伊塞克湖）、吹河、喀什噶爾地帶接連的推進，企圖囊括伊犁河與錫爾湖（Syr R.）之間的大片領土，盡行納入帝俄的掌握之中。並且進一步的威脅清廷作條約上的承認。

六、中俄勘分西北界約之談判與簽訂

自1858年至1860年，俄帝對華外交的活動中心，已轉移到天津和北京兩地，其主要目標是向清廷爭取條約上更廣泛的優惠及東北疆土的割讓，當時正值清廷遭受第二次鴉片戰爭的困阨之際，帝俄就乘機踵英法兩國侵華武力之後，施行刁唆與調停的兩面策略，脅迫清方在天津和北京與之簽訂兩項不平等的條約。憑此兩約，俄帝不但隨著海洋列強獲得了中國沿海通商、內地傳教、領事裁判權等各項優惠及東北的大片土地，並且還在「中俄北京條約」（又名中俄續增條約）中埋下一條以清理西北邊界爲名而實圖割佔西北大片領土的伏線。

「中俄北京條約」共有十五條，其中第二條爲有關中俄西疆劃界要則之規定，漢文文本的全文是：

> 西疆尚在未定之交界，此後應順山嶺、大河之流及現在中國常駐卡倫等處，及一千七百二十八年，即雍正六年，所立沙賓達巴哈之界牌末處起，往西直至齋桑湖，自此往西南，順天山之特穆爾圖淖爾，南至浩罕爲界。

此一條約的漢、俄兩種文本均由俄方擬定，從其所提劃界的原則與路線可以看出俄方的意圖是：要北自兩國舊有交界點的鏗格爾圖喇

---

46 《籌辦夷務始末》，咸豐朝，卷31，頁46-47。

起，西經邊界河流的愛古斯河，到巴爾喀什湖以東、以南的大片中國領土，盡行割裂以去，並強要清廷在條約中正式承認這種既被其蠶食的事實為合法。1862年1月，俄廷就根據此一條款，任命鄂木斯克軍團司令部作業主任巴布科夫與俄國駐伊犁總領事札哈羅夫為中俄分界談判委員，前往中國，辦理勘界的任務。俄外交部給巴布科夫的訓令指明：齋桑湖對俄國特別重要，保持其專有是俄國的願望；並應佔有特穆爾圖淖爾附近的全部地區[47]。

清廷亦於1861年3月任命烏里雅蘇台將軍明誼與塔爾巴哈台參贊大臣明緒為「會勘地界大臣」，定塔城為談判地點。當談判之期日益迫近之際，俄方即出動軍隊，以進行國界地形測量為名，佔據中國領土內的各重要據點，圖造成有利的談判地位，並無理阻攔中國派往勒布什、特穆爾圖淖爾等地巡查的邊防部隊[48]。此外，還在談判地點塔城附近十七俄里的巴克圖河畔的卡倫，派駐了三百餘名俄軍，藉以表示以武力來支持他們外交上的要求[49]。

1862年6月30日，巴布科夫一行人到達塔城附近，次日，清方參贊大臣派遣官員前往歡迎，賀他們平安到達，並請接受參贊大臣名義送來的食物和禮品。7月1日晨，儀式隆重的乘馬入塔城，住進俄國的貿易站。7月17日，中俄代表在塔城參贊大臣署舉行第一次會議，雙方互驗全權證書。實際談判到22日才開始。開議後，俄方提出的第一個議題就是要求以中國常駐卡倫為兩國的邊界，又出示俄方自行擬定的「國界地圖」，將中國邊疆，一概以常駐卡倫為分界線，所有卡外之地應完全劃歸俄國[50]。

卡倫一詞，出自滿語，原意為台，是更番候望之所，也就是軍哨所。其任務為駐守交通要道，盤查商旅行人，保衛城鎮，監視流犯、

---

47 《我在西西伯利亞服務的回憶》，上冊，頁200、206。
48 《沙俄侵略中國西北邊疆史》，頁174、182。
49 《我在西西伯利亞服務的回憶》，上冊，頁245-246。
50 同上書，上冊，頁246-247；《籌辦夷務始末》，同治朝，卷9，頁35。

工人，緝捕逃人，禁止越界等等。由於設置的地點、方位、季節之不同，類分爲常駐、移設、添撤三種。常駐卡倫是常年設置不移的卡倫；移設卡倫是按季節不同而移置地點的卡倫；添撤卡倫是根據需要隨時設置或撤除的卡倫。這三種卡倫，均爲中國的現有卡倫，絕大多數距國界線很遠。國界標誌是邊界鄂博而不是卡倫，卡倫與鄂博的位置與路線並不一致 [51]。

俄方提出以常駐卡倫爲邊界的要求實屬蓄意侵佔，清方代表舉出事實加以反駁，並指出「北京條約」中也沒有「爲界」之字，自應查勘後秉公商辦。後三日繼續商談，俄方堅持，清方竭力辯駁，毫無進展，談判一直延續到10月初，俄方以停止談判爲要脅，逕行離去，會議遂爲之中斷 [52]。

塔城談判中斷之後，交涉中心又轉移到北京。北京的總理各國事務衙門迭次照會俄駐京公使巴留捷克（Balliuzek），聲明清方對「中俄北京條約」有關條款的理解，駁斥俄方在塔城談判中的謬論。俄方舉不出正當的答辯，卻又在邊疆上作更大規模的軍事部署，出動數千名俄軍，由步、騎、炮兵混合組成所謂「塔城部隊」、「齋桑部隊」、「喀什噶爾部隊」，北起阿爾泰山，南抵天山山脈，分頭向中國西部塔爾巴哈台、科布多、齋桑湖、伊犁、特穆爾圖淖爾、吹河、喀什噶爾等地區全面推進，緊緊逼近中國的常駐卡倫附近駐紮。清方迫不得已，在重要地區也派駐爲數不多的中國部隊，從事防衛工作。5月31日，伊犁西北地區，俄軍越過卡倫，炮擊清方防守部隊，引發武裝衝突。俄軍又向伊犁西南方進犯清兵防地，清方人員頗有傷亡。消息傳到北京後，總理衙門除多次向俄駐北京代辦提出抗議外，並催請俄方從速派員來塔城重開談判，以期早日定議 [53]。

51 松筠：《新疆識略》，卷11，頁2、8；錢恂：〈中俄界約斠注〉，「界約」，頁1，引自《沙俄侵華史》，第3卷，頁161。

52 《籌辦夷務始末》，同治朝，卷10，頁52、53。

53 《籌辦夷務始末》，同治朝，卷10，頁52、53；《沙俄侵華史》，第3卷，頁192-195。

俄國代辦格林卡（Glinka）在覆照中反誣中國軍隊越哈穆爾山嶺前往齋桑湖執行正常巡邏任務是進入俄國境內「滋事」，如要恢復談判，中國必須全盤接受俄方在塔城所提劃界議單，還堅持從沙賓達巴哈到齋桑湖一段的國界走向，應照俄文文本中「向西南到」的規定。中文文本寫作「往西直至」是翻譯錯誤。至於卡倫問題，卻又堅持應照中文文本中的「現在中國常駐卡倫」，而不照俄文文本中的「中國現有卡倫線」。並且強詞奪理的說：他們所提議單，「實屬與條約之正義相符」[54]。

當時清廷正忙於鎮壓太平天國和西北的回亂，恭親王奕訢認為若不早日結案，誠恐釀成不可收拾之勢。1863年8月，總理衙門屈於情勢，只得照會俄方駐京代辦，表示同意按照俄方上年塔城談判中所提出的分界議單勘定邊界，「妥商照辦」。惟提出俄方應以撤軍為交換條件。俄國代辦堅持不肯作書面保證，僅說「可請求其本國政府從國界上撤退部隊」[55]。此係口頭上的虛言，事實上俄軍也絕未從其侵佔之地撤出。1863年9月，俄方談判代表巴布科夫、札哈羅夫等一行人再度來到塔城。10月初，中俄代表會晤，俄方提出他們單方面標畫的分界地圖，要求照圖定議，明誼表示不能同意，必須等待北京政府訓令到達後才能遵照換約。俄方態度強硬，不願等待。10月中，停止談判，隨即啓程返俄，談判再度中斷。

俄方代表離去後不久，明誼等人接到清廷的訓令，才知總理衙門確已答應俄方全部要求，只得於10月中照會俄方西西伯利亞的總督，要求明春派員前來，商辦換約。但俄方認為明誼的照會中有「商辦」二字，拒絕派員前來，必須保證對俄方議單內所擬定的界址逐行簽字畫押，不再爭辯。1864年春，俄方又出動軍隊，向塔城以西、科布多西南和西北的卡倫、阿勒坦淖爾及哈屯河各地區，分別進行強佔。伊犁參贊大臣明緒見伊犁情勢岌岌可危，乃於8月末照會俄方總督，「准

---

54 《籌辦夷務始末》，同治朝，卷17，頁42-44。

55 同上書，卷18，頁55、60。

照議單，酌派使臣，速來換約」。並要求俄方速將伊犁兵隊撤出卡外，靜候議分界址[56]。

1864年9月2日，俄方的巴布科夫、札哈羅夫等一行三十餘人第三度到達塔城，同時有俄軍六百餘人，攜帶炮械，侵入塔城巴克圖卡倫以西小水地方駐紮，造成兵臨城下的形勢。在隨後幾度會議中，俄方不但堅持要清方毫無保留的接受他們預先準備好的邊界圖紙，並且對邊區住牧人民隸屬與遷徙的寬限要求，也一概拒絕。在此萬般無奈的情勢之中，清方大臣明誼、錫霖、博勒果素被迫終於1864年9月25日（同治3年9月7日，西曆10月7日）與俄方代表札哈羅夫、巴布科夫簽訂了「中俄勘分西北界約記」，同時也在全由俄方人員繪製的分界地圖上簽字畫押[57]。歷時三年之久的塔城勘界談判，至此方告結束。

此一界約分滿、俄兩種文本，共計十個條款[58]，其主要內容如下：

(1)劃分邊界：條約規定了中俄兩國自沙賓達巴哈至蔥嶺為止的共同邊界，將新界以西原屬中國的大片土地劃歸俄國。

(2)人隨地歸：邊境地區人民，向在何處住牧者，仍應留於何處管轄。

(3)建立界牌：換約後滿二百四十天，兩國立界大臣會同，按照議定界址，分段建立界牌鄂博，並擬定國界記文，互換為憑。

(4)挪移卡倫、民莊：立界後，位於新界俄國一側的原有中國卡倫，應於一個月內遷往中國一側，巴克圖卡外民莊五處，限十年內內遷。

56 同上書，卷28，頁3。
57《我在西西伯利亞服務的回憶》，上冊，頁290。
58 王鐵崖編，《中外舊約章匯編》，第1冊，頁215-218。

圖例

⬛ 1860年以前清代中國西北邊界線

◯ 1860年《中俄北京條約》規定的中俄界湖

—— 1864年《中俄勘分西北界約記》規定的中俄邊界線(沙賓達巴哈至哈巴爾蘇之間曾經有關勘界議定書勘定)

▨ 沙俄通過《中俄北京條約》、《中俄勘分西北界約記》及有關勘界議定書割佔的中國領土

● 將軍駐地　　✚ 卡倫　　🐾 山口　　1831沙俄據點建立年代　　⊥ 界牌

圖7-2　沙俄通過《中俄北京條約》、《中俄勘分西北界約記》及有關勘界議定書割佔中國領土示意圖

　　據巴布科夫自己的記述，此一「界約記」把整個前此始終在中國版圖之內的齋桑湖和黑額爾齊斯河地區，從河口到瑪尼圖噶圖勒干卡倫起，都讓給了俄國。從瑪尼圖噶圖勒干卡倫起，國界沿薩烏爾奎山而行，並且將位置於這個山嶺迤西至塔爾巴哈台山的中國常設卡倫線，併入了俄國的領域。根據其中第四條，除齋桑湖和額爾齊斯河部分外，合併到俄國的領土還有：庫爾楚姆和齋桑邊區、格根河和納倫河盆地（錫爾河上游）至喀什噶爾，即東土爾其斯坦或小布哈拉的境地[59]。換言之，帝俄憑此次訂立的「勘分西北界約記」，割佔了中國西部邊疆：北起阿穆哈山脈，南達蔥嶺，西自愛古斯河、巴爾喀什湖、塔拉斯河，東迫塔城、伊犁境界，總面積共達四十四萬多平方公里的領土。

七、三個子約之簽訂

　　中俄簽訂「勘分西北界約記」之後，兩國應依其中第六條的規定，從1865年春季開始，當在中國西部劃定國界；再照議定界址，分途建立界牌。但是由於新疆西部維吾爾族的反清運動正於1864年爆發，短期內即蔓延到整個西部，南疆、伊犁、塔爾巴哈台相繼失守，塔城的參贊大臣明緒殉職，伊犁將軍榮全逃到俄方科帕爾避難，邊區空虛無主，因而雙方建立界牌鄂博的工作未能如期舉行。俄方就利用這種混亂的局勢，在邊境大肆活動，分頭向各重要卡倫滲透[60]。1868年9月，竟派兵到布克圖爾瑪河一帶，綁架中國守卡官兵，逼令自沿邊八處卡倫全部後撤。又脅迫當地住牧的少數民族接受其統治。消息傳到北京，清廷認為「俄人滋生事端」的重要原因，均起於「西疆界址

---

59 《我在西西伯利亞服務的回憶》，上冊，頁207、291；下冊，頁468。

60 依照巴布科夫在他回憶錄內的詞彙來說：他們「是要對所佔邊區必須鞏固起來，並賦以應有的力量」。這可以看出他是以巧妙的辭令去遮掩他們強佔中國領土的行為。見同上書，下冊，頁310。

未清」[61]。於是一方面向俄廷提出抗議，另方面要求從速派員前來，會同勘界。經過往返磋商，雙方同意於回亂未曾波及的安寧之處，先行設置界牌。同年12月，雙方協議：定於1869年5月10日（同治8年4月11日）在烏科克雙方人員會齊舉辦。

此次俄方的勘界全權大臣仍爲巴布科夫，幫辦穆羅姆佐夫（Muromzov）少校，翻譯官爲俄駐伊犁領事巴甫林諾夫（Pavlinov）。他們帶領著由步兵和哥薩克各一連組成的「特別衛隊」，於五月末到達烏科克卡倫。清方全權代表爲署伊犁將軍的烏里雅蘇台參贊大臣榮全和科布多參贊大臣奎昌，他們已先期到達[62]。6月1日，雙方正式會晤，依照俄方提議決定，實地勘界立牌工作，分南北兩路進行[63]：北路在賽留格木嶺到沙賓達巴哈之間建立界牌鄂博；南路在賽留格木嶺至瑪呢圖噶圖勒干之間建立界牌鄂博。6月7日，劃界工作開始，雙方在烏科克卡倫以東烏蘭達巴哈設置了第一個界牌。奎昌隨即與穆羅姆佐夫一組向北出發，但到了沿賽留格木嶺往東往北設置界牌時，俄方代表就不遵守「中俄勘分西北界約記」中順山嶺而行的規定，強改爲以水流之方向爲憑。如此俄方可將大量的土地劃歸其版圖之內，清方採取協和政策，不能多加反對。終於同意設立了察干布爾噶蘇、布果素克達巴哈等五處界牌。到7月初就草草結束了科境北段的劃界[64]。

7月1日，奎昌返抵烏科克，準備由此往西沿阿爾泰山勘分科境南段邊界，不料俄方代表巴布科夫等人竟不候清方代表參加之前，已於1869年秋單方在瑪呢圖噶圖勒干以南至哈巴爾蘇之間建立了邊界的界牌與鄂博。及至奎昌趕到昌吉斯台會見巴布科夫時，已面臨既成事實，於是他就借託年邁體衰，山路難行，願將清方官員交由巴布科夫帶領，前往已勘定的界址一行，就在俄方牌博左側，另立中國方面的

---

61 《籌辦夷務始末》，同治朝，卷62，頁27。
62 《我在西西伯利亞服務的回憶》，下冊，頁408。
63 同上書，頁387-388、408-410。
64 《籌辦夷務始末》，同治朝，卷66，頁14、16-17。

界牌,至7月末,全畢,總計自布果素克嶺起,至瑪呢圖噶圖勒干,共建立了牌博二十處。然後,中俄代表分別於1869年8月1日(同治8年7月初6)、同年8月24日(同治8年7月28日)及1870年7月31日(同治9年7月16日)簽訂了「中俄科布多界約」、「中俄烏里雅蘇台界約」及「塔爾巴哈台界約」三個子約。由於這三個子約,科布多轄境失地十分之六,唐努烏梁海西北部阿穆哈河一帶牧地,以及齋桑湖以東以北的土地,亦均割讓予俄國。據巴布科夫自己在他的回憶錄中的供認:「⋯⋯從在大阿爾泰山口設置界牌的時候起,中國人所重視的布赫塔馬河富饒的和美麗如畫的盆地,應當最終牢固的歸俄國所有了。」[65]

至於哈巴爾蘇以南的界址,則因回亂未靖,暫未進行勘察劃分。——然而此一東干人的叛亂,對中國而言,固然是一種不幸的災難,但對帝俄而言,反而是一樁幸事,因爲此一變亂所引發的動盪不安,正爲帝俄政府提供了入侵中國邊疆的可乘之機。

八、帝俄乘新疆回亂進佔中國的伊犁地區

19世紀中葉的新疆,經歷了十五年(1862-1877)的回亂;帝俄遂乘新疆邊區地方政府被叛亂者推翻之際,於1871年派軍進佔中國的伊犁地區,企圖久據,造成當時兩國間最嚴重的糾紛。

新疆此次回民的叛變實際上源於1867年陝西和甘肅的回亂,清政府平息暴亂的頭幾次嘗試都告失敗,消息傳到喀什噶爾,回民受到鼓舞,蠢然欲動,同時政府的駐防軍中也有很多東干人[66]的士兵,於是

---

65 《我在西西伯利亞服務的回憶》,下冊,頁413。

66 此次叛亂的主動者是屬於突厥系的維吾爾人;維吾爾人為匈奴人的後裔,但也大量融合了屬於西藏部族的唐古特人之血統。由於長期定居於中國西部,又與漢族通婚,於是漸漸失去了他們原有的特徵,與喀什噶爾的回族人相比,就不太相同,中國人稱他們為回回,回回是維吾爾一詞的變音。在喀什噶爾的回教徒則被稱為「東干人」,「東干人」為「留下者」之意。根據傳說,這些人是在蒙古東西大規模軍事調動中留下來的。另一說是「東干人」為「唐古特」的變音。兩者孰

與居民聯合起來殺戮漢人，因之引發了新疆的暴動。首先發難的是庫
車城，時為1862年。從1862年到1865年，新疆的南路和北路，已形成
由叛變集團分別割據的局面，庫車城發難的熱依丁逐漸控制了南疆的
庫車、阿克蘇、喀喇沙爾（即焉耆）、烏什；妥明佔據烏魯木齊、哈密
及北疆的一部分；1865年司迪克伯克起事於南疆，控制了西南方面的
葉爾羌、英吉沙爾、喀什噶爾、和闐；1866年邁孜木雜特據伊犁；伊
瑪木據塔城，除鎮西（巴里坤）外，新疆的其他境地均告失守。

　　當1864年還沒有強有力者控制南疆西南部數城的時候，喀什城的
司迪克伯克企圖爭取領導權，為著增強聲勢，遣派使者向浩罕求援，
浩罕汗允諾，就派了一名軍官名阿古柏者率兵五十名（一說六十六名）
護送張格爾之子布素魯克於1864年年底抵達喀什城，以備被推舉為領
袖。原來布素魯克是曾經反清而且統治過喀什噶爾的大和卓木博羅尼
都的後裔，他的父親張格爾也曾在道光年間領導眾人在喀什噶爾起兵
抗清，兵敗被清廷處死，其子孫多逃往浩罕避難，所以司迪克伯克就
想利用他過去在喀什噶爾的名望以統懾民眾。果然，布素魯克頗能獲
得一般居民的歡迎，但他生性懦弱，並沒有很大的作為，而護送他的
軍官阿古柏卻不久就成為新疆叛亂群中的新領袖。

　　阿古柏幼時為霍佔城的一個流浪兒，未得正常教養，未讀書，也
不識字。為了存活，在街頭作舞師，他以動人的容貌和敏捷的舞姿吸
引了很多當地人的愛護，後來為一般權貴人士所賞識，選擇為副官，
再轉入軍職。進入新疆以後，徵募士兵，組成一支數千人的武裝力
量。1865年3月，阿古柏入喀什；4月，攻下英吉沙爾；8月，陷喀什的
漢城；1867年，攻陷葉爾羌、下和闐；西四城全入阿古柏之手。於是
他自立為畢條勒特汗（幸運之意），建立哲德沙爾汗國（意為七城汗
國），同時逼迫布素魯克出走天方朝聖。1869年，取昌吉、綏來（即瑪
納斯），1870年佔領烏魯木齊、吐魯番，滅妥明。南疆的全境和北疆的

────────────（續）

　　是，迄無定論。東干人具有伊朗人的臉型，他們最先崇信佛教，十八
世紀以後才漸漸接受了伊斯蘭教。他們一般都講漢語。

大部分均統一於阿古柏的武力之下，他移都阿克蘇，圖進軍伊犁。

伊犁是一個很廣大的盆地，它北面、東面、南面的群山，擋住了
北方的寒流和南面過於炎熱的氣流，使全年氣溫可以保持很大的均
衡。境內由於伊犁河和特克斯河的灌溉，水源豐富，能供大量人口聚
居。村落很多，村子的週圍都有果園、菜園、樹木、田地，到處是一
片青翠。區域內共有九城，即惠遠、綏定、廣仁、惠寧、熙春、寧
遠、拱宸、瞻德、塔蘭奇，其中綏定為中國西部地區的首府，居民相
當稠密，貿易非常繁盛。1864年，惠寧與惠遠二城亂起，漢回與纏回
共推纏回邁孜木雜特為領袖，擊敗清軍，伊犁諸城先後淪陷。不久，
統治階層發生變化，艾拉汗起而建立所謂伊犁蘇丹政權。當時清方的
伊犁將軍見叛變日熾，曾向俄方提出借兵和支援武器的要求，但為俄
方所拒。依俄方的觀察：中國正遭受分裂的威脅，叛亂者的強大力量
將會形成一個獨立的東干回教領域，清政府將無力把已分裂的局面再
行統一。因之俄國顯然不應與東干人結怨，而應與他們保持友好關係
[67]。可是後來情勢的發展卻與俄方的推測大不相同，伊犁的蘇丹政權
也並無屈從俄國強勢要求的跡象，對俄方商人在伊犁地區自由出入及
遣返自俄方逃入中國境內的牧民等要求都予以拒絕。俄方既不能從反
叛政權方面取得任何利益，於是又傾向於採取土耳其斯坦總督考夫曼
(Kaufmann)早期之建議：即在適當時期，派遣武裝部隊直接佔領伊犁
地區之計畫。此種意圖逐漸凝聚，形成優勢。1870年5月，俄方的巴里
爾斯克(Balisk)少校，渡過博羅胡吉爾河，準備進兵伊犁。次年6月，
俄七河省省長科爾帕科夫斯基(Kolpakovsky)藉搜索逃入伊犁之逃犯為
名，率兵越過霍爾果斯河，進攻伊犁。自6月8日至22日的十五天之
中，俄方直接投入八個半步兵連、五個半哥薩克騎兵連、十三門大
炮，共有官兵二千餘人。伊犁蘇丹方面則集合了各族戰鬥士卒約共四
千人[68]。俄方在進軍途中與伊犁方面的武力發生了三次較大規模的戰

---

67 《我在西西伯利亞服務的回憶》，下冊，頁520。
68 同上書，頁524；《沙俄侵略中國西北邊疆史》，頁215。

鬥，伊犁的武力終告不支；綏定城失守，到22日伊寧（寧遠）被俄軍佔領，伊犁蘇丹力盡投降。

1871年8月，帝俄駐北京公使倭良加哩（Vlangali）始照會總理衙門，內稱：已於7月4日將伊犁「代為收復，請定如何辦法？」清廷得悉伊犁已被俄方的武力侵佔以後，深知此事關係重大，一方面令恭親王奕訢與俄使會商，另方面令署伊犁將軍榮全馳赴邊疆，查明實況，與俄方交涉收回伊犁，免致拖延日久，難於收拾。榮全奉命後，先命多仁泰前往阿拉木圖探信，自己則帶領了步騎百餘人及後續部隊千餘人，於10日由烏里雅蘇台出發，1872年1月抵達塔城。俄方拒絕多仁泰前往伊犁，又一再改換談判人員和雙方會談的地點，榮全前後奔馳數地，均不得要領。最後榮全於三月到達舊愛古斯城的地方，等待俄方人員，一直等到5月，俄方代表博戈斯拉夫斯基（Boguslavsky）方才到達。藉口尚未奉沙皇的訓示，不願談及交收伊犁的問題。榮全不得已，只好回返塔城等候。到了9月，仍無消息。始知俄方故意遷延，實無誠意[69]。於是雙方交涉又轉移到北京。自1872年6月至1874年3月，恭親王奕訢親往俄駐京使館舉行無數次的正式或非正式的談判，俄方始終強詞奪理，不入正題，發言又多違反條約的準則，蓄意侵佔之心盡行顯現。清廷至此，始悟口舌之爭，已不是恢復伊犁的良策。經朝廷大臣多方討論，認為先以兵力收復烏魯木齊等要地，再西向勦滅阿古柏，然後處理伊犁的糾紛，談判的地位才比較強而有利[70]。

原來當俄方侵佔伊犁的數年之間，中國的政府軍已在陝甘總督左宗棠的率領之下，將陝甘的回亂次第討平。惟白彥虎一支逃到新疆依附阿古柏。當時清廷的一般大臣紛紛討論新疆的防務問題，於是引起「偏重海防」抑或「偏重塞防」的分歧和爭議，惟左宗棠主張東則海防，西則塞防，二者並重[71]。結果清廷採納他的意見，於1875年任命

---

69 《籌辦夷務始末》，同治朝，卷86，頁37-38。

70 同上書，卷93，頁33-36。

71 《清季外交史料》，光緒朝，卷1，頁4。

他爲欽差大臣，督辦新疆軍務，出兵規復新疆。左宗棠奉命後，於
1876年3月進駐肅州，對糧餉與軍略兩大重要問題，均經妥善的部署。
同時在進軍的途中，開闢大道，實行屯耕，積儲軍糧，安撫百姓。戰
略方面則先攻北路，採各個擊破之策，自3月至11月，專攻白彥虎，次
第收復烏魯木齊、昌吉、呼圖壁、瑪納斯（綏來）等重鎭，白彥虎奔南
疆，天山北路底定。

1877年4月，左宗棠所屬軍隊開始分三路進攻南疆，先下達板、吐
魯番等據點，白彥虎、阿古柏均不支敗退。左軍繼續西進，節節克復
庫車、拜城、阿克蘇、烏什，阿古柏見其軍情惡化，知大勢已去，乃
服毒自殺（但俄方資料說他於1877年5月16日在暴怒中中風，喪失記憶
力，不能說話，延至17日凌晨二時死去）[72]。左軍隨即會攻喀什噶爾，
白彥虎及阿古柏之子逃入俄境。葉爾羌、英吉沙爾、和闐均次第被左
軍攻下，至此天山北路與南路，完全收復，惟獨伊犁一區，仍舊被俄
方佔領。

左宗棠自1875年受命，僅用二千六百四十餘萬的軍餉，六、七萬
的兵力，以兩年多的時間，而能規復一百六十四萬一千五百五十四萬
公里的失地，奠定了西北國防的屏障。可見國家的禍福，大多繫於人
才之適任及其政策之方向如何而定，又恰逢左氏之軍事才能及其對俄
國國情之了解，較偏重海防論的一般大臣更遠爲優勝。

九、清廷索還伊犁之經過

阿古柏敗亡及南疆克復之後，清廷要求俄方歸還伊犁，先後由恭
親王奕訢、總理各國事務衙門、左宗棠與劉錦棠、伊犁將軍金順，分
別向俄方駐北京公使布策（Buzov）、土耳其斯坦總督考夫曼、俄七河
省省長科爾帕科夫斯基提出照會，請其履行歸還伊犁之諾言，並要求

---

72 庫羅巴特金（Kuropatkin）著、陶文釗等譯，《喀什噶爾》（北京：商務
印書館，1982年），頁225-226。

將逃入俄境的白彥虎等叛亂分子，依照條約規定解回清方受審。俄方上下互相推諉不作具體答覆，清方與之反覆交涉，絲毫不得要領。於是總理衙門決定奏請派遣大臣，前往俄京與之直接交涉。1878年6月，清廷發佈上諭：派總理各國事務大臣、吏部左侍郎崇厚爲出使俄國全權大臣，前赴俄京，談判交還伊犁問題。崇厚曾任三口通商大臣，1870年天津教案發生後，他曾奉命赴法國謝罪。朝廷以爲他素知洋務，因此才特派他前往俄國，負進行談判的重任。

1878年11月，崇厚與頭等參贊邵友濂及隨從人員三十名自上海乘船啟程，經南洋、巴黎、柏林，於年底到達俄京。翌年1月，向沙皇亞力山大二世（Alexander II, 1855-1881）呈遞國書。至2月末始與俄外交大臣格爾斯（Giers）正式開議，先由清方代表團提出索還伊犁的節略，俄方規避正題，聲稱事關重大，須奏明國君，方可定議。遷延多時，反而提出商務、分界、補恤俄民三項交涉節略，談判過程中又將商務與分界兩項下各分三條。商務三條爲：（1）中國西邊省份應准俄商前往貿易；（2）天山南北各路應妥議貿易章程；（3）中國西邊省份及蒙古地方應議設俄國的領事館。分界項下也分三條：（1）伊犁西南界應稍加更改；（2）塔爾巴哈台與俄分界亦應加更改；（3）天山以南兩國未定界應加劃清。至於補恤俄民及伊犁代守用費，應再詳議。俄方真正目的，很明顯的不願輕易交還伊犁，只圖藉此在中國西北廣大的地區榨取更多的利益。崇厚昏庸幼稚，未能明察，竟未經先行向北京朝廷報准，即允依照俄方所提條件定議，遂自於1879年9月20日（光緒5年8月17日，西曆10月2日），與格爾斯、布策在黑海克里米亞半島里瓦吉亞（Livadia）行宮，簽訂所謂「里瓦吉亞條約」十八款（又稱中俄交收伊犁條約），其內容要點爲：霍爾果斯河以西和特克斯河流域的大片領土都劃歸俄國，中國僅收回伊犁部分地區，而且三面臨敵，成爲無法防守的孤城；賠償俄國「代守」伊犁費用五百萬盧布；俄國得增設嘉峪關、烏里雅蘇台、科布多、哈密、吐魯番、烏魯木齊、古城等處領事；增關由科布多經張家口至天津以及由嘉峪關經西安或漢中至漢口

的陸路商道；俄商在蒙古、新疆貿易免稅等等。此外，還規定將調整
喀什噶爾和塔爾巴哈台兩地的邊界。

　　依照以上各款，中國損失極大，伊犁已成彈丸孤注，控制甚難，
且山南割去之地，內有通南八城要路兩條，亦被切斷，如此收回伊犁
尚不如不收之為愈。此一消息傳至國內，群情憤慨，清廷知事態危迫
不可延誤，遂一面令左宗棠部署邊疆軍務，一面將崇厚交刑部嚴行議
處，判決「斬監候」之罪名。隨即於1880年2月向俄方聲明：崇厚所議
條約，「多有違訓越權之處，窒礙難行」，拒絕承認和批准。清俄兩
方，均在新疆邊境集結重兵，戰爭有一觸即發之勢。此時英國則顧慮
俄國在華勢力過於強大，會使每年五千萬鎊的對華貿易，受到嚴重的
損害，為保全其自身的利益，決定通過外交途徑進行斡旋，並由維多
利亞女王（Queen Victoria, 1837-1901）函請慈禧太后赦免崇厚之罪。

　　1880年2月，清廷任命駐英法公使曾紀澤兼任駐俄欽差，赴俄交涉
改約。稍後又暫免崇厚斬監候的罪名，仍行監禁。同年7月，曾紀澤偕
劉麒祥、翻譯官慶常、桂榮、外籍隨員馬格里（Macartney）、日意格
（M. Gignel）等，由倫敦赴俄，月底抵聖彼得堡。五日後赴外交部見外
相格爾斯，格氏態度極為強橫，堅稱約不可改，只待批准，然後照約
行事。惟曾使於8月中覲見沙皇呈遞國書時，亞力山大二世自以英語與
曾使交談，慰勞甚殷，並表示崇厚之開釋，已消除交涉之諸種障礙，
希望有關問題，能獲得和平之解決。自後，談判氣氛始稍和緩[73]。8月
21日，曾使再度與外相格氏會談，提出六條節略：（1）中國不願將自己
疆土讓予他人，俄國既有交還伊犁之善意，請將伊犁全境交還；（2）塔
爾巴哈台、喀什噶爾，只能仍照舊址，如有小處必須修改，應由兩國
特派大員前往查勘面定；（3）俄國所要求者如嘉峪關通商，尼布楚、科
布多開兩條道路行走事，如第一條議定之後，中國亦可允行；（4）俄國
議設領事之處太多，除嘉峪關可設一員外，其餘應俟開辦之後再行酌

73 曾紀澤，〈謁見俄君呈遞國書日期疏〉，《曾紀澤遺集》（長沙：岳麓
　　書社，1983年），附錄頌辭答辭，頁35-37。

議；(5)設領事之處，既未訂定，西疆哈密、古城、巴里坤等城，俄國可擇一處貿易；(6)新疆貿易，不比沿海地境，若處處免稅，中國甚是吃虧，尚須與俄國商議辦理[74]。格氏對曾使所提大為不滿，認為等於將崇厚所訂之要務全駁。次日，俄廷為此召開專門會議，由陸軍大臣米留金(Miliutin)主持，外交部、財政部、陸、海軍部高級官員均參加，會議決定：堅持不能修改條約的內容；派遣布策赴北京直接與清廷交涉；並派海軍艦隊赴遠東示威[75]。雙方會談因此一時中斷。曾使力爭無效，直到9月俄外部始通知曾使：沙皇已允許在俄京繼續談判。不久，格爾斯隨沙皇赴黑海度假，一切交涉由外次熱梅尼(Jomini)與布策繼續主持。俄方忽又要求：中國須另割地補償，俄方始能將特克斯河流域退還中國。曾使向俄方表示：中國可緩索伊犁，但必全廢舊約。熱氏要求正式聲明中國永遠不索伊犁。曾使嚴詞拒絕說：中國將來再索伊犁，如仍係兩國友睦和平商議時，中國以禮來索，貴國亦以禮相答，自可想一公平辦法。倘兩國不幸有失和好，中國以兵威來索土地，則何地不可索，豈獨伊犁？熱氏默然，允向沙皇請示[76]。

關於賠款問題，雙方又發生劇烈爭辯，熱氏要求中國賠償兵費，曾使答以兵費一事，中國斷不應允。兩國派防兵、索兵費，皆因打過仗；若未打仗而索兵費，向無此例。熱氏辯稱：未打仗而索兵費，從來固無此榜樣；然不准約而設防，亦為從來所未有。曾使立即駁之，謂：因條約不批准而派兵船，亦只創於俄國。熱氏無詞辯答，只說今日兩下意見不合，惟有候旨而行。曾使恐僵持過久，亦非良策，後暗示改換名稱為代守伊犁之費，亦無不可[77]。惟經久討論，俄方僅允退還特克斯河以外，餘全無具體表示。談判又陷入僵持，久不能結。後沙皇自黑海還都，令外部勿使中國為難，應設法讓步，惟一經和議

---

74 曾紀澤，《伊犁訂約中俄談話錄》，第三次會議。
75 《米留金日記》，卷3，頁267。引自《沙俄侵略中國西北邊疆史》，頁254-255。
76 《伊犁訂約中俄談話錄》，第十次會議。
77 《伊犁訂約中俄談話錄》，第十七次會議。

後，即當定議。俄外交部始於1880年12月25日致送曾使類似最後通牒的照會兩件、節略一件。第一照會稱：此次允改各條，若中國仍不允，則不得在俄再議。第二照會敘述交收伊犁辦法三條。節略中歷敘允改之事約有七端：一爲交還伊犁之事；二爲喀什噶爾界務；三爲塔爾巴哈台界務；四爲嘉峪關通商；五爲松花江通航至伯都納；六爲添設領事；七爲天山南北路貿易。此外則爲償款。曾使於是摘錄照會與節略大意，電向清廷請示，同時與布策逐日商榷法文約稿，等待北京批准的消息。

　　1881年2月12日（光緒七年1月26日，西曆1881年2月24日），中俄雙方代表終於在聖彼得堡簽訂了「中俄改訂條約」（亦稱「聖彼得堡條約」）二十款。中方簽字代表爲曾紀澤，俄方簽字代表爲格爾斯與布策。此約有法文、漢文、俄文三種文本，主要內容如下：（1）割地：俄方同意歸還伊犁與特克斯河流域及穆扎爾山口，但原屬於中國的霍爾果斯河以西地區則劃歸俄國管屬。根據此一條款，中國失去了霍爾果斯河以西一萬多平方公里的領土。（2）賠款：中國償付俄國代收代守伊犁所需兵費及補恤俄商款項共九百萬銀盧布（約合五百零九萬兩白銀），限兩年內償清。（3）通商：由新疆開始的陸路商道止於嘉峪關。（4）設領事館：俄方可在嘉峪關（肅州）、吐魯番兩處增設領事館。科布多、烏里雅蘇台、哈密、烏魯木齊、古城五處俟商務興旺後再議添設。（5）免稅：俄商可在伊犁和天山南北各城自由貿易，暫不納稅。（6）分界：兩國交界地方及從前未立界牌之交界各處，應由兩國特派大員安設界牌。

　　此約經清廷批准後，於八月初在聖彼得堡交換。次年2月，伊犁將軍金順始代表滿清政府將殘缺不全的伊犁收回。

　　一般史論家對於此約多予好評，認其爭回之權利甚多。實際上此約所爭回者亦不過特克斯河流域廣二百餘里、長四百餘里之地。其他諸項與崇厚所訂之約均大同小異，僅將開通商埠之期後延，所用詞句稍微和緩而已。

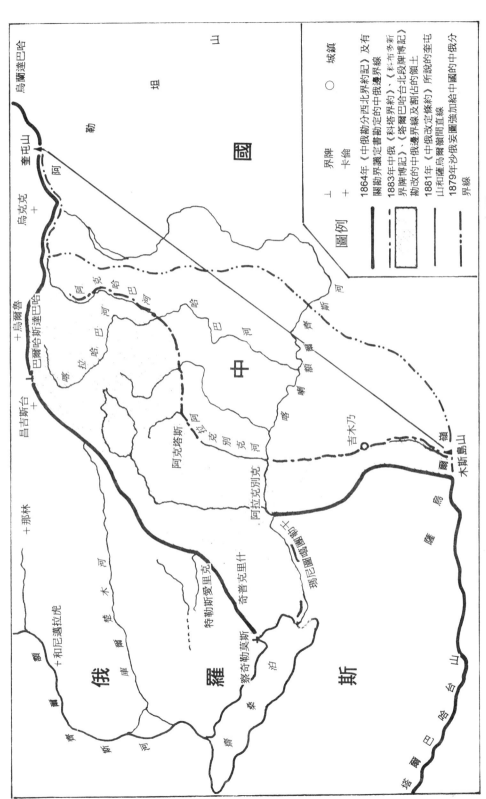

圖7-3 沙俄通過《中俄改定條約》和有關勘界議定書劃佔齋桑泊以東中國領土示意圖

俄方將伊犂交還中國之後，即根據約中有分界置牌的規定，**繼續**以「勘界」為手段，迫使清方先後與之簽訂了一系列的界約。第一就是要將劃歸俄國的霍爾果斯河以西之地分界立牌，於是雙方於1882年10月又簽訂了一項「中俄伊犂界約」，沿邊建立界牌鄂博三十三處。同年11月，雙方於繼續勘界後，又簽訂了一項「中俄喀什噶爾界約」，其中規定將位於天山正脊南邊的扎納爾特河源地區的大片領土劃屬俄國。1883年，雙方談判「勘改」齋桑湖以東地區的邊界，爭辯多日，終於8月初簽訂了一項「中俄科塔界約」（又稱哈巴河界約），又把中國在齋桑湖東北巴爾哈斯泊周圍和額爾齊斯河上游兩岸大片肥沃土地，及塔爾巴哈台界內之賽里鄂拉以西各卡倫，都劃歸俄國。同年9月，雙方又簽訂了一項「塔爾巴哈台西南界約」，自哈巴爾蘇至喀爾達坂，確定分界，並設立牌博二十一處。1884年5月，雙方又簽訂了一項「中俄續勘喀什噶爾界約」，根據此一界約，中國喀什噶爾北部和帕米爾地區的大片土地，又劃歸俄國屬管。綜上五個勘界的界約，俄國吞併了七萬多平方公里的中國領土。

十、帝俄進佔中國的帕米爾

1867年，俄國滅浩罕汗國，併吞其國土，改為費爾干納（Ferghana）省，於是俄國的邊界擴展到了帕米爾的北界，因此中俄間新的領土糾紛，又接踵出現，從這一年起，俄方土耳其斯坦總督考夫曼疊次派遣所謂「探險隊」侵入此一區域，而清方的左宗棠亦於平定了天山南北路的次年（1877）環繞整個帕米爾設立了睦（木）爾阿烏等七個卡倫。同時英國因為要保全它在印度的利益不受威脅，也積極爭奪此一區域的優勢地位，如此使帕米爾問題，益趨複雜。

帕米爾位於新疆的西南部，為天山、崑崙山、喀喇崑崙山、興都庫什山的交匯之處，是一片層巒疊嶂和谷地互相交錯的高原，有世界

屋脊之稱。依其地貌的特點，分爲八帕[78]。中國所稱的蔥嶺，即其中
之一部。由於地勢險要，當中國與中亞交通的要衝，所以遠從西元前
一世紀西漢設置西域都護府時起，中國一直設官置府，統治其地。
1759年(乾隆24年)，清軍討平大小和卓木之亂時，曾駐軍此一地區的
蘇滿塔什，乾隆皇帝(1736-1796)特別寫了一篇〈平定西部勒銘伊西洱
庫里淖爾碑〉文，刻石立於其地。此碑現存於塔什干(Tashkent)博物
館[79]，可爲帕米爾屬於中國之明證。

　　1884年中俄簽訂的「續勘喀什噶爾界約」內，曾涉及帕米爾地
區，也就是勘界時中國把八帕之一的和什庫珠克割予俄國。1889年，
清政府決在叶什勒庫里（即伊西洱庫里)增設蘇滿卡，在伊斯里克也設
立卡倫。1891年7月，俄方派遣哥薩克騎兵三百餘人深入帕米爾。8
月，新疆巡撫魏光燾照會俄方，強烈抗議俄方「稱兵越界」。次年
初，魏氏又重新豎立乾隆御製勒銘伊西洱庫爾淖爾的碑文，並在舊址
築立牆壁，作爲未來勘界依據。同年2月，俄外相格爾斯竟向清方發出
照會，以地界不清爲藉口，要求清政府不得再派兵在帕米爾境內進行
巡邏，清方拒絕。5月，俄外交部又揚言沙皇政府不允許中國在帕米爾
駐軍，並於六月武裝侵入帕米爾的睦爾阿烏，在該處紮營，建立哨
所。清方避免衝突，於是撤退蘇滿卡的守軍。俄方乘此機會，出動步
騎兵三千餘人，於7月強佔了中國整個的帕米爾地區。

　　1892年冬，俄國駐北京公使喀西尼(Cassini)一再照會清方總理衙
門，催逼清政府接受其以薩雷闊勒(即蔥嶺)爲中俄兩國分界線的要
求。清廷命駐俄公使許景澄數度與俄外部交涉，均不得要領。後又派
嫻熟俄語的慶常與俄外相格爾斯進行會議，先後在奧國和聖彼得堡談
判了一年多，二人面晤數十次，辯論多端，雙方堅持，不能定議。最

78　八帕，即和什庫珠克帕米爾、薩雷茲帕米爾、郎庫里帕米爾、塔克敦
　　巴帕米爾、阿爾楚爾帕米爾、大帕米爾、小帕米爾、瓦罕帕米爾。

79　Younghusband, F. E., *The Heart of a Continent* (London, 1897), pp. 298-
　　299. 引自復旦大學歷史系編，《沙俄侵華史》，頁209-210。

後慶常與格氏雙方商定；目前意見難合，祇好暫停商議，雙方各不進兵，徐候界議定局，並互送照會為憑。

1894年4月，俄外交部根據上項協議，照會清廷駐俄公使：由於雙方關於帕米爾問題，意見分歧，很難達成諒解。目前雙方保持各自位置，互不超越。清廷駐俄公使許景澄復照，除同意保持不超越各自的位置外，作了兩點保留：(1)中國並非放棄中國軍隊所佔領以外的帕米爾領土原有的權利。(2)採取此項措施，並不表明終止目前的談判。

中國當時正值中日甲午戰爭爆發的前夕，無暇顧及西北疆界之事，遂與俄國將帕米爾問題擱置，成為懸案。俄方違反「中俄續勘喀什噶爾界約」而強佔了薩雷闊勒嶺以西地區的軍隊，也一直未曾撤出。

十一、結 論

中國自古以來，即為一個多民族的國家；清代疆域擴大，種族之繁多，更為顯著，天山南北及蔥嶺東西，成為少數民族群居牧放的天地。惟至18世紀的50年代之末，在此西北疆域的少數民族中，尚無俄羅斯人之蹤跡。及至19世紀80年代之初，當帝俄完成對中亞的征服之後，始發動遠征的武力，越過哈薩克草原，向中國境內的巴爾喀什湖周圍推進。由於氣候寒冷，生產工具缺乏，平民自願移民者異常稀少，所以只有憑藉武力，進佔水草美好之處，選擇阨要地點，建築堡壘，藉此可以一方面集中兵力，維持治安，另方面集中糧食和燃料，以禦嚴寒。

1820年，俄人繼續深入巴爾喀什湖東北地區，在該處建築了他們第一個位於中國境內的堡壘，藉軍事統治，強制移民，一步一步的深入蠶食屬於中國的土地。俄人在此荒寒遙遠地區的制勝之道，首在運用一種步步為營的堡壘線；有此遠近可以聯繫或呼應的保護網，方可發動原係哥薩克或軍役人員出身的移民，進建居民點或哨所，成為軍

事統治之一環。然而此一荒寒遙遠之區的事態發展，亦非完全如俄人之所期冀，因此一區域之主權，屬於當時文治武功正盛的滿清帝國，並非政治真空。就武力及統治實況而言，清廷的政府軍早於18世紀的50年代，已經完成對準噶爾叛變的平定，70年代已完成西北地區的地理調查和地圖測繪，80年代已將調查和測繪的成果，載入《皇輿西域圖志》及《大清會典圖》，公告天下。此皆象徵中國政府有效統治的版圖之明證。

　　就歷史上的事跡而言，1756年及1761年，清方的政府軍追討準噶爾的潰兵時，都曾到達中俄交界線的比斯克、白河、鏗格爾圖喇三地，當時俄國官方均承認此三處為兩國的正式邊界。再者，自1862年至1864年，俄方三度派往中國談判西疆劃界的巴布科夫將軍在他的回憶錄中很明確的承認：齋桑湖、特穆爾圖淖爾周圍及額爾齊斯河的中上游，整個地區當時都屬於中國版圖之內。再就地方行政系統而言，自準部叛亂平定之後，西北疆域即受清政府的直接管轄，沒有宗藩或汗國的間隔，土為屬地，人為屬民。無論就宗藩制度或國際法的原則而論，都屬中國的一部分。即或在收回伊犂與帕米爾歸屬兩大問題的談判中，俄方亦只以「安置入俄國籍之民」與「防英人侵佔」為藉口，而強求中國割讓，對中國在此兩大地區的所有主權，則從未提出任何證件及理由予以否定。

第八章
李鴻章與中俄同盟密約

一、前 言

　　滿清帝國之對外關係，自1861年以後，已有逐漸改善之趨向。惟日本則恃新興之勢，與中國之爭執漸多，到了1894年終於爆發了一場影響深遠的甲午之戰，結果中國戰敗，清廷三十年來以西法訓練的陸軍與海軍，幾乎全部被毀，只得割地賠款以求和。然遼東半島地區之割讓，又引發俄德法三國出面干涉之糾葛；演成招俄內犯的禍源。

　　三國干涉還遼的主角本為帝俄；帝俄自1881年與清政府簽訂歸還伊犁條約之後，原可彼此相安無事，然而俄國向遠東侵略的圖謀，未曾稍懈。1891年，俄廷經熟慮之後，決定自莫斯科修築一條橫貫西伯利亞到符拉迪沃斯托克（Vladivosok，即海參崴）的鐵路，計畫延伸其勢力至滿洲境內，及見日本要割佔遼東半島，認為對俄國的權益有損，不能容忍，於是聯合德、法，採取以武力脅迫日本放棄遼東的共同行動。此種國際干涉的事例一開，素畏與列國交往的中國，從此捲入國際爭端的漩渦，輾轉於帝俄及列強的循環索求之下，淪為帝國主義國家攘奪的對象。

　　本章將自三國干涉還遼起，歷述帝俄如何利用中俄同盟密約及其租地條款，以達成其壟斷滿洲權益的歷史真相。

二、俄德法聯合干涉還遼

中日甲午戰爭原由兩國爭奪朝鮮之控制權而起；中國與朝鮮有長期的宗藩關係，1894年應朝鮮國王之請，派兵助其平定叛亂，日本以保護僑民和使館爲名，亦大量出兵朝鮮。亂事平定之後，又以協助朝鮮政府改革內政爲藉口，不遵守中日共同撤兵的協議，反繼續增派軍隊，蓄意挑起武裝衝突，企圖摒除中國在朝鮮的優勢，作呑併朝鮮國土之準備。

當時中國的北洋大臣李鴻章爲避免武裝衝突，請求列強調停，他首先請英國出面，見英方態度不甚積極，又轉而向俄國求助。適逢是年6月俄國駐華公使喀西尼（Cassini）準備回國養病，路過天津，特往拜訪李鴻章，李氏乘機建議俄國切勸日本與中國約期同時撤兵，並且對喀氏說：「俄國與此事有直接利害關係，故俄國有出面調停的特殊權利」。喀氏電告俄外交大臣吉爾斯（Giers），認爲此舉可增加俄國在朝鮮及遠東之勢力[1]。吉氏轉奏沙皇，經討論並同意後，即電令喀氏留在天津與李鴻章商辦中日交涉之事。7月初，英國見情勢緊急，又令其駐華公使再作一番努力，惟希望中國對日讓步，予以支配朝鮮內政之自由。但李鴻章誤信俄國必能強制日本撤兵，故重俄輕英。實際上俄國對日本究採何種行動，其政府內部尚未達成一致的協議。7月中旬，日本與中國絕交，劫持朝鮮國王，偷襲牙山的中國駐軍，同時海軍亦採取行動，在牙山港外豐島附近將中國的運兵船高陞號擊沉，致使兩國局勢如箭在弦，無法挽救。7月30日，清廷將日本挑釁情形通告各國。8月1日（光緒20年7月1日），中日正式宣戰。9月中旬，日軍攻佔平壤，中國的北洋艦隊亦被擊沉五艘。日陸軍隨即渡過鴨綠江，旅順、大連相繼淪入日軍之手。次年1月，威海衛及澎湖亦被日軍攻下，北洋

---

1 蘇聯《紅色檔案》，1932年第1-2（總第50-51）卷，頁16-17。引自《沙俄侵華史》，第4卷，上冊，頁14。

艦隊全軍覆沒。美國出面呼籲停戰，向俄德法美義等國提出共同斡旋之計，但未能實現。俄國一方面想獨佔調停之功，另方面又企圖獲得與中日共同解決朝鮮內政改革問題的權利。及見英國的努力未獲預期的回應，喀西尼乃再度到天津活動。中國駐俄公使許景澄亦促請俄方對日施加壓力，均無結果。恰逢俄外交大臣吉爾斯於1895年1月病逝，外交事務一時未作具體的規劃，俄廷僅採納財政大臣微德（Witte）的建議，先行增強俄國在遠東的海軍艦隊，如日本對中國的媾和條件侵犯俄國的重要權益，即作對日施加壓力的準備。3月，日軍攻佔全部遼東地區，威脅京津，清廷為情勢所迫，派遣李鴻章赴日議和，經過二十九天的談判，終於屈從日方的條件，於4月17日（光緒21年3月23日）與日方簽訂「馬關條約」。其中有關中國割讓遼東半島的規定，俄國已事先得知，沙皇隨即召開了兩次特別會議，會中微德對當時的遠東形勢進行分析 [2]，他認為如果俄國目前讓日本佔領南滿，將來日本一定會併吞朝鮮，一旦此種狀況出現，俄國若再想保護其遠東領土和西伯利亞鐵路的安全，就需要數十萬的大軍及更加強大的海軍，方能勝任，而且與日本的軍事衝突終將難免，如目前堅持不許日本佔領南滿，只對日本海軍採取敵對行動，即可使之就範。如此，俄國將成為中國的救星，日後中國就會同意用和平方式修改俄中的國界。此一見解，得到大多數廷臣的同意。最後會議決定：(1)在中國北部保持「臨戰狀態」，先以友好方式勸告日本放棄佔領南滿。(2)正式通知歐洲列強及中國：俄國無意侵佔中國的領土，但堅決主張日本應放棄對南滿的佔領。於是沙皇接受會議的結論，諭令外交大臣立即執行。

　　中日簽約的當天，俄外交大臣正式向德法兩國提議，如果日本拒絕接受上述勸告，俄德法三國立即在海上對日本採取共同軍事行動，切斷遠征中國的日軍與其本國的交通，使其陷於孤立。德法均先後同意了此一建議，於是俄國的海軍艦隊就向煙台海面集中，阿穆爾軍區

2　蘇聯《紅色檔案》，1932年第3（總52）卷，頁79。引自《沙俄侵華史》，第4卷，上冊，頁29-30。

亦開始軍事動員，4月23日，俄德法三國駐日公使分別向日本政府遞交內容相同的備忘錄，強調日本佔有遼東半島，有危及中國首都之虞，同時使朝鮮之獨立成爲有名無實，並對將來遠東之永久和平有所障礙，因此，敦促日本政府放棄永久領有遼東半島之企圖 3。俄國公使隨後又發表談話：希望日本政府善體此意，採取保全名譽之策，對此一備忘錄急速答覆。

　　日本政府得到三國的備忘錄後，方了解三國干涉之形勢，不禁大爲驚慌，於4月24日在廣島行宮召開御前會議，商討對策。首相伊籐博文在會中提出三個方案以供選擇：⑴斷然拒絕三國的勸告。⑵召開國際會議，將遼東半島問題交其處理。⑶接受三國的勸告，將遼東半島交還中國。最後決定採取第二方案。會後，伊籐首相趕赴舞子與正在那裡養病的外務大臣陸奧宗光會商，陸奧認爲第二方案是自己招來新干涉的「愚計」，決心在不得已時對三國完全讓步，而對中國則一步不讓。但日本政府不甘心失敗，採取對三國實行部分讓步的策略，於5月1日向俄德法三國分別遞交內容相同的備忘錄，表示願意將馬關條約作如下的修改：第一，除金州廳外，全部放棄對遼東半島的永久佔領，中國應以相當款項補償日本。第二，在中國完全履行其媾和條約上之義務以前，日本有佔領上述土地以作擔保之權利。俄方宣稱：遼東半島之重要，主要的是它擁有旅順，因此，認爲日方的答覆不能令人滿意，堅持要求日本全部放棄對遼東半島的佔有。日本在三國的壓力下，於5月5日宣布接受三國的勸告，同意放棄對遼東半島之永久佔領 4。5月8日，中日雙方在煙台完成交換馬關條約的手續。11月8日（光緒21年9月22日），李鴻章與日本駐華公使林董在北京簽訂中日「遼南條約」及「議定專條」，規定1895年11月16日中國將白銀三千萬兩交予日本後，日軍即於三個月內從遼東半島撤出。三國干涉還遼一事至此完全結束。

---

3 日本外務省編纂，《日本外交文書》，第28卷，第2冊，頁17。
4 同上書，第28卷，第2冊，頁65-66。

此次帝俄與日本在中國遼東半島問題上的衝突，實爲兩國爭奪遠東霸權的開端，自後日本對俄報復心切，逐漸形成聯英制俄的策略。在中國方面，李鴻章爲首的廷臣疆吏，均恥爲日本所敗，則傾向於聯俄制日，以救危亡。

三、俄法對華貸款與中俄道勝銀行

俄德法三國出面干涉還遼之真正目的，顯然不是保護中國的領土完整，而是意圖以此功勞向清政府索取報酬，其中以俄國最爲急切。當時俄國政府中最具影響力的人仍是大臣微德，他是主張憑藉俄國主導干涉還遼的聲勢，調度財經的力量，以外資輸入中國的方式，去壟斷中國腹地鐵路的修建和工礦業的興辦。鞏固俄國在華的經濟勢力之後，即可在一個帝國主義列強爭相開發中國的新時代中，取得更大的政治成功，達到和平征服中國的終極目標。

中日馬關媾和之後，清政府即刻面對的一個嚴重問題是如何籌措數額龐大的賠款，第一期賠款五千萬兩應於1895年10月付出，非常緊迫，清政府最初打算從國內籌款，但是提高關稅的計畫遭到英國的阻撓，只得舉借外債；先向英法德三國請求聯合貸款，消息傳到俄國，俄方見清廷竟將優先權給英國，十分不悅，俄外交大臣洛巴諾夫（Lobanov-Rostovsky）公爵爲此事特向清廷駐俄公使許景澄提出質詢：

> 聞中國擬將借債償付對日本的賠款，現俄財政部已籌良策，有益中國，預備詢商，乃聞現欲向不肯協同俄德法干涉還遼之英國商借，頗覺詫異，特請代達中國政府，應先商俄國，方見交誼 5。

數日後財政大臣微德又約晤許景澄，宣稱沙皇願中國能早付賠款，使日軍早退。已飭財政部籌措巨款，約合一萬萬兩之數作借。請許使轉

---

5 《清季外交史料》，光緒朝，卷111，頁12；卷112，頁5、9、17。

告清政府。總理衙門得許使報告後,電命許使轉告俄方,擬先借五千萬兩,以海關稅擔保,並重申德法亦願借款,俟俄款商定,再與酌訂。但俄方意圖獨攬此一借款,再度告知許使,仍請中國按一萬萬兩全借,早退日軍,以滿俄主始終了結遼事之願。若與他國分辦,不如不借。實際上當時的俄國受到西伯利亞鐵路建築的龐大開支的拖累,無力承擔這筆巨款,必須從法國金融資本機構低息轉借,再由俄國轉手借給中國,並且由俄政府從中作保,藉此取得對財經的控制權。法國有剩餘資本,政府亦親俄而排英德,故樂於提供此項貸款,英德得知,非常不滿,一齊忠告清政府:不可接受俄法的條件。清廷乃電令許使再與俄方磋商,聲稱:他國借用商款,事亦常有,從無由另一國代保之事。因既代保借款,即開保護國事之漸。磋商結果,清方允借一萬萬之數,作為俄法兩國公借。俄方允將代保字句改為「或遇付款阻滯,俄中兩國商妥,允許銀行一面蟬聯發給股票本息」。中國還須聲明:「此次借款之事,必無允許他國有管理錢財之權並利益,如或何國得此權利,亦准我國均沾。」[6] 代保之意,實質上依然存在,當時清廷迫切需款,只得委屈遷就,電命許使接受此一修正,就此定案。

　　1895年7月6日(光緒21年閏5月14日,俄曆6月24日)中國代表許景澄在俄國外交部,當著微德和洛巴諾夫的面,與六家法國銀行和四家俄國銀行的代表,正式簽訂了中俄「四厘借款合同」(共十九條)及「聲明文件」(共三條)。借款總額為四萬萬法郎,俄國分佔五分之一,法國銀行分佔五分之四;按票面價額的百分之九十四折扣收款,年息四厘,三十六年還清,以中國海關所入稅項作為擔保。聲明文件中還規定:非經與俄法商定並得同意外,清政府在半年之內不得向其他國家借債。換言之,只有依賴俄國而別無選擇。

　　雙方簽訂了合同之後,微德立即向銀行的代表們提出一項俄華合辦銀行的計畫,此一銀行仍由對華貸款的幾個財團來興辦,對銀行的

---

6 《清季外交史料》,光緒朝,卷113,頁18;卷115,頁14。

投資也由俄國政府作保，經過一番談判和考慮之後，「華俄道勝銀行
章程」於1895年12月5日在巴黎簽字。資本總額初期定爲六百萬盧布，
俄資佔八分之三，法資佔八分之五。1896年5月，俄方又向李鴻章提
議，請中國投資。同年8月，清廷駐俄公使許景澄與道勝銀行總辦羅啓
泰（Rothstein）簽訂「中俄銀行合同」五款，清政府依規定入股庫平銀
五百萬兩（折合七百五十六萬二千盧布），超過了法俄資本的總和。然
而在總行八名董事之中，並無中國董事，法國也只分配到三席，俄國
佔五席，董事長一職，也由俄國政府委派，實權全部操縱在俄人之
手。道勝銀行的職權極爲廣泛，不但經營一般普通銀行業務，還從事
貿易、貨運、代理中國政府承包稅收，執行國庫業務，發行貨幣，償
付中國政府所借外債利息，租讓土地，建築鐵路，架設電線，等等，
微德的計畫是以此種私營的金融機構爲掩護，借用法國資本的力量，
使銀行成爲俄國加強在華經濟影響力和政治滲透的工具。

　　1895年12月，「道勝銀行章程」得到俄國沙皇的批准，隨即在聖
彼得堡成立總行。自1896年2月起，在中國及遠東各國設置分支機構，
1897年在巴黎設立分行，到1901年，在各國的分行已有三十一處，代
理處十處。其中設在中國的分行有上海、北京、天津、哈爾濱、大
連、旅順、漢口、牛莊、煙台、寬城子（長春）、齊齊哈爾、吉林、鐵
嶺、奉天、海拉爾、喀什等十六所，代理處有張家口、庫倫、烏里雅
蘇台等三所。以後二十多年間，此一銀行積極的從事於中國各種經濟
及財務活動，當時北京分行的經理璞科第（Pokotilov）是微德的心腹，
1905年至1908年間他又擔任駐北京的公使，實際上他就是俄國財政部
在中國的非官方代理人。

四、中俄同盟密約之締訂

　　微德倡議設立華俄道勝銀行的主要目的之一，是要獲取在中國修
築鐵路的權利。興建一條橫貫西伯利亞大鐵路的構想，早在19世紀的

80年代已在俄國政壇上出現，經過多方的論辯，俄國政府終於1891年
3月作了正式的決定，並由沙皇上諭予以宣布。1892年2月，沙皇任命
微德爲交通大臣，賦予完成大鐵路建築的全權[7]。微德爲了使他的築
路計畫和路線的採取在俄國廷臣中能夠得到有力的支持，以便順利的
進行，他特別強調路線必須穿過中國的東北地區，如此可以以最短的
路程將俄國的軍隊運送到符拉迪沃斯托克，集中到滿洲，集中到黃海
沿岸，集中到離中國首都非常近的地方。有相當數量的俄國軍隊在上
述各地出現，會大大加強俄國不僅在中國並且在遠東的威信和影響。
除這種政治和戰略上的作用外，在經濟方面可以與中國北部修建支
線，使海參崴成爲滿洲大部分地區的主要港口[8]。這就是微德和平征
服滿洲的新策略。

　　計畫確定之後，微德開始試探中國方面的態度。1895年11月，微
德向清廷駐俄公使許景澄提出穿越中國滿洲築路的要求，建議准許俄
人集資立一公司，承造此路，與中國訂立合同。許使答稱：公司辦法
與中國前此所訂自造之說不同，未能同意。俄方見許使態度堅決，於
是又將交涉地點轉到北京。1896年4月，俄國駐華公使喀西尼就此一問
題與總理衙門正式展開談判，在第二次談判中，中國代表即斷然拒絕
俄方要求，強調中國今後決不將此類租讓權給予任何外國或任何外國
公司[9]。喀氏與之爭辯良久，毫無效果，談判遂告結束，喀氏向俄廷
報告他的任務已經失敗，建議「以災難性的後果」去威脅中國的主政
者，俄廷並未採納。但是不久，李鴻章有赴俄訪問之行，俄方得此機
會，就向李鴻章提出更爲廣泛的要求。

　　1896年俄曆5月14日(光緒22年4月14日)，俄國沙皇尼古拉二世
(Nicholas II，1894-1917)舉行加冕典禮，清廷依國際慣例，亦派專使

7 Boris Romanov著，陶文釗等譯，《俄國在滿洲，1892-1906》（北京：
　商務印書館，1980），頁12；《有清一代之中俄關係》，頁220。
8 Andrew Malozemoff, op.cit., p. 75.
9 《俄國在滿洲》，頁96。

前往慶賀，初派湖北布政使王之春爲致賀專使，俄方藉口王之春位望未隆，與各國遣使相形，難於接待。暗示應派一親王或大學士前往，方顯隆重。清廷乃派李鴻章爲欽差頭等出使大臣赴俄致賀加冕，並前往英法德美等國訪問，聯絡邦交。李鴻章請辭未准，乃於1896年3月由上海乘法國郵船啓行赴俄，所帶隨員計有文職人員十八名，武員八名，外國隨員六人，學生三名，連同僕役共計四十五人 [10]，4月中旬，李鴻章一行到達紅海口亞力山大港，俄國沙皇親信烏赫托姆斯基（Ukhtomskii，舊譯吳克託穆，並簡稱爲吳王）親王已先到達蘇彝士運河迎接。因恐英德奧等國中途迎李氏先去西歐，故立即請李氏換乘一艘俄國輪船，由塞德（Said）港向黑海直駛敖德薩（Odessa），然後換乘火車北駛，於4月18日（西曆30日）抵達俄都聖彼得堡。因距加冕之期尚有二十多天，財政大臣微德就特別設計，乘此閒隙時日內雙方舉行秘密會談。兩人初次相見時，微德著大禮服迎接，儀節極爲殷勤隆重，互致問候，又互問兩國皇帝、皇后及太子安好，惟未談及政治問題，直到向沙皇呈遞國書的前一日，微德始向李鴻章提出互結同盟與借地築路兩大議題，他首先以友好的姿態表示：俄國非常關心中國；它既然宣布維持中國領土與主權完整的原則，必須在發生緊急情況時能夠予中國以有效的軍事援助，方可保持此一原則之切實的施行，俄國的兵力都集中於歐洲部分，因此必須有一條鐵路將歐洲的俄國和中國連接起來，才能進行迅速的軍事援助，他繼續向李鴻章作具體的解釋：爲了維護中國領土的完整，這條計畫中的鐵路必須穿過蒙古和滿洲的北部而達海參崴。李鴻章立即反對，更指明俄方所謂代薦公司經營，實俄代辦，於華權利有礙，各國必多效尤 [11]。且事關重大，他無權決定，於是微德又設法藉沙皇的力量再向李氏進行遊說。

　　5月4日，李鴻章到沙皇村離宮向尼古拉二世正式呈遞國書及寶星

10 李鴻章，《密約交涉未刊電稿》（以下簡稱《電稿》），光緒22年2月13日致聖彼得堡許景澄公使電。

11 Yarmolinsky編輯，傳正譯，《維特伯爵回憶錄》（北京：商務印書館，1976），頁69；《電稿》，李鴻章3月21日致總署電。

禮品等物，沙皇及后降座而迎，李鴻章致頌辭，並代清帝申謝迫日還
遼之美意，沙皇答謝大皇帝，並勞使節，禮成而退。惟據李鴻章於中
曆是年3月25日致總理衙門電稱：向例遞呈國書後不再見，今俄皇藉回
宮（指從沙皇村離宮回至城中的冬宮）驗收禮物爲名，破例再度約見李
鴻章，只令李氏之子李經芳隨行入宮，擔任傳譯，不使他人聞知。俄
皇先將禮物逐一查問，囑代奏謝，然後暢談，尼古拉二世宣稱：俄國
地廣人稀，斷不侵佔他人尺寸土地，中俄交情近加親密，東省鐵路實
爲將來調兵捷速，中國有事亦便幫助，非僅利俄。中國自辦恐力不
足，或令在滬華俄銀行承辦，妥立章程，由華節制，定無流弊。各國
多有此事例，勸請酌辦。將來倭英難保不再生事，俄可出力援助 [12]。
這段話的措詞雖較溫和，但內容與微德所言並無二致。

　　後三日，俄外交大臣洛巴諾夫又邀宴李鴻章與微德於外交部，餐
後密談，始將築路與密約兩大問題提出討論，當時俄方將重點放在
「接路」，李鴻章認爲應以「結援」爲先，雙方意見，仍未接近。5月
13日，俄方逕自將單方擬就的密約全稿交予李鴻章，請他轉奏清政
府，李鴻章以事關重大，當即電告北京總理衙門，然後轉赴莫斯科參
加於俄曆5月14日（西曆5月26日）舉行的加冕大典，禮成之後，李鴻章
與微德及洛巴諾夫仍留在莫斯科繼續談判，同時與北京總署電報往返
磋商，直至5月末，雙方各以商討所得之結論分別奏聞其君主，5月30
日李鴻章得總理衙門電，受命與俄方代表簽字畫押 [13]。

　　1896年6月3日（光緒22年4月22日，俄曆1896年5月22日），中俄雙
方代表及隨員齊聚外交部辦公室舉行中俄密約的簽字儀式，密約的中
方簽字人爲李鴻章，俄方簽字人爲洛巴諾夫和微德。條約文本有法文
和中文兩種，以法文本爲準。約本由塔克什納（同文館翻譯，李鴻章隨
員）專程經德國送回北京，同年9月在北京互換，約文如下：

　　　大清國大皇帝陛下暨大俄國大皇帝陛下，因欲保守東方現在和

---

12 《電稿》，李鴻章於3月25日寄總署電。
13 《電稿》，4月18日北京總署致李鴻章電。

局，不使日後別國再有侵佔亞洲大地之事，決計訂立禦敵互相援助條約。是以大清國大皇帝特派大清國欽差頭等全權大臣太子太傅文華殿大學士一等肅毅伯爵北洋大臣李鴻章，大俄國大皇帝特派大俄國欽差全權大臣外部尚書內閣大臣上議院大臣實任樞密院大臣王爵洛巴諾夫，大俄國欽差大臣戶部尚書內閣大臣樞密院大臣微德，為全權大臣，即將全權文憑互換校閱，均屬如式，立定條款如下：

第一款，日本國如侵佔俄國亞洲東方土地，或中國土地，或朝鮮土地，即牽礙此約，應立即照約辦理。如有此事，兩國約明，應將所有水陸各軍，屆時所能調遣者，盡行派出，互相援助。至軍火糧食，亦盡力互相接濟。

第二款，中俄兩國既經協力禦敵，非由兩國公商，一國不能獨自與敵議立和約。

第三款，當開戰時，如遇緊要之事，中國所有口岸，均准俄國兵船駛入，如有所需，地方官應盡力幫助。

第四款，今俄國為將來轉運俄兵禦敵並接濟軍火糧食，以期妥速起見，中國國家允於中國黑龍江吉林地方，接造鐵路，以達海參崴。惟此項接造鐵路之事，不得藉端侵佔中國土地，亦不得有礙大清國大皇帝應有權利。其事可由中國國家交華俄銀行承辦經理，至合同條款，由中國駐俄使臣與銀行就近商訂。

第五款，俄國於第一款禦敵時，可用第四款所開之鐵路運兵，運糧、運軍械，平常無事，俄國亦可在此鐵路運過境之兵糧，除因轉運暫停外，不得借他故停留。

第六款，此款由第四款合同批准舉行之日算起照辦，以十五年為限，屆期六個月以前，由兩國再行商辦展限。

光緒22年4月22日，俄曆1896年5月22日，訂於莫斯科[14]。

這就是日後傳說紛紜的「中俄同盟密約」，亦稱「禦敵互相援助條約」。當時雙方談判情況完全保密，除兩國參與其事的全權代表及少數隨員外，其真相絕非外界所能知。清廷處理此事異常縝密，一切出入的電報，均由一二軍機大臣親自譯發，不經章京之手。換約以後，約本即被深鎖於慈禧太后的寢宮，外人無從得見。然當時外界仍有所傳聞，1896年10月30日，上海字林西報發表一偽造密約，全文共有十二條，內容將同盟條約與中東鐵路合同混為一談，誤指為俄使喀西尼與清廷督辦軍務王大臣所訂，歐美新聞界因而稱之為「喀西尼密約」。實際上當時喀西尼對莫斯科中俄同盟密約之談判毫不知情。

中俄同盟密約簽署之次日，華俄道勝銀行董事會為使中東鐵路的談判便於進行起見，特成立了一項議定書，作如下的規定：

一、撥出三百萬盧布的貸款，作為修築鐵路的自由支配費用。

二、該款用途之分配，限於：(1)在清帝降旨允將鐵路租讓權交由道勝銀行承辦，同時李鴻章亦以書面文件證明其同意於租讓合同之主要條件後，可自由支配該款項的三分之一，即撥付一百萬盧布。(2)在租讓合同最後簽字，而鐵路路線經中國官方正式認可時，再撥付一百萬盧布。(3)鐵路完全築成時再撥付一百萬盧布。

三、該款交由烏赫托姆斯基和羅啓泰自由支配，應照第二款規定，開具簡單收據，即可支配本款。

四、該款由新成立之中東鐵路公司支出，作為築路費用之一部。

1896年(俄曆)5月23日，烏赫托姆斯基，羅曼諾夫羅啓泰簽於莫斯科。

《俄國在滿洲》一書的作者鮑里斯、羅曼諾夫(Boris Romanov)明

---

14 見1965年台北影印的《光緒中俄密約全卷》，頁1-9。

確的說：此一議定書中所提及的這筆三百萬盧布是作為賄賂李鴻章之用的。但他同時又指明這是一件非常複雜的詭計。付款期定為好幾次，而且期限甚為遙遠。李鴻章沒有得到任何的付款擔保[15]。

五、東省鐵路公司合同之簽訂

根據中俄同盟密約第四款的規定，中國允許俄國修築一條穿越黑龍江與吉林兩省以達海參崴的鐵路，由中國政府交予華俄道勝銀行修築與經營，因此雙方應簽署一項有關彼此權益的合同，李鴻章與微德已就合同的內容作了原則性的決定，自他離俄赴西歐訪問後，即由許景澄公使與道勝銀行總辦羅啓泰繼續商討細則，惟許景澄兼任德、奧、荷公使，冬春駐俄，夏秋駐德，時至六月，俄方又派財政部副大臣P. M.羅曼諾夫前往柏林與許氏面商，最後達成協議，許景澄遂於1896年9月8日（光緒22年8月2日，俄曆8月27日）與道勝銀行代表烏赫托姆斯基及羅啓泰在柏林簽訂中俄合辦東省鐵路合同十二款，其要點如下：

1.中國政府現定建造鐵路，與俄之赤塔及南烏蘇里河之鐵路兩面相接，所有建造經理一切事宜，派委華俄道勝銀行承辦。

2.中國政府現以庫平銀五百萬兩入股，與道勝銀行合夥，盈虧均照股推認。

---

15 《俄國在滿洲》，頁106-107。
　　在此我們必須首先認清這筆三百萬盧布的款項是華俄道勝銀行撥付的。因為此外微德還於1896年12月請求尼古拉二世特准從俄國政府撥付給中東鐵路公司一筆四百萬盧布的貸款，作為在滿洲勘查鐵路方向之用。其中三百萬作為特別基金，另一百萬則作為國庫收入。後來這筆由微德掌管的三百萬特別基金也被稱為「李鴻章基金」。此款非經沙皇特許，不能動用，有些書刊將此兩筆款項混為一談，統稱之為「李鴻章基金」，且認為係全經李氏收入的賄款。實際上烏赫托姆斯基親王於1897年到上海付予李鴻章的一百萬盧布是由道勝銀行撥付的，並非出自「李鴻章基金」，李氏所得僅此一筆，第二和第三個一百萬盧布根本沒有付給李鴻章。

3.道勝銀行為建造此鐵路，另立一公司，名曰中國東省鐵路公司。該公司章程，應照俄國鐵路公司成規，一律辦理。

4.自此合同批准之日起，以十二個月為限，該公司應將鐵路開工，並自鐵路勘定及所需地段給予該公司經理之日起，以六年為限，所有鐵路應全行告竣。

5.鐵軌之寬度，應與俄國鐵軌一律，即俄尺五幅地，約合中國四尺二寸半。

6.凡該公司建造經理防護鐵路所必需之地，又於鐵路附近開採沙土石塊石灰等項所需之地，若係官地，由中國政府給予，不納地價。若係民地，按照時價，由該公司自行籌款付給，凡該公司之地段，一概不納地稅。

7.該公司得建造各種房屋工程，設立電線，凡該公司之進項，如轉運客貨所得票價及電報進款，均免納稅釐。

8.凡該鐵路及鐵路所用之人，由中國政府設法保護，至於經理鐵路等事需用華洋人役，皆准該公司因便雇覓，所有鐵路地段命盜詞訟等事，由地方官照約辦理。此係合同中第五款之規定，自後就形成一種「鐵路地段」之觀念，而開「鐵路租界」的惡例。凡鐵路所達之地，中國的行政權、警察權、經濟權逐漸淪入俄人之手。

9.凡貨物由俄國經此鐵路運往中國或由中國經此鐵路運赴俄國者，所交納之稅較之稅則所定者減三分之一。

10.自該公司路成開車之日起，三十六年後，中國政府有權可給價收回。惟應按計所用本銀，並因此路所欠債項及利息，照數償還。至八十年限滿之日，所有鐵路及鐵路一切產業，全歸中國政府，毋庸給價。此係合同第十二款的規定；微德要訂此款的用意是將中國贖回此路之期儘量延後，而且條件甚苛，使中國贖回的可能性微乎其微。

11.路成開車之日，由該公司呈繳中國政府庫平銀五百萬兩 [16]。這

---

16 《光緒中俄密約全卷》，頁90-91。

筆五百萬兩究屬何種款項，合同中並未明言。惟李鴻章在四月初八日
寄總署的電文提到：「該公司於路成運價內每年報效二十五萬，可先
提五百萬」。顯指此款而言。

　　上述中俄密約與中東鐵路合同之簽訂，象徵著微德的和平征服滿
洲策略之成功，李鴻章雖然熱中於聯俄制日戰略之策劃，但對俄方當
權者貪求無饜的野心也並非毫無警覺，從微德的回憶錄和李鴻章給北
京總理衙門的電報中都可看出 [17]，李氏對俄方提出的要求都有防備的
對策，第一，他不允許俄國政府直接獲得修築中東鐵路的租讓權；第
二，反對採用俄國鐵路的寬軌；第三，阻止俄方勢力向南滿擴展。關
於第一點，最後中東鐵路公司的股本多來自政府，俄國政府當然仍能
支配鐵路的租讓權，但究竟是間接的。至於路軌，許景澄在柏林的談
判中，仍力爭使用中國鐵路的軌式，彼此爭辯不決。俄方態度強橫，
竟向許使以「俱廢密約爲要脅，又通過駐北京俄使館，告知慈禧太后
說：如不簽合同，俄方將與別國聯合，而與中國的同盟亦將成爲一紙
空文 [18]。許景澄在內外的壓力下，才放棄了中國的軌式，與俄方簽署
了上述的鐵路合同。

　　東省鐵路合同簽訂之後，根據5月23日道勝銀行董事會所成立的一
項議定書，應該履行撥付第一期一百萬盧布的諾言了。原來議定書中
並未明言付款給何人，此時簽字人羅啓泰和烏赫托姆斯基親王都認爲
必須立即付款，否則中國人會認爲這是一個騙局。烏氏爲人比較誠
實，至此才透露他願親自赴上海，將款項直接交付給李鴻章，但是微
德卻要推延下去，爲的是想在付款之時又要提出一項新要求 [19]。最後
俄廷決定：派遣烏赫托姆斯基親王爲訪華特使；實際上是要藉他的顯
赫聲望，前往中國，代表財政部與道勝銀行，和總理衙門及李鴻章舉

17 《維特伯爵回憶錄》，頁69、74；《俄國在滿洲》，頁105；《電稿》
　　光緒22年3月21日，4月1日、20日李鴻章寄總署電；6月5日許景澄致李
　　氏電；6月15日李氏復總署電；7月1日許氏致李氏電。
18 《俄國在滿洲》，頁108註①。
19 同上書，頁109。

行新的談判。

　　烏赫托姆斯基王當時還很年輕，富於教養，思想敏捷充實，爲人熱誠而有風趣，沒有一般朝臣的官僚姿態。他是彼得堡生活報的總編輯，又是一個有成就的考古學家，對遠東事務抱有強烈的好奇心。1896年4月曾去塞得港迎接過李鴻章，並在沙皇加冕典禮時伴送李鴻章到聖彼得堡和莫斯科，在此期間和李氏父子建立了親密的個人友誼。他當時已擔任了道勝銀行的總裁，爲了使這次使命顯得更爲光輝隆重，尼古拉二世又特命他爲沙皇的特使，以沙皇的名義對光緒皇帝和慈禧太后派遣代表參加莫斯科的俄皇加冕典禮致謝，並代俄國帝后向他們專送沙皇的親筆函件和贈送名貴的禮物[20]。特使團中包括了不少名位顯赫的親王、大臣、宮廷顧問、公司董事、新聞通訊員，等等，於1897年5月中旬到達上海，下旬到達北京。5月22日，特使團一行到總理衙門接受恭親王及大臣們的招待。23日，李鴻章在他的官邸設宴款待。24日俄國帝后的禮品被運入皇宮。26日，中國皇帝親臨太和殿，在隆重莊嚴的儀式中接受了烏氏的覲見。27日，烏氏主持了北京華俄道勝銀行隆重的開幕典禮。30日，清廷的親王大臣以中國皇帝的名義在總理衙門設國宴款待。

　　經過禮節性的隆重歡迎儀式之後，特使團與總理衙門就於6月初展開談判。根據俄方的資料，烏赫托姆斯基到達上海以後，就通過璞科第，將一百萬盧布交付給李鴻章[21]，李氏並未就即將談判的問題作任何的承諾。烏赫托姆斯基所負的主要任務爲：謀求獲得中東鐵路南滿支線的修築權；商討有關中東鐵路與中國擬議中的鐵路銜接問題；探詢由中東幹線修築二路至朝鮮海港的可能性；要求賦予華俄道勝銀行鑄造銀幣及發行紙幣在滿州通行的權利[22]。開始談到南滿支線問題

20　A. Gerard著，袁傳瑋、鄭永慧譯，《使華記》（北京：商務印書館，1989），頁159、160。

21　《俄國在滿洲》，頁151。

22　同上書，頁149-150。

時，李鴻章即表現不以爲然的態度說：我們讓你們進入院內，你們卻
想闖入我們家小的內室，未免過分。李氏反對的立場一直是很堅定
的，當他訪俄時，就一再以俄國友人的地位勸微德不要再向西伯利亞
大鐵路以南進展。他要微德確信，只要俄方向南有任何行動，很可能
引起意外的大騷亂，對於中俄兩國都會是一種災難。可惜當時微德未
能體會李氏話中的深意。至此竟又由烏赫托姆斯基再度提出南滿支線
的要求，李氏對烏氏的最終回答：還得待以時日 [23]。第二次談判到中
東鐵路與山海關路線接軌的問題時，竟引起群情激昂，譴責李鴻章
「效忠於俄國利益」的紛擾局面，恰逢英國人也推波助瀾，鼓動中國
人對俄國的猜疑與不信任感 [24]。於是李鴻章的第三項防備對策也藉此
發揮了暫時的抵制作用，最後，在6月7日的會議中，俄方代表只得到
中國代表的口頭聲明：中國政府不擬把自己從天津到錦州的鐵路築往
錦州以北，而且無論如何不將這項租讓權給予任何外國人。烏赫托姆
斯基聊感放心，談判到此結束 [25]。7月，烏氏率領特使團經外蒙返俄，
過庫倫時，仍與活佛及各喇嘛多方週旋，並餽贈厚禮。

六、強佔旅大

　　烏赫托姆斯基親王離華返俄之後不久，李鴻章即奏准用國庫資金
興建山海關到吉林的鐵路，作爲一種反措施來對抗俄方的南滿計畫，
並且任命與英國銀行界有密切關係的人爲督辦，還要引進英籍工程師
主持修築事務，俄方對此表示不滿，要求中國政府切實保證能履行從
前對烏赫托姆斯基的聲明，微德還圖謀透過外交手段，尋求壟斷滿洲
鐵路的修築，但是外交大臣羅曼諾夫認爲沒有可能迫使中國作這種承

23　同上書，頁151；《維特伯爵回憶錄》，頁74。

24　《俄國在滿洲》，頁152、153、172。

25　同上書，頁152。

諾 [26]。於是又引發他們二人之間有關對華政策之爭執;羅氏不滿微德經常干預外交事務,責怪他指使烏赫托姆斯基過早向中國人提出太不慎重的南滿鐵路問題,以致激起中國人對俄國的反感,因而去親近英國人,轉使烏氏的任務全部失敗。微德則指責俄國在華影響力之削弱是由於駐北京公使之職已虛懸一年之久,主導無人 [27]。正當俄方內部爭執不休之際,中國山東省發生德國海軍強行侵佔膠州灣之事,俄國認為機不可失,要在列強爭奪中國權益的行動中取得一席之地,遂採取了一樁聞所未聞的步驟,巧詐的而又幼稚的違反了它的同盟者領土不可侵犯的原則,實現了對遼東的侵佔,因此永遠破壞了中俄兩國傳統的友誼,終於在日俄戰爭中承擔了此一致命步驟的惡果 [28]。

原來俄國早就有佔領膠州灣的意圖,且於1895-1896年間的冬季俄國艦隊曾用膠州灣當作過冬基地。德國也在同一時期尋求租借中國的港灣,1895年年末及1896年年初,德國外交人員先後向北京總理衙門及中國駐德公使許景澄提出要求借地儲煤的問題,均遭回絕。當李鴻章於1896年6月訪問柏林時,德皇與其外相又乘機向李氏提出此項要求,亦未獲確定的答覆。1897年春,德國駐遠東海軍司令官蒂爾皮茨(Tirpitz)竟自認定膠州灣是最適合德國海軍需要的港口,然而擔心俄國對膠州灣有停泊權,便分別在聖彼得堡、柏林、北京探詢俄方外交官員的意見,並等待時機,再作定奪。同年10月,山東鉅野縣有兩名德國教士被殺,德國有了藉口,要求中國政府懲凶、賠償損失。同時通知中俄兩國,聲稱:德國艦隊在「必要的時刻」將開進膠州灣。而且德國駐北京公使海靖(Heyking)不僅拒絕以預定停泊限期告知總理衙門,還宣稱已同俄國達成協議。中國政府對此言異常氣憤,李鴻章隨即聲明 [29]:「此事無論如何與俄人毫無關係,須知膠州灣屬於中國。

26 A. Malozemoff, *op. cit.*, p. 95.

27 《俄國在滿洲》,頁154。

28 同上書,頁117-118。

29 B. Romanov著,上海人民出版社論譯俄文組譯,《日俄戰爭外交史綱1895-1907》(上海:人民出版社,1976),上冊,頁65-66。

但是德國不等雙方的正式答覆，逕自命令在中國水域的三艘德艦於11月14日駛入膠州灣，有二百人登陸，他們立即破壞電報線，要求中國駐軍在四十八小時之內從港口及要塞撤退，中國軍隊未作抵抗，如限後撤，於是大炮、倉庫、軍用品、其他物資悉數落入德軍之手。俄國立即表示不放棄膠州，也命俄艦於17日駛入該港，以維護俄國的錨泊優先權，同時以俄方艦隻進入膠州灣過多的訊息告知中國政府 [30]，可是俄廷海軍大臣提爾托夫（Tirtov）上將卻於此時直接上奏沙皇，認爲德艦既已先在，實不宜命俄艦此際駛入該港，沙皇同意此議，於是在11月20日又將前項命令撤銷 [31]。中國政府對俄方態度之反覆非常驚異，但因德俄雙方已獲諒解，中國孤立的形勢已成，清廷只得忍痛於1898年3月6日由總理各國事務大臣李鴻章與德國公使海靖簽訂膠澳租借條約，借期爲99年，此爲列強在華劃分勢力範圍之始。

俄方對德國之讓步，實暗中策動另一圖謀，就是乘此時機採取行動，以完成俄國有一個東方不凍港的夙願。11月23日，外交大臣穆拉維約夫向沙皇提交了一篇很長的備忘錄，概述了俄國在遠東的政治形勢和海軍狀況，他認爲放棄膠州灣，損失並不重大，惟應乘當前德國佔領膠州灣事態的變化，掌握機會，取得一個不凍港。他提明大連灣有許多良好的自然條件，可建鐵路支線與吉林和奉天連接起來，其價值遠勝過朝鮮的港灣，最爲適合俄國海軍的需要；建議迅速果斷的予以佔領。尼古拉二世當天就批准了這個備忘錄，並且於26日召集了一次特別會議，請外交、財政、陸軍、海軍四部大臣出席，予以討論。但此一建議在會議上遭到了微德的激烈反對和海軍大臣確有根據的反駁，微德說，這種向中國索取補償的政策是違反1896年6月3日中俄同盟的精神的；因爲如果俄國索取補償，就恰恰作出自己曾保證要防止日本去作的事情。而且，如此日本就可能要設法步德國和俄國的後塵，取得某一港口，這種形勢，按6月3日的條約，就將使俄國不得不

---

30 同上書，上冊，頁72。
31 同上書，上冊，頁73。

與日本進行戰爭 32。微德更強調不要採取開罪中國的行動去尋求補償，而要反對德國，將俄國艦隊駛入膠州灣，停泊該港，直至德艦離開此一港口爲止。他的結論是俄國沒有必要爲時過早的施行此一甘冒風險的步驟，不凍港之獲得，以後可能由於經濟利益通過協調的途徑達到預期的結果 33。

陸軍大臣沒有什麼意見。海軍大臣提爾托夫不能十分肯定旅順口即能滿足俄國太平洋艦隊的需要，他仍然認爲朝鮮港口更合適一些，但卻感到佔領的時機還不成熟。他建議俄國先不要採取行動，暫時使用符拉迪沃斯托克港兩三年。他認爲，將來還會有取得朝鮮港口的機會的 34。

會議最後決定不佔領旅順口或任何其他港口，尼古拉二世不得不同意此一結論。

大約在1897年11月26日到12月11日這段時間內，尼古拉二世與穆拉維約夫改變了11月26日特別會議的決定。因爲當微德於12月上旬某日朝見尼古拉二世時，沙皇就告訴微德：他已經決定佔領旅順口和大連灣，運載俄國軍隊的船艦已經向該地進發，他之所以採取此一步驟，是因外交大臣報告：有英國軍艦在此兩個港口外巡弋，如果俄國不佔領，恐將落入英人之手，這個消息使微德非常不安。他曾對朝臣預言這種輕率的步驟將要招來災難性的後果 35。

12月11日，穆拉維約夫通過駐北京的代辦帕夫洛夫（Pavlov）照會中國政府：俄國海軍分艦隊即將駛往旅順待命。19日，俄艦隊駛入該港，但未登陸，25日，兩艘英國巡洋艦也企圖駛入該港，但遭阻止。俄方對中國聲明：他們的目的是協助中國抵制德國；對英日聲明：他們到旅順是暫泊和過冬 36。

32　A. Malozemoff, *op. cit.*, p. 99-100.

33　《俄國在滿洲》，頁166。

34　A. Malozemoff, *op. cit.*, p. 100.

35　*Ibid.*, p. 101；《維特伯爵回憶錄》，頁77-78。

36　A. Malozemoff, *op. cit.*, p. 102；《日俄戰爭外交史綱》，上冊，頁85-86。

當俄國強佔旅大兩港的同時，中國政府正在國際間尋求一筆貸款，與英德俄三國都有接觸。俄財政大臣微德就乘此機會，以貸款作為取得不凍港的交換條例，他於12月向李鴻章表示：願意借給清政府一萬萬兩白銀，協助中國清償對日本的戰債，但要中國允許：(1)俄國在滿洲和蒙古有修築鐵路和經營工礦業的獨佔權；(2)中東鐵路公司有權修築一條通往營口以東黃海沿岸任一港口的支線；(3)俄國可在此一港口建築碼頭，凡懸掛俄國國旗的船隻均得出入，此種要求使中國人聞而卻步，不願再談。英國得知消息立即表示反對，其駐北京公使向總署提出警告：如果中國提供租讓權給任何國家，英國也將提出同樣的要求。中國政府不為所動，依然拒絕英國艦隻中途駛入旅順港。後來英國公使到總理衙門，對俄國貸款事提出抗議，又答應「竭力協助在英國籌集貸款」，並且放寬債款抵押品的條件。中國政府始改變態度，一方面要求俄國作出撤離旅順的書面保證，另方面保證英國人在該港將受到「殷勤的接待」[37]。

1898年1月20日，俄外交大臣穆拉維約夫忽又致電駐北京的代辦帕夫洛夫，指示他要求中國政府將旅順租予俄國。因為此時陸軍大臣一職，已改由庫羅巴特金(Kuropotkin)將軍代理，他見沙皇和外相的主要策劃，是取得不凍港，所以就主張保留旅順。2月中旬，俄廷又舉行一次特別會議，外交、財政、陸軍、海軍各部的權威人士均出席參加，通過的決議指明：(1)要求租借遼東半島南部，北部成為中立區；(2)要求修築一條從中東鐵路通向遼東半島一個港口的鐵路的權利；(3)派遣兩棲部隊前往旅順港，以便實現這些要求[38]。由於顧慮英國的反對，所以未提蒙滿地區的獨佔權，並暗示大連將可開為通商口岸，以為日後妥協的餘地。

當時俄國察覺到，在從中國取得不凍港之前，必須與德英日三國實行協調，分別得到他們的諒解，方能妥操勝算。俄德之間已於1897

---

37 《俄國在滿洲》，頁171-172。

38 A. Malozemoff, *op. cit.*, p. 104.

年年未成立諒解，擅自將黃海北部及直隸灣、遼東灣劃爲俄國的勢力範圍，將黃海南部及山東半島之沿海，劃爲德國的勢力範圍[39]。

最嚴重的反對來自英日兩國，俄國軍艦開進旅順港不久，英日兩國艦隊就在朝鮮周圍進行海上示威。12月，英國強大的遠東艦隊集中在仁川；日本艦隊則集中於對馬，分別對進佔旅順和駐在長崎的俄軍予以監視。英國最不能容忍的，是微德所設計的廣大的俄國勢力範圍，英政府決心不惜任何代價，要打破俄國對中華帝國北部的獨佔。日本對俄軍之進佔旅順，感到異常憤恨，陸海軍力都有長期的準備和增強，必要時亦不惜一戰[40]。俄方對這些環繞在遠東海域的險象，分別向倫敦和東京表達和解的願望，放棄滿蒙的獨佔權及不干涉朝鮮內政爲條件，以求避免軍事衝突[41]。但在北京仍對清廷施加壓力，攻擊擬議中的中英貸款。及至總理衙門與英商匯豐銀行和德商德華銀行成立一千六百萬英鎊的借款協定後，更堅持其租借旅順的要求，藉謀補償，清廷被迫，議派駐德欽差許景澄爲頭等專使，前往俄京，舉行談判。

許景澄於3月10日自柏林啓程赴俄，12日與穆拉維約天開始會談，穆氏認爲膠州灣租德之事已定，英已得長江流域爲其勢力範圍之利益，法亦有索件，故俄必須租得不凍港口爲水師屯地，保護兩國利益。其鐵路請中國准聽東省公司，自鴨綠江至牛莊一帶，擇宜通接。許使答：事關東方大局，中國允俄，則英法日亦必生心，中俄密交，務請體察。穆氏說：俄已明告英法等國，務請電達總署，從速答覆，俄主意在必成；惟租界遠近，或可酌商。15日，許使向尼古拉二世遞交國書後，面陳中國難以允借旅大之苦衷，請俄主看重睦誼，於商議之事，持平退讓，於中俄兩國皆獲益。沙皇問：貴國究擬如何商議？許答：使臣前次來俄，蒙皇帝接見時面告：俄兵艦在旅順大連灣春暖

39 《有清一代之中俄關係》，頁289。
40 A. Malozemoff, *op. cit.*, p. 105, 108, 109.
41 *Ibid.*, p. 109；《俄國在滿洲》，頁180-181。

離口以後，仍須過多。本國政府現擬照此，商一辦法。沙皇稱：是，我曾說此話；但自中國向英德借款以後，東方情形，另有變動。許使答：中國所借英德之款，係向銀行訂借，英德國家並不干預。沙皇說：此且不論，……商借兩口，乃中俄兩國共同利益，實爲保護兩國起見，我並無得地之意，各報傳聞俄兵進入滿洲，此說不確。許云：中國派使臣前來，專爲詳陳中國實在情形，實在爲難地方，帕代辦所告，限期太促，尤須展緩。沙皇云：俄國在東方不能不有一駐足之地，現在外部所訂條款及劃押期限，我早經籌定，實難改動；望轉貴國政府早日允辦，使他國知我兩國係和衷商成，方爲妥善。許使云：容即遵達本國，但此事總須貴國減讓，俾有成議。沙皇不答，即引觀案上陳列中國磁玉等件 [42]，詢問數語而罷。

俄方見許使立場堅定，不願與之在俄京繼續談判，穆拉維約夫因於16日正式通知許景澄：奉國主諭，派帕代辦爲全權專使，商辦旅大各款，並須如期在京議結。17日，總理衙門電告許使和駐俄公使楊儒：俄代辦急欲圖功，性情剛愎，總署實難與議，令二人在俄商議。許景澄再次與俄方交涉，俄外交部仍然詞甚決絕，重申旅大租地事須在3月27日前訂定，過期無覆，俄國即自行辦理，不能顧全聯盟交誼。許使又往訪烏赫托姆斯基，請其轉圜，烏氏反以危言相答，說俄主已准外部與兵海各部接洽辦事，無可疏通，恐過限有變。3月20日，許使第三度約見穆氏，穆氏竟拒不見面。許使不得已而致函俄外交部，請求展緩期限以便徐議。對此，俄方答稱：萬難改動，來函別無可論 [43]，許使任務，至此完全失敗。於是談判重心，又轉移到北京。

俄方此時已根據2月中旬特別會議的決議，從海參崴向旅順增派艦艇，運送兩個水雷兵中隊、輜重兵及騎兵共約三千人，大炮六十七門[44]，前往該港。俄國海軍太平洋分艦隊亦於3月收到訓令，與這一批運

---

42 許景澄，《許文肅公遺稿》，卷9，頁33。

43 同上書，卷10，電報，頁30。

44 英國《泰晤士報》，1898年3月7日，引自《沙俄侵華史》，卷4，上
　　冊，頁112。

達旅順增援的俄軍船艦，共作登陸的準備。

七、旅大租地條約與南滿支路合同之簽訂

　　俄駐北京代辦帕夫洛夫早於1898年3月3日就開始與總理衙門談判租借旅大問題，由於事關重大，一時未能達成協議。12日，帕氏又到總理衙門聲言：旅大租地，開通鐵路，斷不能改，已奉訓條在此議論，限一日覆，至緩兩日。總署告以有專使在俄商議，何得限日？帕氏竟說：可將許使擱開，在我商辦[45]。13日，帕氏又代表沙皇政府向清廷提出最後通牒式的要求，限在兩週內答覆。20日，帕氏又到總理衙門親交約稿六條，催促從速在北京訂議。當時許景澄與俄京外交部的談判業已擱淺，總署的各大臣均異常激忿。22日，光緒皇帝召見群臣，垂詢大勢，君臣衡量前途，惟有相對揮淚。23日，光緒皇帝又召見張蔭桓，獨對一時許，隨後又傳見軍機大臣集議，均認為如不許俄方要求，其患在目前，應許，其患在日後。最後決定派李鴻章與張蔭桓為全權代表與俄代辦帕夫洛夫舉行談判[46]。自23日下午起至26日止，雙方展開緊張的會談，俄方以登陸為要脅，清方則請英日兩國予以支持為對抗[47]。結果僅能在字句及地界事項方面爭到了些許的修改，清方了解國際支持之不足恃，終於屈應俄方之要求，於26日議結。

　　據微德他的回憶錄中的記載，他曾在此關鍵時刻訓令他派駐北京的辦事員，即道勝銀行北京分行經理璞科第，向李鴻章與張蔭桓二人行賄，分別餽贈了各值五十萬和二十五萬盧布的貴重禮品，因而起了應有的作用。換言之，此次旅大租地條約之能獲得簽署，應歸功於他

45　翁同龢，《翁文恭公日記》，見光緒24年2月20日。

46　同上書，見光緒24年3月2日。

47　A. Malozemoff, *op. cit.*, p. 104.

的行賄之成功 [48]。不過此說之正確性值得懷疑，道勝銀行辦事人員向李張二人餽贈禮品之事容或有之，如果說這兩位大臣因受了餽贈就專程到頤和園去，竭力說服慈禧太后接受俄方的要求，就未免把中國大政決策的程序看得太簡單了。當時清廷的緊張情況，在翁同龢的日記中都可看出。實際上自3月17日以後，總理衙門的大臣幾乎每日都在會商對策，英國公使亦每日到總署探詢有關談判的消息，時而抗議，時而警告。如有因受賄而作輕率的承諾之事，在華外報必有登載，怎能盡行湮滅，微德所記，係根據帕夫洛夫和璞科第的報告，很明顯的是誇張他們談判成功的奇蹟，而且說當時慈禧太后與光緒皇帝已到頤和園避暑去了。這個時令也是一大錯誤，當時是中曆二月下旬，北京天氣尚冷，慈禧與光緒並未去避暑。

清廷是察覺英國並不能以實力支援中國，才不得已而接受俄方無理的索求。1898年3月27日（光緒24年3月6日，俄曆1898年3月15日），李鴻章、張蔭桓與俄代辦帕夫洛夫在北京簽訂旅大租地條約，此約共九款，有中俄兩種文本，遇有爭議時以俄文本爲準。同年5月30日，該約在聖彼得堡互換生效，其要點如下：

1.大清國大皇帝允將旅順口大連灣及附近水面，租與俄國，惟此項所租，斷不侵中國大皇帝主此地之權。

2.租界確切界線，俟此約畫押後，在彼得堡會同許景澄專使商訂，另立專條。

3.租期自此約畫押之日起，定爲二十五年，期滿後可由兩國相商展限。

4.租界內由俄設官治理，但不得有總督巡撫名目。中國陸軍不得駐於界內。界內華民去留任便，不得驅迫。

5.租地以北定一隙地，地界由許大臣在俄京商定。隙地內一切吏治，全歸中國官治理。惟中國兵非與俄官商明，不得來此。

---

48 《維特伯爵回憶錄》，頁79。

6.旅順專爲戒備之港口，只准華俄船隻享用。對各國兵商船隻，均不開放。大連灣內除一個港口爲俄國軍港外，其餘地方，作爲通商口岸，各國商船，任便可到。

7.俄國在旅大兩口及租界之地有權建造海陸軍營房、炮台、燈塔及航海標誌。

8.中國允許東省鐵路公司自中東鐵路某站築一支路至大連灣，或酌量所需，由該幹線至遼東半島、營口、鴨綠江中間沿海較便地方，築一支路，其造路方向及經過處所，應由許大臣與東省鐵路公司談商一切[49]。

根據此一旅大租地條約的規定，旅大租借地與隙地的界限及東省鐵路支線的造路方向，經過處所等細節，均應由許景澄在彼得堡與俄方商訂，爲此，清廷命許景澄繼續留在俄京談判有關問題。

1898年4月5日，許景澄根據總理衙門的訓令，與穆拉維約夫開始會談有關鐵路支線及租借地畫界問題，首先他提出兩項要求：(1)東省鐵路支線專通大連灣，不達別口；(2)按地勢，大連迤北應將山梁以西連海岸一帶地，自金州城起，全不入租界[50]。關於第一項，因爲俄方已定旅順大連爲中東鐵路支線的終點，所以同意清方的要求，關於第二項，穆氏藉口許使所提方案有礙俄方西面保守，斷難同意，經過多次爭辯，穆氏只同意在所擬租界內劃出週環金州城距三俄里處，不入租界內。換言之，金州城三俄里以外地方，連同以西海岸一帶，均要劃入俄國租界地。雙方經過多次往返辯駁與修正，只在小節處稍有改動。4月20日，俄方將第二度單方擬定的約稿交許景澄，同時聲稱此稿已呈俄主閱定，不能再改[51]。迫許使接受。許使不得已，電清廷請示。29日，北京總理衙門經多方討論後電令許景澄、楊儒會同畫押。

1898年5月7日（光緒24年閏3月17日，俄曆1898年4月25日），許景

---

49 《清季外交史料》，光緒朝，卷132，頁16-19。

50 同上書，光緒朝，卷132，頁14。

51 同上書，光緒朝，卷132，頁15。

澄、楊儒與穆拉維約夫在聖彼得堡簽署「續訂旅大租地條約」六款，成爲中俄「旅大租地條約」第二主要組成部分的重要條文，此約有中俄兩種文本，以後遇有約文爭議，以俄文本爲準。同年6月11日，該約在聖彼堡互換，其主要內容如下：

1.中國租與俄國之旅順口、大連灣及遼東半島陸地，其北界應從遼東西岸亞當灣之北起，穿過亞當山脊（山脊亦在俄國租界內）至遼東東岸皮子窩灣北盡處止，租界近水面及陸地周圍各島，均准俄國享用。

2.隙地北界從遼東西岸蓋州河口起，經岫岩城北至大洋河，沿河左岸至河口。北河亦在隙地內。

3.中東鐵路支線末在旅順口及大連灣海口，不在該半島沿海別處，所經地方，中國不將鐵路利益給與別國人。

4.金州城歸中國自行治理，中國兵應退出金州，用俄兵替代。此城居民有權往來金州至租地北界各道路，並日常需要附城准俄國享用之水，但無權兼用海岸。

5.非俄國應允，中國不將隙地地段讓與別國人享用，不將隙地東西沿海口岸與別國通商，不得將隙地地段內造路、開礦及工商各利益讓給別國 [52]。

由於旅大租地條約及續約之內均有准許東省鐵路公司建造一支路直達旅大海口之規定，爲此，清政府應俄方的要求，指派許景澄與當時駐俄公使楊儒繼續留在俄京和俄政府財政副大臣瑪羅諾夫（Maronov）及東省鐵路公司董事齊格勒（Chigler）進行會商，於7月6日（光緒24年5月18日，俄曆1898年6月24日）達成協議，續訂了東省鐵路南滿洲支線合同七款，其主要內容如下：

1.東省鐵路支線，至達旅順、大連灣海口，取名東省鐵路南滿洲支路。

---

52 同上書，光緒朝，卷132，頁19-20。

2.中國准許東省鐵路公司的輪船及掛公司旗的輪船行駛遼河並該河之支河，及營口並隙地內各海口，運送造路材料。

3.爲建造南滿洲支路需用料件糧食便捷起見，准東省鐵路公司由此路暫築支路至營口及隙地海口運料，但俟南滿支路竣工後，應將其支線折去。

4.准許東省鐵路公司，在官地樹林內自有採伐，並准公司在此支路經過一帶地方，開採、建造、經理鐵路需用之煤礦[53]。

同年7月19日，清政府又派知府福培、同知涂景濤爲勘分旅大租地界線委員，與俄方代表，俄駐華武官沃加克（Vogak）及俄駐遼東部隊參謀長伊林斯基（Ilinsky）大尉會同勘畫遼東半島租借地界，俄方襲其一貫作風，又圖多方侵蝕，幾經辯駁，始於11月26日將租借地陸界全線勘定，立界碑三十一處，小界碑八處，海面亦列明島嶼，分別予以規定。至1899年2月26日，福培、涂景濤會同俄方代表伊林斯基在旅順簽訂了中俄「勘分旅大租界專條」八款及「遼東半島俄國租地分界專條附條」兩項文件[54]。同年5月7日，清政府及俄政府分別指派王文韶、許景澄會同俄國駐華公使格爾斯（M. N. Giers）在北京就此兩項文件加押生效。至此，租界地條約及勘分工作的紀錄始全部完成。

1898年3月28日，即旅大租借地條約簽訂的次日清晨六時，俄國分艦隊的陸戰隊在旅順口正式登陸，中國駐軍長官，提督宋慶已奉命將其部隊撤往營口，俄國軍隊從陸路和海上佔領了旅順的所有工事，俄太平洋艦隊司令，海軍少將杜巴索夫（Dubassov）被任命爲遼東半島的駐軍司令。租借地區被定名爲關東省，歸陸軍部管轄。最高國務大臣所主持的特別會議議決：遼東半島的駐防軍人數定爲一萬一千三百名，大炮數量定爲二百三十七門，撥款一千五百萬盧布裝備陸上要塞[55]。

---

53 許同華等編，《光緒條約》，卷45，頁14。
54 同上書，頁12、22。
55 A. Vasiliev著，北京師院外語系俄語專業師生合譯，《外貝加爾湖的哥薩克》（北京：商務印書，1978），第3卷，頁316-317。

旅順建港的巨大工程如疏浚西水道、改建船塢和入海口等等，隨即展開。對所有這些工程決定撥款三千二百四十二萬四千盧布，但在1904年以前只撥付了一千一百六十九萬九千八百四十五盧布[56]。這些措施都表示俄國久據的意圖非常明顯。

自1894年以後俄國政府逐漸醞釀出來的遠東政策，至此都從搾取中國的權益中獲得了滿足，第一，西伯利亞大鐵路的主線能穿過滿洲，使外貝加爾湖地區和俄屬遠東基地之間提供了更快捷的戰略性的鐵路聯繫。第二，租借旅順和大連，在遠東得到了優良的不凍港，償了夢寐以求的宿願。第三，從中國取得特許權，修築一條支線，把遙遠的前哨據點與西伯利亞戰略主軸線相聯絡，使北滿的資源輸送出來，為俄國建立了一個新的糧食倉庫。然而俄國不惜違反中俄同盟密約的神聖原則，用武力強佔旅大，其真正目的是要在東方建立強大的軍事力量，但結果並沒有構成對敵人的一種威脅，恰恰相反，僅僅在六年之內，在中國和日本卻形成了兩支對付俄國的威脅力量[57]，並且永遠失去了中國人的友誼和信任。

八、東省鐵路的修築與進展

俄國向清政府搾取各種權益的成果得到條約上的承諾以後，就將其全部注意力都集中到中東鐵路的巨大建築工程。1897年年初，東省鐵路公司董事會決定聘請俄人尤哥維奇（Ugowitch）擔任總監工（總工程師）兼工程局局長，主持鐵路的勘察、設計和施工事務的進行。3月，東省鐵路公司正式成立，總公司設在聖彼得堡，分公司設在北京。清政府任命吏部左侍郎、即當時駐俄公使許景澄為董事長（總辦），俄方則推舉克爾別茲（Kerbedz）為會辦（副董事長），並任命董事璞科第為該公司駐北京的負責人。7月，尤哥維奇所組織的鐵路工程勘察隊進入中

---

56 同上，頁318。
57 同上，頁319。

國境內，分區進行勘探、設計和選擇路線的任務。8月28日，路局在中國境內小綏芬河右岸三義口附近舉行開工典禮。1898年1月，穿過北滿路線的勘測工作完成。3月，由於租借旅大而獲得東省鐵路南滿支線的特權確定，哈爾濱至旅順間路線的勘察工作也隨即開始。4月，尤哥維奇宣布路線選定，於是此一長達二千四百俄里的滿洲全線動工[58]。爲了便於直接指揮施工，工程總局於6月由海參崴遷至哈爾濱。

鐵路工程是從五個方向同時開工的：由哈爾濱往南，往東和往西，以及由旅順往哈爾濱和由尼科爾斯克——烏蘇里斯克(Nikolsk-Ussuriysk)往哈爾濱。在兩年多的時間內業已修築成了一千三百俄里的路程。爲了使松花江能夠通航，以便把建築材料運送到哈爾濱碼頭，江上工程也開始了，而哈爾濱就由一個不大的村落很快的變爲大城。海參崴、牛莊、大連均進行基本建設，作爲建築物資和笨重的鐵路器材堆放、接收的地點[59]。大連新市區約有三十平方俄里，且有裝卸與儲存等多方面的規畫，以期合於自由港的條件。

然而俄方派往滿洲的工作人員也遭遇到許多困難。參加鐵路施工的有六千多名俄國士兵和工人、六萬名從中國各地來的工人，最多時達到二十萬名。可是華工的待遇較俄人的爲低，在衣食艱難及零下三十度的嚴寒情況下工作，就發生了很多事故，增加了開支。1898年初期，中國當局和中國居民還願意與負責修建工程的俄國當局合作，但在1898年至1900年間，卻時常出現敵對行動，特別是在南滿。俄國軍官、工程師和工人，以及中國工人不斷受到襲擊。1899年，襲擊者開始受到地方政府的支持，日趨擴展。人們堅決反對俄國購買築路權和爲安裝設備和修建車站而購買土地的權利。關東區內的中國居民拒納稅款，牛莊的英國商行接受反俄的奉天將軍提出的瀋陽以南的煙台煤礦租借權。在吉林與齊齊哈爾，和俄國當局友好的將軍被調換，由總

---

58 《俄國在滿洲》，頁183。
59 同上書，頁209。

理衙門中反俄集團提出人選去接替他們[60]。

俄方於是運用一切手段抗擊此種敵對行動，增援的警衛隊、經費、工人和設備，源源不斷的調往滿洲。但此處應該指出，照中俄東省鐵路公司合同第五款的規定，東省鐵路及鐵路員工由中國政府設法保護。惟早在1897年4月，即鐵路動工前夕，東省鐵路公司召開會議，不顧上項規定，決定成立特別護路軍；護路軍人員從後備軍非軍職人員中招募，其編制最初定為騎兵六百九十人，軍官一百二十人。8月初，鐵路公司任命俄步兵上校葛倫格羅斯（Gerngross）為護路軍司令，11月中旬，由五連哥薩克騎兵計七百五十人組成的第一批護路軍從敖德薩啟程，遠渡重洋，於次年1月上旬到達海參崴。然後經陸路越界進入中國境內，在鐵路沿線駐紮，隨著工程的進展，護路軍就不斷的擴充：1897年10月，組織第二批護路軍，計十個連，一千三百九十人；次年4月即開往遠東。1898年底，又從阿穆爾軍區招募一個步兵連，計二百五十人；不久即由雙城子抵達哈爾濱。至1900年春，護路軍已擁有全副武裝的八個步兵連，十九個騎兵連，共四千五百餘人[61]，實際上就等於俄國正規軍中駐紮在中國境內的一支特殊的武裝部隊。

自從1898年滿洲地區出現反俄事端而俄方又擴充了護路軍的編製之後，西伯利亞大鐵路和中東鐵路的建設步伐加快了，因此俄國出產的修建器材與設備都供不應求，不得不引進更多外國承包人和外國設備，以便完成任務，為了修築穿過山嶺的許多隧道，一直到1904年中期都是租用美國和義大利的齒岩機。機車和其他鐵路車輛是購自法國、比利時和美國；中東鐵路南部支線的枕木是購自美國和加拿大；中東鐵路公司的輪船和鐵路上的用煤是購自日本九州的三井公司，現在人們都承認，這條鐵路投資過大、用人過多、雇員報酬過高，都是經營上的弱點，後來貨運費高昂；鐵路車輛不足，造成運貨壅塞；客車和軍車妨礙貨運正常進行，致使從歐洲直接到遠東的貨運少得微不

60 A. Malozemoff, *op. cit.*, p. 118-119.
61 見《沙俄侵華史》，第4卷，上冊，頁88-89。

足道 [62]。

中東鐵路商業活動的通車開始於1901年，南滿支線則於1902年全
線通車。但到日俄戰爭以前那段較短時期的經營，不可能發揮很大的
商業價值。鐵路最大的收入來源，除了軍隊的調動之外，就是俄方政
府運往滿洲或途經滿洲的貨運，1901年至1904年，由俄國各官方機構
付出的運費是私人運費的十倍 [63]，如此可見此一鐵路在商業上簡直沒
有什麼重要性。爲了鞏固中東鐵路及其附屬機構的經濟地位，微德運
用他的影響力，曾與中國政府商安幾項協議：將滿洲鐵路沿線各站的
進出口關稅減少三分之一；對於運給俄國工人和保護他們的軍隊的貨
物，完全不收關稅；又取消了不得將中國穀物運往俄國濱海省的禁
令，爲促進大連港的發展，俄政府又命東省鐵路公司兼營太平洋航
運，以圖發展鐵路銜接海陸客貨的聯運業務，1900年廢止了海參崴和
廟街的自由港特權。又於次年成立東省鐵路公司海運處，命其經營聯
絡旅大租借地、濱海省、庫頁島、鄂霍茨克海及白令海之間的航線；
及時運送東省鐵路建設期間所需的貨物、材料及工人，以促進鐵路的
順利修建；運送往返於遠東的郵件、旅客和貨物，等等。然而，這些
措施仍然不足以把大量的進出貿易吸引到中東鐵路方面來 [64]。

唯一受鐵路交通之惠的地方是哈爾濱，它的發展是中東鐵路的一
個顯著成功的事業，這個鐵路中心從一開始就被選作中東鐵路的建設
總部，由於派往該地任職的有許多高薪的工程人員、承包人、工人、
鐵路警衛，當然就吸引了大批商業居民，發展得異常迅速。到1902
年，新哈爾濱和碼頭這兩個俄國居民區已經有兩萬俄國人和中國人
了。其中還有五百多是日本人。這個城市除了作爲鐵路工廠的所在地
之外，更發展成爲從松花江水路貿易來往的轉運中心 [65]。

---

62 A. Malozemoff, *op. cit.*, p. 189-190.

63 *Ibid.*, p. 190-191.

64 *Ibid.*, p. 192.

65 *Ibid.*, p. 193.

　　哈爾濱之繁榮係受地理之賜，旅大兩地之發展則受官方建港方案之賜。

　　俄國政府於佔領旅大租借地之後，決定提供巨資，將兩港建設成為遠東的海疆重鎮。1898年8月，沙皇正式任命陸軍少將蘇鮑季奇（Subbotich）接任關東駐軍司令，並賦予省級行政權力，歸阿穆爾總督格羅戴科夫（Grodekov）管轄。次年2月，正式設立行政廳及司法機關。8月，劃旅大租借地為關東省，設首席長官一人，由沙皇尼古拉二世深為寵幸的阿列克謝耶夫（Alexeyev）中將擔任，他在民政方面具有高加索最高民政長官的權力；在軍事方面，具有邊遠軍區司令的權力；在海軍方面，具有艦隊和港口司令的權力，受陸軍大臣和海軍大臣管轄，在外交事務方面，則受外交大臣的管轄[66]，旅順定為省行政管理機關的所在地，省政府下設民政廳、財政廳、外務局、警察局、省法院，各設專員主其事，省以下設區，由區長主管。租借地內設有五個區。大連則劃為特別市行政區，歸財政部管轄。1903年8月，沙皇又頒布法令，命在旅順設立遠東大總督府，統轄外貝加爾、阿穆爾、濱海、勘察加、庫頁島、大連市以及東省鐵路沿線附屬地[67]。竟將租借地與鐵路沿線附屬地視同其他俄屬各省一樣地位，充分顯露其企圖久據的野心。

　　旅順口為關東省的首府，其週遭的防禦工事與城市建設都得俄政府大量撥款的支援。據微德的統計，帝俄支出的關東半島防禦費主要用於購置旅順口炮兵裝備和建立炮兵貯備以及構築防禦性和非防禦性工事。此項防禦費，1899年五百萬盧布；此後至1903年總數是二千五百萬盧布[68]。其他必需的給養和用煤都有豐富的儲備。旅順的城市建設也受到特別的重視，俄方將城市劃分為三個居住區域：歐洲人新市區，中國人新市區及中國人的舊城區。歐洲人新市區於1901年開始興

---

66 《外貝加爾的哥薩克》，第4卷，頁318。
67 《沙俄侵華史》，第4卷，上冊，頁138。
68 引自同上書，頁140。

建，區內有新建的關東省首席長官官邸、陸海軍和財經機構、法院、兵營、銀行、教堂、學校、公園、廣場、劇院、旅館、商場、貨棧及高級住宅。中國人新市區興建於次年，規模較前者稍遜。中國舊城區的情況依舊。大連則建設為遠東第一商港，市容上力求豪華。此港海岸寬闊，能避風浪，終年可以通航，距中國其他商業中心較近。1899年7月，俄沙皇正式宣布大連對各國工商業開放，因此城市商業日趨繁盛，人口逐漸增加。1903年以前用於大連的修建經費達一千八百八十五萬盧布的鉅額[69]。

自1897年以來，尼古拉二世與其外交大臣穆拉維約夫不顧「中俄同盟密約」的規定，侵佔中國遼東二港的計畫，至此全部完成。

九、結　語

19世紀的後半葉，俄國的對華政策發生「和平滲入路線」與「武力侵佔路線」之爭，由於後者得到沙皇尼古拉二世的支持，終於佔了上風，因而有「中俄同盟密約」之簽訂。中國的兩路與兩港，就此落入俄人之手。

俄國本來的野心尚不止於兩路與兩港，其最高方案是要在中國北部建立俄國的勢力範圍，將北直隸灣、遼東灣、朝鮮灣都置於它的完全支配之下。但此一計劃並未達成其預期的願望；因為自俄方的海軍強佔旅順港口起，英國的兵艦就緊跟在俄艦之後，作嚴密的巡視，同時英國海軍始終佔據著北直隸灣入口處的威海衛，以抗衡俄國海軍在旅順的行動，毫不放鬆，以阻俄軍的肆行擴佔。

清廷為俄國所迫，屈從其索求，命李鴻章於1898年3月與之簽訂「旅大租地條約」，由此引起遠東國際情勢的巨變，各國紛紛效尤，向清廷要索租讓權，除德國已租膠州灣外，英國索租威海衛和九龍，

---

69 引自《沙俄侵華史》，頁148。

法國索租廣州灣。清廷主政大臣經此衝擊，漸次察覺到已「落入俄人的掌心」，於是激起一片反俄與排洋的聲浪，李鴻章不容於政壇，於1898年8月被撤去總理外務大臣之職，自後親俄集團在清政府中就失去了影響力，一般的朝野人士且逐漸傾向於親日，圖藉此以制衡俄國在華的勢力。英美亦支持日本與俄相抗，以妨俄國之獨霸滿洲。日本得此鼓勵，對俄態度，遂轉趨強硬，致使日俄之間的戰雲日形濃密。當初俄方海軍侵佔旅順時，財政大臣微德頗為憂慮，就預言那將是一場「惹禍的兒戲」，後來竟不幸而言中。

第九章
義和團之亂與俄中戰爭

一、前　言

　　19世紀之末，帝俄的侵華政策獲得了顯著的成功，它在三年之內（1896-1898），對東清與南滿兩路之修築及旅順與大連兩港之租借，都自中國政府得到了條約上的承認。正當俄方在北滿全力進行築路，在遼東半島全力進行建港之際，中國爆發了排洋的義和團之亂，並且由直隸蔓延到了滿州境內，俄國就以鎮壓暴亂為名，發動武裝部隊進佔全滿，致使此一地方騷亂轉變為國際間的嚴重糾紛。

　　義和團之產生及其迅速的發展，是由於中國經常不斷的發生飢荒、人禍，以及清政府官吏的無知與無能所釀成。當此一暴亂出現於山東省內時，其勢本微不足道，地方當局如即時禁止，短期內當可消滅，但是巡撫毓賢昏庸無識，惑於義和團的迷信及其「扶清滅洋」之口號，竟暗中予以支持，致使其勢力蔓延於直隸以至東北，演變為大規模的動亂。恰逢當時民間對外國傳教士諸多干涉和改變中國人的日常生活習俗，感到不安；德國人之湧現於山東和俄國人之湧現於滿洲，使民眾也多感不滿，義和團的排洋宣傳與之匯合，於是把西洋人之東漸也渲染成為災禍之一種。清廷的親貴與一般守舊大臣對列強的反感也日加強烈，這是由於當時列強常以戰略上和政治上的考慮，尋找藉口，任意索求，竟至強行採用無償租借的形式，佔領了中國大量

港口和大片領土，特別是俄國在滿洲強築兩路和強租兩港的事實，驚醒了清廷君臣對「中俄同盟密約」的迷夢，同時也激起了日本的極端憤恨。結果禍亂相因，使中國的內憂外患接踵而至。

　　本章擬就帝俄乘義和團動亂之際，進佔中國東北地區的實況，亂平之後，又違反「中俄交收東三省條約」的規定，拒絕撤兵，以致激起中俄武裝衝突的經過，詳加考析，以明帝俄違背「中俄同盟密約」及其危害遠東和平之真相。

二、義和團動亂與俄軍之進入津京

　　義和團於1898年起亂於山東，次年即蔓延至津京一帶，公開進行軍事操練。1900年5月，義和團在北京附近開始燒、殺、搶劫，多以教士或教會為對象。歐洲國家駐北京的公使認為危機正在形成，因而於5月21日提出一項聯合照會，向清廷抗議。28日，駐北京的英、美、德、法、俄各公使採取一致行動，聯名發出電報，要求各國海軍增援北京公使館的警衛隊。29日，義和團切斷京津鐵路線，31日，三百三十七名增援的警衛隊到達北京，其中七十四名為俄國官兵。6月4日，鐵路線再度中斷。6月5日，俄國駐北京公使格爾斯（Giers）獨自寫了一封信給慈禧太后，要求對義和團採取行動，並對慶親王奕劻表示：如京津間的電報遭到破壞，俄國將進駐大沽 [1]。6月7日，清廷仍應俄使之請，命中國的正規軍努力清除了京津鐵路上的障礙，但攻擊基督教徒和燒毀教堂之事仍繼續發生。6月10日，英國的西摩爾（Seymour）海軍上將率領一支二千零六十六名的聯軍，其中包括三百十二名俄國人，從天津出發，去解救北京使館的包圍。然而這支聯軍剛一出發就遭遇到新的障礙，因西摩爾於6月16日的各國海軍將領會議中提議，要求中國軍方於17日凌晨二時以前把大沽砲台交出，否則將用武力攻

---

1 Andrew Malozemoff, *op.cit.*, p.126.

佔，當砲台守將羅榮光拒絕此一最後通牒時，聯軍於6月17日清晨發動
了攻擊，俄方也調出三艘砲艦參戰，砲台於17日晨六時三十分被聯軍
攻下，不過聯軍的此一武力攻佔行動，激怒了義和團，更激怒了中國
政府，認為這是外國人背信棄義的明證，於是全中國範圍內立即引起
了報復的行動，在此事以前一直猶豫不決的政府軍，自6月17日以後，
就與暴亂者聯合起來，站在同一戰線上進行戰鬥[2]。西摩爾的縱隊受
到攔截，被迫後撤。天津租界遭到大股義和團的進攻，並遭到中國正
規軍砲兵的砲擊。此外，6月11日，日本公使館書記生杉山彬在北京永
定門外被殺。20日，德國公使克林德(Kettker)男爵在北京街上被亂民
殺害。在此以前，北京公使館只不過是受到包圍，自此以後，是真正
的受到圍攻了。21日，清廷下詔，向所有以武力侵犯津京的國家宣
戰，如此使局勢更加混亂。

聯軍之攻佔大沽砲台，對西摩爾進軍之失利並未能有所補救，反
使天津市區爆發了戰鬥，而且日趨激烈。原來在西摩爾從津沽率軍出
發的時候，俄國第十二東西伯利亞步兵連的第一梯隊約二千人從旅順
乘船到達大沽，臨行前，管轄遼東半島的關東省總督阿列克謝耶夫
(Alsxeex)簽署了一份給直隸總督裕祿的通牒，要求給俄軍以登陸的方
便，因此裕祿未予阻止，俄軍遂於6月12日進駐天津老龍頭火車站，控
制了交通線[3]。到了6月23日，通天津的鐵路全被切斷，義和團對俄租
界及俄軍守衛的火車站施以猛烈的攻擊，俄軍彈藥行將告絕，十分危
急，旅順的俄軍當局派出的二千援軍恰於此時趕到，俄軍之數頓時增
至四千。當時西摩爾尚被圍困在西沽武庫，中國人切斷了通往天津的
道路，施林斯基(Shirinskii)上校率領二千餘名俄軍前往援救，西摩爾
才得衝出重圍，於26日逃回天津租界，所率聯軍死傷二百八十九人，

---

2 A. Malozemoff, *op. cit.*, p. 140-141；Korostoyets著，李金秋、陳春華、王
   超進譯，《俄國在遠東》(北京：商務印書館，1975)，頁30-31。

3 《沙俄侵華史》，第4卷，上冊，頁183-184。

其中俄軍死十人，傷二十七人[4]。

　　儘管聯軍的力量因俄軍的增援而得到加強，西摩爾上將仍認爲以現有的兵力解救天津的圍困是不可能的，中國人一直在向租界射擊，在火車站、土城牆、蘆台運河附近，幾乎每天都有小型戰鬥，聯軍不斷遭受損失，得不到任何進展，美國的其他海軍將領也認爲對中國的軍事只有就近求助於俄日[5]。恰逢日本政府也因日使館書記生杉山彬於6月11日在北京永定門外被殺，乘機提出派遣三萬人的分遣隊到華北的建議。7月4日，此一提議在塘沽舉行的海軍將領會議中被列強所接受。在天津市周圍的激烈戰鬥中，日本軍隊及時開進了天津地區[6]，當時的俄軍有五千九百餘人，日軍亦有一師團，地區軍事管理權雖然由英、日、俄三國委員會共同掌握，但俄國指揮官已行使了實際的領導權。對天津城的總攻於7月13日凌晨四時半開始，俄軍二千六百人進攻蘆台運河堤岸上義和團與清軍的陣地，另有德、法軍隊三千人，由俄軍官統率，作爲後援部隊。俄軍奪佔了白河左岸的黑炮台，使天津城失去最有力的火力支援，陷於孤立。日將福島率聯軍進攻天津城，集中全部大炮猛烈射擊，頓時硝煙瀰漫，城內烈焰沖天。中國的火藥庫發生大爆炸。直隸提督聶士成戰死，裕祿、宋慶、馬玉昆率軍撤往北倉。14日拂曉，日軍轟塌天津南門，聯軍相繼湧入，天津全部失陷，居民逃竄時中彈及互相踐踏而死者不可數計。聯軍參戰兵力共八千人，死者約有八百多人，以日軍的傷亡最重。聯軍到處搜查，認爲有嫌疑的份子即行槍決，銀行及錢莊都被亂民和聯軍洗劫一空，鹽道金庫被日本人沒收，滿載搶劫而來的毛皮、絲綢、瓷器等物的軍人和文職人員隨處可見。天津本有一百萬左右的居民，經此劫難之後，只剩下十萬左右[7]。

---

4 《沙俄侵華史》，第4卷，上冊，頁189 註①。
5 《俄國在遠東》，頁32-33。
6 A. Malozemoff, *op. cit.*, p. 130.
7 《沙俄侵華史》，第4卷，上冊，頁189-191；《俄國在遠東》，頁49；
　50。

　　大沽砲台和天津城之被聯軍攻陷，很明顯的表示所謂解圍平亂的警衛行動已經轉變成為一場公然的對華戰爭，聯軍的下一個目標就是所謂解救北京使館的包圍，然而英國人和德國人都認為必須集中四萬至五萬的兵力方能完成進攻北京的任務。經過多方研討、準備、等待之後，始決定由俄方李涅維奇(Linevich)中將以直隸地區俄軍司令的名義，於8月4日下午三時，率領八國聯軍一萬八千八百人（其中俄軍為四千八百人），大炮一百門，自天津出發，沿運河向北京推進[8]。5日黎明，聯軍三路對北倉的清軍陣地進攻，清方馬玉昆部強力抵抗，聯軍受挫，死傷三百餘人。戰至上午十時許，北倉陣地的右翼和兩座鐵路橋被俄軍佔領，日英美俄四國部隊遂乘勢湧進，奪佔了北倉。6日，聯軍進攻楊村，再度遭遇到中國軍的頑強抵抗，激戰終日，陣地被聯軍突破，楊村失守，裕祿自盡。聯軍自此夾運河北進，11日佔領張家灣，武衛軍幫辦李秉衡戰死。12日，通州失守。聯軍在通州稍事休息，並決定15日進攻北京。俄軍為競爭首功，竟破壞聯軍的協議，提前於13日傍晚發動攻擊，次日晨攻佔了北京的東便門，引起全面交戰，清官軍與之纏鬥達十四小時之久，俄軍少將瓦西列夫斯基(Vasilevsky)身受重傷，官兵死傷者達一百餘名[9]。其他聯軍聞訊，也趕緊進攻北京。14日京城失守，慈禧太后挾光緒皇帝於15日清晨倉皇出德勝門，逃往太原。16日，聯軍肅清北城，北京全部陷入聯軍之手。

　　此次京津一帶所遭殘破較英法聯軍時更甚；從津沽到北京沿途各地的農作物盡遭踐踏，農村及城鎮房屋多遭焚毀；津京的官府產業多遭搶劫破壞；藝術珍品及造幣廠的存銀盡遭盜竊；北京大量中立的和平華人多遭屠殺；皇宮、頤和園、官府、王公巨宅之內的寶物、珍貴骨董、稀有書籍字畫多遭搶劫或毀壞，後來聯軍統帥瓦德西(Waldersee)證實搶劫者必非華人，因為皇宮、頤和園和官府當時都有

8　A. Malozemoff, *op. cit.*, p. 132.
9　《沙俄侵華史》，第4卷，上冊，頁195；196-198。

聯軍駐守，一般平民均不得進入 10。

北京各公使館解圍後，參與解救的各國代表意見分歧，互相爭論不休，尤其是對俄國人突然提前攻打北京城之事大為不滿，英美的司令官認為他們的行動有欠「光明正大」。然而俄國當時自信其在東方的使命完全不同於歐洲各國的政策，俄軍在華的任務，僅限於保衛使館的安全，保護俄國臣民的生命和財產，並支持清政府鎮壓暴亂，不論別的大國態度如何，俄國應盡快與清政府恢復友好關係。俄國之參加其他列強部隊的共同行動，可因俄軍在場，各大國如不經俄方同意，將不得採取任何政治措施。俄國的最高政策是保留自己的「行動自由」，因此俄軍並不謀求聯軍的最高統帥權，一旦滿洲的事態朝有利方向發展，俄方就可採取某種單方面的自由行動 11。當初之急於提前向北京進軍即其單方行動之一，如此可向聯軍顯示俄國的力量，另方面是希望以中國救星的姿態進入北京，趕在聯軍統帥瓦德西尚未到達中國之前，搶先完成進軍北京的任務，又可與清政府單獨議和，取得有利的結果。及見慈禧太后與光緒皇帝已於解圍之前出奔太原，於是又將其外交對象轉移到快要抵達天津的李鴻章。

原來清廷在京津局勢緊張之際，曾於6月18日降旨，調兩廣總督李鴻章為直隸總督兼北洋大臣，促其迅速北上，挽救危局。李氏得訊，乃於6月26日自廣州電告俄國財政大臣微德（Witte）說：清帝召他入京，妥籌安危大計，請微德提出高見，以便協助清帝擺脫困境。俄方對此突然出現的佳訊，自然緊握時機，決將賭注下在李氏的身上，立即回覆李氏兩電，微德的一電說：如果李鴻章能通過中國當局維持滿洲的安寧，能保護在北京的俄使館和俄國臣民，俄方就保證不對中國宣戰，並且俄國政府和俄國軍隊將全力支持李氏。第二份電報是烏赫托姆斯基（Ukhtomsky）發的，他答應7月間前往中國，與李氏進行晤談 12。此

---

10 《沙俄侵華史》，第4卷，上冊，頁202。

11 《俄國在滿洲》，頁216、221。

12 同上，頁217-218。

種新發生的情況，使微德有理由向陸軍大臣提出延緩增軍滿洲的要求，當他得到軍方的同意後，微氏即於6月28日向中東鐵路總工程師尤哥維奇(Ugovich)緊急發出給予滿洲三省每省十萬兩作禮物的借款，並且授權給他向三省當局承諾，如果各省當局能使鐵路及其經理人員的安全無虞，消除地方的混亂狀態，將另付報酬 13。

8月7日，清廷接受俄方的建議，又任命李鴻章爲議和全權大臣。9月14日李氏始自上海乘輪北上，18日抵達大沽，當時各國佔領津沽的軍事和外交人員不承認李氏的全權，對他非常冷淡，只有俄方關東省總督府的外交專員科羅斯托維茨(Korostovets，舊譯廓索維慈)去迎接他，護送他到天津 14，將他及其隨員都安置在海防公所，此一海防公所曾先後被義和團和聯軍佔用，一切設備被搶劫一空，沒有完整的床舖和椅子，飲食都很難供應。聯軍統帥瓦德西對他深懷敵意，拒絕與他見面，並聲言要拘捕他。10月11日，李鴻章到達北京，因官府皆被外國軍隊佔駐，李氏無處安身，只得寄居在賢良寺內，其艱困之情無異於佔領區的俘虜。他此時除了承受來自諸國的多方壓力外，還得竭力解救俄方武裝攻佔東北三省的危機，因俄方藉口義和團的動亂和官軍的敵對行動，已採取向滿洲地區進兵的策略，正進行武裝佔領。

俄軍雖然在北京使館解圍之役中承擔了主要的任務，但此舉只圖架空瓦德西的統帥職權，實質上俄國當政者的注意力依舊集中於滿洲地區的權益。俄方只是實行一種兩面手法的對華政策，在參與聯軍對清廷的談判中，俄國是以「中國的朋友」的姿態出現 15；在滿洲地方性的談判中，則以強硬的軍事壓力，迫使地方當局接受其最高要求，簽訂單獨協定。俄方見聯軍在北京扞格不和的情況，更感到有凸顯其單獨自由行動之必要。於是俄廷趁聯軍統帥瓦德西尚在前往中國途中之際，由其代理外交大臣拉姆斯多夫(Lamsdorf)於8月25日通知有關各

---

13 同上書，218。

14 《俄國在遠東》，頁115、117、122。

15 A. Malozemoff, *op. cit.*, p. 158.

國：中國朝廷已逃往西安，各國在北京保留外交使館，已失去意義，他認爲列強應將軍隊和使館撤到天津，俟中國朝廷回到北京之後，再作解決一切問題的談判。但此一建議並未獲得其他列強的贊同。9月29日，俄方自北京撤出其公使館，除留下增援使館警衛隊的一千二百人外，俄軍亦全部撤出 [16]。自後即集中全力，鞏固天津的佔領，並分軍佔領天津至大沽、由大沽至山海關的鐵路，企圖控制北京至滿洲的交通線。經過與聯軍多方的談判和協調，決定聯軍有權對自楊村至山海關路段作軍事上的使用，但俄國軍事當局則保有山海關至牛莊間鐵路的使用權、管理權及駐兵權 [17]。足見俄方將其控制重點完全置於滿洲地帶。

三、俄軍進佔滿洲全境

俄國政府的終極目標既在獲取滿洲全境的權益，所以當京津發生動亂之際，即刻意加強中東鐵路護路軍的兵力，以防義和團勢力之蔓延。實際上義和團在東北三省的發展本很緩和，是在奉天省以一些沒有武裝、也不劇烈的騷擾開始的。早在6月中旬，有幾個義和團的領導人，從山東到奉天吸收新團員，但成效不佳。當時奉天將軍增祺是親俄的，並且認定義和團是暴亂分子，應該予以勦滅。惟副都統晉昌迷信義和團的宣傳，後來又聽到北京朝廷對外國宣戰的消息，竟自行縱容一部分軍隊，夥同義和團分子在沙河子等處，燒燬鐵路橋樑兩處，打死俄員一名。又於6月30日攻擊盛京的羅馬天主教會，殺了五個歐洲人。暴徒一直攻到火車站，縱火燒了車站及附近的俄國兵營，然後散去。7月4日，盛京以南二百英里鐵路沿線的火車站又受到義和團的襲擊 [18]。雖然發生了這些動亂，中東鐵路的俄籍總工程師尤哥維奇仍舊

---

16 A. Malozemoff, *op. cit.*, p. 134.

17 《沙俄侵華史》，第4卷，上冊，頁204-205、209-210。

18 A Malozemoff, *op. cit.*, p. 138.

不主張派兵進入滿洲，他怕如此會破壞鐵路當局與中國政府之間的良好關係，中國人與俄國人本來都能和平相處，如正規軍入境增援，反將助長義和團運動的發展。微德與尤哥維奇的看法一致，也不主張再行增兵。當時中國的一般市民對俄國人也沒有敵意，練拳習武的人也不一定都是義和團的會員 [19]。後來是俄方關東省總督阿列克謝耶夫片面違約，取消金州自治，發兵強入該城，拘捕中國官員 [20]，才引發了與中國官軍正式的武裝衝突。

　　黑龍江和吉林兩省的情況與奉天省的大致相同，最後均未逃脫俄軍蹂躪之命運，當時俄方正在這兩省積極從事於鐵路工程的修築，雙方官民日常已有相當繁密的接觸，群眾之中並沒有大規模的反教活動。然而六月下旬北京朝廷對外國宣戰的消息傳到俄境後，俄方在陸軍大臣庫羅巴特金（Kuropotkin）的主導之下，選定向滿洲全境進兵的決策。

　　1900年6月24日，俄方阿穆爾省駐軍司令格里布斯基（Gribskii）中將在烏蘇里和阿穆爾的哥薩克人中間宣佈對中國的軍事動員令 [21]。7月6日或7日，在中國境內的吉林和齊齊哈爾兩地出現一項公開張貼的文告，號召中國官軍和義和團團員聯合起來，攻擊俄國人 [22]。7月9日，俄皇尼古拉二世發布了一道諭旨，命令俄國的正規軍向中國的東北地

---

19 G. A. Lensen 著，陳芳芝譯，《俄中戰爭》（北京：商務印書館，1982），頁6、8。

20 根據1898年5月7日中俄簽訂的「旅大租地續約」第四款的規定，大連灣之北的金州城仍歸中國自行治理；清政府有權在城內設立官吏及應需巡捕人等，執行職務。週環金州城距三俄里之地，均屬中國治權，不入租界之內。此一條款隨後又經雙方勘分租界專條的第八款予以詳細劃定。兩年以來，雙方並無異議。不料到了1900年7月，阿列克謝耶夫竟以義和團分子潛入金州為由，片面違約取消金州自治，於7月27日派格羅姆切夫斯基（Grombchevskii）上校率領俄軍，逕自佔領金州，將署理副都統福升、協領繼德、富倫等四十五名官員和士兵押往旅順口，後來又轉送到庫頁島作苦役。阿列克謝耶夫隨後將金州建成為一個鞏固的軍事要塞，設置炮台三座，作為北進的基地。

21 A Malozemoff, *op. cit.*, p. 139.

22 Ibid. p. 152.

區分五路進兵，佔領滿洲全境 23。於是中國的整個東北三省就陷入戰爭狀態。

當時黑龍江將軍壽山得悉這些軍事情報以後，因兵糧俱絀，陷入和戰兩難的困境，惟奉天省副都統晉昌竭力主戰，連電壽山，鼓勵他積極拒俄，並允接濟糧餉，壽山才決意備戰。7月初，黑龍江兩岸已經警報頻傳，壽山欲後退而不可得。7月8日，海蘭泡有俄兵數千，要假道璦琿、齊齊哈爾去哈爾濱保衛鐵路，壽山不許。然俄方的運輸輪船米克海爾（Mikhnail）號、色楞格（Selenga）號及布爾拉克（Burlak）號竟於14日和15日滿載槍枝和彈藥自下游伯力開往海蘭泡，途經中國璦琿城的江面，中國軍方發出信號，示意船隻應該靠岸受檢，及至中國官員發現米克海爾號載有武器時，即宣佈扣留船隻，於是引起了一場槍炮射擊 24，同時海蘭泡方面謠傳中國軍隊將於16日登陸左岸，進攻海蘭泡，海蘭泡的警察長官巴塔爾維奇（Batarevich）就根據此種情報向軍事當局匯報，要求立即把城內和區內的全部中國居民遷往黑龍江彼岸，以免他們擔任中國軍隊登陸的先導。阿穆爾省軍事長官、軍司令格里布斯基將軍下令照辦 25，於是就發動了一連串對中國人慘無人道的大屠殺。

海蘭泡原是一個中國人居住的村莊，位於黑龍江左岸，1858年清廷被迫割讓給俄國，遂改名為布拉戈維申斯克（Blagoveshchensk），後來成為俄方阿穆爾省的首府。至1900年人口達四萬人，其中中國人約有一萬至一萬五千名左右，多從事農商，也有流動性的雇工、小商販和手工業者。自格里布斯基將軍批准迫遷令後，海蘭泡中國人的居住區開始受到搜查，他們商店內的貨品、錢財、食物、武器都被搶光，被搜查出來的人，由哥薩克兵揮著皮鞭抽打，把他們像獸群一樣的趕向江邊，凡是抗拒的人就被刺殺。當時選擇了在黑龍江江面最狹窄處

23 《俄國在滿洲》，頁219。

24 《俄中戰爭》，頁54-55。

25 同上書，頁58-59。

的上海蘭泡北邊，作為渡江地點，但是江中根本沒有船隻，執行押解的人乾脆把中國人趕進水裡，命他們泅水渡江，江流急湍，躍入水中者頃刻沉溺，後列的人不敢下水，哥薩克便用粗皮鞭抽打他們，帶槍者則一齊開槍，射擊持續了大約半小時，岸上中國人的死屍已堆積如山，中國人的哀嚎，懇求免其一死，但一切都歸徒勞，屠殺行動連續了五天(17日-21日)，被押解到江邊泅水而死的中國人共有四批，被迫淹死的中國人，據「璦琿縣志」的記載，約共五千多人，只有少數身強力壯的男子能游到右岸而得生。7月27日《阿穆爾邊區報》報導：總督的調查已經證實，沒有離開海蘭泡的中國人都慘遭虐殺，活活的被宰掉，或被燒死。中國人遺留在海蘭泡的財產都被洗劫一空 26。

同樣的屠殺慘劇也在「江東六十四屯」上演，江東六十四屯位於黑龍江左岸，在精奇里江江口以南的沿岸地帶，為黑龍江中游經中國人開發出來最繁庶的一片大地，居民全為漢族、滿族、達斡爾族所組成，除臨時居住的中國礦工等流動人口外，常住居民不下於兩萬人。按1858年「中俄璦琿條約」的規定，江東六十四屯地區中國人有永久居住權，中國政府有永久管理權，但由於此一地區的物產豐富，俄人覬覦已久，於是乘海蘭泡捕殺中國人的狂潮中，另派一支俄軍渡過精奇里江，進入六十四屯，驅聚居民，沿屯放火，將中國居民及其房屋，盡行毀滅，逃至江邊者又遭俄方哥薩克兵追殺，槍彈如雨，被槍殺的和淹死的中國人達七千多名。然後，阿穆爾省軍政長官公署竟於八月初發布一紙命令，將江東六十四屯之地收歸俄國管轄，中國居民之生存者亦不准重返，其原屬有土地房屋均交俄國移民使用 27，就此將璦琿條約所賦予中國人的永久居住權片面銷毀。

俄方殘酷的「清除」了黑龍江左岸的中國人之後，立即調兵遣將，動員十二萬六千二百九十人，集中主力於旅順口、海蘭泡、伯力三處，由陸軍大臣庫羅巴特金指揮全軍。7月31日，發布進攻璦琿的命

---

26 同上書，頁72；孫蓉圖，《璦琿縣志》，第8卷，頁28。
27 Great Britain, Parliamentary Papers, "*Blue Books*", *China* 5（1901）Doc. 23:1.

令。8月1日，向璦琿上游七十華里的黑河屯發動攻擊，8月2日凌晨一時至三時半偷渡過江，在黑河屯上游七華里之處登陸。中午十二時，中國軍因傷亡過重，被迫放棄黑河屯。俄軍進佔之後，立即將此一擁有約六千名居民的富庶城鎮，焚爲廢墟。8月3日，俄軍開始進攻璦琿，部署在江東六十四屯的俄軍以猛烈的炮火轟擊璦琿城助戰。4日，俄軍抵達璦琿城郊，分水陸三面夾攻，中國官兵堅守陣地，奮力拒敵，最後力盡，5日城陷。俄軍四向焚燒，滿城烟火，雞犬飛嗥，數千房舍，化爲灰燼，俄軍乘勝前進，於17日攻陷墨爾根，壽山派營務處總理程德全持白旗三次赴俄營求和，均被拒，28日，俄軍從北、東、西三面包圍齊齊哈爾。29日，壽山自殺。黑龍江全省淪陷。30日，俄軍進入齊齊哈爾城，將練餉、兵餉、雜款銀錢、軍械、軍裝、火藥庫、軍器庫內的一切資財和官物盡行劫走，官員備受凌辱，百姓多遭殘殺，倖存者亦露宿風餐，流離失所 [28]。清軍在吉林省的兵力更爲薄弱；俄軍集結了約六千多人，於7月中從伯力駛入松花江，溯江而上，陷三姓而直達哈爾濱。另一支俄軍從海參崴出發，在7月與8月之內連陷琿春和寧古塔，將軍長順喪失鬥志，於8月25日派代表前往哈爾濱與尤哥維奇議和，約定兩軍相見，以白旗爲號，各不開槍，讓道而行。9月23日，俄軍入吉林城，長順投降，吉林省全部淪陷 [29]。

俄軍在奉天省的軍事行動早於7月下旬佔領金州城時即已開始，並且乘機侵佔營口。原來營口係條約開放的國際通商口岸，城內有租界，有各國的領事館，天主教堂，華俄道勝銀行，海關，外僑俱樂部。7月間，俄方鐵路守衛隊從南滿支線撤入營口，同時俄國軍艦亦在港口出現，中國當局要求俄軍撤出，被拒。8月4日，俄方乘情勢緊張之際發動攻擊，佔領外國租界。中國守軍急忙往城裡退卻，但遭受來自江面俄艦的炮轟，造成嚴重的傷亡。俄軍隨即入城佔據兵工廠和軍

---

28 《璦琿縣志》，第8卷，頁30、33。

29 明清檔案館，《義和團檔案史料》（北京：中華書局，1959），下冊，頁813-814。

需庫,又接收了海關、銀號及政府財產,營口全部軍政機構均淪入俄軍之手[30]。

俄軍攻佔營口及海城之後,在南滿的戰鬥暫趨沉寂,因當時聯軍正向北京進兵,俄方為爭取控制京津地區的優勢,特自南滿抽調一部份兵力,前往京津,參與解圍的軍事行動,直至9月下旬,聯軍在京津的軍事部署大致完成,俄軍始撤出北京,再度集結大軍於旅順,分三路進兵奉天,奪取盛京,當時負防守之責的中國官軍約有三萬人,晉昌與壽長將前線部隊佈置於鞍山和牛莊一帶,鞍山與牛莊被俄軍攻佔後,中國軍隊的主力就撤退沙河堡,沙河堡的地形頗佔優勢,炮火所發揮的威力也曾予俄軍以重創,然指揮不當,失去克敵致勝的先機[31],終被俄軍乘隙擊破。沙河堡險要一失,俄軍即進逼遼陽。29日清晨,俄軍攻佔遼陽,盛京即失去屏蔽,奉天將軍增祺逃往新民廳,寫信向俄關東省總督阿列克謝耶夫乞和[32],被拒。俄軍於30日上午開始進攻盛京,10月1日,攻入城內,俄軍乘勝佔據了皇宮和將軍府等官署,擄去西式大炮五十門,以及大量的炮彈、步槍、子彈、火藥等軍用物資,兵力為之大增。10月3日,俄軍司令官蘇鮑季奇(Subotich)入城,任命俄軍上校頓布羅夫斯基(Dombrovskii)為奉天省軍政長官。至此東北三省全部淪入俄軍之掌握。

四、交還東北三省之談判

當時俄國軍方及財經部門的人士都認為應乘此時機,與中國的地方當局舉行直接談判,簽訂地方性的協定,藉使俄方在滿洲的區域利益得以鞏固。此種見解以俄財政部駐北京代表璞科第(Pokotilov)所提出者最為具體;他於10月3日自北京致電微德,向其建議:阿列克謝耶

---

30 《俄中戰爭》,頁43、46。

31 同上書,頁144、145、146、147。

32 同上書,頁159。

夫應從速與中國東北三省的將軍們從事直接交涉，與之訂立地方性的
協定，將來俟有利時機，再將這些協定納入與中國中央政府締結的條
約之中 33。如此俄國的權益即可獲得嚴格的保障。微德當即將此項建
議專呈沙皇核准，命由陸軍大臣庫羅巴特金授權阿列克謝耶夫與中國
盛京將軍進行談判。10月11日，盛京將軍增祺派革職道台周冕、候補
同知瑞安、候補知縣蔣文熙持照會前往盛京，擬與阿列克謝耶夫進行
「弭兵暫計」的會商，27日，到達盛京。11月3日，被俄國護送到旅順
口。次日，雙方開始談判。俄方談判代表為阿列克謝耶夫的屬下外交
專員科羅斯托維茨，他受命擬定一份「奉天交地暫且章程」草案，強
迫周冕簽字。周冕閱後聲明：章程的某些條款有損中國主權，是根本
無法接受的。沒有北京批准，將軍不會簽字，他本人也無權簽署這樣
重要的文件 34。阿列克謝耶夫威脅說：如果周冕拒絕簽字，就將他們
押送回去，也不放增祺將軍出新民廳。最後周冕被迫屈服，終於11月9
日與科羅斯托維茨分別代表增祺與阿列克謝耶夫在暫章上簽字。此一
「奉天交地暫且章程」共九款，其內容如下：

(1)增祺回任以後，應保衛地方安寧，助造鐵路。

(2)俄國得駐兵於盛京及其他各地。俄軍之兵房糧食，均由中國供
給。

(3)奉天軍隊，一律繳械遣散。

(4)拆毀全省火藥局及炮台。

(5)地方秩序平靜後，俄方再交還牛莊等處。

(6)中國得自備馬步隊巡捕，但不得用炮；巡捕數額，由中俄兩方
共同商定。

(7)俄國派員駐盛京，預聞要公。

(8)如中國巡捕不足，由俄派兵相助。

---

33 《俄國在滿洲》，頁229。
34 《俄國在遠東》，頁155、157。

(9)各款以俄文為準[35]。

根據此項章程的規定，表面上保留了奉天省的行政體制，實際上所有中國主權，已名存實亡，等於俄國的附庸，一切受俄方的主宰。

11月19日，周冕等回到新民廳，增祺見章程條款與他原來委派的意旨不符，而且他未奉全權，拒絕簽字。但俄軍護送人員轉達阿列克謝耶夫的話說：必須畫押，方可回省。雙方僵持至11月30日，增祺申明章程須「另行具奏，核議辦理」後始簽押用印。隨後，增祺向慶親王奕劻和李鴻章據實報告，並附上「暫章」抄本，請求審定。實際上周冕在旅順時，即已秘密的托人將抄本經由山東煙台送交給李鴻章了[36]。

俄方對此項「暫章」僅限於奉天一省，與其兼併三省全部之終極目標，尚有距離。為此，微德、庫羅巴特金和拉姆斯多夫又於11月13日在聖彼得堡擬定了一項「俄國政府監理滿洲原則」[37]，規定俄方阿穆爾軍區司令官在吉林與黑龍江兩省，關東軍司令官在奉天省，均有監理清方將軍與副都統行動的全權；三省將軍處均設置俄國的「軍事委員」和「外交代表」；將軍和副都統的任命，中國政府應與俄國公使商定；東省鐵路改歸俄財政部管轄。12月17日，沙皇批准了此項監理原則，交外交部與中國訂約施行。

俄方的此種意圖，在北京也有適時的表達，11月2日，俄駐北京公使格爾斯已向李鴻章明白宣稱：必須將滿洲原有的將軍、副都統一概罷免，將來滿洲將軍、副都統的任命，非經俄國政府同意不可。璞科第亦於次日向李氏暗示：中東鐵路邊界各站的關稅收入讓予俄國經營。烏赫托姆斯基也於稍後向李氏聲明：俄國政府在單獨談判中不僅要使中東鐵路獲得保障，而且要鞏固在滿洲絕對勢力[38]。至此，李鴻

---

35 《俄國在遠東》，頁157-158註①；《清季外交史料》，光緒朝，第144卷，頁17-18。

36 《俄國在遠東》，頁160。

37 《俄國在滿洲》，頁233。

38 同上書，頁237-238。

章已洞悉俄方的吞併意圖，便請俄方正式公布對滿洲的要求，並請任命烏赫托姆斯基爲全權代表，在北京舉行正式談判。

然而俄國駐北京公使格爾斯則主張將談判地點改在俄都，以便避開列強在北京的外交和軍事人員的耳目和干涉。他認爲應乘中國政府尚在聯軍高壓之下徬徨無計之際，與中國單獨舉行談判，確信爲取得滿洲及其他勢力範圍內的礦產資源和鐵路修築租讓權的最佳時機，如果延至列強與中國簽訂和約之後，就不容易得到中國的同意了。此一建議立即得到外交、財政、陸軍三位大臣的贊同。12月26日，他們共同擬定的「單獨協定大綱」就獲得了沙皇的批准 [39]。外交大臣拉姆斯多夫於是電令格爾斯要求清政府授予駐俄公使楊儒以全權，以期在俄進行談判，清廷立即表示同意。爲著要引起國際間認清俄國侵略的野心，李鴻章暗中向英日有關方面洩漏了「奉天交地暫且章程」的內容 [40]。12月29日，清廷降旨，斥責增祺擅立「暫章」，極爲荒謬，著即革職，飭令回京。另派清銳署理盛京將軍。1901年1月1日，清廷任命楊儒爲全權大臣，與俄外交部商辦接收東三省事宜，並指示楊儒隨時電商奕劻、李鴻章，互相參酌 [41]。18日，清廷發布上諭，宣布「暫章」係增祺委派革職道員周冕擅與俄方訂立，應作無效。並將增祺交部嚴加議處。可見當時清廷正盡最大努力，將地方性談判轉移到中央政府的手中，急急的作亡羊補牢之計。

楊儒於1月4日收到任命他爲全權大臣的電旨，當日下午2時即率翻譯陸徵祥前往俄財政部會晤微德，討論談判地點與全權大臣的權限問題。8日下午8時第二度往訪微德，楊氏提出當月3日英國「泰晤士報」刊出有關「暫章」的消息，微德予以證實。楊氏疑此「暫章」並非出自政府與增將軍的本意，暗示不具法律效力。15日午後5時楊氏第三次往訪微德；後者口頭提出擬訂的十三項談判條款，其內容之苛刻，較

39 《俄國在滿洲》，頁240、241註①。
40 《沙俄侵華史》，第4卷，上冊，頁304註③。
41 《楊儒庚辛存稿》（北京：中國社會科學出版社），頁65。

「暫章」猶有過之。不過「暫章」之存在，此時已喧騰於國際間，日英兩國尤表關注，1月4日，日本政府要求俄國政府對此事予以澄清，俄外交副大臣予以否認。11日，日外相加籐再度命駐俄公使珍田詢問俄外交部「暫章」是否屬實？是何性質？拉姆斯多夫仍舊否認。直到22日，俄駐日公使伊茲渥爾斯基（Izwolsky）始以個人名義向加籐詭稱：「暫章」是臨時性的，簽訂之目的是爲了滿洲交還中國 [42]。此種說詞並未減輕日本的疑慮；其駐北京公使小村壽太郎於1月16、17兩日分別向奕劻和李鴻章提出警告：俄國在東三省長期駐兵，於中國大有損害，如此英必佔長江，德必據山東，日本亦不得不起而爭利 [43]，1月12日，英外相蘭斯敦恩（Lansdowne）指示駐俄大使斯科特（Scott）向俄外交大臣詢問：如英國議會提出此一問題，他應如何作答？俄始覺悟此事已無法再行隱瞞，乃由微德發一聲明說：滿洲三省俄兵必全行撤退，土地全還中國，以復舊制，決不侵佔 [44]。19日，楊儒與俄外交大臣拉姆斯多夫舉行第一次談判，惟俄方條款尚未完全擬就，故此次僅表述雙方立場而罷。21日，楊儒與微德舉行第四次會議，微德提出將鐵路左近金煤各礦利益抵賠所毀鐵路的價款，楊氏指爲過分侵佔，並提出「暫章」無效問題。各不相下，22日，楊儒與拉姆斯多夫舉行第二次談判，拉氏堅持先行批准「暫章」，後議「正約」。楊氏則堅持先廢「暫章」，再議「正約」。23日，楊儒與微德舉行第五次談判，楊氏重申「暫章」無效的原則。反復辯論良久，微德始允將「暫章」批准之要求作罷 [45]，亦即將「暫章」作廢。第一階段之談判至此始獲一初步之結論。

自1月23日以後，楊儒與微德及拉姆斯多夫續有多次的談判，惟未有具體的進展，直至2月16日楊拉二人舉行第七次談判時，拉氏才面交

---

42 Great Britain, Parliamentary Papers, *Blue Books・China* 2（1904）, p. 4；日本外務省編，《日本外交文書》，卷34，頁110-111。

43 《清季外交史料》，光緒朝，卷145，頁8-9。

44 同上書，光緒朝，卷145，頁8。

45 同上書，光緒朝，卷145，頁28。

楊氏約稿的俄法文本各一份,請速議辦,楊氏允將約稿譯閱後再行約會。拉氏所提出的約稿計十二款,其主要內容如下:

(1)東三省交還中國,吏治一切照舊。

(2)允許俄國在東三省駐兵保路,直至地方平靖及清政府完全履行約稿末四條為止。

(3)如遇變急,留駐之俄兵,全力助中國彈壓。

(4)鐵路竣工之前,不設兵隊,軍火禁入滿洲。

(5)將軍大員辦事不合邦交,經俄聲訴,即予革職。三省設馬步巡捕,數目與俄商定。不得用炮,不得任用他國人。

(6)中國北境水陸師,不用他國人訓練。

(7)廢除金州自治。

(8)連界各處,如滿蒙及新疆之塔爾巴哈台、伊犁、喀什噶爾、葉爾羌、和闐、于闐等處,礦路及他項利益,非俄允許,不得讓與他國或他國人;非俄允許,中國不得自行造路;除牛莊外,不准將地租與他國人。

(9)俄方兵費賠償數目、期限、抵押,與各國會同辦理。

(10)鐵路及鐵路人員的損失及誤工補貼,由中國政府與鐵路公司商定。

(11)上項賠款,可以他項利益作抵。

(12)俄國可從東省鐵路向北京方向造路直達長城 [46]。

楊儒細繹各款,發覺俄方實際上是將華北、滿、蒙、新疆等廣大地區內的種種利權,一網打盡,又要建築支線抵達北京,鐵路遭受破壞的賠款,用他項利益相抵,此係暗指關稅礦路等事,隱而未露。其用心之「周密深遠」,實較以前微德口述十三款的內容更為險惡。楊氏遂電告奕劻和李鴻章,並約拉姆斯多夫於2月18日舉行第八次談判,會中楊氏駁稱:蒙古、甘肅、新疆,並未遭遇義和團之紛擾,俄兵亦

---

46 《楊儒庚辛存稿》,頁72-74。

未曾佔領，何以包括在內？不准中國在滿、蒙、新疆自行造路，實不合
理。拉氏竟說該數省雖未經俄兵佔領，然俄之兵力足以佔據。楊氏又指
責俄方禁止中國自行造路的要求，太無道理[47]。會談終無結論而散。

　　中俄雙方在聖彼得堡開議之後，各國即密切注視談判的消息。2月
13日，中國駐日公使李盛鐸致電清政府，轉述日本外務省之言：「中
國萬不可允各國割地，如允一國割地，或允其設官置兵，亦是暗讓，
一經允定，各國必群起效尤，大局將不可問。財政及各種利權亦然。
設有一國要挾太重，中國似可答以此次事變，關係各國，宜歸入各國
公約（指辛丑條約）合併討論，方能牽制。」[48] 美國政府則向中國公使
伍廷芳聲明：美政府認為中國至低限度，在未得有關和約諸國之同意
以前，作有關領土或財政上之讓予，為不合宜，甚至為絕對危險之
舉。英國政府一方面向中國表示：俄約大損中國在滿之主權，惡例一
開，中國有被瓜分之可能。另方面指令駐俄英使向俄表示：此項約
文，與俄政府向英國聲明無意變更南滿當日之國際地位之言，既不相
符，又未具有臨時性質，且影響英國在華之條約利益[49]。其他德、
奧、義公使亦先後轉達其政府的來電，均係忠告清政府不能與俄單獨
簽約之意。

　　當時國內的廷臣疆吏及各省的仕紳亦函電交馳，紛紛籲請清廷拒
簽俄約以挽救危局。兩江總督劉坤一與兩湖總督張之洞於2月24日聯銜
電奏西安行在，痛陳接受俄約之害，認為「與其坐以待亡，孰若堅與
相持，中國若能堅持到底，公論所在，俄亦有所顧忌；擬請朝廷分電
駐外使臣，命其聯絡各國，出為排解，倘各國能虛張聲勢，揚言相
助，不必實有其事，當可戢俄驕志[50]。然而俄方催索的行動卻步步加

---

47 同上書，頁38。

48 引自《西巡大事記》（王彥威、王亮鈔本）中光緒26年12月25日駐日公
使李盛鐸致西安行在電。

49 見《有清一代之中俄關係》，頁318-319。

50 見王芸生，《六十年來中國與日本》（天津：大公報社，1932），第4
卷，頁110。

緊，且命其駐北京公使格爾斯面促李鴻章速簽約款，否則激俄廷之
怒，必致決裂。微德亦密電李氏，促照俄方所擬各節，從速核准，滿
洲始能交還，否則暫據將成久據[51]。他同時又密電在北京的璞科第，
指示他從1898年爲賄賂中國官員而設立的基金中撥出五十萬盧布，付
給李鴻章，以示對他的感激。並說他將於12月前往中國，屆時如事情
辦妥，他將再付一筆適當的款項作爲酬勞[52]。李鴻章確實傾向於與俄
方簽約，但未被收買而完全接受俄方的條件，清廷也未接受李氏的建
議，仍再回電令楊儒，切實與俄方與俄方商改，消除有爭端的條款，
使各國無所藉口。

2月18日，楊儒與拉姆斯多夫舉行第八次談判，3月日又與拉氏舉
行第九次談判，均未達成協議。3月5日楊氏與拉氏舉行第十次談判，
將清方指駁俄方條款，寫成節略，要求於十二款之中，刪去者三條，
商改者三條，其餘字面細節之修正者亦有數項。拉氏怒稱：如此辯
駁，中國實有不願俄方交還滿洲之意[53]。微德亦約晤楊儒，催速簽約
說：如商議不成，延宕月日，武員必另生枝節，與我等爲難，強割滿
洲之地。同時格爾斯與璞科第也在北京強逼李鴻章定期畫押，逾限則
加增條款，再逾限則決裂不商[54]。言詞均充滿威脅之意。清廷無可奈
何，只得以光緒皇帝的名義寫一國書，向俄國沙皇求情，措詞極爲哀
婉，窮途末路，委實可悲！

3月7日，楊儒與拉氏舉行第十一次談判，拉氏依舊堅稱俄國已無
可再讓，此約當從速照允。11日，楊氏與拉氏舉行第十二次談判，雙
方進行激烈爭辯，楊氏請求俄方商改條款，不允；請求緩辦也不允。
楊氏表示他已竭所能，仍無解決途徑。只得請求朝廷另派新使前來，
再行商辦。俄方見威脅未能發生效果，始允再加刪改一次。3月12日，

---

51 《六十年來中國與日本》，第4卷，頁112。
52 A. Malozemoff, *op. cit.*, p. 160.
53 《六十年來中國與日本》，第4卷，頁114、122。
54 同上書，頁125。

俄方約楊氏舉行第十三次談判，會中俄方交付楊氏改稿十一款，聲稱：此係末次奉國主諭刪改，不能再更改一字，必須於十四日內畫押。如貴國不允，即係開罪於本國主，以後再不提此事，不再議交收，勿再言友好[55]。

　　此次俄方提出的改稿計十一款，除刪去原稿第六款「中國北境水陸師不用他國人訓練」外，其他各款只略有更易，但內容實質並未改變。清廷既受俄方之催迫，又受各國之警告，進退維谷，不得已，仍於3月19日電令楊儒請求俄方修改約款並放寬限期，對第一款末段「吏治一切照舊」，要求改為「一切照舊」，以爭回利權和兵權；第二款俄兵駐期至條約的末四款「辦到之日為止」，改作「開辦之日為止」；第七款滿洲全境不允他國或他國人造路、開礦及獲得一切工商利益下，增添「中國自行設法造路開礦等項利益不在此例」一句，楊儒接電後，約拉姆斯多夫會晤，拉氏拒不接見，楊氏將電文摘要寫成節略送去，亦被原封退還，以致展限要求，無由到達。楊儒又約晤財政與陸軍兩部大臣，同樣遭到拒絕[56]。楊氏惶懼無計，電北京請示，清廷只得再度以光緒皇帝的名義寫一國書向沙皇哀求，俄廷亦拒不收受。軍機處更是游移不定，竟於3月21日電覆楊儒說：如展限與商改均不允行，惟有請全權定計，朝廷實不能遙斷。換言之，就是將此一重大難題，推予楊氏。惟李鴻章卻認為電旨表明「內意已鬆」，又於次日電告楊氏，命即酌量畫押勿誤[57]。與此同時，全國各省督撫與駐外使節及江、浙、廣東、上海、香港、澳門、新加坡等地仕紳和僑商，均紛紛致電楊氏，力主拒簽俄約。楊儒深感責任重大，遂電告軍機處，說他未奉畫押之旨，不敢專擅，表示決意拒絕簽字[58]。但他處此外逢強敵，內無定見的矛盾局面之中，各方煎迫，中心如焚。又於天

---

55 同上書，第4卷，頁129、130；《楊儒庚辛存稿》，頁87。

56 《楊儒庚辛存稿》，頁90、92。

57 《楊儒庚辛存稿》，頁94。

58 《六十年來中國與日本》，第4卷，頁135-136。

寒冰雪中下車時滑跌墜地，右腿左臂均受重傷，行步艱難。又逢3月24
日俄財政大臣微德約見楊氏，楊氏力疾前往，微德竭力誘迫楊氏簽
字，謊稱：「如貴大臣能畫押，他日政府不批准，再行作廢。」楊氏
依然拒簽，微德又說：「中國政府如欲加罪於與俄國訂約之人，俄必
出面保護」。楊氏嚴正駁斥說：「貴大臣何出此言？我係中國官員，
欲求俄國保護，太無顏面！如此行為，我在中國無立足之地矣。」微
德自覺失言，頗有慚色。25日，俄外交大臣拉氏最後一次約晤楊儒，
楊氏仍力疾前往，拉氏限次日上午九時二十分以前畫押，語畢即起，
不容贊一詞，楊氏於憂憤交加中返回使館，在風雪中又滑跌受傷，自
後即昏迷不省人事，一病不起。次日晨，使館翻譯員陸徵祥赴俄外交
部向拉氏報告楊儒病危，不能前來，並送上不能畫押之電。拉氏讀畢
變色起身說：「現在無話可說，請貴政府自看以後情形可也。」延續
了一年又三個月的聖彼得堡談判至此破裂，楊氏亦於1902年2月17日歿
於任所，其子觀宸奔喪至俄後，亦自縊而死。此次中俄談判，楊儒在
艱難的處境中，至死不屈，未由中國自簽此項賣身契，為東北三省留
一線生機，後來日本與蘇聯均無法併吞此一地區，中國政府得以重光
故土，實受楊氏堅持原則苦心拒簽俄約之賜 [59]。

五、中俄交收東北三省條約之簽訂

中俄談判停頓以後，俄廷雖然深表不滿，但只於1901年4月6日發
表一長篇宣言，歷述庚子事變以來，俄國對中國之種種善意及列強之
種種刁難；又述拳亂蔓延關外，為恢復滿洲秩序及保護俄國權利，增
阿暫約實有其必要；最後述及為規定俄軍逐漸自滿撤退辦法及避免變
亂之重演，俄政府審度情勢，始向中國提出單獨條約草案。此原係臨
時辦法，不料因此反招眾怨，與俄為難，殊為可恨。外國各報謠傳紛

---

59 《六十年來中國與日本》，第4卷，頁142。

紛，並捏造保護滿洲條約，甚至各種假造之詞，議論中俄擬定之約，無所不有。其實，此約乃俄廷聲明交還中國滿洲地方之開章第一要義。惟撤兵應有限期，必須兩國先將滿洲撤兵辦法彼此訂明，方可辦理。故該處全行交還中國一節，應俟中國事定，自主政府力量稍強，保不至再有去歲之患，方可再提。至滿洲目下暫爲辦法，俄廷仍不改其屢次聲明之宗旨，以保邊界而靜候事機而已[60]。

俄政府雖然如此鄭重其事的發表宣言，但並未表示俄國對滿洲的政策有任何改變。自後即將其外交活動重點轉移到北京，乘參與列強討論「辛丑條約和議大綱」的時機，就藉賠款問題與中國爲難，在會中建議：各國公使可逕自提出其本國的賠償要求，反對成立混合委員會來加以審核。此一建議終爲各國所接受，於是俄方浮開龐大的佔領滿洲兵費和中東鐵路的損失費，竟在討論公約的會議中得以通過。5月7日，列強將決議賠款的數額照會清政府，規定：截至7月1日爲止，賠款總數定爲四億五千萬海關銀兩，俄國分佔之數爲一億三千萬零三十七萬一千一百二十兩，佔總額百分之二十八點九七一三六。按市價每兩銀子換一點一四二盧布計算，爲一億八千四百零八萬四千零二十一點四四盧布。然而按照微德的核算：1900年軍事行動造成的全部費用僅爲一億七千萬盧布，其中七千萬盧布是中東鐵路的損失，一億是戰爭費用[61]。所以後來拉姆斯多夫就把此一軍事遠征作爲最夠本的戰爭來談論。俄方所得賠款雖然如此優厚，但仍不足以消除俄國索取中國滿洲權益的貪圖。

1901年9月7日（光緒27年7月25日），清廷與列強簽訂「辛丑條約」。隨後，聯軍統帥瓦德西率德軍撤離北京，其他各國軍隊也相繼撤退。清廷有意乘公約既成之際，與俄方重新磋商專約，以期促成俄軍自滿洲地區之退出。爲此，李鴻章就對華俄道勝銀行駐華代表鮑斯涅夫（Pozdnieff）表達了重開談判之願望。俄方得此消息，即電命其駐

---

60 同上書，第4卷，頁143-148。
61 《俄國在滿洲》，頁227註④。

北京公使格爾斯與李氏接觸，格氏仍承其一貫的傲慢作風，提出一項談判的先決條件，要求李鴻章先行給予俄國一件機密照會，承諾「議定畫押之先，不得使他國人預知此事」，「兩國定約均甘心自願，所商量答應之事，不聽他國指使 [62]。清廷認爲未經開議，先立一甘心自願的憑據，萬一有斷不能允許之事出現，將如何處理 [63]？遂拒絕此項要求。格氏又堅持必須補簽前此在聖彼得堡所談的約款，方可進行滿洲交收。以致談判毫無進展。

實際上當時俄國外交部已製定了新的「滿洲協定草案」，尙未即時的通知格爾斯。新約草案共四款：(1)滿洲三省交還中國政府治理，仍隸屬中國版圖；(2)1901至1902年內，俄軍分兩次從盛京省撤退，吉、江兩省視1903年情況再定；(3)東三省中國駐軍，不另添兵，巡捕不准用炮；(4)山海關、營口、新民廳之間的鐵路交還原主，但中國應作出相應的補償 [64]。此一約稿，至10月5日始由俄國新任駐華公使雷薩爾(Lassar)送交李鴻章。6日，李氏提出幾點文字上的修正意見。19日，軍機處提兩項修改意見與俄使會商：(1)將吉、江兩省與盛京全省俄軍及早一併撤退；(2)東三省中國駐軍數額、地點與巡捕不准用炮一節，只適用於與俄境接界的若干里內，東省腹地不在此限 [65]。俄使雷薩爾對此項修正意見，堅拒不允，於是雙方談判又陷於停頓。與此同時舉行的「銀行合同」的談判也因俄方索價太高，形成最嚴重的障礙，以致無法達成協議。

原來微德早於10月10日命鮑斯涅夫向李鴻章提出了一項「銀行合同」草案，舉行秘密會談。微德的本意，是以俄國財政部支配銀行，而以銀行支配全滿洲的鐵路、礦產及各種工商企業，要求將撤兵協定與銀行合同分開，先簽訂銀行合同，然後再簽訂滿洲撤兵協定。李鴻

62　《西巡大事記》，卷9，頁24。
63　同上書，卷9，頁30。
64　同上書，卷10，頁24-26。
65　同上書，卷10，頁33-34。

章則認爲可將銀行獨佔問題列爲撤兵協定之一條，不必另訂專約，更無先行簽字之必要。微德卻堅持分開辦理，雙方僵持不下。李氏鑒於外有日本之警告，內有劉坤一等大臣之反對，難於迅速定案，乃於10月15日在北京同時召見俄國公使和銀行代表，表明願意簽訂撤兵協定，但俄方要求將整個滿洲的權益交給銀行，事關重大，且專利與門戶開放主義相反，勢將引起列強之干涉及朝廷之駁斥，他不敢負責簽字，惟俟慶親王奕劻自西安返京，再行定奪[66]。自是，撤兵協定與銀行合同兩項談判全部擱淺，而且李鴻章以七十八歲的高齡，已憂勞成疾，竟於光緒27年9月27日（1901年11月7日）以肝疾逝世於賢良寺。微德聞李氏死訊，急電在北京道勝銀行的鮑斯涅夫，詢問以後的事情將如何處理？能否在中國大臣中再覓一具有魄力之人如李鴻章者？鮑氏回電說：一切都完了，今後之事要完全從頭作起。日、英、美等國均稱李氏之死實解救中國脫離了危亡的命運。

　　李鴻章去世之後，中俄談判無人主持，陷於停頓。直至12月初奕劻自西安返京，始與俄使雷薩爾重新進行會商。俄方仍舊訓令其駐北京的鮑斯涅夫，堅持銀行協定須先於撤兵協定之要求，清方提請修改銀行協定之獨佔性，俄方不但不允修改，反要在中國未能繼續討論銀行協定之前，暫時擱置撤兵協定之磋商[67]。但當時英日同盟之商談業已成熟，至1902年1月30日即在倫敦簽字，其主旨即在互相保障在華之特殊利益，以抗衡俄人企圖在滿洲之獨佔。日本對俄之態度轉趨強硬。美國於2月3日首先向中、俄、英、日、法、德等國發表備忘錄，指責道勝銀行企圖壟斷東三省的各種利權，違反門戶開放的原則，影響了美國公民的權利[68]。日本於2月3日通知奕劻，中俄撤軍協定可以簽訂，銀行合同則應擱置。如果中國同意簽訂合同，則日本不得不考

66　《俄國在滿洲》，頁280-282。
67　同上書，頁291-292；293。
68　同上書，頁295-296。

慮向清政府提出某種要求 [69]。英國駐華公使也提出警告說：中俄如締結銀行合同，英國必向中國索償 [70]。在此種情況之下，奕劻毅然拒絕與俄方繼續銀行協定之談判。俄方見國際情勢對俄日趨不利，態度漸形和緩，尤其是微德傾向於從速簽訂撤兵協定，乃電雷薩爾努力進行撤兵之談判，又命俄財政部駐華代表璞科第從旁敦促與協助。1902年4月8日（光緒28年3月1日，俄曆3月26日）「中俄交收東三省條約」終於由清方外務部總理大臣慶親王奕劻、軍機大臣文淵閣大學士外務部會辦大臣王文韶與俄國駐華公使雷薩爾簽訂，全約計有四條，其要旨如下：

(1)俄國允在東三省各地歸復中國權勢，並將該地方一如俄軍未經佔據以前，仍歸中國版圖及中國官治理。

(2)清政府接收東三省自行治理之際，申明承認極力保護鐵路暨在該鐵路執事各人，並應保護在東三省所有俄國所屬各人及該人各事業。

俄國允認：如果再無變亂，並他國之舉動亦無牽制，即將東三省俄國所駐各軍陸續撤退，其如何撤退開列如後：由簽字畫押後，限六個月撤退盛京省西南段至遼河所駐俄國各官軍，並將各鐵路交還中國；再六個月，撤退盛京其餘各段之官軍暨吉林省內官軍；再三個月，撤退其餘黑龍江省所駐俄國各官軍。

(3)為防此類變亂日後再行復熾，清方應令各將軍與俄國官兵會同籌定，俄兵未退之際，駐劄東三省中國兵隊之數目及駐劄處所，中國允認：除將軍與俄國官兵籌定必須敷勤辦賊匪、彈壓地方之用兵數外，中國不另添練兵。惟在俄國各軍全行撤退後，仍由中國酌核東三省所駐兵數，應添應減，隨時知照俄國，至於東三省安設巡捕及綏靖地方兵數，除指給中國東省鐵路公司各地段外，各省將軍教練，專用中國馬步捕隊，以充巡捕之職。

---

69 《日本外交文書》，卷35，頁169。
70 《清季外交史料》，光緒朝，卷149，頁22。

(4)俄國允准將自俄曆一千九百年九月底,即華曆光緒二十六年閏八月間起,被俄兵所佔據並保護之山海關、營口、新民廳各鐵路,交還本主。

日後中國在東三省南部續修支線,或在營口建造橋樑、遷移鐵路盡頭等事,必須與俄國商辦。中國應酌賠俄國對山海關、營口、新民廳各鐵路之重修及養路各費。因此項未入大賠款計算內[71]。

此約備漢、俄、法三種文本各二份,遇有歧義,以法文本為準。

歷時兩年、幾經波折的東三省撤兵交涉至此方告結束。

1902年11月初,俄軍依約自盛京西南部至遼河流域撤退。但在1903年年初第二階段撤兵時,忽又違約向中國提出要脅條件,為清廷所拒。俄方以此為藉口,反於10月28日重新佔領奉天,使局勢頓趨惡化,終於引發一場戰爭。

六、和平路絕

1896年李鴻章在莫斯科與俄方簽署了「中俄同盟密約」之後,曾一再以友人的地位,向微德進言,勸俄方不要再向中東鐵路路線以南進展。他要微德相信,只要俄方向南有任何行動,很可能引起意外的大騷動,對於中俄兩國都是一種災難[72]。微德當時未能體會此言的深意,未將此一忠告轉奏沙皇。後來俄方的行動遠遠的踰越了中東鐵路的主線,投入南滿的險境,李氏的預警終於不幸而言中。

微德對華的和平方案,除了不主張採取積極的軍事行動外,與急進派的侵華目的本無二致,都是以鐵路和不凍港灣的取得為侵略計畫的主幹,達成獨佔東北三省經濟權益的終極目標,只是前者不願輕冒國際間的譴責和中國的強烈反對而已。

---

71 王鐵崖編,《中外舊約章彙編》,第2冊,頁39-41。

72 Yarmolinsky編,傅正譯,《維特伯爵回憶錄》(北京:商務印書館,1976),頁74。

　　1903年年初，俄廷的政情發生重要而微妙的變化，以別佐布拉佐
夫（Bezobrazov）爲首的侵華急進派逐漸得勢，頗得沙皇的寵信。別氏
與陸軍大臣庫羅巴特金及關東省總督阿列克謝耶夫互爲表裡，形成所
謂「新三人政團」，極力排擠微德，致使微德在政府中的影響力日趨
沒落，在滿洲事務上的發言權也隨著他財政大臣的職位同時消逝，他
對華的和平方案也爲武力佔領的策略所代替。

　　同年5月20日，沙皇召開特別會議，對於自中國東北三省撤兵問題
作了重要的改動，即採納庫羅巴特金的提案：加強留駐滿洲的兵力，
不再撤退；關閉滿洲的門戶，禁止他國勢力進入滿洲；漠視此種措施
所引起的國際紛爭；惟設法就朝鮮問題與日本達成協議 73。此一決
議，顯示俄方武裝獨佔滿洲之野心，異常強烈，自後違約背信，俄軍
不撤反增。中俄雙方通向和談之路至此完全隔絕。

　　1903年8月12日，俄沙皇頒發敕令，設置遠東大總督府，任命阿列
克謝耶夫爲遠東大總督，授予貝加爾湖以東各省和各區域中一切軍
事、經濟和外交事務的最高管轄權。同時還建立了一個遠東特別委員
會，由沙皇任主席，內政大臣普列維（Plehve）任副主席。大總督直接
受主席的指揮，不受政府各部的節制 74。各大臣的不同見解也無由表
達了。而且此一敕令頒發的時機對俄日雙方的談判也極爲不利，因爲
日本政府與俄國的談判就是在這一天開始，自後談判的氣氛大受影
響，兩國之間的戰雲日益緊逼，挽救不易了。

73　《日俄戰爭外交史綱》，上冊，頁326-327；《維特伯爵回憶錄》，頁
　　92。
74　A. Malozemoff, *op. cit.,* p. 224.

第十章
日俄戰爭新論

一、前 言

　　1904年至1905年的日俄戰爭，實由兩國爭奪朝鮮及中國東北三省的利權而起。原來在1900年，帝俄政府以中國發生義和團之亂為藉口，一方面參加八國聯軍的行列，進兵天津和北京，另方面動員十二萬六千二百九十人，自黑龍江左岸分途渡江，攻佔中國東北三省的全境。久據不撤。當時日本已經控制了朝鮮，正圖北進，因此認為俄國的行動，有侵迫朝鮮、損及日本利益之虞，不能容忍，終致走向戰爭之途。戰爭爆發之後，兩國竟列陣於中國領土之內，肆行殺戮，置中國局外中立的地位於不顧，致使中國人的生命財產，遭受戰火的蹂躪，戰後不僅未獲任何應得的賠償，且在其媾和條約中，兩國自行分割中國東北地區的權益，作為結束戰爭的代價，而迫中國承受戰爭的惡果，成為戰敗者的替罪羔羊。

　　日俄兩國為何須走向戰爭之途而不能避免？為何在中國土地上引燃戰火、使其遭受無可挽救之劫難？這些問題，本章將在中俄日三種史料中尋求解答。

二、戰前日俄雙方之談判

　　1903年4月，俄國違約，拒絕自中國東北撤兵，遂激起國際輿論紛

紛譴責，日本反應尤爲強烈，其朝野人士都一致認爲：若任俄國在中國的滿洲久據，其結果必損及日本之利益及其大陸政策之推行。保全中國領土及其主權完整的原則，亦因此破壞，機會均等之說，亦成空言。若俄國勢力更自滿洲逼進朝鮮，朝鮮必難保獨立，日本的安寧亦將大受影響，日本的防護亦受嚴重威脅。因此一致決計利用滿洲問題，要求俄國承認日本在朝鮮的優越地位，否則不惜一戰，以達成其目的。

在俄國方面，一般大臣對朝鮮與滿洲問題的意見卻分歧不一，溫和派人士認爲：當前的財政困難尚待克服，軍事準備尚未就緒，一旦與日本發生戰爭，有引起國內革命的可能。高級軍事將領甚至明白表示：爲了南滿的權利而冒戰爭的危險，殊爲不值，即使日本佔領朝鮮，降其爲日本的保護國，對俄國的權益並無任何妨害，俄國最適宜的表態亦不過是提出抗議而已。素主急進的人士則堅持以滿洲和朝鮮爲俄國的勢力範圍，利用地理上及軍事上的既有優勢，加強該地區的工商業之經營，以與日本的經濟勢力相抗，終可宰制中國的東北而完成黃俄羅斯的計畫。當時俄國的內政大臣普列維(Plehve)更認爲：即或與日本決裂，亦無所懼；爲遏止國內革命運動的必須策略，俄國需要一場規模不大而能獲勝的戰爭，且足消弭內政上的某些禍患[1]。這種言論，對於1903年日俄之間所舉行的談判，有非常不利的影響。

俄國在中國東北三省的軍事活動，使日本政府的首腦異常憂慮。日本的元老及內閣大臣乃於1903年6月23日舉行御前會議，討論結果，一致認爲：對俄交涉勢在必行，決採取主動，向俄方要求舉行談判。7月，日本外相小村壽太郎命日駐俄公使栗野慎一郎向俄國外交大臣拉姆斯多夫(Lamsdorf)提議，兩國舉行全國性會談，以協調兩國的歧見，俄方立即同意，日方乃於8月12日向俄方提出協約草案六款，請從速開議。

1　Andrew Malozemoff, *op.cit.,* p. 227.

栗野向俄方遞交談判草案之日，正是俄國沙皇頒發敕令，成立遠東大總督府之時，此一敕令並任命相傳為亞力山大二世（Alexaneler II, 1855-1881）的私生子阿列克謝耶夫（Alexiev）為遠東大總督，授予貝加爾湖以東各省和區域中一切軍事、經濟、外交事務的最高管轄權，受沙皇直接指揮，不受政府各部的節制 [2]。此舉為俄國侵略性劇增的徵兆，為雙方談判的前途投置了相當不利的障礙。

日方提出的草案的要點如下：

⑴日俄兩國互相尊重中朝兩國之獨立及保全其領土，並保持各國在該二國商工業之機會均等。

⑵俄國承認日本對朝鮮之優越利益，日本承認俄國對於滿洲經營鐵路之特殊利益。

⑶兩國互相限制，不違背本協約第一條，以期不礙日本於朝鮮、俄國於滿洲之商工業活動與發展。又將來朝鮮境內鐵路延長至滿洲南部，與中東鐵路、山海關、牛莊鐵路相接，俄國不得阻礙。

⑷為保護本協約第二條之利益，日本對於朝鮮、俄國對於滿洲，認為必要派遣軍隊之時，其所派軍隊，相約不超過實際必要兵額之上，且事平後即召還。

⑸俄國宜承認凡助朝鮮改良政體及軍務之舉動，盡屬日本之專權。

⑹本約議定以前日俄因朝鮮所立之約，一律作廢 [3]。

俄方收到此項草案後，藉口沙皇訪問西歐，未能請示，難以即時作答，且告知日方：俄政府將命阿列克謝耶夫與俄國駐日公使羅森（Rosen）共同擔任談判之責，因此要求將談判地點移至東京，日方亦表同意。10月3日，羅森始提出俄方第一次的反建議，作為對日方草案的答覆。其內容只討論涉及朝鮮的一個主題，把滿洲完全從日本的利益範圍中排出，一語未提。顯示俄國當時毫無尊重中國獨立與領土完整

2 A. Malozemoff, *op. cit.*, p. 224.
3 日本外務省編，《日本外交文書》，第36卷，第1冊，頁12-13。

之意，其中有兩條述明：不准日本在朝鮮構築戰略基地；也不准在朝鮮沿海岸建造妨害自由航行的軍事工程；還要求劃定面積約二百哩的中立地帶。凡此皆與日本所企求者相距太遠，日本當然不願接受。

自後小村與羅森在東京往返討論了兩個多月，雙方的意見仍有很大的差距。1903年12月28日，俄廷爲此召集了一次特別會議，由沙皇主持，會議決定：雙方談判應該繼續，並允在下次反建議中將滿洲問題列入。1904年1月6日，俄方將其第三次的反建議送達日方，其內容僅承認日本在朝鮮有特殊利益，其餘各項並無更換，尤其是對尊重中國主權及其領土完整的一項原則，始終不願載入約文，作明白的規定，這一點使日本對俄國的誠意發生極度的疑慮和不安。因此日本政府於1月11日在東京召集一次元老和內閣的聯席會議，決議應與俄方再作一次最後的協商。1月13日，日方以備忘錄的方式將最後的建議送交俄方在東京的羅森。自後栗野屢催俄方作答，俄政府延至1月28日始召集各部大臣舉行會議，通過外交大臣所提對日方的反建議，決定：

(1)取消關於在朝鮮劃中立地帶的要求。

(2)承認日本與其他國家在滿洲的條約權利。

(3)保留關於日本不得將朝鮮領土用於戰略目的之規定。

(4)不提尊重中國在滿洲領土完整的問題。

此一反建議於2月2日得到沙皇的批准，3日以電報發出。據俄方資料說，此一文件在日本長崎電報局被扣，到兩國斷交後的2月7日才送達東京的羅森 [4]。原來日本政府已於2月3日召開了一次內閣與樞密院的聯席會議，決定對俄國開戰。2月4日又召開了一次御前會議，開戰的決議得到天皇的批准。5日，頒發軍事動員令。同日電令栗野向俄政府提出斷絕國交的公文，並令他即行歸國，同時促俄公使退出東京。8日深夜，日本的魚雷艇向旅順港外停泊的俄國太平洋艦隊發動突襲。10日兩國同時宣戰。

---

4 A. Malozemoff, *op. cit.*, p. 249; 313 note 2234.

三、走向戰爭之路

　　19世紀之末，日俄的兵力均曾不斷的增強，但其國情各異，兵額的多寡及其戰鬥力的訓練也各有短長，大體而言，日本兵少而精，宜於速戰，俄國兵多而欠敏捷，可以持久。

　　1900年左右，俄國的人口總數約有一億三千二百萬，全國陸軍平時約達一百萬人，戰時可擴充到四百萬 [5]。就遠東地區而言，縱然人煙稀少，資源缺乏，但自1895年起，仍以一定的速度增加部隊，到1902年，軍官增加了八百四十人，士兵三萬七千人，馬匹也增殖到二千六百匹。此外，還在中東鐵路沿線建立了五個駐防的鐵路兵營，邊界和其他地區守備隊的兵力也從八千人增加到二萬五千人。1903年在西伯利亞的兵力達到一百六十八個步兵營 [6]。當時已經盤據在中國東北三省的俄軍也有十二萬多人，且可利用西伯利亞大鐵路的運輸，得到歐俄部分的增援。

　　當時的日本，人口大約有四千七百萬至五千萬之間，常備軍平時的兵額計有八千一百一十六名軍官，十三萬三千四百五十七名士兵。戰時兵力固定為一萬零七百三十五名軍官，三十四萬八千零七十四名士兵。這是戰前俄國駐日武官提供的調查報告，但據日本軍醫署戰後公布的數字，日本在戰爭時期投入戰鬥的總數超過了一百五十萬人 [7]。

　　但兵員的多寡，並不足以定強弱。日本的兵額雖少，然自三國干涉還遼事件以後，日政府即積極準備對俄的作戰計畫，預算逐年增加，軍隊的訓練異常嚴格，常派軍官到歐洲進行軍事研究，並向可能作戰的地區進行有組織的偵察。採行國際義勇軍制度，縮短動員的歷

5 Kuropatkin著，Lindsay英譯，中國社會科學院近代史研究所翻譯室中譯，《俄國軍隊與對日戰爭》（北京：商務印書館，1980），頁81。
6 同上書，頁71-73。
7 同上書，頁118。

程，軍隊的動員三天至四天之內即可完成，供給部門的動員在七天至十天之內亦可就緒 8。一般士兵，承武士道的傳統，忠君愛國，上下一心，視國家興亡爲己任，故能保持高度的士氣，絲毫未因兵源有限而使其戰鬥力爲之削減的現象。

反觀俄國，其恃強欺弱之勢，十分明顯。它在遠東的主要目標是凌逼中國，攘奪滿洲三省的利權，對於日本則認爲兩國之間並無勢不兩立之糾紛，即或滿洲發生戰亂，對俄境以內的一切，實不足構成直接的傷害。因此集結在滿洲的俄軍，有恃無恐，竟致容許各種投機牟利之徒，隨著大批軍隊擁入滿洲三省，接交高級軍官，與之共同經營生業，以致軍心散漫，軍紀不嚴。新到的司令官和軍官，多有出身貴族門第者，他們的丰采高貴動人，都乘坐各自的專車或特備的車廂，把鐵路上的備用線和盡頭線都堵塞了 9，大大的影響了軍運。一般民眾和士兵面臨戰爭發生之際，還不了解戰爭究係爲了何事，因而對政府的動員令也缺乏效忠盡力的熱忱。

兩國的財政狀況亦與其兵力的強弱有密切的關係；俄國地廣人眾，每年國庫收入，大約七倍於日本，然而俄國平時財政基礎，並不堅實，自微德（Witte）任財政大臣以來，竭力設法增加國庫收入，發行公債，建鐵路，造船艦 ，發展工業。惟舉辦的事業太多，超過財力負荷的能量，以致紙幣充斥，國債日增。籌措戰費，只有向西歐募債，西歐諸國中可恃者唯一法國。後來俄軍屢在戰局中敗北，法國貸款就幾度動搖 10，更加深俄軍戰況的不利。

日本的財政管理，略勝於俄，然其歲入較低，每年收入約二萬萬五千萬圓。預計一年戰費三萬萬圓以上。若戰爭延長至三年，所費將達十萬萬圓左右，如此勢必要借助於募債或加稅以爲因應，惟外債不易募集，內債亦不能太重。至於加稅一途，因日本全國稅源本不豐

---

8 《俄國軍隊與對日戰爭》，頁119。

9 《日俄戰爭外交史綱》，上冊，頁444-445。

10 同上書，下冊，頁689-692。

裕,縱使加一倍,亦不過一萬萬三千萬圓而已。此種財政上存在的隱憂,使其戰局勢難持久。

然而兩國主持大政者又終無避免戰爭之決心;早在1903年12月11日,日本政府收到俄方第二次反建議時,即已察覺到兩國間的和平之路業已斷絕,表面上雖與俄方持續外交對話,實際上則積極的作軍事行動的準備。1904年年初,認為戰機成熟,海軍開始行動,採行偷襲策略,於2月8日夜半,使用水雷艇向旅順口俄國艦隊發動突襲,結果俄國的兩艘戰艦和一艘巡洋艦均被擊毀。次日晨,日本海軍大將東鄉平八郎率領的艦隊炮轟旅順口港內錨泊處,又擊傷巡洋艦三艘,戰艦一艘。9日正午,俄國在朝鮮仁川的巡洋艦和炮艦,也遭受到日本海軍中將瓜生外吉所率領的艦隊的襲擊,俄方不敵,乃自行將艦隻鑿沉,以免落入日軍之手[11]。日軍從此可以毫無障礙的登陸朝鮮。

日本天皇於2月10日下詔,對俄國正式宣戰;俄國沙皇亦於同日下詔對日宣戰,各國得知確息後均宣告中立,然而中國則陷入特殊的困境之中,因日俄交戰之地,全在中國的領土之內,對於國權與民命之侵犯實無力予以驅除。當時中國輿論,對日本深表同情,大臣之中亦有主張聯絡日本抵抗俄國者,但日本不願中國加入戰局,以免其分享日後戰勝之成果,同時美、英、德等國均向中、日、俄提出勸告:請劃定交戰區域,應尊重中國之中立,並保全滿洲之行政,清廷權衡兩難,不得已而採行局部中立的政策,於2月12日發布上諭,宣告中立。又於13日由外務部通電各國,聲明:遼河以東,劃定為交戰區域,遼河以西,俄軍已撤退之地,由北洋大臣派兵駐紮。各省沿邊及外蒙古,均照局外中立之例辦理。東三省疆土權利,兩國無論孰勝孰敗,仍歸中國自主,不得佔據[12]。當時吉黑兩省全在俄軍掌握之中,奉天之大半,仍為俄軍所據,只有遼河以西為中立地,奉天交涉局於是議訂「兩國戰地及中立地條章」十款,以為交戰雙方遵行之準則,中國

11　同上書,上冊,頁13。
12　《六十年來中國與日本》,第4卷,頁210-211。

駐日、俄公使於2月13日分別照會兩國政府,要求交戰雙方之諒解與尊
重。日本外務省照覆,尚未越外交之規範,予以承認。俄方照覆竟
稱:東三省及蒙古東北隅,鐵路所經,爲運兵用兵要地,勢難認爲局
外,又照會中國駐俄公使胡惟德,片面逕自認爲:遼西亦滿洲境,難
認爲局外之地。至於東省疆土不得佔據一節,諉稱:目下不能談論,
應俟後承前議續商,俄日用兵,中國守局外爲一事,東省交地是另一
事。故不允商議[13]。措辭專橫,難以理喻。

四、陸軍戰況

　　戰局展開之前,日本早有準備,行動較俄方爲迅速。2月6日即命
東鄉平八郎大將爲聯合艦隊司令,率艦隊自佐世保出發,向遼東半島
海面前進。陸軍則由黑木爲楨大將統領第二師團、近衛師團、第十二
師團在朝鮮登陸,於3月11日佔領平壤,向鴨綠江岸推進。俄方的行動
較緩,宣戰七日,俄政府始命馬卡羅夫(Makarov)中將爲遠東海軍艦
隊總司令,阿列克謝耶夫爲遠東陸軍總司令[14],隨後又調陸軍大臣庫
羅巴特金擔任此職,瀋陽戰敗後,他被免職,改由第一軍團司令李涅
維奇(Linevich)繼任。一年之內,三易主帥,對俄方戰局,頗有不利的
影響。日方的陸軍於4月初逼近鴨綠江岸的義州,隔江的俄軍是阿列克
謝耶夫所指揮的第三和第六兩個師團。4月27日,兩軍戰鬥開始,29
日,日工兵隊冒彈前進,在鴨綠江上架橋,自當日午後二時起,至次
日午前三時,軍橋完成,日軍次第渡江。5月1日,日軍向九連城行總
攻擊,俄軍不能抵禦,全城淪入日軍之手。九連城難攻易守,俄方的
第三、第六兩個師團亦爲陸軍中的勁旅,竟不能善用地形,作有效的
攻防戰,以致演成開戰以來俄方陸軍第一次的失利[15]。日方乘勝,又

13　《清季外交史料》,光緒朝,卷181,頁19、27;卷182,頁3。
14　阿氏係海軍出身,且不會騎馬,實際不適於擔任陸軍之職。──作者
15　《日俄戰爭外交史綱》,下冊,頁467。

命奧保鞏大將率領由第一、第二、第四師團所組成的第二軍，於5月5日在皮子窩登岸，然後分其軍為二部：一部守皮子窩及普蘭店，以擋俄方遼陽之援軍；另一部去進攻金州。金州通背方陸路，為旅順之後蔽，扼交通要道，日方勢在必爭。26日夜半，日軍進逼金州城下，會暴風雨，日軍乘機猛攻，炸毀東南二門，金州城遂被日軍攻陷。日方再以海軍入金州灣合攻，相繼佔領柳樹屯、青泥窪（當時俄人已將青泥窪建築成為一要港）等地，從此處至金州普蘭店，盡為日軍所有，旅順後援之路遂斷。此為俄軍在戰局中的第二次失利[16]。

當時庫羅巴特金已就任遠東陸軍總司令之職，駐節奉天，集大軍二十萬於得利寺，日方奧保鞏大將見勢，恐曠日持久，俄兵漸集，則難取勝，於是乘俄兵尚未大量到達之際，率第二師團、第四師團、第五師團、騎兵第一師團，向北急進，於6月15日大敗俄軍於得利寺，日軍沿鐵路繼續北進，連陷熊岳、蓋平。俄方統帥庫羅巴特金留兵守大石橋，自駐瀋陽。7月中旬，日方奧保鞏領兵進攻大石橋；此處為遼陽之南蔽，俄方有四個師團及一個炮兵中隊防守，兵力甚強，日軍不能進。24日，日兵苦戰，克俄方堅壘二，俄兵始退，日軍遂佔領大石橋，海城、營口、牛莊均相繼落入日軍之掌握。自後俄軍不能南下，旅順後援之路至此完全斷絕，此為俄軍第三次失利[17]。

當日軍在皮子窩登陸的同時，日方的第一軍亦向西北推進，5月6日，陷鳳凰城，次日，下寬甸，7月7日攻陷摩天嶺，8月1日，日軍佔領本溪湖，直逼遼陽。遼陽為瀋陽的屏障，形勢重要，俄軍以七個月的時間，在此處構造了大型築壘陣地，庫羅巴特金計畫自此處開始反攻。另方面日軍早在皮子窩登岸的同時，已派遣野津道貫率領第十師團，亦即日方之第四軍，在大孤山登岸，以為後援，6月8日，攻陷岫巖，7月13日，攻陷析木城，於是第一軍、第二軍、第四軍互相聯繫，

---

16 郭斌佳，〈日俄戰爭〉，《文哲季刊》（以下簡稱《文哲季刊》）（武漢大學），5卷2期，1936年1月，頁378-379。

17 同上，頁378-379。

合力會攻遼陽[18]。

　　此時日方的統帥機構亦進行調整；命大山巖爲滿洲軍總司令，兒玉源太郎爲總參謀，自後諸軍之指揮，不必受東京大本營之遙控，臨機制敵，更爲便捷。兒玉劃策，以第一軍爲右翼，出遼陽東北，第四軍爲左翼，出其西北，以第二軍任正鋒，三路齊發。俄軍憑堅壘深溝，集全力防守，自8月25日起至9月4日止，雙方三路連續奮戰，俄軍在兵力上雖然甚佔優勢，但遼陽陣地，終被日軍攻破。日方此次死傷亦重，計達一萬七千五百餘人[19]。

　　俄軍雖敗於遼陽，然主力尚未被摧毀。因沙皇有不准再退的嚴令，庫羅巴特金乃集合九個師團的兵力，於10月5日下令總攻，渡過沙河，進攻煙台，日方亦分兵迎戰，激戰至18日，日軍始得手，俄軍氣勢漸衰，大山巖伺機展開全線反攻，俄軍終不能敵，敗退至沙河以北。此一戰役，全由庫氏親自指揮，準備攻戰的工作費時三個月，戰線長達一百五十俄里。但在組織和指揮方面都敵不過具有頑強鬥志的對方，此役日軍死傷一萬五千九百餘人。俄軍遺棄於戰場者達一萬三千三百餘人，被俘者七百人，死者實達四萬人[20]。

　　內政大臣普列維所需要的規模不大而能獲勝的戰爭，此時遠遠的成爲過去，大戰已經非常緊迫了[21]。

沙河大戰之後，雙方按兵不動，至次年年初，俄軍總司令庫氏違反中國的中立地位，命騎兵侵犯遼西地帶，攻牛莊和營口，日軍出不意，甚爲狼狽，庫氏又以八萬五千的兵力，擊敗日軍於黑溝台，日方急遣第二師團、第三師團、第八師團合力馳援，始於1月29日將俄軍擊退，收復了失地，此役雙方苦戰，死傷各以萬計[22]。

18　《文哲季刊》，頁381；《六十年來中國與日本》，第4卷，頁223。
19　同上書，頁382。
20　《日俄戰爭外交史綱》，下冊，頁479、532。
21　同上書，下冊，頁480。
22　《六十年來中國與日本》，第4卷，頁224；《文哲季刊》，頁384。

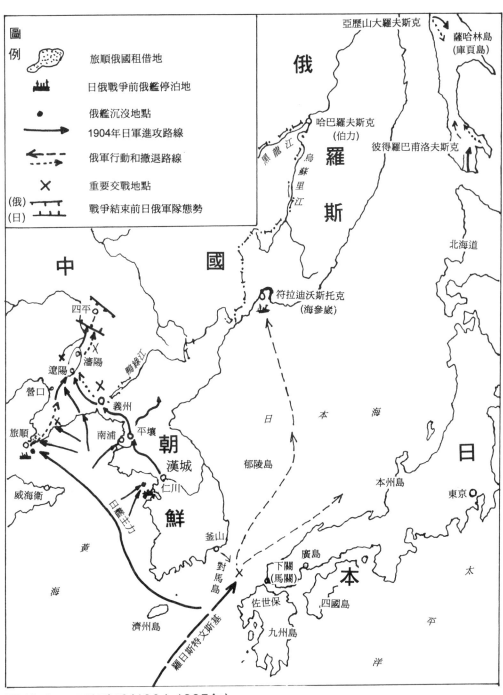

圖10-1 日俄戰爭(1904-1905年)

1905年2月，雙方援軍繼續到達，準備決戰，此時俄方有步兵三十八萬，騎兵二萬八千，炮兵三萬，大炮一千三百門。日方有步兵二十萬，炮兵、工兵、輜重各兵種合計有十五萬，大炮一千一百門。2月19日，日軍總司令大山巖以第五軍新到，銳氣方盛，遣其先行發動攻勢；隨後遣第一軍於2月27日渡沙河，爲其後援；又遣第二軍、第四軍同時從正面進攻；第三軍則迂道向俄軍的西北方前進。3月1日，日軍陷新民屯，繞至俄軍之後，8日，斷奉天以北的鐵路，俄軍已無退路。至此，俄人知全軍已陷入敵人四面包圍之中，不得已乃下令退卻，日軍乘勢猛進，3月9日，俄軍戰線爲日軍切斷，被迫於10日放棄瀋陽。此役日軍死傷總數在四萬一千人以上，俄軍死者二萬八千人，被俘者四萬以上，傷亡總數逾九萬人。戰場上丟棄的大砲、裝備、糧食、軍需品，等等，更是不計其數，當時一片混亂，以致在場的高級軍官都喪失了鬥志[23]。庫氏引咎辭去聯軍總司令之職，改由李涅維奇接替。李氏整理敗軍，一時無力再戰，日軍乘勢進佔開原，鐵嶺，然兵力亦疲，不能再進，兩軍之陸戰於是告終，勝利全歸日本。

五、海軍戰況

經過一系列日勝俄敗的陸戰以後，戰鬥的重心轉移到了海上。

日俄海軍艦隊之數量與噸位相差無多，日方乘地利之便，實力集中。俄方跨地遼闊，艦隊分散，緩急之間，呼應馳援，均不靈便，戰爭爆發時俄國海軍包括戰艦二十八艘，一等巡洋艦十四艘，二等巡洋艦十三艘，三等巡洋艦十艘。海防艦十艘，一等炮艦四艘，二等炮艦二十七艘。驅逐艦三十九艘。水雷母艦十艘，水雷艇二百零七艘。分爲四個艦隊；波羅的海艦隊，黑海艦隊，地中海艦隊，太平洋艦隊。其中除黑海艦隊因南路出海口被封鎖，不能出海外，餘皆可赴遠東作

---

23 《日俄戰爭外交史綱》，下冊，頁533。

戰。日本由於是四面環海的島國，海軍的建設頗受重視，戰前已擁有一等遠洋戰艦六艘，二等戰艦三艘。一等巡洋艦六艘，二等巡洋艦九艘，三等巡洋艦七艘。三等海防艦十艘。一等炮艦三艘，二等炮艦十四艘。通報艦四艘。驅逐艦十九艘。水雷母艦一艘，水雷艇八十二艘[24]。雙方戰鬥一開始，俄方在旅順和仁川的艦隻，就遭遇到日方的襲擊，受到相當損失，詳情已見前節。然當時俄國已控有旅順，佔天險之利，日艦欲取得制海權，亦屬不易。由於俄艦聚集於旅順港內者尚多，日本聯合艦隊總司令東鄉平八郎乃決行封鎖之策，以保日軍海上之安全。封鎖之策先後執行三次，始克完成。1904年2月24日，第一次以閉塞艦五艘，載決死隊士卒七十九人，乘夜前往施行封鎖，俄人以探海燈照射，日兵目眩，迷其進路。俄方發炮猛擊，決死隊死一人，傷三人。日艦雖進港口，並自行破壞沉沒於海底，但以方向誤差，港口未能全鎖，俄艦仍可自由出入[25]。3月27日，行第二次封鎖，遣閉塞船四艘，士卒六十五人前往，距港口二海里，俄兵始察覺，發炮猛擊，日艦冒險入港，爆沉其船，日兵死四人，傷九人。然閉塞目的仍未全部達成。當時俄方遠東海軍艦隊總司令之職，已由馬卡羅夫中將繼任，馬氏當時被認為是俄國最出色的海軍將領，作為海軍軍官、發明家、科學家而又兼著作家的一生中，他曾屢創奇蹟。3月8日他到任之後，即以動人的堅持，親自領導一切，完全恢復了俄軍的士氣，與全體官兵狂熱的、齊心協力的投入工作。他每日出港巡弋，使士兵不斷的演習鍛鍊，日將東鄉探知此情，乃於4月12日深夜，在旅順口外布電機水雷無數，次晨，使巡洋艦數艘，出沒港口，以伺俄艦，黑暗中有俄艦一艘被擊沉，其他艦隻馳救不及，始駛回港，經過日方布設水雷的海面。水雷爆發，俄方旗艦彼得巴夫洛夫斯克(Petropavlovsk)號被炸沉沒，馬卡羅夫及艦員六百餘人全部喪命，只有七名軍官和七十

---

24 《文哲季刊》，頁367；《俄國軍隊與對日戰爭》，頁135。
25 《六十年來中國與日本》，第4卷，頁225-226。

三名水手得救[26]。自此，俄方的戰鬥力和士氣大受損傷。

馬氏雖死，但日艦對旅順的封鎖並未完成。至5月3日，日艦又施行第三次封鎖，出動閉塞艦八艘，入港沉沒者五艘，沉於港口者一艘，另二艦一觸水雷，一損舵機，均未抵港口即沉。此次俄方防禦甚嚴，大炮猛轟於上，水雷爆發於四週，日艦實處於炮火環攻之中，又遭遇大風，日軍死傷甚多，決死隊無一生還者，惟閉塞之目的，則由此達成。自後吃水較深之戰艦，即不能自由出入[27]。

此時日方的乃木希典將軍已帶領三個師團，由陸路進攻旅順的背後，俄艦誤認日軍的戰鬥重心已轉至陸路，海軍的戒備必已稍弛，乃乘機在港外布雷，以炸日艦，然當天的夜間即被日軍暗中掃除，至6月21日，兩軍在港外相遇，俄艦撥動預埋的水雷導線時，所埋水雷完全失效。22日晨，俄艦又全部出港示威，被日方大批巡洋艦迎堵，不敵而退。7月中旬，日方陸軍已達到距旅順僅十餘里之地，緊迫旅順的後路，俄人始察覺困守非計，決定突圍而出，8月10日，俄戰艦六艘，裝甲巡洋艦一艘，巡洋艦四艘，驅逐艦八艘，相繼出旅順，試圖向海參崴方面突圍，日艦遮路邀擊，集全力以攻其主力艦，炮火猛烈，俄艦隊司令維特杰夫特(Witgeft)將軍陣亡，俄艦大敗，遁回港內者半，散逃到庫頁島、煙台、膠州灣、上海、西貢者亦半。自後俄方的旅順艦隊已零落不能成軍[28]。

當日軍圍攻旅順時，俄方海參崴的艦隊時常出沒海上，乘虛突擊日軍。4月25日，俄艦擊沉日艦金州丸於新浦。6月15日又擊沉日陸軍運輸船和永丸、當陸丸於對馬海峽。數日後又襲北海道元山津，日方均受到相當程度的損失。8月14日，日本上村艦隊，忽與俄艦相遇於蔚山海面，上村下令猛攻，沉俄戰艦二艘，毀三艘，海參崴艦隊自受此

26 Donald W. Mitchell, *A History of Russian and Soviet Sea Power* (Andre Deutsch, London, 1974), pp.218, 219, 220.

27 《文哲季刊》，頁377。

28 同上書，頁380；《日俄戰爭外交史綱》，下冊，頁473-474。

重創，不再出港，制海權乃全歸日本所有 [29]。

　　自後旅順外援斷絕，僅因該港地勢險要，俄軍仍可恃險頑抗。在8月19日至10月26日之間，日軍發動三次總攻，均無功而退。11月26日，日軍又行第四次總攻，延續至12月5日，日方發動陸海軍聯合攻擊，始漸得手，背面炮台，相繼被日軍攻佔，停留在旅順港外的俄國殘艦，亦被日方的水雷隊漸次殲滅，形勢日益危殆。俄防區總司令斯特塞爾（stössel）將軍知不可守，乃於1905年1月3日向日軍投降，停止武力抵抗。原來俄方的駐防軍和海軍共有五萬七千人，將校八百七十八人。此時只剩下三萬人左右，全部被俘，堡壘炮台五十所，戰利品無算，均落入日軍之手。據庫羅巴特金原來的評估，旅順口要塞足可堅守十八個月之久，實際上只支持了八個月即告潰敗，俄方軍威，自此大降 [30]。

　　旅順艦隊與海參崴艦隊被殲先後，俄沙皇下令，遣波羅的海艦隊前往遠東，以挽救戰局，被遣艦隻，組成爲第二太平洋艦隊，由海軍中將羅日杰斯特溫斯基（Rozhdestvensky）率領。羅氏體力過人，脾氣暴躁，完全缺乏能被自己部下愛戴的司令官的品質。9月11日，他選出了四十七艘戰艦，自波羅的海出發東航。及至旅順棄守，俄方又將波羅的海的餘艦，組成第三太平洋艦隊，命海軍少將涅博加多夫（Nebogatov）率領。涅氏的性格與作風均優於羅氏，但他屬下船員的素質卻比後者的更差 [31]。1905年2月17日，此一艦隊啓程東航，以期在遠東與第二艦隊會合。因蘇彝士運河爲英國人所控制，兩支艦隊不能通過，必須繞道好望角向東航行。5月9日，兩支艦隊在南中國海會合，擬經黃海入海參崴。此一動向早被日方偵悉，日艦隊總司令東鄉平八郎率領的一百四十艘艦隻和一萬八千名船員的艦隊，在朝鮮海峽對馬島以北的海面上嚴陣以待。1905年5月27日凌晨五時，五十八隻俄艦和

29　《文哲季刊》，頁380-381。

30　《日俄戰爭外交史綱》，下冊，頁530。

31　D. Mitchell, *op. cit.*, pp. 234-235, 244-245.

一萬四千名船員的俄國聯合艦隊從南方駛進對馬海峽,當日十三點四
十九分,雙方戰鬥開始,戰況異常猛烈,未及半小時,俄艦陣容即出
現凌亂現象,日方集主力於鬱林島附近,以強烈的火力猛攻,俄艦受
其水雷衝擊,不能支,或起火,或沉沒,到了下午四時,俄國敗局的
跡象已經明顯,其陣列中的艦隻大部份都受損,通往海參崴的航路已
被有效的封鎖;殿後艦隊與其餘艦隻的聯繫亦被切斷,將卒驚慌失措
而陷入混亂[32]。

　　1905年5月28日清晨五時,涅博加多夫海軍少將檢點殘軍,察覺他
指揮下的戰艦只賸下四艘。有一段時間,海上很清靜,似乎沒有敵人
注意這幾艘俄艦的存在,涅博加多夫便率領著這支小艦隊緩緩的向著
三百海里外的海參崴駛去。但是逃走已不可能,不久,北邊地平線上
出現幾縷煙柱,五艘日本巡洋艦出現了。其餘的日艦也突然在南邊的
海面上出現。上午九時,全部日本艦隊包圍了殘存的俄艦,並用他們
更有力的大炮再度開火。涅博加多夫將軍與軍官們會商之後,決定發
出投降的訊號[33]。約在上午十一時左右,俄方將領羅日杰斯特溫斯基
與涅氏率全體官兵正式向日方乞降,一場轟轟烈烈的海上大戰就此結
束。此役俄方戰艦被擊沉者六艘,被俘者二艘,巡洋艦被擊沉者四
艘,遁走者五艘,海防艦沉者五艘,被俘者一艘,遁走者三艘,假裝
巡洋艦沉者一艘,特務船沉者四艘,被俘者二艘,病院船二,均被
俘。俄方原有船艦的總噸位為十五萬七千噸,損失了十三萬七千噸。
俄軍被擊斃、燒死、淹死者達五千人,獲救後被俘者六千一百四十二
人,突圍後進入中立港灣及抵達海參崴者三千人[34]。全部船人,損失
殆盡。自後公海上再無俄艦的蹤影。

　　根據東鄉的報告,日方只損失了三艘驅逐艦,傷亡的人數總共
是:七名軍官和一百零八名士兵陣亡,四十名軍官和六百二十名士兵

32　D. Mitchell, *op. cit.*, pp. 254, 259.

33　*Ibid.*, p. 263.

34　《日俄戰爭外交史綱》,下冊,頁610-611。

負傷。但依據俄方的資料，日方僅陣亡了一百十七人，傷五百八十七人，這與俄方的損失相比，當然是非常輕微的[35]。

對馬海戰不僅標誌著俄國人要挽救一場戰敗了的企圖的破滅，還是海戰史上一場最嚴重的全軍覆沒。在十七個月的戰爭中，俄方除了在水雷戰取得一次勝利外，海上與陸上的任一戰役，竟都是每戰必敗。慘敗之餘，接著就是調查和追究責任。1906年11月，軍事法庭開庭，海軍中將羅日杰斯特溫斯基坦承他應負的一切責任，因而被宣判無罪。海軍少將涅博加多夫因投降後在英國報紙上發表文章，透露俄國海軍的缺陷，因而被判死刑。但後來沙皇將此一判決減為十年[36]。遠東大督阿列克謝耶夫在戰爭期間安居在瀋陽的官邸中，很少過問軍隊的事務，然而戰後卻獲得了聖喬治十字勳章[37]。

海軍問題專家對於日本獲得此一極大勝利進行了廣泛的分析研究，大家都認為，日本人顯然是從過去的錯誤中吸取了教訓，他們慎重行事，採取近距離的作戰法。然而更具體的說法是對馬海戰中幸存者的分析：俄國人每分鐘發射一百三十四發炮彈，共重兩百磅，而日本人則是三百六十發，共重五萬三千磅[38]。如此，這兩方面所發揮的實際效果，自然有很大的差別了。

六、樸資茅斯條約之締訂

日俄雙方在戰場上的勝負既日益分明，兩國國內政治、經濟、軍事的各種難題也逐漸出現，影響所及，使戰局勢難持久。

1905年1月22日，俄國首都爆發了所謂「血紅星期日」的第一次革命，因而急劇的改變了戰爭的前景。隨後即有二十三條鐵路的工人舉

---

35 《俄國軍隊與對日戰爭》，頁137；D. Mitchell, *op. cit.*, p. 265.

36 D. Mitchell, *op. cit.*, p. 270.

37 《維特伯爵回憶錄》，頁102。

38 D. Mitchell, *op. cit.*, p. 265, 271.

行罷工,歐俄地區約有三十五個縣的農民捲入了革命的浪潮之中,知識分子和工商業者都表示對國內局勢的悲觀和不滿。根據俄國財政大臣科科夫佐夫(Kokovtsov)於1905年3月下旬的報告:當時戰費的總支出已達十億盧布之鉅[39]。如果仍依靠外債籌措戰費,實屬異常困難,因國際間對俄國債信的疑慮已形成了普遍性。沙皇政府實已面臨嚴重的困境。

日本固然屢戰屢勝,但財力和人力的損失已達最大的限度。日政府在宣戰後的三天之中,即募集了一萬萬圓的國庫債券。5月23日,又募了第一次公債一萬萬圓[40],民眾雖踴躍應募,但負擔力實已告竭。戰爭使日本花費了約二十億圓,日本的國債由六億圓增至二十四億圓,其中國外的軍事借款為八億圓。然而在戰後僅利息一項每年需支付一億一千萬圓[41]。如果以美金計算,日軍每日的戰費達一百萬元,後來支付的利息尚不在內[42]。向外貸款已日益困難。此種情況,引起軍方的嚴重不安,政府注意及此,亦非常慎重的尋求適當手段,促使和局的早日來臨。

當時歐美各國,對戰局亦異常關切;英美兩國深知俄如戰勝,必定要獨霸滿洲而危及中國的門戶開放,故不願俄人得志於遠東。德法兩國,與俄國的財經關係較密,均不願見俄國之一敗塗地。依各國的一般觀察,俄國企求在短期內挽救其失敗的命運,已屬不可能之事。最好從速促成兩國的和談,以防止俄國從整個遠東被驅走,可使日俄對峙,相互牽制,以免任何一方有獨霸遠東的機會,於是一致同意美國總統羅斯福(Theodore Roosevelt)出任調停之責。實際上羅氏早已作出確定的結論,他將以維護世界和平與公理的姿態,出來操縱和局,

---

39 《日俄戰爭外交史綱》,下冊,頁556。

40 《文哲季刊》,頁390。

41 Avarin著,黃毅、李紹鵬等譯,《帝國主義在滿洲》(北京:商務印書館,1980),頁113。

42 Tyler Dennett, *Roosevelt and the Russo-Japanese War* (New York: 1925), p. 295.

在遠東爲美國贏得更多的利益和威望。1905年2月，他曾透過法國駐美大使，向俄皇勸和，得到的答覆是：信賴波羅的海艦隊和瀋陽周圍數十萬的俄軍，決心繼續戰爭 [43]。及至3月瀋陽會戰，俄軍慘敗；5月對馬海戰，波羅的海艦隊又全軍覆沒，沙皇的最後希望已成泡影，俄國捨議和外無較佳的選擇。

　　日本及時利用此種有利時機，由外相小村於5月31日正式要求羅斯福出面調停。羅氏隨即提出他斡旋的具體方案；竭力滿足日本對朝鮮的侵略要求，俄國原來自中國租借的旅順及其周圍地區也轉讓給日本。但希望日本保持滿洲三省的門戶開放，並將其歸還中國 [44]。此一步驟確定以後即由國務院電訓美駐日公使葛理斯康（Griscom）及駐俄大使邁耶（Meyer），於6月8日分別以正式通牒致送兩國政府，宣稱：「爲顧及一般人類之福利，使慘痛之戰爭終了，切望兩國政府，不獨爲兩國自身，並爲全文明世界之利益，共相議和修好」[45]。

　　9日，日方收到上項通牒，其外相小村即於10日照復美國公使，表示接受美國總統之勸告，決定媾和。俄方早於6日已得知羅斯福調停的條件，因而沙皇立即召開了一次御前會議，會中非常謹慎的討論軍事領袖們所提繼續進行陸戰的主張，所有的出席者，包括沙皇在內，都清楚的意識到，財政困難的前景和革命運動的燎原之勢，已陷政府於兩難困境。甚至主戰派的皇叔弗拉基米爾（Vladimir）親王都認爲「俄國需要國內的繁榮有甚於需要戰爭的勝利」。他提出停戰的理由是：(1)俄國軍隊再不能經受遼陽和瀋陽那種災難；(2)要把日軍驅至遼東半島與朝鮮邊境大約需要兩年的時間，十億盧布的開支，及二十至二十五萬士兵的傷亡；(3)沒有艦隊，無法取得進一步的勝利；(4)日本將會佔領庫頁島和濱海省的大片土地。基於會中討論的各種形勢，沙皇接受了

43　夏良才，《近代中國對外關係》（成都：四川人民出版社，1985），頁182。

44　T. Dennett, *op. cit.*, pp. 161-162; 178-179.

45　引自《六十年來中國與日本》，第4卷，頁229-230。

美國勸和的建議，於12日由外交大臣向美國大使致送照會，予以確認[46]。

日本政府為了加強其在和會中的談判地位，採取了幾項行動，以便更能掌握制勝的先機。第一，應羅斯福總統的建議，於7月7日派遣一萬四千名的日軍，在薩哈林島（庫頁島）登陸，佔領了科爾薩科夫（Korsakov）哨所和索洛維約夫（Soloviev）陣地，藉此堵塞俄國在太平洋的出海通道[47]。第二，與英國於8月12日簽訂了第二次英日同盟，承認日英在中國的利益和日本在朝鮮的特殊利益，雙方互相援助。第三，日本首相桂太郎與美國國防部部長塔虎脫（Taft）於7月27日簽訂一項秘密備忘錄：美國同意日本對朝鮮有宗主權，日本保證無侵略菲律賓的意圖，此項協定使美國成了新英日同盟的未簽字的成員國，事實上完成了英日美三國的同盟[48]。

關於議和的地點問題，美國主張在滿洲，俄國主張在巴黎，日本主張在華盛頓，最後決定在美國東北部的樸資茅斯（Portsmouth）。

中國政府鑒於日俄和議即將召開，對中國的權益至關重要，乃於7月6日由外務部照會俄日兩國，嚴正聲明：

> 前年貴國與俄（日）國，兩國不幸失和，中國政府深為惋惜，現聞將開和議，復修舊好，中國不勝忻幸。但此次失和，曾在中國疆土用武，現在議和條款內，倘有牽涉中國事件，凡此次未經與中國商定者，一概不能承認。業經本部電知出使大臣，照達貴國政府，預為聲明[49]。

實際上此一聲明，無異紙上空言，日俄兩國在和會中及條約上所處分者，百分之九十均係有關中國滿洲的權益問題。中國主權並未受

---

46 《日俄戰爭外交史綱》，下冊，頁620、689、760。

47 同上書，下冊，頁695。

48 A. W. Griswold, *The Far Eastern Policy of the United States* (New York: 1938), p. 116; T. Dennett, *op. cit.*, p. 115.

49 故宮博物院編纂，《清光緒朝中日交涉史料》（北平：故宮博物院，1932），卷69，頁14。

到應得的尊重。

　　由於和會開議的日期定在8月1日，日俄雙方均於7月分別任命全權代表，前往美國赴會。日方任命外相小村壽太郎與駐美公使高平小五郎爲正副全權。俄方最初任命駐法大使穆拉維約夫（Muraviev）爲全權代表，穆氏稱病請辭，沙皇始再度起用前財政大臣微德爲首席全權代表，又命駐美大使羅森（Rosen）爲副全權，率領代表團於7月26日經法赴美。代表團包括的成員有；聖彼得堡大學國際法教授馬滕斯（Martens）；當時駐華公使璞科第（Pokotilov）；曾任駐華使館代辦的普蘭松（Planson）；財政部代表希波夫（Shipov）；陸軍部代表葉爾莫洛夫（Yermolov）將軍；薩莫伊洛夫（Sarmoylov）上校；海軍部代表魯辛（Rusin）上校和後來任過駐華公使的科羅斯托維茨（Korostovetz），都是一批嫻熟於中國事務和軍務的專家。

　　1905年8月5日，日俄兩國代表團人員，由俄羅斯總統介紹，在總統游艇「五月花號」上舉行見面的儀式。8日，抵達樸資茅斯。9日，在海軍造船廠舉行全體代表參加的預備會議，決定工作綱要。10日，雙方舉行第一次會議，日方的全權小村提出和議草案十二條，其要點如下：

　　⑴日本在朝鮮有政治上、軍事上及經濟上的優越利益，俄國不得阻礙或干涉。

　　⑵俄國在規定期限內，全部撤出其駐滿洲的軍隊，俄國應放棄在該地區內一切侵犯中國主權或妨礙機會均等原則的特惠與特權。

　　⑶日本承諾，如中國保證革新行政，日本可將其所佔滿洲土地全部交還中國。但遼東半島租讓權所及地域，不在此限。

　　⑷日俄互相承擔義務，不得阻礙中國爲發展滿洲工商業而採取涉及列國的一切措施。

　　⑸薩哈林島及其附屬島嶼，以及所有國營企業和國有財產，均讓予日本。

　　⑹旅順、大連及與其鄰近之領土領水之租讓權，包括與此租讓權有關之一切權益、特權、讓與、優待、國營企業和國有財產，均讓予

日本。

　⑺俄國應將哈爾濱至旅順之間的鐵路支線，包括一切權益、特權、財產及煤礦，均讓予日本。

　⑻俄國所經營橫貫滿洲之鐵路，只限於以工商業爲目的之使用。

　⑼俄國應賠償日本的實際戰費。

　⑽引渡逃入中立港口避難的俄國艦隻，作爲戰利品交予日本。

　⑾俄國必須限制其在遠東水域的海軍軍力。

　⑿俄國允許日本居民在俄屬濱海省沿海有充分之捕漁權 [50]。

　　微德與其他代表們初步討論之後，就指派希波夫和璞科第逐條草擬答覆，並由馬滕斯教授將其譯成法文，爲了便於俄方草擬覆文，延到12日才舉行第二次會議，會中俄方提出答覆日方十二條之對案，指明割讓庫頁島、賠償戰費、引渡中立港的俄艦、限制俄國海軍的軍力等項，不能接受，聲稱沙皇有不割地、不賠款之訓令，堅不讓步，小村請改爲逐條審議。14日舉行第三次會議，午前，朝鮮問題獲得協議。下午，滿洲撤兵問題亦達成協議。15日的第四次會議中，對保全中國領土及門戶開放問題，都順利的互相同意而告解決。惟到下午討論庫頁島一項時，雙方爭論了兩個多小時，無法得到一致的結論。只得改行討論旅順、大連租借權轉讓問題，微德提出的文稿獲得通過。16日舉行第五次會議，磋商中東鐵路與南滿支線問題，爭論至傍晚，終獲解決。17日的第六次會議開始討論意見分歧的條款，辯論終日，毫無進展。18日的第七次會議繼續審議未決的四項條款，日方放棄引渡中立港的俄艦與限制俄國海軍軍力兩項條款，但俄方仍不肯退讓，午後雙方就捕魚權獲致協議。延至23日舉行第九次會議，再度討論未決的四項條款，俄方仍堅不讓步，羅斯福恐和議有破裂之虞，於是積極促請日本再作讓步，同時設法挽德法兩國元首共勸俄國沙皇「考慮目前的形勢，避免可怕的災禍」。又遣美國駐俄大使邁耶親見沙皇，勸他

---

50 《日俄戰爭外交史綱》，下冊，頁767-768。

割讓庫頁島的南半部，以完成和局，終於得到尼古拉二世的允諾[51]。
29日，舉行第十次會議，雙方都認為此乃最後的一次會議，小村不得
已，作最後的大讓步，只要求割讓庫頁島的南半部，北半部仍屬俄國
所有，無須償付任何贖金[52]。至此雙方同意。然後兩方又按照此項正
約第三條及第九條的規定，另訂附約兩條，第一條係約定自講和條約
施行之日起，以十八個月為限，所有兩國在滿洲之軍隊，除遼東半島
租借地外，一律撤退。第二條係規定兩國劃定庫頁島南北界線問題。
和議至此告成，俄方代表團隨即指定馬滕斯教授和璞科第公使負責起
草全部和約的條文。

　　1905年9月5日，起草和約條文的工作完成，雙方全體代表於下午
二時左右齊集會場，先進行核對及校訂約文的工作。三時四十五分
鐘，舉行和會閉幕會議，雙方全權代表依次簽了十二次的名，然後在
禮炮聲中完成了閉幕典禮。和約宣告成立，日俄戰爭至此完全結束。

　　微德在美國停留數日，於9月12日啟程返俄，途經法德兩國，亦稍
作停留，9月28日返抵彼得堡的華沙車站。車站上並沒有為他安排任何
歡迎的儀式，只有寥寥幾個官員和朋友在等候他，情景相當冷淡。

　　日本東京也沒有任何慶祝勝利的集會，反而有民眾暴動的情事發
生，日本國民認為政府閣臣及議和代表畏俄誤國，以致招來樸資茅斯
條約的極大屈辱。暴動蔓延數日，內相官邸及數十處警察所被焚，警
察人員被擊斃者達四百多人。小村等一行延至10月16日才由美返日，
仍恐暴民對他將有不利的舉動，防衛甚為嚴密。

七、樸資茅斯條約對中國之遺患

　　樸資茅斯和約告成，改變了東亞的國際形勢，日本崛起於列強之
林，代替帝俄，儼然成為爭奪遠東霸權的盟主。中國被迫接受殘酷的

---

51 同上書，下冊，頁796、806。
52 同上書，下冊，頁820。

現實，成爲戰爭禍患中的祭品。

　　按照樸資茅斯條約的規定，俄國原來掠自中國的遼東半島租借權和南滿鐵路的經營特權，均應轉讓與日本。日本爲鞏固戰爭中奪得的侵略成果，隨即任命小村壽太郎與內田康哉爲全權大臣，率領參加樸茅斯和談的原班人員，前往北京，與中國舉行租借地及鐵路經營權轉讓的談判。此時清廷已任命慶親王奕劻、外務部尙書瞿鴻禨、直隸總督袁世凱爲全權大臣，外務部右侍郎唐紹儀爲會辦，共當中方的談判之任。1905年11月17日，雙方正式開議，先由日方提出會商大綱共十一款，交由中國全權大臣核閱，約定由中方按條開出意見作答，再行研議。

　　自11月17日起，連續共舉行了二十二次會議，始就日方所擬條款議妥。12月22日（光緒31年11月26日）上午十一點三十分舉行末次會議，雙方談判人員均出席，共同完成「中日會議東三省事宜條約」（一稱「中日滿洲善後協約」）的簽署手續。此約有正約三款，附約十二款。約文如下：

　　　正約：

　　⑴中國政府將俄國按照日俄和約第六款及第七款允讓予日本國之一切，概行允諾。

　　⑵日本國政府承允按照中俄兩國所訂借地及造路原約，實力遵行，嗣後遇事隨時與中國政府妥爲釐定。

　　⑶本條約由簽字蓋印之日起，即當施行。兩個月以內，應將批准約本在北京互換。

　　　爲此，兩國全權大臣繕備漢文日本文各二本，即於此約內簽名蓋印，以昭信守 [53]。

　　　附約：

　　⑴中國政府應允俟日俄兩國軍隊撤退後，從速將下開各地方，

53 許同莘編輯，《光緒條約》（外交部刊本），第95項，頁3。

中國自行開埠通商：奉天省內之鳳凰城，遼陽，新民屯，鐵嶺，通江子，法庫門；

吉林省內之長春（即寬城子），吉林省城，哈爾濱，甯古塔，琿春、三姓；

黑龍江省內之齊齊哈爾，海拉爾，愛琿，滿洲里。

(2)因中國政府聲明，極盼日俄兩國將駐紮東三省暨護路兵隊從速撤退，日本國政府願副中國期望，如俄國允將護路兵撤退，或中俄兩國另有商訂妥善辦法，日本國政府允即一律照辦；又如滿洲地方平靖，外國人命產業均能保護周密，日本國亦可與俄國將護路兵同時撤退。

(3)日本國軍隊一經由東省某地方撤退，日本國政府應隨即將該地名知會中國政府，雖在日俄和約續加條款所訂之撤兵限期以內，即如上段所開，一俟知會日本軍隊撤畢，則中國政府可得在各該地方酌派軍隊，以資地方治安，日本軍隊未撤地方，倘有土匪擾害閭閻，中國地方官亦得派相當兵隊，前往剿捕，但不得進距日本駐兵界限二十華里以內。

(4)日本國政府允因軍務上所必需，曾經在滿洲地方佔領或佔用之中國公私各產業，在撤兵時，悉還中國官民接受，其屬無須備用者，即在撤兵以前，亦可交還。

(5)中國政府為妥行保全東三省各地方陣亡之日本軍隊將兵墳塋以及立有忠魂碑之地，務須竭力設法辦理。

(6)中國政府允將由安東縣至奉天省城所築造之行軍鐵路，仍由日本國政府接續經營，且為轉運各國工商貨物。自此路竣工之日起，以十五年為限。屆時雙方請他國評價人一名，妥定該路價格，售與中國。

(7)中日兩國政府應妥訂南滿洲鐵路與中國各鐵路接聯營業章程。

(8)中國政府允南滿洲鐵路所需各項材料，豁免一切稅捐釐金。

(9)日本得在安東、營口及奉天等地劃定租界。

⑽中國政府允許賦予中日合營鴨綠江右岸森林公司的採伐權。

⑾滿韓交界通商，彼此照最優國待遇辦理。

⑿中日兩國政府，允凡本日簽名蓋印之正約暨附約所載各款，遇事均以彼此相待最優之處施行[54]。

此約於1906年1月23日經光緒皇帝批准，當日在北京與日方互換，並立即施行。

此次中日間的北京會議，實爲樸資茅斯和會的後續協商，「中日滿洲善後協約」，可說是樸資茅斯條約的延伸與補充，從事戰爭的是日俄，戰爭所造成的禍患，卻要由中立的中國去承擔善後。戰敗的俄國，竟以中國的權益讓渡與戰勝者作爲賠償，於法理實不盡合，當清廷於1898年將旅大租借與俄人時，並未在約中載明俄國有權轉讓，清廷本可不予承認，只因滿洲三省全部淪於俄軍佔領之下，已有六年之久，若不乘此立約的時機，促其與日本同時撤軍，收復失地，恐致遷延不撤，日久之後，時異勢遷，造成國際間視聽不明之錯誤印象，致使中國在東北地區的主權問題更難解決。

其次，當時清廷的策略是要在機會均等的原則之下，將東北三省全部對列強開放，鼓勵歐美各國的經濟勢力之輸入，以制衡日俄，中國領土之完整方得保全。此種意圖，在北京會議時已透露無遺。此舉固然是強鄰的侵略戰爭所促成，亦由於清廷的君臣，面對艱難的國運，已覺悟到以往封閉東北之失策，至此始大量開闢通商口岸，力圖利用國際間的均勢，以減輕日俄在中國的政治勢力與武力的威脅。

八、結　語

19世紀中葉時，俄國的勢力已從三方面包圍了中國的東北三省；然而當時俄國的工業資本尚未成熟，經濟落後，實不具備條件去統治

---

54 《光緒條約》，第95項，頁6。

此一人種和文化迥然不同的異域。只因沙皇政府中居領導地位的親貴和冒進份子的合謀，就乘中國有義和團的動亂之際，藉口防禦襲擊，以武力佔領了滿洲全境，進圖吞併，將其開拓爲官商聚斂財富的新基地。但此舉卻破壞了它與中國長期友好的傳統，引發了日本的抗爭，更激起了國際間層出不窮的譴責與抗議。

　　日本帝國早視朝鮮和南滿爲其向亞洲大陸發展的新園地，力圖據爲己有而與俄人爭勝。俄人則於排拒日本之外，更企圖關閉滿洲，不准列強在東北地區之內開商埠、設領事，此種獨佔行爲，違反了中國門戶開放及機會均等的原則，促成了美英日三國協同一致的反對。沙皇政府卻忽視國際間的輿論，只集中全力侵凌中國，威脅朝鮮，使日本更感不安，要求與俄方舉行全面談判。在談判的進程中，俄方既未充分備戰，亦未決心避戰。日本見談判不能及時獲致協議，便乘機偷襲，造成不可挽救的局勢，終致戰爭爆發，使幾十萬人喪失了生命，耗盡了資源，削弱了交戰雙方的國力[55]。

　　自衝突之時起，此一戰爭的殺戮戰場，百分之九十五都在中國的國土之內。在直接軍事行動的區域內居民遭受了極大的困苦和物質損失：無情炮火的摧殘，敵軍粗野的蹂躪，村莊被毀了，禾苗被踐踏了，交戰每一方對居民稍涉間諜嫌疑者一批一批的被槍殺了[56]。至1904年冬季爲止，僅奉天一地已聚集了災民十萬餘人，露宿街頭，飢寒交迫。此外，在遼陽、海城、哈爾濱、寧古塔、敦化、農安等地，經常有成千上萬的中國人，忍受著俄軍刺刀的威脅，從事苦役[57]。

　　俄國陸軍的兵額最高可達四百萬，在歐洲各國中素稱強大，其士兵群眾多來自農民，軍官則多來自小資產階級，如包括近衛軍在內，即有百分之三十七的軍官職位掌握在世襲貴族手中。普通的軍官在統治階級的「上流社會」裡地位低微，與享有特權的近衛軍上層人物有

55　《帝國主義在滿洲》，頁113。

56　同上書，頁111。

57　《沙俄侵華史》，第4卷，上冊，頁498、499-500。

天壤之別，只有後者才能擔任俄國軍隊的高級指揮官 [58]。低級官兵缺乏升遷的機會，士氣消沉。曾經親自指揮陸軍作戰的庫羅巴特金將軍分析俄軍屢戰屢敗的原因時，他歸咎於軍費的不足和軍中技術裝備的缺乏 [59]，歷史學者認為軍中存在著不人道的精神應該分擔失敗的責任，他們具體的指出：士兵在「乞丐一般的處境」中服役，且常遭受謾罵、鞭打、掌嘴的教訓 [60]。這使官兵之間存在著長期的不諧和怨恨。

海軍的質量並不優於陸軍，且同樣的有訓練不足、遠程射擊不準確、缺乏測距儀、望遠瞄準器和無線電等必要設備的缺陷。最不能忽視的是軍中瀰漫著農奴制的遺風，貪汙盜竊和破壞活動層出不窮，軍官濫用職權，非法而經常的拷打水兵，日夜長工，飲食粗劣，衣鞋破舊，不准上岸，都是未曾得到糾正的苦情 [61]。長期的折磨使他們無法關心俄羅斯帝國的勝負與存亡。在這種情況之下，對馬海峽的滅頂之災，實難全部歸罪於軍中士氣的消沉，專制不靈的沙皇制度應是造成所有錯誤和失敗的根源。

日俄戰後的滿洲出現的新形勢，大致已實現了庫羅巴特金於1903年向沙皇建議的計畫，該項計畫是將旅大、遼東半島及南滿各項權益歸還中國，以換取對北滿的獨佔。惟戰後南滿的各項權益並未歸還中國，而是轉讓給了日本，俄國只能保有在北滿的特權。因為俄國的勢力尚能盤踞北滿，仍繼續向中國要求擴權拓地，於是又導致日俄相互勾結，發動劃分滿蒙勢力範圍的陰謀。中國孤立無助，舊患未除，新禍踵至，國際處境，比較戰前更為險惡。

---

58 《日俄戰爭外交史綱》，上冊，頁441、442。
59 《俄國軍隊與對日作戰》，頁xiii；288。
60 《日俄戰爭外交史綱》，上冊，頁443。
61 D. Mitchell, *op. cit.*, p. 236.

第十一章
日俄密約

一、前　言

　　20世紀之初的日俄戰爭，改變了東亞地區列強力量的對比；日本以新興帝國主義者的姿態，佔有朝鮮，又以旅順大連租借地爲起點，將其勢力向北擴張，控制中國長春以南的鐵路和其他及工礦及商業方面的權益，掃除帝俄在南滿的殘餘勢力，儼然成爲新形勢中的盟主。

　　俄國自被日軍擊敗之後，雖然尚能保有原本侵佔的北滿權益，但實力已經大減，而且國內革命與罷工的浪潮席捲歐俄各地，農產歉收，工業蕭條，財源枯竭，社會經濟面臨破產的危機。於是統治集團中的各派人士，都出而表達他們關懷時政的見解；復仇派人士對和約不滿，鼓吹再戰，但外交界人士則主張與日本妥協；他們認爲日本侵略的真正目標並不是俄國，而是中國與朝鮮。俄國應乘列強重新組合國際力量的時機，採取步驟，逐漸與日本接近，消除兩國之間的疑慮，協調雙方的政策，尋求彼此的諒解，劃定彼此侵華的範圍，實屬必要。經過了幾番討論，沙皇尼古拉二世（Nicholus II）傾向於避免再啓戰端，遂採取調整對日關係的決策。

　　基於這種以劃定彼此侵華範圍爲目標的構想，俄日雙方竟自1907年起，由敵對轉向共同攜手，締結了一系列的密約和協約，作爲兩國侵略中國滿蒙地帶的藍圖。這些俄日協調的背景，以及雙方締約的經過，皆爲本章所關注的主題，將根據俄國革命後所公布的密約及專家

如E.D. Grimm、V. A. Yakhontoff、E. B. Price等人的著作,作一簡要的述評,以期引出更多深入的探討。

二、日俄密約之談判

俄國自日俄戰爭之後,財力短絀,一時難於復原,在1907年的預算中,出現了四千萬至五千萬盧布的赤字,使其戰時在遠東組成的十三萬陸軍部隊,不能得到足夠的政府撥款[1],被迫在東亞地區改採守勢,放棄與日本爭雄的野心,轉向復交修好,為雙方締結聯盟開闢了一條通道。

原來在樸資茅斯議和時,俄方首席全權代表微德(Witte)就曾向日本全權小村壽太郎探詢:有無可能與日本訂立另一種互相援助的協定?並暗示俄國有支持日本的意願,可是小村相當冷淡的表示,日本並不需要俄國的協助,只要微德先生能在會議上支持他,同意日本在朝鮮自由行動,他就感到滿足了[2]。日方的拒絕,並未使俄方放棄協調對日關係的意圖,它依舊繼續尋求與日本妥協的機會。到1906年,俄國內閣改組,伊茲渥爾斯基(A.P.Izwolsky)出任俄外交大臣,對日政策開始作明顯的轉變。伊氏戰前曾任駐日公使多年,號稱日本通,素主親日,一再發表言論,認為俄國應與日本妥協,避免採取任何足以引起日本不滿、或招致戰爭的措施。並說復仇戰爭,純屬幻想[3],強調俄國不應在遠東方面再虛擲金錢。

在日本方面,戰後力謀發展工商業,以恢復元氣,對俄則謀求成立諒解,避免引起戰禍,恰好1906年日本內閣也進行改組,林董出任外相,他素主聯俄,並曾於駐英大使任內致書於俄國的微德,表示兩

---

1 Boris Romanov著,《俄國在滿洲》,頁28。
2 《日俄戰爭外交史綱》,下冊,頁769。
3 Bestuzev, I. B.著,〈俄國在對外政策問題上的鬥爭,1906-1910〉,引自夏良才編,《近代中國對外關係》,頁210-211。

國締和後，日本願與今日之敵國敦睦友誼，日本政府中的元老重臣山縣有朋和伊藤博文均表贊同，建議簽訂日俄協定，作為樸資茅斯和約的補充[4]。林董受到他們的鼓勵，聯俄的準備更為積極。

1906年6月，俄外交大臣伊茲渥爾斯基令駐日使館探詢與日本舉行政治談判的可能性。12月，伊氏又親自向日本駐彼得堡公使本野一郎明確表示：「如能獲得俄日之間未來和平之確實保證，則不惜作出更多的讓步」[5]。1907年2月4日，伊氏又向本野倡議以鞏固對日友好為目標，舉行日俄協商，日方立即響應，表示極為歡迎，至此時機成熟，兩國遂於2月18日展開談判。

2月20日，伊氏正式向本野提出「協定草案兩款」，內容要點是：(1)互相尊重現時的領土完整，並和平的享有各自與中國簽訂的現行的各項條約、日俄樸資茅斯和約、以及兩國所訂各項專約規定的各種權利。(2)相互尊重對方在前述條款中規定的地位，各自得用其所有和平手段維護和援助對方行使上述各項條約權利[6]。

針對俄方的提案，日本政府於3月3日召開元老會議，擬定對案四條：第一條，內容與俄方的提案基本相容，惟補充說明與機會均等原則相背的權利不在此限；第二條，規定兩國尊重中國獨立與領土完整及各國在華工商業之機會均等；第三條，劃定兩國在中國東北三省的利益範圍，雙方相約不在對方勢力範圍內謀求任何鐵路或電訊讓與權，並且不阻撓對方在其勢力範圍內為謀求上述讓與權而採取的行動；第四條，俄國承認由現行條約即1904、1905兩次「日韓條約」規定的日本與朝鮮的政治關係，並保證不阻撓其繼續發展；日本保證俄國得在朝鮮享有最惠國的一切待遇[7]，很明顯，俄方的意圖是鞏固其在華的侵略陣地，防止日方滲入它的勢力範圍，日本的對策是以瓜分

---

4 同上書，頁212。

5 同上書，頁210。

6 日本外務省編，《日本外交文書》（東京：1915-1917），第40卷，第1冊，頁107。

7 同上書，頁108-109。

中國的東北、及獨佔朝鮮的權益爲其主要的標的。

　　3月9日，本野將上述對案提交伊茲渥爾斯基。俄外交部經過研究之後，決定趁日本提出朝鮮問題的機會，直接向日方表達要把中國的蒙古、新疆作爲朝鮮等價物的意圖，因此在4月3日致送給日方的對案中，就正式表示同意日方提案的第一條和第二條，但提議將第三條、第四條分別改爲秘密協定的第一條、第二條外，同時提出補增條款作爲密約的第三條，其中規定：日本承認俄國在中國邊境的蒙古及滿洲地區的利益佔有優勢地位，保證不在上述地區謀求任何鐵路、電訊或礦山讓與權，不派遣僧侶、官吏、教員以及科學的或商業的考察隊前往該地 8。這一提案超越了雙方在談判之初確定的範圍，因此日方在4月16日的答覆中，指明蒙古和新疆兩個地區與日俄兩國的利益不相接觸，完全沒有列入當前協議中的必要。但伊氏固執己見，堅持俄方提出的要求。雙方往返辯駁，僵持數月不決。6月16日，日本內閣召開元老會議，會中採納了伊籐等人的意見，決定承認俄國在戈壁沙漠以北的外蒙地區享有「特殊利益」，但認爲這是日本對俄讓步的最高限度，而且並不涉及新疆與科布多。雙方只能就此項條件達成秘密協議，不能同意在公開條約中涉及此項問題，因爲這將與中國所訂的條約不符，更可能作不利於日本的解釋 9。

　　6月27日，俄沙皇召開特別會議，外交大臣、財政大臣、陸軍大臣均參加，討論俄日協定的最後方案。由於當時「法日協定」已於6月10日簽訂，俄英兩國也調和了他們的歧見，所以希望俄日能迅速達成協議，以利共同對德。因此伊茲渥爾斯基在會中強調擬議中的俄日協定，爲俄國與英法有關的一系列協議中的一環，只有穩定了俄日的關

---

8 《日本外交文書》，第40卷，第1冊，頁120-121。

9 同上書，同上卷，同上冊，第163號文件；E. Price, *The Russo-Japanese Treaties of 1907-1916 Concerning Manchuria and Mongolia*（Baltimore: John Hopkins Press, 1933）, p. 37, 135 n. ㉞.

係，俄國在西方才能行動自由[10]。會議遂決定以日本的方案爲基礎，繼續協商，談判才轉趨順利。

三、第一次日俄密約之簽訂

　　日俄會談經過一度停滯之後，雙方於7月3日復會，會中終於達成了協議：(1)有關朝鮮、滿洲、蒙古的條款，列入秘密條約；(2)日本承認俄國在外蒙享有特殊利益；通過秘密換文，俄方承諾上述規定，並不意味著廢棄本約第一、第二條規定的維持現狀、機會均等原則；(3)南北滿分界線西段終點爲洮兒河上游與東經122度線交叉點；在分界線以南之東省鐵路路段，得保留根據1896、1898年鐵路合同所享有的一切權利；(4)互相通報各自與中國簽訂的所有繼續有效的條約[11]。由於上述協議，日本於7月24日逼迫朝鮮政府簽訂了不平等的第三次「日韓條約」，以便即時控制朝鮮的內政全權。俄國政府也隨即承認了這項條約。7月30日，伊茲渥爾斯基和本野一郎分別代表俄日政府在彼得堡簽署了日俄協定。8月14日，雙方依約將協定全文分別通報英法兩國政府。對於包括中國在內的其他國家，除公開協定外，其餘條款及換文均嚴加保密。

　　此項第一次「日俄協定」是由公開協定、秘密協定、附款及換文四個部份組成。公開協定共兩條，其條文如下：

　　　第一條　兩締約國，允約尊重彼此現時領土之完整，並所有兩國各自與中國締結有效之條約協定，暨合同之權利，如兩締約國，以抄本互相交換者(但與機會均等主義相反者不在此限)，以及日俄兩國於1905年5月在樸資茅斯簽訂之條約，暨兩國所訂各項專約之權利。

10　Kytokov著，《樸資茅斯和約》(莫斯科，1961)，頁104-105。引自《近代中國對外關係》，頁219。

11　《日本外交文書》，第40卷，第1冊，頁160-161。

第二條　兩締約國承認中國之獨立與領土完整，及各國在華工商業之機會均等原則，並相約各用其所有之和平方法，以扶助及防護現狀之存續及對上述原則之尊重[12]。

最重要而且對中國影響最爲深遠的是同時簽署的「秘密協定」，日俄兩國協商的主旨，完全明載於此一密約之內，約文共計四條：

第一條　鑒於滿洲之利益及政治經濟活動之自然趨勢，並欲避免因競爭而起之一切糾紛，日本擔任：不在本約附款所定之界線以北，為本國或日本人民之利益，覓取任何鐵路，或電信之讓與權，並不直接或間接阻撓俄國政府在此區域內，尋求讓與權之任何行動；在俄國方面，為同一和平慾望所激發，亦擔任：不在上述界線以南，為本國或俄國人民，或他國人民之利益，覓取任何鐵路或電信之讓與權，並不直接或間接阻撓日本政府在此區域內，尋求讓與權之任何行動。

第二條　俄國承認與朝鮮間，依現行條約協定為基礎之共同政治關係；此種條約及協定之抄本，已由日本政府致送俄國政府，擔任不加干涉，且不阻撓此種關係之繼續發展；在日本方面，擔任給與俄國政府、領事、人民、商務、工業，及航業，在朝鮮享最惠國之一切權利，至最後條約締結時為止。

第三條　日本帝國政府承認俄國在外蒙古之特殊利益，擔任禁制可以妨害此種利益之任何干涉。

第四條　兩締約國對此約嚴守秘密[13]。

此約另有一附款，規定：南北滿之界線，從俄國與朝鮮邊界西北端起，畫一直線至琿春，從琿春畫一直線至畢爾滕湖（鏡泊湖）之極北端，再從此畫一直線至秀水甸子，由此沿松花江至嫩江口止；再由嫩江上溯至嫩江與洮兒河交流處，然後至此河橫過東經120度止。（圖11-1）

12　V. A. Yakhontoff, *Russia and the Soviet Union in the Far East*（New York：1931），pp. 374-375.

13　*Ibid.*, pp. 375-376.

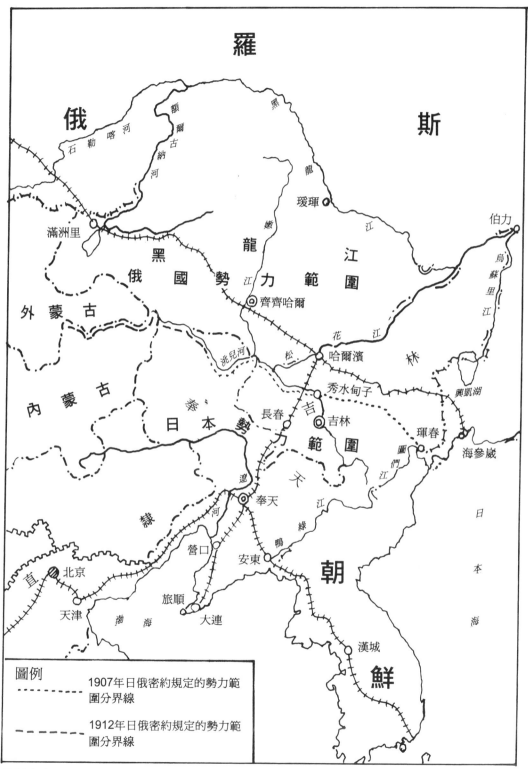

羅

俄   斯

石勒喀河 嶺爾古納河   黑   龍   江

                                    瑷琿   伯力

滿洲里   黑   國   勢   力   範   圍   烏蘇里江

外蒙古   江   齊齊哈爾   林

內   蒙   古   洮兒河   松 花   江   哈爾濱   興凱湖

                    泰   秀水甸子

              日 本 勢   長春 吉   範   圍

              力   吉林   琿春

              遼   範   天   海參崴

              隸   河   奉天   江   日

                    營口   綠   本

直   北京   安東   鴨   朝   海

天津 渤   海 旅順   鮮

              大連   漢城

圖例

········· 1907年日俄密約規定的勢力範
        圍分界線

- - - - - 1912年日俄密約規定的勢力範
        圍分界線

圖11-1　日俄兩國在中國東北的勢力範圍示意圖

此約分法文、俄文、日文三種文本 [14]，雙方簽字後伊茲渥爾斯基以兩國談判終獲圓滿的結果，向本野表達誠摯的祝賀，歡稱兩國關係從此進入了一個全新的時代。

細察「日俄協定」的全部條文，即可看出「秘密協定」與「公開協定」的內容完全相反，公約上是雙方協議尊重中國領土的完整，彼此約定要維持現狀，不應侵略；密約上卻是在中國東北三省劃定雙方的勢力範圍，爲一種瓜分中國領土的計畫，真正的意義，是彼此在其勢力範圍之內，盡可侵略、發展，或改變現狀。只有在範圍以外，雙方協議，不應越界侵略。推其實際，所謂不侵略者，終究是侵略。所謂維持現狀者，僅僅是阻止對方越界拓展，亦非真正維持現狀。無可否認，日俄「公開協定」及「秘密協定」之簽訂，確爲兩國在遠東由敵對變爲協調的一大轉捩點。通過此項條約，俄國竟能與其最危險的競爭對手結盟，取得日方的承諾，不僅在北滿鞏固了它的立足基地，還可向中國廣大的邊緣省區擴張，一步一步的施行其侵蝕的計畫。因此俄國的內閣總理大臣斯托里平(Stolypin)及其他大臣在批准此約的特別會議上，均一致肯定「日俄協定」是他們外交上的一項勝利 [15]。

---

14 此約的簽署，由於俄日雙方保密甚嚴，中國和美德等國均不知約文的內涵，直至1917年11月俄國大革命後，蘇維埃政權始將密約公布，世人方知密約的原件包括法俄日三種文本。1927年，蘇聯的格林姆(Grimm)教授才根據俄外交部的檔案，完成了《有關遠東國際關係史的條約及其他文件匯編(1842-1925)》一書，其中除蒐羅許多重要的約章和公文外，自己還寫了一篇很長的導言，討論遠東歷史上的許多問題，把帝俄時代侵略東亞的野心，暴露無遺。尤其是日俄戰爭後十餘年間，日俄雙方屢次協約，劃分滿洲三省和蒙古的情節，在書中敘述得非常詳盡。四年之後，雅洪托夫(V. Yakhontoff)教授根據此書及其他俄文資料，完成了《俄國與蘇聯在遠東》一書，在紐約出版。至1933年，又有蒲萊思(E.B. Price)所著《1907-1916年關於滿洲和蒙古的俄日條約》一書在巴佩的摩發行。這三種書均立論公允，無所偏倚，學術界均認為是研究遠東國際關係史的權威之作，日俄密約的俄文文本始見格林姆的書，英文文本見於雅洪托夫的書，法文文本見於蒲萊思的書，蔣廷黻的中文譯本是在1932年發表的。

15 《紅檔雜誌》，1935年第2-3卷，頁36，引自《近代中國對外關係》，頁222。

四、第二次日俄密約之簽訂

　　自1907年日俄締結了密約之後，兩國就乘勢增強了雙方壟斷中國東北三省權利的壁壘，設法堵塞美國經濟勢力的滲入，阻撓中國政府在東北區域的經濟建設，由於俄國在東亞的經濟與軍事力量已失去昔日的危險性，日本對之略無顧慮，力圖將其納入自己的陣營，增加聲勢，以便共同施行排斥美國的關門政策。

　　自20世紀初期以來，美國對華貿易日趨發達，在中國市場的地位僅次於英日兩國，因此對華嚴格執行門戶開放與機會均等的政策，堅定不移。至日俄和約成立以後，即數度發動對華投資的計畫，試圖爭取中國東北三省鐵路建設的主導權。早在1905年10月，美國鐵道大王哈里曼（Harriman）就與日本首相桂太郎有出資收購南滿鐵路的草簽，但因日外相小村壽太郎的反對而取消。1907年11月，中國曾先後向美英籌款，建築自法庫門至新民屯的鐵路，又因日本藉口此線與南滿鐵路平行，有害日本利益，竭力反對而告中輟。1908年8月，美國駐奉天總領事司戴德（W. D. Straight）與中國奉天省巡撫唐紹儀恢復一度中輟的籌款談判，並且簽訂了一項借款備忘錄 16，約定美國貸款二千萬美元，成立滿洲銀行，穩定東三省貨幣，開發東北的農礦森林，修築自京奉鐵路延長至璦琿的鐵路線，後來又因日本的破壞而告失敗。

　　1909年8月，司戴德以美國財團駐華代表的身分再度到達北京，積極活動，當時中國政府亦正採行厚集洋債、互均勢力政策，雙方交涉頗為順利，到10月2日，就與新任東三省總督錫良簽訂了「錦璦鐵路借款草合同」，並提出貸款一千萬兩銀子的承諾 17。11月，美國國務卿諾克斯（P. Knox）受到司戴德獲得投資錦璦鐵路消息的鼓舞，不俟正式

16　李丹楊，〈司戴德與幣制實業借款〉，見《近代中國對外關係》，頁227。

17　同上書，頁227-228。

簽字定案,便提出一項「滿洲鐵路中立化計畫」,以美國政府的名義
向英國建議:爲使中國在滿洲所享有的行政主權不受紛擾,並得實際
運用門戶開放與機會均等政策,以增進東三省之發展,美國政府計畫
將滿洲所有鐵路置於科學及公正的管轄之下,由關係列強共同承購股
票,以中國爲地主。此項計畫之實行,須邀中國、日本及俄國合作,
英美兩國因錦璦鐵路合同關係之特殊利益,亦應參加,如此項計畫不
能完全實行,另一計畫可望獲得類似之效果:即由英美兩國對錦璦鐵
路之處置,作外交之互助,請關係列強在友誼上完成滿洲之商業中立
化,共同參加錦璦鐵路以及將來發展商業之附屬鐵路之投資與建築,
並借款與中國,使其將現存各鐵路贖回。希望此項建議可獲英國之採
納 [18]。美國政府當時認爲英國既熱衷贊助門戶開放和機會均等的政
策,而且司戴德與英國保齡公司駐北京代表曾達成諒解,決定錦璦鐵
路由美國銀行團投資,由保齡公司承造,英國政府對滿洲鐵路中立化
的計畫,必可與美國取得一致立場。不料英國因與日本有同盟的關
係,避免引起與日本的摩擦,以不明俄日兩國之意見爲托詞,婉拒了
美國的建議 [19]。俄國則表示:如果日本同意出售南滿鐵路,俄方原則
上不反對出售中東鐵路,日本卻非常敏感,憂慮美俄就此項計畫達成
協議而導致美俄親善,將對日本有不利的影響,便乘美俄協商尚未達
成一致的見解時,搶行於是年9月以前,用最後通牒迫中國與之簽訂了
一系列的條約,取得了改進安奉路、延長吉長路、開採撫順、煙台煤
礦的特權 [20]。然而此一行動,更引起俄國的不安和美國的不滿,美國
鑒於日本違背協定而威脅中國的獨立,認爲有必要同俄國達成和解,
以便兩國共同就日本的侵略問題,締結雙邊的政治協議,11月初,美
國駐俄大使柔克義(Rockhill)受命爭取俄方的合作,向俄外交大臣進行

18 *Foreigh Relations of the United States, 1910*(Washington, DC:
   Government Printing Office),p. 234.

19 *Ibid.*, p. 242.

20 王鐵崖,《中外舊約章匯編》,第2冊,頁596、599-602。

勸告，指明俄國必須在滿洲事務方面同美國攜手，共同參加滿洲鐵路商務中立化的計畫，以便給日本的進一步侵佔規定一個最後的、所謂國際的界限，甚至還要把中立化擴大到軍事範圍[21]。惟日本駐俄大使本野也同時勸告伊茲渥爾斯基：應將日俄之間的現存關係擴大和發展，使之變成正式的同盟，從而俄國就可以依靠日本的支援，根據1896年合同的規定、維護屬於中東鐵路公司所有的權益。如此，中國和其他的大國必定都俯首於日俄同盟的聲勢之下[22]。這種雙方都含有強制性的邀請，使俄國政府面臨一個抉擇的難題，究竟是隨從美國把日本人從滿洲鐵路和工礦等企業中排擠出去，還是與日本人聯手、拒美國的經濟勢力於滿洲的門戶之外？

1909年12月11日，尼古拉二世爲了聯日抑或聯美的難題召開特別會議，外交大臣伊茲渥爾斯基在會上分析兩者的利弊：如果俄國拒絕美國的建議，可能使美國的態度一時冷淡，但是美國不會因此對俄宣戰，也不會把艦隊開到哈爾濱來，而日本在這方面卻最爲危險。財政大臣科科夫采夫（Kokovtsev）補充的證詞更爲具體，他說他在遠東視察時，見俄國在太平洋方面沒有任何防禦，幾艘軍艦不僅不能對付敵人，連大風都對付不了。因此應在與日本共同行動中謀求支援[23]，以阻撓美國勢力之入侵滿蒙，保有中東鐵路及其他一切經濟方面的利權。與會者除陸軍部代表外，均贊同伊科二氏的見解，會議通過決議：堅持控制中東鐵路，決不出售，與日本調整對華政策，協同一致，避免分歧[24]。

12月17日，俄日約於同時收到美國政府關於滿洲鐵路中立化的照會，雙方隨即進行協商。1910年1月21日，兩國同時覆照美國，正式拒絕「滿洲鐵路中立化」的計畫。俄方所持的理由是：當時並無威脅中

---

21 《日俄戰爭外交史綱》，下冊，頁980。
22 同上書，頁980-981。
23 《帝國主義在滿洲》，頁136。
24 同上頁。

國主權或門戶開放之事，俄政府不能發現任何理由，有實行美國政府所提問題之必要。中東鐵路公司享有八十年之讓與權，若促其放棄，將使其利益遭受重大的損害。此路為俄國遠東領土與帝國其他部份交通之主要幹線，俄國政府必須保障該路之投資。至於建築錦璦鐵路問題，將對中東路、東蒙及北滿的業務大受影響，俟詳細考慮後，再表示意見。日本政府亦於同日照覆駐東京的美國大使，藉口諾克斯的中立化計畫與樸資茅斯條約的規定相違背，拒絕了美國的建議[25]。

　　英國一直希望日俄改善關係，維持亞洲現狀，以利俄國轉移其注意力於歐洲，參加英土法共同對德的陣線，俄國便乘機向英方指明英美中合資修築錦璦鐵路計畫，已構成對中東鐵路的嚴重威脅，希望英國應考慮俄國的利益，英國本來對美國的建議就很冷淡，至此便循俄方的要求，表示無支持美國的諾克斯計畫之意，法國因與俄國有同盟關係，同時與日本也有日法協定之約束，也隨日俄之決策而照會美國表示不能參與該項計畫之意。與美表同意者，除直接有深切關係的中國外，僅一德國，然亦不過限於與美共同維持在華的門戶開放而已。美國無德國之積極贊助，諾克斯的建議以及美德聯合保全中國以對抗日俄的計畫，遂回歸失敗。

　　俄日兩國向美方表達了他們的反對意見後，又轉向中國政府施行恫嚇。俄駐北京公使科羅斯托維茨（Korstoretz）於1910年初照會中國外務部，申明關於錦璦鐵路問題，事前如未與俄國商量，勿冒險定局。日公使伊集院彥吉亦隨後照會外務部，表示該路關繫於日本利益甚大，無論中國作何主見，應先得日本允許，方可施行。稍後又建議：在南滿與錦璦兩路之間建一聯絡支線，以為贊成中國建築錦璦路之條件，俄方則要求建造張家口至恰克圖鐵路以代替錦璦路線，並且應令俄方參加資本為條件[26]。兩國所提要求，均置中美雙方於極度困難之

---

25 *Foreign Relations of U.S.A. 1910*, p. 249；《有清一代之中俄關係》，頁402-403。

26 王彥威輯，《清宣統朝外交史料》（台灣影印本），卷12，頁49-50。

地位，無法推行錦璦鐵路的計畫。

　　美國提出諾克斯計畫之初，本期可獲列強之贊助，國際共同經營滿洲，以利其經濟勢力之滲入，不料引起日俄之反對，從而促成了日俄的合作，實際上是兩國都認為：俄日聯手以宰制中國的路線是輕而易舉，俄美聯手以排擠日本的途徑則艱險難行，基於這種共識，雙方都加快了接近的步調。

　　1909年末，日本政府於收到美國照會後不久，外相小村即向俄國駐日大使馬列夫斯基（Malewsky）表示：1907年的日俄協定是彼此接近的第一步，現在進行第二步；以兩國在滿洲共同利害為基點，繼續商討對滿政策，日方的積極行動，增強了俄國對華採行強硬政策的決心。在外交大臣伊茲渥爾斯基的主導之下，堅決維護俄國在滿洲及其毗鄰的蒙古地區應享的權利。惟此項政策之執行，必須得到日本之支持，因此他建議與日本建立最親密的關係。1910年3月5日，俄國外交部就依據上述原則，擬訂了比較明確的對日同盟條件回應日本。這些條件是：相互維護滿洲的現狀；反對第三國在滿洲建築新的鐵路和破壞商業權利；雙方有責任共同保衛俄國和日本在遠東的領土；及確保根據與中國所簽訂的條約而獲得的權利 [27]。

　　3月19日，日本政府召開內閣會議討論對俄談判的基本方針，會議通過了日俄公開協定和秘密協定草案綱要，決定以此為目標，同俄國締結新的協定。隨後小村就命當時正在東京的本野大使攜帶協議草案，前往彼得堡磋商。自後雙方談判的重心轉移到彼得堡。

　　5月15日，本野與伊茲渥爾斯基開始會談，17日，本野向俄方正式提出協定草案。自後數週，雙方經多次會談，就協定草案進行了局部的修改，至6月16日雙方意見趨於一致，為爭取盟國的諒解與承認，兩國同意於6月28日將協定草案通報英法兩國政府，並告知已決定簽字。

　　1910年7月4日，俄方代表伊茲渥爾斯基與日方代表本野在彼得堡

---

27 《帝國主義在滿洲》，頁137-138。

簽署第二次「日俄協定」。第二次「日俄協定」也是由「公開協定」
和「秘密協定」兩個文本組合而成。「公開協定」計有三條，要點如
下：

第一條　兩締約國為發展列國之交通及商業起見，相約互為友
誼之協助，以便改良各自在滿洲所築鐵路及整理此項鐵路之聯
絡，並不得為一切於實行此項目的有害之競爭。

第二條　兩締約國相約維持尊重迄今日本國與俄國及兩國與中
國所訂之一切條約，及其他協定所發生之滿洲現狀。

第三條　如有侵害上述現狀性質之事件發生時，兩締約國，為
協商關於維持現狀認為必要之措置，應隨時互相商議之[28]。

同時簽訂的日俄密約計有六條，要點如下：

第一條　俄國與日本承認1907年密約附屬條款所劃定兩國在滿
洲特殊利益範圍之分界線為疆界。

第二條　兩締約國擔任相互注意其在上述範圍內之特殊利益，
因此，彼此承認各自勢力範圍內之權利，必要時採取保護此種
利益之措置。

第三條　兩締約國各自擔任，不以任何方法阻礙他締約國在其
勢力範圍內鞏固及發展特殊利益。

第四條　兩締約國各自擔任，禁止在他締約國之滿洲特殊利益
範圍內之一切政治活動，更經諒解：俄國不在日本範圍內，及
日本不在俄國範圍內，覓取足以損害彼此特殊利益之任何特惠
及讓與權，日俄兩國政府尊重本日所訂公開條約所述，根據條
約及其他協定所獲得各自範圍內之一切權利。

第五條　為保證互相約定之工作，兩締約國對於一切與彼此滿
洲特殊利益範圍有共同關係之事，應隨時以和衷誠意商討之，
特殊利益受威脅時，兩締約國同意採取防衛此種利益之辦法。

28　V. Yakhontoff, *op. cit.*, pp. 376-377.

第六條　兩締約國對此約嚴守秘密[29]。

　　自此締約的經過顯示，第二次日俄密約之訂立全係日本所發動，其主要目的在結合俄國的野心，維護它們在中國既經佔用的權益，共同排拒美國的經濟勢力於滿洲之外。對俄國而言，這恰巧是投其所好，便趁此提出了明確的同盟條款，大大的擴大了第一次秘密協定的範圍，伸展到了軍事同盟的境界，約文中也不再提及承認中國的獨立與領土完整，及各國在華商工業之機會均等的原則，這使美國極感不安，當時的美國總統塔夫特(Taft)就在演講中明白表示：美國決不默認任何一國政府暗中破壞中國門戶開放的政策，輿論界的政論家多認為：滿洲三省從此不得再視為中國的疆土，各國利益均沾，及保全中國主權之說，竟成具文，美國若要保障其遠東利權，及協助中國振興，唯有改變方針，早自為謀[30]。

　　雖然事實上日俄兩國已將滿洲暗自瓜分，但中國政府仍力圖補救，不能坐視此一大片疆土之淪亡。當時一般了解國際情勢的憂時之士，早已看清事態之嚴重。清廷對日俄協定行將簽訂之際，亦已密切注意，及至察覺英法偏袒日俄，不能主持正義，乃於兩國公布「公開協定」之後，以外務部名義，於7月21日向日俄及各國駐京公使，發出照會，聲明：「此協約，日俄相約重視中日、日俄各約，則於1905年日俄和約所承認中國在東三省主權，顧全列國機會均等，並贊同中國設法振興東三省工商實業各節，及光緒三十一年中日議訂東三省條約之主義，凡關於中國主權內之行動，各國之機會均等，及開發東三省之工商實業等事宜，當切實維持，期於大局均有裨益[31]。當時清廷明

---

29 *Ibid.*, p.377；此項協定的中文文本係根據雅洪托夫的英文文本所譯，蔣廷黻曾於1932年7月，首次在《獨立評論》上發表一篇他題名為〈東北外交史中的日俄密約〉的論文，但他卻將第一次日俄「秘密協定」的約文全部遺漏，一字未提，顯係疏忽，後來王芸生才自日文文本轉譯全文，在1932年12月9日天津《大公報》上刊出，並編入他著作的《六十年來中國與日本》一書中。

30 引自《有清一代之中俄關係》，頁408-409。

31 《清宣統朝外交史料》，卷15，頁33。

知日俄訂有密約；惟只有根據兩國公開之協定，請日俄及各國尊重中國之主權，一種毫無實力之呼籲，亦屬必要之舉。

五、1912年第三次日俄秘密協定

第二次日俄密約訂立之後，俄國憑藉與日本的聯盟，增強了它在遠東的地位，並以捲土重來的聲勢，在中國的北滿與外蒙，謀佔多種的權益。

1909年末，俄國已從英法兩國，獲得了五億二千五百萬盧布的貸款。這筆鉅款除用作清償軍事借款的定期支付之外，尚餘現金一億多盧布，可用來支付修築阿穆爾鐵路所需的經費，以及對北滿的投資，惟在中國重新投資與擴權等類的行動，仍需爭取日方的合作與支持，方能順利的推行。——此為促成第三次日俄密約的因素之一。

其次，由於日俄在1910年拒絕參加「滿洲鐵路中立化」的計畫，迫使美國暫時放棄了錦璦鐵路的建築方案，僅對中國整頓幣制與興辦實業的貸款計畫，依舊進行。美國政府為減少列強對此項貸款的阻礙，逕請英、法、德財團的合作，成立四國銀行團，共同分擔貸款，中國政府終於1911年4月與四國銀行團簽訂合同，要求貸款千萬英鎊。日俄得知此項貸款的消息後，異常不滿，就藉口合同第16條規定銀行團在滿洲三省有投資的優先權，侵犯了俄日在該地區的特殊利益，同時提出抗議，兩國指責：這是美國有意再次插足滿洲地帶的一項圖謀，彼此應合力抵制，共同保持它們在此地區的獨佔權。——此為促成第三次日俄密約的因素之二。

最後直接促使日本出而倡議締訂第三次日俄密約的推動力則是俄方侵佔蒙古的企圖，俄國在外蒙的侵略活動，歷來是以利誘的策略，引導蒙古貴族轉向沙皇效忠，臣服於俄國為藩屬，變屬民為俄國的納貢人，再逐漸佔有他們的牧地。到了二十世紀的初年，這種情況才有所改變。根據自1907年至1912年俄國駐北京公使科羅斯托維茨

（Korostovetz）的敘述：有關蒙古問題的交涉，是由俄方於1911年春季提出，仍採取中俄兩國會商的途徑。當時俄國要求於中國者，為保持外蒙的現制；減少中國駐蒙的軍隊；縮小移民範圍，而中國政府認為此項條陳，有關中國內政，斷然拒絕。因此俄方始改計採用最簡便的手段，與外蒙王公直接交涉，以保持俄國在蒙之既得利益[32]。

　　由於俄方企圖將蒙古的前途完全置於它的掌控之中，俄國的外交大臣沙佐諾夫（Sazonov）竟於1912年1月11日發表一項公報，說明：俄國與蒙古有特殊關係，對其與中國交涉的糾紛，甚願出任調停之責，惟要求中國在蒙古的一切措施，必須徵得俄國的同意，此項聲明除引起中國的反對外，公報中所指蒙古地域的範圍，也引起了日本極大的關注，因此日本政府向俄方遞交一份備忘錄，提醒俄國政府：1907年日俄密約第三條所訂俄國有特殊利益的區域是外蒙古，界線確定在東經122度，並未包括內蒙，俄方無言辯駁，只得承認：該名詞的涵義，與日俄條約中所載明者，照舊保持[33]，於是日本駐俄大使本野就向俄國總理大臣科科夫采夫（Kokovtsev）正式提議：兩國在上述區域內之實際地位，殊有從速確定之必要，科氏表示同意，1912年1月24日，本野大使奉命將日本的具體提案，送交沙佐諾夫，其主要內容為：第一條是將南北滿的分界線向西延長至內外蒙古的邊界；第二條是劃分日俄在內蒙古的勢力範圍的分界線[34]。日本在此提案的第一條中承認俄國在呼倫貝爾地區享有特殊地位，俄方認為滿意，但對第二條中日方所

---

32 Korostovetz著，王光祈譯，《庫倫條約之始末》（台北：台灣學生書局，1986年據1930年上海中華書局版本影印），頁3。此書原係科羅斯托維茨所著《從成吉斯汗到蘇維埃共和國》一書中的第12、13、14、15、16、18等章的內容，由王光祈根據德文譯為中文，並改名為《庫倫條約之始末》。著者係於1912年親往外蒙主持談判並簽署庫倫條約之人，所言值得重視。

33 同上書，頁11-12。

34 《日本駐俄大使館致俄外交大臣照會》，1912年1月24日；陳春華、郭興仁、王遠大譯，《俄國外交文書選譯》（有關中國部分）（北京：中華書局，1988），頁261-262。

提出的內蒙分界線則堅持反對。日方是以張家口至庫倫的大道爲界，劃內蒙古爲東西兩部，日本承認俄國在該分界線以西部分的內蒙古享有特殊利益，俄國應承認日本在該線以東的內蒙古享有特殊利益。俄方則認爲自庫倫經張家口至北京的地帶，一向是俄國商隊往來的必經之道，不能放棄俄國在此要害地區根據中俄條約所享有的地位，而且更要求日本承認它在中國西部也有特殊權利，日本則斷然拒絕，雙方僵持到5月，日方稍作讓步，至7月始達成協議。1912年7月8日，日本駐俄大使本野一郎與俄外交大臣沙佐諾夫在彼得堡簽訂密約三條，劃分兩國在內蒙古之勢力範圍，是爲第三次的日俄密約，其條文如下：

> 爲確定並完成1907年7月30日及1910年7月4日兩次之密約，並防止關於滿蒙特殊利益可能之誤解起見，俄日兩國政府決定展長1907年7月30日密約之分界線，並劃定內蒙古之特殊利益範圍，茲協定下列之條款：
>
> 第一條　從洮兒河與東經122度相交之點起，分界線應沿烏瓏楚爾河與木什匣河而行，直至木什匣河與哈爾達蘇台河之分水線；由此再沿黑龍江省與內蒙古之分界線而行，直至內外蒙古之境界終點止。
>
> 第二條　內蒙古分爲兩部：北京經度116度27分以東之部及以西之部。帝俄政府擔任承認及尊重日本在上述經度以東內蒙古之特殊利益；日本帝國政府擔任同樣義務，尊重在上述經度以西之俄國的特殊利益。
>
> 第三條　兩締約國對本約須嚴守秘密[35]。

此次密約，實係1907年所訂第一次日俄密約及1910年所訂第二次日俄密約的補充，將兩國對華的侵略圈由東北三省擴展到內蒙古。依以往的慣例，兩國將密約的條文於簽字前通知了英法政府。同時在國際間也未認真的保密，各國報刊多有評論。英法認爲如此可將俄日納

35　V. Yaknontoff, *op. cit.*, p. 379.

入協約國的陣營,增強聲勢。美國雖能認清日俄的協合爲有損於中國的自私行爲,但亦無法協助中國擺脫國際間的困境。

六、1916年第四次日俄密約之簽訂

第三次日俄密約簽訂之後,日俄與中國的關係就捲入更爲複雜的新發展。

首先是俄國的帝國主義作風,在北滿、呼倫貝爾、外蒙、烏梁海、新疆等區域重新復活,對中國毫無顧忌的執行強硬政策。日本則乘此時機,將其從密約上分攤到的各項滿蒙利權,迫中國承認,中國的當地官吏與人民,完全屈服於各該勢力範圍的主人支配之下。

1914年6月,歐戰爆發,俄國加入戰爭,歐亞兩方面的情勢大變,中國長城以外的廣大區域也受到嚴重的影響,俄國當局在中國境內發號施令,加強護路部隊沿中東鐵路兩側進行的縱深襲擊,沿松花江兩岸設立俄國軍事哨所,藉口發現德國奸細,到中國村莊市鎮進行搜查和搶劫[36]。又以加強庫倫領事館的防衛爲名,一營步兵和幾百名哥薩克騎兵都暢行無阻的開入庫倫。

縱然這些宰制中國的措施到處都無往不利,可是終難抵消來自歐洲戰場影響深遠的厄運;1914年和1915年開往東普魯士及奧國邊界作戰的大軍,都被德軍擊潰,傷亡慘重。波蘭、立陶苑、庫爾蘭(Courland)、西俄羅斯領地,均告淪陷。到了1916年,全俄國已有百分之三十六的壯男被徵召入伍,由於軍械缺乏,百分之三十的士兵均無武器裝備[37],乃急求日本予以軍需品的供應,日本乘此機會,向俄

---

36 《帝國主義在滿洲》,頁155。

37 Machael T. Florinsky, *The End of the Russian Empire* (New York: Collier Books, 1961), pp. 33-34; Bernard Pares, *The Fall of the Russian Monarchy* (New York: Vintage Books, 1939), Chapter XII; Georg von Rauch, translated by Peter and Annette Jacobsohn, *A History of Soviet Russia* (New York: Praeger, 1964), 4th ed. p. 34.

需索極高的代價，而且遲遲不作最後的決定，延至1916年，前方俄軍又節節潰敗，俄方爲急於獲得日本武器的接濟及保障其遠東的權益，不惜任何的報酬，以求達到與日本締結盟約的目的，惟望日本供給俄國軍械至最大限度。日本所要求者爲：俄國將長春至松花江岸的鐵路線讓予日本；松花江至哈爾濱的鐵路段交日本經營；俄國承認日本船隻在松花江有航行權。俄方堅不同意，談判遷延幾達兩年之久，後經英法從中撮合，始於1916年7月達成協議。（圖11-2）

1916年7月3日，日本駐俄大使本野與俄外交大臣沙佐諾夫在彼得堡簽訂日俄「公開協定」二條，「秘密協定」六條。是爲第四次日俄密約，「公開協定」的約文如下：

第一條　俄國將不加入對抗日本國之任何措置，或政治聯合。日本將不加入對抗俄國之任何措置，或政治聯合。

第二條　締約國之一方，遠東領土權利，或特殊利益，爲另一締約國所承認者，若發生危害時，俄日兩國將協商辦法，相互協助，或合作，以保衛彼此之權利與利益[38]。

同日簽訂之日俄密約的條款如下：

俄羅斯帝國政府及日本帝國政府，爲增強1907年7月30日、1910年7月4日、及1912年7月8日各密約所締結之忠誠友誼關係起見，協定下列各條款，以完成上列之各協定：

第一條　兩締約國承認，雙方重要利益需要中國不落在有敵視俄國或日本之可能的任何第三國政治勢力之下，將來遇有必要時，須開誠交換意見，並協定辦法，以阻止此種情勢之發生。

第二條　若因雙方同意採行上條所舉之協定辦法，兩締約國之一方須與上條所指定之第三國宣戰時，則另一締約國一經請求，即須援助，且兩締約國在未得彼此同意之先，不得單獨媾和。

38　V. Yakhontoff, *op. cit.*, pp. 379-380.

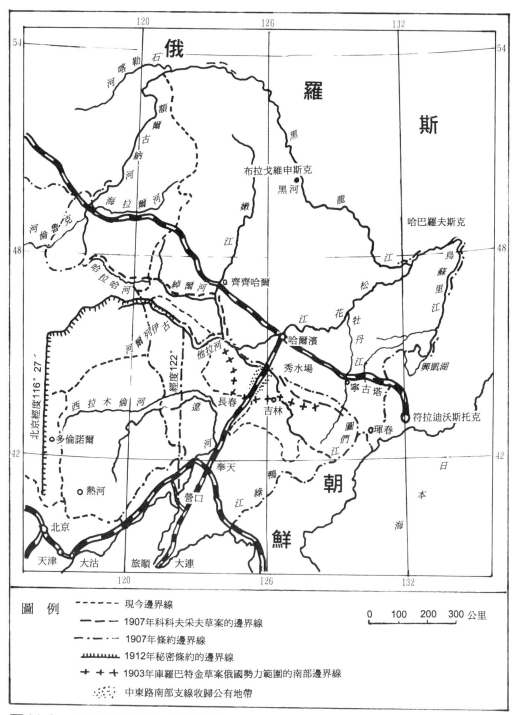

圖11-2　俄日條約規定的滿洲和內蒙分界圖

圖　例

- - - - - - 現今邊界線

— — — 1907年科科夫采夫草案的邊界線

—·—·— 1907年條約邊界線

ᴖᴖᴖᴖ 1912年秘密條約的邊界線

＋＋＋ 1903年庫羅巴特金草案俄國勢力範圍的南部邊界線

⋯⋯ 中東路南部支線收歸公有地帶

0　100　200　300 公里

第三條　上條所規定之軍事援助之條件及方法,應由兩締約國負有相當權威之人員判定之。

第四條　但雙方了解:兩締約國之一方,若不能獲得其他同盟國予以與行將發生之衝突的嚴重性相符之合作保障,則無須給另一締約國第二條所規定之軍事援助。

第五條　本約自簽訂之日發生效力,其有效期間,繼續至1921年7月14日為止。

如締約國之一方在本約滿期前十二個月,未將不願繼續之意思通知對方,則本約繼續有效,直至由締約國之一方通知不續約之日起,算滿一年為止。

第六條　兩締約國須嚴守本約之秘密[39]。

上述「公開協定」和「秘密協定」的內容,很明顯的是一個軍事同盟條約。按「公開協定」第一條的規定,俄國和日本將不參加旨在反對本締約國之一的任何政治聯合,此項規定的目的是防止雙方之一有轉向德國的危險,尤其重要的是在反對美國,因為當時只有美國能威脅日本在中國已獲得的和新獲得的領土權和特殊利益,值得注意的是第二條不但將締約國保衛的區域包括了全中國,還擴大到整個的遠東,密約中更進一步的規定:為使中國不致落入敵視俄國或日本的第三國的統治之下,如果根據相互協議,應採取措施時,於是締約國之一方須對第三國宣戰,此一規定在形式上是反對德國,但實質上還是反對美國,因為當時英法都是日俄的盟國,只有美國對日俄任何一方都無同盟的關係。

關於密約第三條所規定的軍事援助問題,日本方面認為應取決於沙皇政府對滿洲權益的讓步,雙方經過激烈的討價還價之後,俄方應允:為了酬報軍用物資的供應,願將中東鐵路南支線自長春至松花江岸的一段,及松花江上游至嫩江口的航行權讓予日本作為補償[40],俄

39　*Ibid.*, pp.380-381.
40　《帝國主義在滿洲》,頁183-184、186。

日簽署密約之後不久，日本政府提供了十五至十八萬支槍械、一億發子彈的軍售交易給俄國 [41]，期待這些武器，能拯救俄國在歐洲戰場上所遭受的災難。

當時列強之間，已有法俄同盟、英日同盟、英俄協商，及日法協約之存在，而法俄盟約與英日盟約中，均無以抵抗第三國在中國樹立政治霸權的趨勢爲構成「敵視因素」之規定，因此第四條規定日俄兩國政府只有在獲得其他同盟國軍事援助的保障下，始能採取軍事合作，聯成一有力的協商體系。

總計俄國從密約中所能獲得的，不過是在歐戰期間，其遠東地位的保障，及相當數量的日本軍械之接濟而已。損失最大的仍舊是中國，當時列強的注意力都集中在歐洲的戰爭，只有美國政府於1916年俄日「公開協定」簽訂後，立即提請俄日兩國注意，協定中絲毫未談到對中國的「門戶開放」。除此之外，國際間沒有發出任何正義之聲。

七、結　語

日俄密約爲日俄戰爭的產物，這場戰爭不僅使俄國不再謀求對日本報復，反自願與敵對的競爭者，結爲軍事同盟的合作夥伴。

日本在戰前對中國的立場，完全與英美一致，即維持中國領土完整與門戶開放。俄國的立場則完全相反，對中國的主權，絲毫不予尊重；對列強則排拒其經濟勢力於滿洲之外。然戰後遠東的國際形勢已完全改觀，俄國政府至此始悟其獨佔滿洲之策，終難與列強的機會均等之原則相抗衡，惟獨同懷侵略中國野心的日本，可能與之共謀，協助彼此完成侵略計畫，分別向不同的區域發展，方可在自己勢力所及的範圍內，順利無阻，謀取實惠。如此就不得不與之立約，劃分勢力

---

41 同上書，頁188-189。

範圍。

　　戰後的日本，也野心勃勃，企圖獨佔，但遇著兩種阻力，一是中國引英美的經濟勢力為助，自行開發東北三省的資源，二是美國要積極投資於東北的各項實業，將其建設成為國際經濟開發區，以打破日俄任何一方獨佔的壁壘。日本為加強自己的聲勢，就響應俄國的呼籲，與之合作，締約一系列的日俄密約，結合雙方的實力，共同抗拒美國，分別侵掠中國。

　　第一次日俄密約發動於俄國，簽訂於1907年，立約的主旨是劃分雙方在南北滿的勢力範圍。但在談判的過程中，俄方乘機將範圍擴大到外蒙古，要求日方承認俄國在外蒙古有特殊利益。按此次密約的規定，日方所獲得者少，俄方所獲得者多，日本得到的僅限於南滿特殊利益的承認，俄國除獲得北滿特殊利益的保障而外，還獲得享有外蒙古特殊利益的承認。

　　第二次日俄密約締結於1910年，為日本所發動。其主要目的是結合雙方的力量，共同排拒美國的滿洲鐵路中立化及建造錦璦鐵路等計畫，以維護它們在中國的既得利益。在談判的過程中，俄方又乘機將密約的內涵提升到軍事同盟的境界，約文也不再提及對中國獨立與領土完整及各國在華機會均等原則之尊重，更未提到維持中國現狀的必要性。

　　第三次日俄密約簽訂於1912年，當時正值中國發生辛亥革命之際，俄國乘機在蒙古進行多方的侵略，於是觸動了日本政府的警覺，乃倡議雙方立約，劃分內蒙古的界線，以防止越界侵略。約文的重點是將南北滿的分界線向西延伸至內外蒙古的邊界；再以北京子午線116度27分為準，將內蒙古分為東西兩部，東部屬日本的勢力範圍，西部為俄國的勢力範圍。締約的雙方承擔義務，尊重對方在其範圍之內的特殊利益。此次訂約雖為日方所倡議，然俄方態度強硬，堅持己見，終由日方讓步作結，而俄國在蒙古地域的侵略活動依然如故。

　　第四次日俄密約簽訂於1916年，當時俄國已捲入歐洲大戰兩年有

餘，前線的俄軍屢遭德國的重擊，損失慘重，爲求自日本獲得軍械的供應及其在遠東地位安全的保障，不惜以讓予長春至江岸的一段鐵路及松花江一段的航行權爲條件，要求與日方訂立一項軍事同盟條約，將兩國軍事保衛的區域擴大至整個遠東，借日本軍力的支持與武器的供應，以解救俄國在東西兩方所遭受的威脅。

綜觀這四次密約締結的經過，俄方在前三次的談判中，態度都很強橫，至第四次時始漸居弱勢。它談判的對手雖是日本，但爭奪的目標，實際上是中國。訂約的前後，對中國的態度日趨強硬，侵奪中國北邊疆域的部署亦日益緊迫。當時的中國，正陷入革命後的戰亂之中，武力既不足以衛邊，外交亦無計以弭禍，如果沒有俄國1917年10月大革命的發生，新疆、蒙古、北滿等廣大區域，恐已早非中國所有了。

第十二章
策動滿蒙叛離中國

一、前 言

俄國自與日本締訂了樸資茅斯和約以後，隨即又倡議俄日攜手聯盟，以鞏固它在中國的既得權益，穩定它在遠東的國際地位，及至日俄密約簽訂之後，便乘機恢復其侵華活動，積極進行吞併北滿和蒙古的策劃，企圖將整個「長城外中國」的廣大區域，都圈入俄國的勢力範圍，以便從中國索取更多的權益，去彌補它在戰爭中所遭受的損失。

二、侵佔北滿的權益

帝俄在與日本的爭霸戰中喪失了南滿的勢力範圍，但與日本密約結盟的交換條件下，卻又獲得在外蒙享有優越利益的承認，這對俄國軍部而言，似乎更能滿足他們的實際要求，原來在1898年俄國從中國政府獲得旅順、大連和遼東半島租讓權的時候，陸軍和海軍兩部的大臣都認爲旅大並不比朝鮮的港口更能適合俄國太平洋艦隊的需要。1903年，陸軍大臣庫羅巴特金曾兩次上書沙皇尼古拉二世，建議：將旅順、大連、遼東半島歸追還給中國，並出售中東鐵路南支線，以換

取從中國得到北滿的特殊權益。他在1907年和1913年出版的兩種著作裡 [1]，又將此意加以闡明，他認爲最理想的、明確的中俄邊界，是西起天山山脈的汗騰格里峰，東至重要的軍港符拉迪沃斯托克（海參崴），兩地之間劃一直線，將舊界作全面的修改，北滿、蒙古、新疆北部的大片中國領土都歸入俄國版圖或勢力範圍，由戈壁沙漠把俄國與中國隔開，如此，俄國在遠東的地位就可更爲堅實，庫氏雖然沒有透露沙皇對他的建議如何批示，但自1903年以後，沙皇政府在中國的滿蒙地帶所發動的一波一波的侵略事件與分裂運動，似乎都以庫氏的建議爲行動綱領。庫氏與當時俄國統治集團的侵華意念大致相合，即利用北滿的豐富資源與西伯利亞鐵路大幹線的天然優越條件，使之成爲戰後整個遠東的戰略重心，一切侵略活動，均可假藉所謂私營企業的東省鐵路公司的名義出面進行，伺機加強控制北滿的各項措施，再以化整爲零的辦法來攫取特權。從1906年夏季起，沙皇政府召開了多次的特別會議，就如何擴展北滿權益的步驟，進行研討，審議結果，由東省鐵路公司遵照俄政府的決策，對中國提出拓展東省鐵路沿線土地的要求。

原來在1904年3月，中東路局代辦達聶爾（Daniel）與黑龍江交涉總辦周冕曾擅行訂過一項「展地合同」，日俄戰爭結束後，俄方依據此一舊案，要求恢復展購沿線土地的特權，因此項合同未經清政府批准，地方政府不允，並將案情始末呈報北京政府，1906年6月，外務部侍郎唐紹儀正式通知俄駐北京公使璞科第（Pokotilov），聲明：地方官員與俄方所訂路礦合同，若未經外務部批准者，一概作廢。經多次交涉，俄方始允派路局代辦與黑龍江省道員宋小濂、吉林省道員杜學瀛在哈爾濱重開談判，至11月雙方達成初步協議，1907年8月30日才正式簽署「吉林省中東鐵路公司購地合同」與「黑龍江中東鐵路公司購地合同」規定，吉林省境內自小綏芬交界站起，西至阿什河車站止，展

---

1 《俄國軍隊與對日戰爭》，中文頁93、107、110；《俄中問題》（聖彼得堡：1913），頁193-196。

地五萬五千垧；黑龍江省自滿州里以西鐵路入中國境起，東至哈爾濱松花江北岸石當止，共展地十二萬六千垧，兩處共計十八萬一千垧，每垧計地千畝，故實際展地計達二百十七萬二千畝，此外，東省鐵路南支線自哈爾濱至長春佔地九千五百餘垧，哈爾濱市區佔地約一萬零三百九十餘垧尚不在此數之內，中方為杜絕後患，堅持要在合同中訂明，此次合同簽訂後，公司永不得再議展地[2]。

考其實際，中東鐵路所展購的地畝，真正用於敷設鐵路和建造鐵路所需房屋及其他設施的，只佔總數的百分之二十左右，其餘除一小部分撥作教堂、學校和市政公共設施的建築用地外，大部份則劃分區域，標價出售或出租，招商設肆，坐收地租之利，在俄政府的鼓勵下，俄國的商人、企業家、農牧主、鐵路員工各類人等，不斷的移居鐵路沿線的附屬地，從事工商、墾殖、耕牧等各種行業的經營。租戶受路局民政處管轄，只向俄方設立的公議會承擔義務，不向當地政府繳納任何稅款[3]。自後相沿日久，俄方竟將此種鐵路沿線兩側的附屬地帶，視同屬於俄國的殖民地。

俄方次一個侵佔的目標是鐵路沿線的地下礦產，因為中東鐵路合同的第六款內有：「開出礦苗處所，另議辦法」等字句，俄人就以此為口實，曾於1902年由路局要求開採鐵路附近的煤礦，外務部當即據理駁拒，俄人不遵理法，恃強私採，將奉天的撫順、煙台，吉林的杉松崗、官街、頭道江，黑龍江的札賚諾爾等處的煤田，自行開掘。1906年6月，俄國公使璞科第又正式向北京政府提出要求：在鐵路兩側三十里範圍內已經開挖的礦山之外，准其在另外九處地方也享有同樣的開礦權。經外務部侍郎唐紹儀與之反覆磋商，始達成了幾項原則性的協議，9月，路局與吉黑兩省各派人員展開談判，歷經數月的爭辯，才分別簽署了兩省內容完全相同的「鐵路煤礦合同」十二條，規定俄

---

2 《沙俄侵華史》，第4卷，頁556-557。
3 同上書，頁557-558。

方在鐵路兩旁各三十里（即六十里）的地段內，享有開挖煤礦的權利[4]。從此路局在此界內不僅有權開礦，且可將礦場產煤在市場銷售。

俄方並未就此止步，更頻頻阻擾中方在北滿設置稅關及徵稅的事權。中國政府被迫，於1907年7月與之達成協議，應允兩國邊界貿易，百里以內均不納稅，中東鐵路運載俄貨入境，按中國海關所訂稅率，僅納三分減一的稅款[5]。俄方又藉口採林築路，先後於1907年8月與1908年4月，強要吉林與黑龍江兩省當局與之訂立伐木合同，承認路局及俄商對吉黑兩省森林有採伐權。自後俄方所採木材，還可遠銷海外。

此外，俄方自1908年至1909年，在路局軍務處的管轄下，又擅自擴充中東鐵路護路軍的員額與裝備，變相的加強俄方的武裝力量，至1910年為止，駐北滿的俄國官兵計有二萬一千六百餘人，必要時可再增加一萬三千至二萬一千人[6]。至於沿鐵路線各站駐紮的武裝警察，尚不在此數之內，這些軍警的任務雖為護路，實際上亦係俄羅斯邊防軍的先遣隊。

以上各項強加於中國的侵權事件，竟於五六年之內，都先後得到了中國政府的追認，而俄方所承諾的只是一句尊重中國主權的空言。從此，俄國就利用這種精密設計的步驟，逐漸鞏固了它對北滿週詳的控制。

三、參與外蒙獨立政變

自1907年以後，帝俄在外蒙古的利益，不僅得到日本的承認，還因英俄協定之締訂，也得到英國的默許，於是俄國就利用此種有利的情勢，在中國的邊疆地帶，從事侵佔外蒙古權益的活動，清末民初的

---

4 《沙俄侵華史》，頁561-562。
5 同上書，頁568。
6 同上書，頁572。

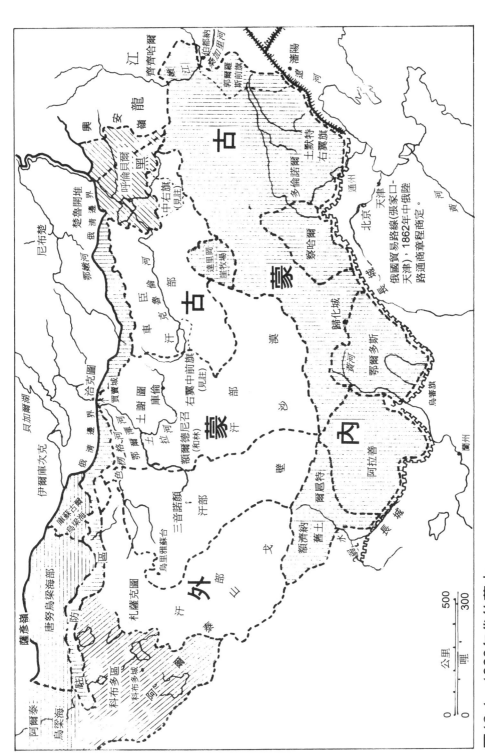

圖12-1　1860年代的蒙古

外蒙古是以喀爾喀西盟及科布多所屬地區為範圍，面積約為一百六十一萬平方公里，係國防形勢極重的地帶。

中國政府中的封疆大臣，對蒙古邊區的情況，均異常關切，紛紛向清廷建議，認為應在蒙古施行新政，鞏固邊疆，以防止俄人漫無止境的入侵。清廷依議，於1909年1月任命熱心新政的三多署理駐庫倫的辦事大臣；他到任之後，就設立憲政籌備處、交涉局、衛生局、商務調查局、實業調查局等機構，積極實行編練新軍、興辦學校、招民墾荒、設立銀行、籌建鐵路、創辦實業等新政，惟當時各機關之開辦經費，全令蒙古供應，蒙民負擔日重，均感不安。上層階段中的宗教領袖和各盟旗的領主王公也認為新政之施行，必將損害其原有的統治特權與經濟利益。蒙民上下，均感恐慌 [7]，遂演成脫離中國以求獨立的政潮。

最出人意料的是，俄國駐華使領也參加了反對新政的行列，出而阻撓其實施。在1910年1月16日，俄駐北京公使科羅斯托維茨就向他本國的外交部報告：中國政府擬將外蒙改為行省，並在該處增加駐軍等新政措施，都足以威脅俄國的安全。他建議俄國應向北京施加壓力，要中國政府承諾不改變外蒙古的現狀 [8]，駐庫倫的俄國領事也向三多表示：他不能同意三多所主持的各項改革之措施。蒙古的親俄人士對此亦寄以最大的希望。1911年7月10日，蒙古親王杭達多爾濟假借宗教領袖哲布尊丹巴呼圖克圖的名義，召集喀爾喀四盟的王公，舉行秘密會議，討論外蒙古獨立等問題，經過十多天的聚議，認為新政的施行，嚴重違反了蒙人的權益，遂決定外蒙古脫離中國、獨立自主的重大方針，並將會議結果密告俄駐庫倫代理領事拉弗多夫斯基（Lavdovsky），請求俄國以某種藉口，立即將俄軍派往庫倫，以對付北京政府可能採取的平叛措施，杭達多爾濟隨即又組織了一個包括五位

---

7 陳籙，《止室筆記》（台北：文海出版社影印1917年版），頁179-180。

8 M. G. Friters, *Outer Mongolia and its International Position* (Baltimore, 1949), p. 55. 引自《沙俄侵華史》，第4卷，下冊，頁729。

成員的代表團，前往彼得堡，尋求沙皇政府的庇護和援助，俄國外交部就此事向其駐中國的使領徵求意見，俄使科羅斯托維茨在答覆中回述俄國從前贊助蒙人要求之往例，確認俄國有接待該團及允予援助之責任[9]，因此俄方態度轉趨積極。

　　1911年春季及同年8月28日，俄駐華公使科氏依照俄外交部的訓令，兩度向清廷外務部提出照會，宣稱：中國政府在蒙古所採行的新政，有危蒙古地方現狀，搖動鄰國的友好關係，俄國不能淡然置於度外，企望中國政府保持外蒙現制，減少中國駐軍，縮小移民範圍，並建議中俄應就此等問題展開會商，惟中國外務部的答覆是：中國在蒙古所行改革，其目的是爲蒙民謀福利和維持地方的治安，並未妨害俄國的利益。俄方要求舉行談判一事，實無必要，因蒙古問題純屬中國內政，與當前的中俄關係毫無不相干，惟中國政府爲顧全兩國友誼起見，自願將庫倫駐軍數額加以減縮，改良蒙政與移民計畫兩項，亦決定暫緩施行。俄方對此答覆仍感不滿，並電令俄使採取堅強的態度，通知中國政府，俄方決在庫倫領事館增設衛隊，另方面通告蒙人：蒙古獨立自治運動，定可獲得俄國之援助[10]。同年10月，俄伊爾庫茨克(Irkutsk)軍區接受軍部的命令，將步槍一萬五千支，騎兵軍刀一萬五千把，彈藥七百五十萬發，交給外蒙集團。並派出一營步兵及哥薩克騎兵八百餘名，以加強庫倫俄領事館的防衛爲名，開入庫倫駐紮[11]，藉此提高外蒙獨立集團的聲勢。

　　1911年10月10日（清宣統3年8月19日），中國爆發了辛亥革命，一時政情混亂，清廷無暇北顧，消息傳到庫倫，主張獨立的蒙人乘機開始行動，於11月28日密召各旗蒙兵，集合庫倫，陰謀起事，12月1日，正式通牒庫倫辦事大臣官署，蒙古爲保護土地、宗教起見，決定獨

---

9 《庫倫條約之始末》，頁4。

10 同上書，頁5-6。

11 特布信、郝維民、張植華等編著，《沙城侵略俄國蒙古地區簡史》（呼和浩特：內蒙古人民出版社，1979），頁123-124。

立，建立大蒙古帝國，已由四盟公推哲布尊丹巴呼圖克圖爲皇帝。同時頒佈驅逐令，限三多等清朝官員三日內撤離外蒙古。三多見情危急，遂於次日逃入俄國領事館避難，4日，由俄軍以護送爲名，押解出境，經恰克圖返回北京。同日晚，俄蒙聯軍闖入清軍兵營，強行收繳了清方防衛部隊的槍枝武器。5日，清方官兵均被押解離境[12]。

12月28日（宣統3年11月9日），哲布尊丹巴呼圖克圖即皇帝位，稱大蒙古帝國日光皇帝，年號共戴，成立獨立政府，分設內務、外務、財政、軍事、司法五部，稍後又接受俄方的建議，設立了由王公喇嘛組成的上下兩院[13]。

四、俄蒙協定之締訂

俄國駐北京和庫倫的使領人員，對外蒙古的獨立運動自始就承諾了俄方的支援和庇護。但當俄政府落實此項承諾時，又深深的體會到：如俄政府果真援助蒙古獨立，不僅違反保全中國領土完整之國際約束，也違反中俄之間多種條約的規定，如此，必致引起各國的抗議，演成嚴重的國際糾紛，所以外交部爲求符合國際的局勢，依舊要沿襲對華外交的一貫作風，設法先尋求地方性的接觸和談判，造成事實，然後再逼迫中國政府在正式條約中承認，完成既成事實的合法化。由於外蒙古代表團抵達俄京求援，俄政府認爲有重新檢討此項問題之必要。

1911年8月17日，俄總理大臣召開遠東問題特別會議，財政、海軍、陸軍、外交、參謀各部大臣均出席，研究喀爾喀蒙古的局勢和俄國政府應採取的方針，會議確認支持蒙古人反對中國政府的願望完全符合俄國的利益，惟考慮到國際的情勢，俄國只有通過外交途徑，居間調停，以支持蒙人獨立的願望，而不承擔以武力支援蒙人脫離中國

---

12 《沙城侵略俄國蒙古地區簡史》，頁124-125。
13 同上書，頁125-126。

的義務 14，惟對蒙古可提供適當數量的軍械，以作自衛之用 15。

對中國則以堅決的態度一再聲明：自願居間調停，並謀求締結一項保證蒙古自治的中俄條約，規定中國不在蒙古駐紮中國軍隊，不移民於蒙境，不干涉蒙古的內政，中國政府應保證此項條約規定的履行，俄國政府則保證蒙人承認中國的宗主權 16。駐華俄使科羅斯托維茨及其代辦世淸（Shchekine）就依照此項聲明，於11月28日與12月31日先後向淸廷外務部提出照會，促舉行商討，中國政府認爲蒙古事件純係中國的內政，拒絕了俄方的要求。12月，中國政府派科布多辦事大臣畢桂芳爲查辦庫倫事件大臣，擬自行解決蒙古問題，惟俄方堅持：沒有俄方居間，中蒙不得直接交涉，致使畢桂芳無法越過蒙古邊界到達庫倫。中國政府又特命蒙古親王那彥圖自北京前往庫倫，與蒙方直接會談，但蒙方受俄方的指使，拒絕那彥圖前往，中蒙直接交涉的計劃又告失敗。

1912年6月，俄駐華公使庫朋斯基（Krupensky）以同樣的條件第三度向中國外交部提出照會，要求雙方協商蒙案，中國政府也婉詞拒絕。庫使遂電告俄國外交部，指陳：蒙古問題僅靠進行外交談判，將無法從中國方面獲致任何的結果，俄國最好自行採取堅決的措施去解決蒙古問題，盡快與哲布尊丹巴締結一項特別協定，以迫使中國人必須請求俄方居間調停，方能解決三方的糾葛 17，8月15日，俄內閣就此項問題舉行會議，會中一致認爲：最好的解決方法是締結一項俄蒙雙邊協定，可由俄國允諾保衛蒙古自治，而蒙古應給予俄國各種貿易特權。這樣的協定，將使中國人不得不考慮俄蒙業已單獨訂約的既成事實。同月23日，尼古拉二世同意會議的決議，批示如議施行。

9月3日，俄國外交部特命前任駐華公使科羅斯托維茨爲全權代

---

14 《沙俄侵華史》，第4卷，下冊，頁733。

15 《庫倫條約之始末》，頁5。

16 《止室筆記》，頁7-8。

17 《沙俄侵華史》第4卷，下冊，頁822。

表，前往庫倫議約。10月初，科氏抵達庫倫。10月6日，俄蒙雙方在俄
國總領事館展開談判，俄方出席的代表為科氏與駐庫倫的總領事呂巴
（Lyuba），蒙方代表為當時的「總理大臣」三音諾顏汗那木囊蘇倫、外
交大臣杭達多爾濟、內務大臣車林齊密特等人，會議開始，科氏聲
言：俄國的白種皇帝，聞蒙古脫離中國，特來相助，如蒙古能與俄國
訂結一項條約，使俄得有機會贊助蒙古自治，則助蒙之事更易進行。
蒙人方面則由內務大臣車林齊密特代表各王公發言，他坦稱：蒙古甚
願與俄訂約，但訂約之前要先知道，與俄訂約，比較與中國議和，何
者利益較多，蒙古的願望，為聯合內蒙併成一全體蒙人的大國，非僅
喀爾喀而已。科氏答稱：他所奉訓令，只談外蒙，內蒙問題不在授權
之內。俄國之意願與蒙古接近，是為雙方的利益。如蒙古能承擔一種
「緩衝國」之功能，作為俄國的疆界藩籬，實與彼此有利，望蒙古善
為利用此一良機[18]。

　　當時業已宣佈獨立的蒙古政府，也準備了一份締約草案，於開議
的前夕，送交俄使科氏，正式宣明：蒙古脫離中國，自組獨立國家，
願望俄國首先承認蒙古對外獨立，且負責保護，俄國可派大使駐在庫
倫，蒙古可派代表往駐俄京，俄人不得在蒙古境內購買土地或經營高
利貸，貿易須用金錢，不得以物易物，到蒙古旅行，須備護照，驛郵
所用馬匹，亦有限制。此類條件，與俄方所要求者完全背道馳，科氏
在會中表明俄方絕不能接收。也不能承認蒙古的完全獨立[19]。蒙古總
理大臣那木囊蘇倫當即反問：蒙人所求者乃真正的獨立，而非自治，
當1911年蒙古代表團到俄京請願時，俄政府各部大臣對蒙古完全獨立
一事，曾予以確實的保證，俄總理大臣科科夫采夫（Kokovtsev）與陸軍
大臣也都一致同意，而現在俄國所提各種條件，何以與從前的諾言完
全不符？科氏無奈，只說1911年俄京所承諾之言，他當時並不在場，
據他推測，可能是俄國外交當局，意欲利用外交勢力，以制止中國對

---

18 《庫倫交涉之始末》，頁55-58。
19 同上書，頁59-61。

蒙採取嚴厲的手段而已。但目前情形已經改變，不容再回舊路，車林齊密特發言時更爲激昂的指明：現在所謂俄蒙條約，對蒙人並無實利可言，俄國只欲將蒙古暗中置於自己保護之下，使之成爲布哈拉（Bukhara）或高麗第二而已。蒙人雖貧而無教，但極愛自由，殊不願脫離中國奴籍之後，又變爲俄國奴隸，而且俄國政府並無絲毫誠意與蒙古磋商條約，只是勒令蒙古無條件接受俄國的要求而已。蒙古目前尙需等待北京代表那彥圖來到庫倫、提示中方條件之後，再定方針。科氏見蒙古態度強硬，無理與之爭辯，便將桌上蒙方所擬的條約草案擲於地上，藉口車林齊密特發言侮辱了他，宣布停止談判[20]。

數日之後，俄外交部電告科氏：俄方已準備派遣上烏丁斯克（Verkhne Udinsk）軍團的一個砲隊，前往庫倫和烏里雅蘇台駐紮，指示科氏，可利用此種調動向蒙人施加壓力，還要使蒙方了解，如無俄國參與，外蒙與北京方面單獨訂立的任何條約，俄國政府均不承認。同時俄總領事呂巴與其譯員竭力聯絡親俄人士，與北京斷絕交涉，掌握俄蒙談判的主導權，終使哲布尊丹巴取消了強硬派的車林齊密特參加談判的資格。科氏又答應簽訂協約後俄國政府將給予外蒙二百萬盧布的貸款。蒙方政府人士又多次商討，至最後五分鐘始決定與俄方簽約[21]。

1912年11月3日的深夜，蒙方的那木囊蘇倫和杭達多爾濟等人以蒙古王公的名義在「俄蒙協約」與「俄蒙商務專條」上簽了字，隨後由哲布尊丹巴呼圖克圖批准，立即生效，「俄蒙協約」的約文共有四條，約首附有導言，略述：「蒙人全體爲保全蒙地起見，除驅逐中國兵隊官吏於蒙境之外，舉哲布尊丹巴呼圖克圖爲蒙古主，斷絕蒙古與中國之舊有關係。現爲維持俄蒙雙方素來之友誼，及深感俄蒙通商事件有確定之必要，俄蒙兩方彼此同意協定：

(1)俄帝國政府有扶助蒙古保存現已成立之自治組織及蒙古自行

20 同上書，頁61-64。
21 同上書，頁67、69、72。

編練國民軍之權利，並得禁止華軍進入蒙境及華人在蒙境殖民。

⑵蒙古元首及蒙古政府准俄國臣民與俄國商務，照舊在蒙所享有此約所附商務專條所規定之各種權利及其他特權。其他外國臣民在蒙所享權利，不得超過俄人在蒙所享之權利。

⑶如蒙古與中國或其他外國訂立條約，非經俄國同意，不得有違反或變更此次所訂條約及商務專條內列各種條款之規定。

⑷此項友誼條約，自簽字之日實行[22]。

同日簽訂的俄蒙商務專條有十七款，其要點如下：

⑴俄國臣民照舊得在蒙古境內自由居住移動、經營工商業，以及辦理公私各種事業之權。

⑵俄商在蒙有販售各國貨物，運出運入，均有免納出入各稅之權利。

⑶俄國銀行有權在蒙古境內開設分行，辦理各個人各公司之款目事項。

⑷俄國臣民得在蒙古境內用金錢或貨物，自由經營商業，並可商明賒欠。

⑸俄人得在蒙古招聘蒙人或華人，為俄人所開商店工廠服役，蒙古境內任何公私機構，均不得實行商務專賣政策。

⑹俄人得在蒙古租購土地，建築工廠、貨棧及開墾耕種。

⑺俄人得與蒙古政府協商，取得有關礦產、森林、漁業，及其他事業之享用權。

⑻俄國政府認為蒙古境內某地有設置俄國領事之必要時，俟與蒙古政府協商後，得派遣領事駐紮該地，蒙古在俄國沿邊各地亦同。

⑼俄國得在蒙古各商埠設立貿易圈，由俄國領事或公司管轄。

---

22 《庫倫交涉之始末》，頁82-83。

⑽俄人得在蒙古境內設立郵政局。

⑾俄國領事辦理公務，可免費使用蒙古台站，惟一月所用，不得超過馬匹百隻，駱駝三十隻，如係私事，則應付費用。

⑿俄人得航行連接俄蒙國境之河流，與沿途居民貿易，俄國政府得協助蒙方整治各河道，建築使用碼頭。

⒀俄人得在蒙境水陸各路建築橋樑渡口，並得向往來行人索取費用。

⒁俄人之牲畜得在蒙境行路時停息牧養，蒙古地方官須撥給地段，以作牧場。

⒂俄人得在蒙古境內照舊割草漁獵。

⒃俄蒙及華人之間的商務糾紛，俄方得參與會審，裁決之案件亦分別執行。

⒄本項商務專條，自簽押之日實行[23]。

自後俄國即可根據上述兩項條約的規定，囊括外蒙的經濟資源及其他特權，成為外蒙實際的主宰者，中國的宗主權，在條約中竟隻字未提，而外蒙所得者亦僅一個自治的空名，及二百萬盧布的貸款而已。

五、中俄聲明文件之簽訂

中國政府對於俄蒙談判與訂立俄蒙協約之事，早經注意，1912年11月7日，北京外交部向俄駐華公使庫朋斯基提出抗議的照會，指明：蒙古為中國領土，現雖地方不靖，萬無與各國訂條約之資格。茲特正式聲明，無論俄國與蒙古訂何種條約，中國政府概不承認，9日，中國駐俄公使劉鏡人往見俄外交大臣沙佐諾夫（Sazonov），重申中國的上述立場，沙佐諾夫竟以宗主權為誘脅中方的條件，聲稱：俄政府並不打

---

23 同上書，頁89-94。

算讓蒙古脫離中國,如北京政府同意參加「俄蒙協約」,俄國可以承
認中國在蒙古之宗主權,否則俄國將拒絕承認蒙古對中國的從屬關
係。11月19日,劉鏡人再見沙佐諾夫,作出讓步的表示:只要俄國同
意廢除「俄蒙協約」,中國即準備與俄方舉行解決蒙案的會商。沙氏
藉口為時已晚,拒絕考慮[24]。又警告中國政府,如果中國軍隊進入蒙
古,則意味著是一種戰爭行動[25]。

當時中國政府認為蒙古問題異常重要,終需解決,因而屢遣滿蒙
官員,企圖前往庫倫與蒙方單獨交涉,但均為外蒙所拒,對蒙用兵之
計,又為俄方所阻,終於不得已而決定退讓妥協,接受了俄國居間調
停的要求,允予舉行談判。

11月30日,中俄談判在北京正式開議,中方代表為中華民國政府
的外交總長陸徵祥,俄方代表為俄駐華公使庫朋斯基。開議之日,庫
氏即向中方提出一份草案,包括導言、條件四款、附則一件三個部
份,導言述明締結協約之目的,在於消除俄國與蒙古之宗主國在蒙古
問題上產生誤解之根源,並在穩固基礎上確立蒙古自治。四款條件的
主要內容如下:

(1)中國不得改變蒙古自治制度,並承認蒙古有權編練軍隊及警
察,中國不得在蒙古移民。

(2)俄國在蒙古除派駐領署衛隊外,若不先行知照中國政府,不
得派遣軍隊。

(3)中國願與蒙古恢復舊狀,接受俄國調處,以確定中蒙關係和
自治蒙古的領土範圍。

(4)俄人享有俄蒙商務專條規定的各項權利,當列在本約之附件
內[26]。

---

24 陳春華譯,《俄國外交文書選譯——關於蒙古問題(1911年7月～1916年
3月)》(哈爾濱:黑龍江教育出版社,1991年),81號文書、83號文
書、85號文書。

25 《沙俄侵略我國蒙古地區簡史》,頁137-138。

26 《俄國外交文書選譯——關於蒙古問題》,93號文書。

12月7日，雙方再度會談，中方提出第一次的對案，內容強調中國對蒙古擁有完全主權，不能承認俄蒙私訂有損中國主權的各種條約。俄使閱後拒絕接收，中方乃將原案稍加修正，於12月17日再度提出，仍為俄方所拒，往返交涉，前後三十多次，歷時半年之久，中方一再讓步，至1913年5月20日始達成協議，計有六款，其內容如下：

(1)俄國承認蒙古為中國領土完整之一部分，並擔任於此領土關係之繼續，不謀間斷。又此領土關係上生出之中國歷來所有之種種權利，俄國並擔任尊崇。

(2)中國擔任不更動外蒙歷來所有之地方自治制度，並由外蒙古之蒙古人，在其境內有防禦及維持治安之責，故許其有組織軍備及警察之專有權，並許其有拒絕非蒙古籍人，在其境內殖民之權。

(3)俄國一方面擔任除領署衛隊外，不派兵至外蒙古，並擔任不將外蒙古之土地舉辦殖民，又除條約所許之領署外，不在彼設置他項官吏，代表俄國。

(4)中國願用平和辦法，施用其權於外蒙古，並聲明聽由俄國調處，照上列各條之本旨，定立中國對待外蒙古辦法之大綱，並使該處中央長官自認有中國所屬部內向有之地方官吏性質。

(5)中國政府因重視俄國政府之調處，故允在外蒙古地方將下開之商務利益給予俄民（即商務專條所給予之利益）。

(6)日後俄國如與外蒙官吏協定關於改變蒙古制度之國際條件，必須經中俄兩國直接商議，並經中國政府之許可，方得有效[27]。

雙方協議既定，陸徵祥遂於5月26日將協議草約送國務會議通過，又於28日咨送眾議院審議，7月8日經眾議院以多數通過，惟當時全國輿論認為北京政府談判蒙案，喪權失地，多方抨擊。參議院受其影

27 《沙俄侵華史》，第十卷，下冊，頁835。

響,遂於7月11日將協議草案予以否決,俄方亦利用此種機會,於7月13日照會北京外交部,聲明取消協議,自後俄方恢復行動自由,不再為前議六項條款所拘限,陸徵祥為情勢所迫而辭去外交總長的職務,中俄談判遂陷於停頓。實際上此次議的草約,對中國之權的維護,確有精細的規定,因主持談判的陸徵祥,駐俄多年,精通俄國事務,他與俄使庫氏論辯約文時,字斟句酌,含意深遠,尤其是第一款、第四款、第六款,對保衛中國的主權和杜絕俄方日後侵權行為,都有防微杜漸的規定。不幸當時國會的參議員,缺乏遠見之士,以致未能與外交部互相配合,使陸氏之努力,功敗垂成。後來俄方所提的條件,更加苛刻,中國也就陷入更為不利的地位。

1913年9月11日,中國政府任命孫寶琦繼陸徵祥為外交總長。孫氏主張從速解決蒙古問題,以紓政府的北顧之憂,迅即與俄方公使聯繫,雙方商定於9月18日在北京舉行中俄會議,開議之日,孫寶琦首先提出簡明扼要的談判主旨,僅有二款:

(1)中國不將外蒙古改為行省,不在彼有設行政官、殖民、派兵之舉動,但須保全歷史上應享之權利。

(2)俄國在蒙古只求通商利益,並無侵佔蒙古之意。

然而俄使庫氏卻根據他曾於7月13日向中方提出的四項議約原則,逕自擬定談判大綱五款,作為俄方的談判草案,其主要內容為:

(1)中國承認蒙古之自治權,其內蒙各處不在其內。

(2)俄國承認中國在蒙古之宗主權。

(3)中國承認蒙古享有自行辦理自治蒙古之內政,並整理本境一切工商事宜之專權;中國擔任不干涉以上各節,是以不將兵隊派駐蒙古及安置文武官員,且不辦殖民之舉,惟中國可任命大員代表政府,偕同應用屬員暨護衛隊,不得過百人,駐紮庫倫。

(4)中國承認俄國調停,以便按照1912年10月21日(俄曆)所定俄蒙條款內所載之宗旨,明定中國與蒙古政府之交際。

⑸俄國及中國在蒙古利益，暨於該各處因現勢發生之各事宜，均應經三國政府另行商定，並酌定地點以便派委全權接洽[28]。

這五項談判大綱中，已無陸徵祥與庫使所草協議中的第一款、第四款及第六款的痕跡；有關俄國在蒙古的權益，中國均應按照俄蒙協約予以承認；而中國在蒙古的權益則應中俄蒙三國政府另行商定，此種反客為主的要索，中方自然不能接受，當時俄國因巴爾幹的兵爭結束，得移其注意力於遠東，態度轉趨強硬，致使雙方歧見一時很難清除，往返磋商多次，仍舊僵持不下，中方乃電令劉鏡人在彼得堡與俄代理外交大臣尼拉托夫（Neratov）直接談判，也未能消弭雙方的爭端，延至11月，中國政府力圖早日結案簽約，一再忍讓，勉強與俄方達成協議。

1913年11月5日，中國政府的外交總長孫寶琦與俄國駐華公使庫明斯基在北京簽署「聲明文件」五款與「聲明另件」四款，6日互換，22日在兩國首都同時公佈。

「聲明文件」的要點如下：

⑴俄國承認中國在外蒙古之宗主權。

⑵中國承認外蒙古之自治權。

⑶中國承認外蒙古人享有自行辦理自治外蒙古之內政、並整理本境一切工商事宜之專權。中國允許不干涉以上各節，是以不將兵隊派駐外蒙古，及安置交武官員、且不辦殖民之舉；惟中國可任命大員，偕同應用屬員暨護衛隊，駐紮庫倫。此外，中國政府亦可酌派專員駐紮外蒙古地方，保護中國人民利益，但地點應按照本文件第五款商訂。俄國一方面擔任除各領事署護衛隊外，不於外蒙古駐紮兵隊，不干涉此境之各項內政，並不在該境有殖民之舉動。

⑷中國聲明承受俄國調處，按照以上各款大綱以及1912年10月

---

28 引自張啟雄，《外蒙主權歸屬交涉，1911-1916》（台北：中央研究院近代史研究所，1995），頁152、153-154。

21日（此係俄曆的日期，西曆為11月3日）俄蒙商務專條明定中國與外蒙古之關係。

(5)凡關於俄國及中國在外蒙古之利益，既各該處因現勢發生之各問題，均應另行商定[29]。

「聲明另件」是以照會的方式致送對方，要點如下：

(1)俄國承認外蒙古土地為中國領土之一部分。

(2)凡關於外蒙古政治土地交涉事宜，中國政府允與俄國政府協商，外蒙古亦得參與其事。

(3)正文第五款所載隨後商定事宜，當由三方面酌定地點，派員代表接洽。

(4)外蒙古自治區域，應以前清駐紮庫倫辦事大臣，烏里雅蘇台將軍及科布多參贊大臣所管轄之境為限，惟現因無蒙古詳細地圖，而各該處行政區域又未劃清界限，是以確定外蒙古疆域及科布多阿爾泰劃界之處，應按照聲明文件第五款所載，日後商訂[30]。

此次談判，由於中國政府一再讓步，最後只能保全一項歷史上應享的宗主權，俄國則囊括了在外蒙軍政上的監控優勢和工商林礦漁牧各業的特殊利益，使外蒙古的自治也落得有名無實。

中國政府為要避免國會的否決，特將此一重要的條約定名為聲明文件和另件，因此不必交付國會審議，即可由政府公佈施行。使此纏擾經年的談判得以告一段落。

六、中俄蒙協約之簽訂

依照聲明文件第五款及另件第三條的規定，凡關於俄國及中國在外蒙古之利益，暨各該處因現勢發生之各問題，當由中俄蒙三方面酌

---

29 《俄國外交文書選譯——關於蒙古問題》，162號文書。
30 同上書，第162號文書。

定地點，派員代表接洽，因此中國政府在公佈聲明文件之後，即積極
籌備開會事宜，並與俄方商定以恰克圖爲開會地點，又於1914年1月27
日任命畢桂芳、陳籙爲議約全權專使，陳毅爲顧問。俄方企圖將俄蒙
之間的鐵道、電線等問題搶先談妥定案，因而遲遲未定赴會日期。外
蒙古對中國之宗主權一事亦表示不滿，致使開會日期一再後延，至8月
14日始獲俄方照覆，約訂1914年9月8日中俄蒙三方代表在恰克圖舉行
正式會議，俄方代表爲駐庫倫的總領事密勒爾（Miller）；蒙方代表爲其
內務大臣達喇嘛達錫札布，後來達錫札布稱病出國，蒙方改派司法副
部長希爾寧遠木定出席，當時中方代表的談判方針是：保全中國對外
蒙古的主權，堅持外蒙古爲中國領土之一部分，其次是賦予外蒙古以
自治權，中國政府不干涉其內政，再其次是接受俄國之調處，承認聲
明文件與另件及商務專條所載各項權益之規定。俄方的基本策略是：
鼓勵蒙古親俄排華，爭取外蒙的高度自治，以期自蒙方獲得最高的報
酬。蒙方則恃俄方的支援而堅持獨立，拒絕接受臣屬於中國的任何條
件。

　　9月15日，三方舉行第二次會議，中國全權專使首先提出聲明：
此次會議的性質，乃確定中央與自治區域之交際，而俄國爲之居間，
與外交會議不同，隨即提出兩項前提，要求蒙方予以確認：

　　⑴外蒙代表正式確實承認中俄聲明文件及另件，庶於會議進
　　　行，較有根據。
　　⑵外蒙擅自獨立稱帝，有礙宗主權及領土之統一，應請正式宣
　　　布取消帝號，仍用哲布尊丹巴呼圖克圖名義，並取消共戴年
　　　號，遵用民國正朔[31]。

　　蒙方代表的態度異常倔強，聲稱此次來恰會議，專爲勘定蒙古國
界，決不取消帝號和年號，對蒙境鐵路、郵電、中國駐庫大員及衛隊
名額、中俄人民訴訟、稅則、劃界等問題，爭論頗烈，致談判僵持，

---

31 陳籙，〈恰克圖議約日記〉，見《止室筆記》，頁12。

不能進展。畢陳二位專使數度請求政府撤使停議,外交部電告:日本
提出二十一條,迫中國接受,形勢緊急,望專使勉爲其難,和平續
議,勿致決裂。同時外交部也在北京與俄公使庫氏,往返磋商,又命
駐俄都公使劉鏡人與俄外交大臣頻頻恰談,力圖突破障礙,惟俄方主
談人密勒爾的態度較俄外交大臣及庫使更爲強橫,多方威脅,畢陳二
使唇焦舌枯,力竭辭窮,亦難覓退旋餘地,外交部依舊電令:忍辱負
重,勉徇俄意,從速結案。自1914年9月開議,至1915年6月,三方正
式開會凡四十八次,中俄之間非正式的磋商亦達四十多次,其歷時九
月有餘,始因外交部的催促,接受喪權的條件,勉強達成協議。

　　1915年(中華民國4年)6月7日,中俄蒙三方在恰克圖簽署「中俄蒙
協約」。約文共計二十二條,其內容如下:

　　⑴外蒙古承認民國2年11月5日(俄曆1913年10月23日)中俄聲明
　　文件及中俄聲明另件。

　　⑵外蒙古承認中國宗主權,中國俄國承認外蒙古自治,為中國
　　領土之一部分。

　　⑶自治外蒙無權與各外國訂立政治及土地關係之國際條約。凡
　　關於外蒙古政治及土地問題,中國政府擔任按照民國2年11月5
　　日中俄聲明另件第二條辦理。

　　⑷外蒙古博克多哲布尊丹巴呼圖克圖汗名號,受大中華民國大
　　總統冊封,外蒙古公事文件上用民國年曆,並得兼用蒙古干支
　　紀年。

　　⑸按照民國2月11日5中俄聲明文件第二及第三兩條,中國俄
　　國承認外蒙自治官府有辦理一切內政、並與各外國訂立關於自
　　治外蒙工商事宜國際條約及協約之專權。

　　⑹按照聲明文件第三條,中國俄國擔任不干涉外蒙古現有自治
　　內政之制度。

　　⑺中俄聲明文件第三條所規定,中國駐庫倫大員之衛隊,其數
　　目不過二百名。該大員之佐理專員,分駐烏里雅蘇台、科布多

及蒙古恰克圖各處，每處衛隊不過五十名。如與外蒙古自治官府同意，在外蒙古他處添設佐理專員時，每處衛隊不過五十名。

⑻俄國政府遣派在駐庫倫代表之領事衛隊不過一百五十名。其在外蒙古他處已設或將來與外蒙古自治官府同意添設俄國領事署或副領事署時，每處衛隊不過五十名。

⑼凡遇有典禮及正式聚會，中國駐庫倫大員應列最高地位。如遇必要時，該大員有獨見外蒙古博克多哲布尊丹巴呼圖克圖之權，俄國代表亦享此獨見之權。

⑽中國駐庫倫大員及本協約第七條所指在外蒙古各地方之佐理專員，得監視外蒙自治官府及其屬吏之行為，使其不違反中國宗主權及中國暨其人民在自治外蒙之各種利益。

⑾自治外蒙區域，按照民國2年11月5日中俄聲明另件第四條，以前庫倫辦事大臣、烏里雅蘇台將軍、科布多參贊大臣所管轄之境為限。其與中國界線，以喀爾喀四盟及科布多所屬，東與呼倫貝爾、南與內蒙、西南與新疆省、西與阿爾泰接界之各旗為界。中國與自治外蒙之正式劃界，應另由中俄兩國及自治外蒙古之代表會同辦理，並在本協約簽字後二年以內開始會勘。

⑿中國商民運貨入自治外蒙古，無論何種出產，不設關稅。但須按照自治外蒙古人民所納自治外蒙古已設及將來添設之各項內地貨捐，一律交納。自治外蒙商民運入中國內地各種土貨，亦應按照中國商民，一律交納已設及將來添設之各項貨捐。但洋貨由自治外蒙運入中國內地者，應按照光緒7年(1881)陸路通商條約所定之關稅交納。

⒀在自治外蒙古中國屬民民刑訴訟事件，均由中國駐庫大員及駐自治外蒙古各地之佐理專員審理判斷。

⒁在自治外蒙古境內的華人與蒙人之間的訴訟，蒙方官吏有會審之權(從略)。

⒂自治外蒙古人民與在該處之俄國屬民民刑訴訟事件，均按照
1912年10月12日(此係俄曆，西曆為11月3日)俄蒙「商務專條」
第十六條所載章程審理判斷。

⒃在自治外蒙古境內的華人與俄人之間的訴訟，俄方領事或其
代表有會審或觀審之權(從略)。

⒄因恰克圖庫倫張家口電線之一段，經過自治外蒙境內，故議
定將該 段電線作為外蒙自治官府之完全產業。凡關於內外蒙交
界設立中蒙派員管理之轉電局，詳細辦法並遞電收費章程及分
派進款等問題，另由中國俄國及自治外蒙古所派代表組織之特
別專門委員會商定。

⒅中國在庫倫及蒙古恰克圖之郵政機關仍舊保存。

⒆外蒙自治官府給與中國駐庫大員及烏里雅蘇台、科布多、蒙
古恰克圖之佐理專員暨其屬員人等必要之駐所，作為中華民國
之完全產業，並為該大員等之衛隊在其駐所附近處給與必要之
地段。

⒇中國駐庫大員及駐自治外蒙古各地方之佐理專員暨其屬員人
等使用外蒙古台站時，可適用1912年10月21號(11月3日)俄蒙商
務專條第十一條之規定辦理。

(21)民國2年(1913)11月5日中俄聲明文件、聲明另件及1912年10
月21號(11月3日)俄蒙商務專條均應繼續有效。

(22)本約用中俄蒙法四文合繕，各三份，於簽字日發生效力。四
文校對無訛，將來文字解釋，以法文為準 32。

　　簽約的同一日，中方的外交部與俄方的公使又在北京互換照會，
聲明：中國應允不在內外蒙交界沿邊地帶移民，留為本地人民遊牧之
地，詳細範圍里數，俟將來劃界時再行議定。此一要求，係俄駐華公
使在北京於結案前突向外交總長提出，顯然藉此保留，為其勢力滲入

---

32 《恰克圖議約日記》，頁42-51。

內蒙沿邊預作準備。

中俄蒙三方在恰克圖爭執經年，至此才算結案。中國所爭得者，僅能確保中國原有對外蒙的宗主權，及中華民國大總統冊封外蒙活佛尊號之虛儀而已。外蒙所得者，為中國俄國承認外蒙古的自治，並確認不設治、不駐兵、不 移民的承諾。俄國所得者，為1912年11月3日訂立的俄蒙「商務專條」中所列各種特殊利益，範圍甚廣，包括俄國臣民得在外蒙自由居住、遷徙、自由經營工商業、租購土地、建立貿易圈與工廠、設立郵局、開設銀行、耕墾捕魚、開礦採林等等。「中俄蒙協約」中雖然規定俄國不得干涉外蒙古的內政，但實際上俄國已在外蒙派有財政顧問監理外蒙的財務，駐外蒙代表得支配外蒙的內政和外交，俄方派遣軍官訓練並指揮蒙古的軍隊，俄國貨物得按照1881年所訂「陸路通商條約」的規定免稅。俄方由此獲得的片面特權，顯示俄方所說的居間調停，實際是以一種自命監督人的任務，強行裁斷談判的一切決議，再藉機索取大量的權益作為報酬。

此外，俄方代表在談判的進程中，一直強力的支持外蒙向中方提出種種獨立的要求，但俄國本身卻只承認外蒙自治，而非獨立。換言之，俄國不願外蒙在名義上完全脫離中國，走向國際間真正的獨立。如此就可避免列強的抗議，或出現各國相繼承認外蒙獨立的局面，俄國就獨佔外蒙的種種特權，而不必顧慮列強跟蹤進入外蒙，與之競爭工商業投資的實利。

七、策動呼倫貝爾叛離中國

「中俄蒙協約」簽訂以後，俄方對中國邊區權益的貪求仍未滿足，依舊在外蒙鄰近地帶策動當地蒙人親俄排華，尋機起事。致使中俄雙方在漠北的糾紛，牽延未斷。呼倫貝爾就因有俄方的策動而出現叛離中國的運動。

呼倫貝爾位於黑龍江省的西部，是屬於黑省的一個道。面積一萬

五千多平方公里，西北以額爾古納河與俄國交界。境內的森林、水產
資源、金、煤等礦藏均極豐富，久爲帝俄覬覦之地，十九世紀中葉以
來，時常發生俄人越界墾地、砍木、割草、淘金、捕魚的紛爭，清政
府的疆臣亦察覺中俄自1727年訂立「布連斯奇劃界條約」之後，至二
十世紀之初，已將近二百年之久，邊境的河流鄂博變動很大，急應加
以重勘。幾度與俄方洽商，最後雙方同意於1911年6月起，在齊齊哈爾
舉行中俄邊界重新勘劃會議，經過幾個月的激烈磋商，到12月20日才
簽訂了「黑龍江勘分西界約案」（一稱「中俄滿洲里界約」）。依其劃
界，俄國割佔了呼倫貝爾地區一千四百平方公里的中國領土 33。當時
上距辛亥革命爆發之日，已歷兩月有餘，清方實居弱勢，所有商定各
條，簽字後即作結案，不必再由兩國政府批准。

　　此約簽訂後未到一個月，俄方又參與呼倫貝爾蒙人叛離中國的政
變，再圖以所謂居間調停者的地位從中取利。緣由當地蒙旗副都統勝
福以清朝皇室的忠臣自居，反對辛亥革命所倡導的共和，號召附近大
約一千名的蒙兵，利用俄國駐呼倫貝爾副領事吳薩締(Usati)供應的武
器 34，組成了一支名爲「大清帝國義軍」的部隊，於1912年1月15日擁
入呼倫城，驅逐當地的政府官員，佔據官署，逼迫中國政府所屬的軍
隊撤退出境，強行接收了行政權 35。2月2日，勝福又率同七百多名俄
軍和三百多名蒙軍進攻臚濱府，當地巡防營士兵奮力抵抗，擊斃數名
身著蒙古軍裝的俄國官兵。2月4日晨，俄方又增派軍援，再次圍攻臚
濱府。並由俄國駐齊齊哈爾的領事照會黑龍江巡撫周樹模，聲稱：
如果中國政府軍與蒙軍交戰，俄國將守中立，但華軍不得在東清鐵路
界內與蒙軍交戰，不許用火車運送中國軍隊。同時又警告當地的官
廳：如果防衛軍企圖抵抗，俄軍將封鎖車站，斷絕中方軍隊的糧食供

33　王鐵崖編，《中外舊約章匯編》，第2冊，頁777-780。
34　中國史學會主編，《辛亥革命》（中國近代史資料叢刊；上海：人民出
　　版社，1957)，第7冊，頁306。
35　張家璠等編纂，《呼倫貝爾志略》（海拉爾：1924)，兵事，頁103，引
　　自《沙俄侵略我國蒙古地區簡史》，頁142。

應 [36]。守軍無法獲得兵力的增援，資糧短缺，呼倫貝爾全部不久即被勝福所率的蒙軍所佔據。

勝福聚集他的兵力以後，即組織自治政府，接受外蒙古的「總督」名義，將呼倫貝爾地區併入「大蒙古國」。同時採行外倚俄援的外交政策，由俄國軍官訓練軍隊，兵器亦由俄方供應。俄國「駐呼倫貝爾的副領事吳薩蒂就利用此一時機，促使道勝銀行，與勝福集團以經濟的支援。然後策動俄商，與勝福集團以經濟的支援。然後策動俄商，與勝福所領導的自治政府，先後訂立了四十多項合同，取得呼倫貝爾的伐木、採礦、墾殖、漁業各種特權 [37]，盡收呼倫貝爾地區各種資源的實利。

當時中國政府的計畫是：先由黑龍江省府派員前往呼倫，與地方當局疏通排解，以免俄人之居間操縱。不料俄人早已成竹在胸，既不願將呼倫貝爾事件與外蒙問題一併解決，亦不願將呼倫貝爾劃入外蒙自治範圍，又圖假借居間調停的名義，造成中俄間另一件談判糾紛，迫使中國政府接受其與呼倫貝爾所訂一切經濟合同，趁機攘取此一地區的特殊經濟利益。為此，俄國公使竟向中國外交部嚴詞指責：中國政府不應與呼倫貝爾直接進行交涉，必須接受俄方的中介地位，方可談判。中方認為呼倫事件係中國的內政，俄方實無理由將其改變為中俄間的外交糾紛。彼此意見，難以交集，雙方會議亦難開展。

延至1914年2月23日，中俄始同意在北京舉行有關呼倫貝爾問題的談判，俄國公使庫朋斯基當日就提出中國恢復在呼倫貝爾主權的四項條件：

(1)呼倫貝爾仍歸蒙官管轄，中國政府應任命本地人為副都統。

(2)中國政府確認俄商與呼倫貝爾簽訂的各項合同，一律有效。

(3)俄方在呼倫貝爾有建築的優先權。

(4)日俄戰爭後俄人在黑龍江省所喪失的金礦權，中國政府應給

---

36 《辛亥革命》，第7冊，頁307、310。

37 《沙俄侵華史》，第4卷，下冊，頁875-879。

予補償[38]。

3月20日，俄公使又以勝福等人的名義，提出一份包括七項的節略，作為前提條件的補充：

　　(1)呼倫貝爾的所有官員，均須由當地的蒙人充任。

　　(2)副都統由呼倫貝爾的官員推舉，呈請大總統任命。

　　(3)呼倫貝爾不分擔中華民國的國債。

　　(4)中華民國不得在呼倫貝爾殖民、駐軍及派駐官員。

　　(5)呼倫貝爾保存本地的軍隊。

　　(6)呼倫貝爾的一切收入均歸本地官吏經營支配。

　　(7)呼倫貝爾為特別區域，直屬中央政府[39]。

這顯係在俄方操縱下所採取的步驟，迫使中國政府對俄方的要求作更多的讓步。中國政府見俄方竟用外蒙同一模式，擴大要求，難以接受，雙方談判遂陷於停頓。

至1914年12月，中俄雙方始同意在北京續議呼倫貝爾問題。1915年3月10日，俄公使再向中方提出九款解決呼倫問題的條件，經過在北京和彼得堡兩處的中俄外交官員往返磋商，俄方終不放鬆，當時日本對中國要求二十一條的交涉，以及恰克圖中俄蒙三方會議中的爭執，均異常激烈，中國政府陷於重重困難之中，深恐遷延日久，若與外蒙劃界之事發生牽聯，將更形不利，只得讓步，以求早日結案。

1915年11月6日，中俄雙方終於在北京簽訂了「中俄關於呼倫貝爾之協定」（又稱「中俄會訂呼倫貝爾條件」）。全約共分八條，主要內容如下：

　　(1)呼倫貝爾為中華民國的特別區域，直屬中央政府。

　　(2)呼倫貝爾副都統由大總統選擇當地三品以上之蒙員直接任命，與省長有同等權利。

　　(3)都統衙門設左右兩廳，廳長由副都統選擇當地四品以上之蒙

---

38 見《沙俄侵華史》，第4卷，下冊，頁881。

39 同上書，頁881。

員，請中央政府任命。

(4)呼倫貝爾平時一切軍事措施均由當地民兵擔任，若遇變亂不能平定時，中國政府預先通知俄國政府，得派兵赴援，秩序恢復後，即須撤出。

(5)除海關與鹽政稅款專歸中央政府外，呼倫貝爾境內各種稅收及其他地方收入，均由本地支配、使用。

(6)呼倫貝爾之土地為同地人民共有財產，中國人（原為內地人，俄方改為中國人）僅能取得借地權。

(7)中國政府如在呼倫貝爾敷設鐵路，需借外款時，應先與俄國商辦。

(8)俄商前與呼倫貝爾當局所訂各種合同，業由中俄雙方之委員審查者，中國政府應即承認[40]。

簽署此約的同時，中國外交部還向俄國公使致送了兩件照會，一件聲明中國政府同意補償俄國採金者於日俄戰爭後在黑龍江省蒙受的損失，另一件聲明：今後俄人與呼倫貝爾當局訂立任何合同，均將由黑龍江省予以批准，如黑龍江省不准，再送外交會會同俄公使審議解決。

自1912年1月呼倫貝爾事件爆發以來，延續了四年的中俄交涉，至此才算結案。俄人侵略呼倫貝爾的蓄謀，藉由此一條約的訂立而得以實現，自後呼倫貝爾成為俄人進入北滿的門戶，與中東鐵路地帶聯成一氣，使俄人在北滿的地位更加鞏固。

不過此一「中俄會訂呼倫貝爾條件」雖經中國政府批准，但並未公布。到了1917年帝俄崩潰之後，中國政府就廢除此一特別區域，恢復對呼倫貝爾的完全主權。

---

40 鄒尚文、朱枕薪編，《呼倫貝爾概要》（北平：1930），頁59-63。引自《沙俄侵華史》，第4卷，下冊，頁884-885；《有清一代之中俄關係》，頁438。

八、吞併唐努烏梁海

　　俄國侵略勢力向蒙古鄰近地帶伸展的次一目標是唐努烏梁海。

　　唐努烏梁海在外蒙古的西北部，北靠薩彥嶺(一稱沙畢納依嶺)，南接唐努山脈，是位於兩山之間的狹長地帶。面積十七萬多平方公里，四周山巒重疊，森林密佈，盛產珍貴毛皮，礦藏豐富，尤以產金著稱。葉尼塞河發源於此地。其上游大小支流遍布全境，沿河地帶土地肥沃，水草豐茂，適於放牧和耕作，為中國北部邊疆美麗富饒之區，俄人早已垂涎，想據為己有。

　　早在1728年，中俄兩國所訂「中俄恰克圖條約」的第三條，即根據雙方劃界的「布連斯奇條約」第十五段(此約未用數字標明條款)的明文，同樣的規定：中俄劃定之疆界，由沙畢納依嶺起至額爾古納河為止，北部歸俄國；南部歸中國[41]。雙方隨後又在沿邊設立了八十七座鄂博為界標。清政府在唐努烏梁海地區分置唐努烏梁海總管和克穆齊克總管治理其地，均屬烏里雅蘇台定邊左副將軍統轄[42]。

　　18世紀初期，俄國的商品開始輸入唐努烏梁海邊境，每年貿易額約達六千盧布，1881年中俄擴大了「陸路通商章程」的施行範圍，規定外蒙邊境百里之地實行免稅貿易，西伯利亞的俄商，遂紛紛湧入唐努烏梁海，在各處建商站、修倉庫、開店鋪、放高利貸，貿易範圍日益擴展。根據俄方的統計，1896年俄國對唐努烏梁海的貿易額達二十五萬盧布，1907年增至六十五萬盧布[43]。惟據日本人的調查，1907年的貿易總額，包括民間交易的合計，實際已達二百萬盧布，約佔唐努烏梁海地區商業總額的一半[44]。

41　《匯編》，附錄（B），頁372。
42　引自《沙俄侵略我國蒙古地區簡史》，頁159。
43　見《沙俄侵華史》，第4卷，下冊，頁925。
44　后藤富男，《蒙古政治史》，頁184，引自《沙俄侵略我國蒙古地區簡

　　同時俄國礦工也相繼越過薩彥嶺，沿著唐努烏梁海境內的河流，擅自淘採金礦。據不完全的統計，到1881年，俄人在唐努烏梁海境內開採的黃金，計達四百四十六普特，價值九百五十萬盧布。清方烏里雅蘇台將軍得到報告後，於1889年奏請清政府下令檢查邊境，限令非法採礦的俄人照約遷回本國[45]。但因鞭長莫及，清政府未能採取嚴格的措施，執行遣遷的法令。

　　由於唐努烏梁海的山川秀麗，土地肥沃，俄人視之為移民的天國，所以繼俄商之後，接踵而至的是從事採林、墾殖、狩獵的移民，俄政府為了推展在唐努烏梁海的殖民事務，特於1886年正式成立烏辛斯克（Usinsk）邊務區，任籌劃的總責。至1907年為止，俄國在唐努烏梁海非法定居的移民已達二千一百人，並擅行建立大小村鎮一百多處。唐努烏梁海的總管海都布查知實況，即採取措施，予以限制。俄方不服規定，反派波波夫（Popov）上校率領俄軍百餘人，於1908年侵入唐努烏梁海，攻佔並焚毀了中方的哨所[46]，更加擴展了他們的殖民活動。

　　1911年10月，中國爆發了辛亥革命，俄國駐華代辦世清認為俄國併吞烏梁海的時機已經成熟，急電外交大臣沙佐諾夫，建議：乘中國目前政局發生巨大變化之際，立即佔領唐努烏梁海，實為兼併的良機[47]。然而沙佐諾夫遍查莫斯科檔案庫中的文牘之後，仍然在他轉呈世清建議的報告中，向沙皇表達了他的異議，他說：

　　……1727年由俄國和中國全權代表依「布連斯奇條約所劃界規定了沿薩彥嶺的疆界。劃界以後，在弗拉迪思拉維赤（Sava Vladislavich，清朝文獻中譯為薩瓦）伯爵的監督下繪製的邊界地圖，對此也作了肯定。因此必須承認俄國在烏梁海地區並沒有

45 《清季外交史料》，光緒朝，第80卷，頁11；第81卷，頁24。
46 《沙俄侵華史》，第4卷，下冊，頁928、929、930。
47 蘇聯《紅檔雜誌》，1926年，第5（總第18）卷，頁97，引自《沙俄侵華史》，第4卷，下冊，頁933。

> 法律上的權利。……48

可是尼古拉二世竟然漠視缺乏法律依據的事實，還是批准了世清的建議，並且特別指明：

> 恰好相反，我完全同意駐北京代辦的意見，從討論烏梁海地區
> 問題以來，業已三月有餘，中國發生了一些巨大的變化，我們
> 必須更積極的解決這個問題，否則我們在中國邊界上就得不到
> 利益。請回憶一下我們佔領阿穆爾邊區的歷史49。

他所指明的阿穆爾邊區就是黑龍江以北、烏蘇里江以東原屬中國的大片土地，回憶佔領此一大片土地的歷史是要俄廷的大臣們效法當年穆拉維約夫等人強佔中國國土的故技。俄政府遵照尼古拉二世的指示，就加速了吞併唐努烏梁海的籌劃。

1912年2月，唐努烏海總管貢布多爾濟在俄方烏辛斯克邊務區當局的策動下，宣佈獨立，此舉引起了內部盟旗的反對。貢布便請求俄國出兵唐努烏梁海，加以保護。因此俄國的內閣延至次年6月始議定先行大量移民的決策。經過一年多的籌劃，終於1914年7月17日由烏辛斯克邊務區正式宣佈；俄國接受貢布多爾濟的「自願歸順」置唐努烏梁海於俄國的保護之下。1915年，俄國移民局開放唐努烏梁海為墾殖區，圈佔土地達三十二萬五千俄畝50，招徠移民從事開發，居住在唐努烏梁海的俄國移民，迅即增至一萬二千人。當時的土著總數，也未超過六萬人。

1915年，中國政府派員前往唐努烏梁海執行公務，被俄方阻礙，未能入境，1916年，中國駐俄公使劉鏡人再度與俄交涉，要求依約在唐努烏梁海設佐理員，俄方藉口該地已歸俄國保護，拒絕所請。當時外蒙業已宣佈自治，原駐烏梁海的中國官員已被迫離境，北京與唐努

---

48 《紅檔雜誌》，1926年，第5卷，頁96。

49 張蓉初，《紅檔雜誌有關中國交涉史料選譯》，頁375，注1。以上二注均引自《沙俄侵略我國蒙古地區簡史》，頁164-165。

50 見《沙俄侵華史》，第4卷，下冊，頁938-939。

烏梁海之間的交通隔絕，無法直接往來，致使唐努烏梁海十七萬多平方公里的領土，孤懸塞外，在毫無救援的措施下，全部被俄國併吞。雖然在俄國十月革命後，中國政府曾一度恢復對該地區的主權，但不久又爲蘇聯紅軍所攻佔。

九、結 語

每當蒙古問題成爲中俄談判的議題時，俄方常誇張他們與蒙人有長期密切關係的背景，自認有權享有該地區的特殊利益。考其實際，俄國與蒙古早期接觸始於十七世紀的初年，與他們首先建立通使關係的蒙古領主係號稱「黃金汗」的阿勒坦汗，他是喀爾喀西部首領扎薩克圖汗的封臣或下屬，名位僅爲琿台吉，不是汗，在蒙古族的世系中並不顯赫。由於他的領地爲通往中國的要道[51]，又是他向附近各部族收納貂皮實物稅的中心，遂有「黃金汗」的稱號[52]。俄羅斯統治者爲「金羊毛」的傳說所吸引，便不惜披霜戴雪，向茫茫沙磧的盡頭奔馳不息，尋求潛藏在東方大地的財富。

然而俄羅斯所尋到的蒙古只是一座通往中國的橋樑，並未成爲俄國渴望中的殊方寶庫，俄羅斯君主要求阿勒坦汗臣服於沙皇陛下並進貢貂皮的談判一波三折，並不順利，自1616年起，雙方只交換了兩個友好使節，1620年以後關係即陷於停頓，後來雖偶爾恢復磋商，但從未就臣服與進貢兩項主題達成協議，到1679年，關係完全中斷。至於俄羅斯與中國的交往，卻能延續了三百餘年之久，並且還順利的獲得了貝加爾湖東南的廣闊土地和中俄長期貿易的優厚利潤，莫斯科的主政者才逐漸的覺悟到，真正誘人的金羊毛，還是要繞道到北京才能尋到。

---

51 J. Baddeley著，前引書，下卷，第1冊，頁999。

52 N. Sastina著，北京師範大學外語系譯，《17世紀俄蒙通使關係》（北京：商務印書館，1977），頁15。

　　1881年，俄人要求在外蒙的貿易免稅，得到北京的許可，俄國的
經濟勢力正式侵入了外蒙，為了突破中俄布連斯奇劃界條約的限制，
俄政府又發明了一種「居間調停」的屈理，儼然自居為中俄蒙三方談
判中的監督者，強行介入中國政府與滿蒙之間的內政，從中漁利。即
或是主張侵華分子之一的沙佐諾夫，也在他上奏沙皇的報告中，明確
的承認俄國在法律上沒有侵佔薩彥嶺以南中國領土的權利，但還是未
能阻止尼古拉二世簽發違約的指令，俄政府必須遵從沙皇的旨意，執
行劫奪中國北疆的使命。結果中國的北滿、外蒙、呼倫貝爾、唐努烏
梁海的土地與各種權利，都在一系列的條約或合同之中，相繼落入
「調停人」的掌握。俄國十月革命之後，中國政府一度進兵漠北，試
圖鞏固北方邊界的地位，惟因民國初建，問題叢集，內外煎迫，終究
未能恢復舊觀。

第十三章
新疆與俄國的貿易關係

一、前　言

　　新疆位於中國的西北部，面積達一百六十五萬平方公里，爲中國最大的一個省份。由於自古以來，新疆地區就是中國與西方的交通孔道，中亞的各族群與中國早有頻繁的接觸。十八世紀中葉以後，俄羅斯掀起向東亞擴展的浪潮，也越過了中亞哈薩克草原，逼近新疆西部的疆界。自十九世紀的初年起，不到三十年的時間，俄國竟能通過武裝入侵、構築軍事堡壘、發動哥薩克武裝移民等手段，不斷竊佔新疆巴爾喀什湖以東以南的中國領土，並竭力推展對新疆的非法貿易，清廷不得已，乃於1851年簽訂「伊犁、塔爾巴哈台通商章程」，又於1864年與之簽訂「中俄勘分西北界約記」，允許俄商在新疆的貿易免稅，且默認將大片疆域劃歸俄屬。清政府的優容和退讓，更促進俄方日後深入新疆，積極採行掠取經濟資源的活動。

　　清政府治理新疆的優先考慮，是邊疆政局的穩定和邊防的鞏固，將與俄的貿易問題置於次要的地位。但自俄商取得了在新疆免稅的特權之後，新疆的對俄貿易即進入一個新的階段，雙方貿易的性質發生了根本的變化，俄國商人從此掌握了新疆市場和新疆對俄進出口貿易的主動權，一方面向新疆傾銷俄國商品，另方面低價收購當地的土產原料，自行輸出。華商在雙邊貿易中的作用大大降低，難與抗衡，致使新疆近代經濟的發展，深深的染上了半殖民地的色彩，此種經濟地

域的特定條件,又承受到中國國內政局、邊疆政策、對外關係等諸多
政治因素的影響和制約,逐漸形成一種自身的特點和發展的規律,在
中俄貿易關係研究的範疇中,有其獨特的研究對象和體系,值得加以
探討。因此本章將自19世紀中葉起,沿循著新疆與俄國雙邊貿易發展
的軌跡,探索其特異的變遷,檢討其經歷中的利弊,期望由此能對中
俄之間的經貿交流獲得另一層面的認識。

二、新疆早期的中俄貿易

18世紀中葉,清帝國統一了新疆,自後在長達六十餘年和平安定
的環境中,新疆社會經濟有了長足的發展,境內的貿易日益繁榮,惟
清政府鑒於中俄雙方早已開放了蒙古邊境的恰克圖爲貿易市場,又有
俄國官方大型商隊定期進北京貿易,遂決定不再在西部邊境對俄國開
放任何通商口岸。但俄國因國內經濟的發展與財政上的需要,力圖開
闢新疆的市場,爲俄國貨物輸華的第二條出路。1805年,俄廷特別派
遣了一個使團前往北京,要求中國開放沿邊及伊犁、塔爾巴哈台,供
俄人自由貿易。使團的任務並未達成,俄國商人遂不顧清政府的禁
令,在新疆沿邊進行商隊走私的貿易。在歲月的流逝中,俄國官方意
識到這種貿易途徑,對其中亞的殖民擴張頗爲有利,於是就支持俄商
擴大此種非法貿易的規模,藉此鞏固帝國在中亞的實力[1]。

中國政府雖然不准俄人入境經商,但新疆地方當局並未明令禁止
回教商人轉手進口俄貨,甚至對穿著回教服裝的俄人入境亦未加阻
止。於是公然從事非法貿易的人日多,貿易額亦大增。進入十九世紀
之後,清政府未再發出禁止中俄通商的指令,俄國對新疆貿易的性質
已由十八世紀後期的違禁走私,轉變爲半公開的無約貿易。

---

1 Rozhekova,《俄國與中亞的聯繫》(莫斯科:1963),頁201,214。引
自厲聲,《新疆對蘇俄貿易史》(烏魯木齊:新疆人民出版社,
1994),頁9。

俄國官員在政府的鼓勵下，也公然組織商隊，前往新疆。1807
年，一支由五百匹駝馬組成的俄國商隊，在商人穆爾塔金(Murtakin)
的帶領下，從塞米巴拉金斯克(Semipalatinsk)到達塔城。1809年，有
一商人名涅爾平(Nerpin)者，組成了一支商隊，運送了價值5,000盧布
的俄國貨品往塔城銷售。1810年，涅爾平的另一支商隊，由官方譯員
普蒂姆采夫(Putimtsev)率領，運送了價值10,000盧布的貨物到達塔
城。1813年，西西伯利亞當局派遣了一支官方商隊，由譯員布賓諾夫
(Bubennov)率領，運送價值321,000盧布的貨物，自塞米巴拉金斯克出
發，穿過吉爾吉斯(今稱柯爾克孜，清文獻稱布魯特)領地，到達阿克
蘇和喀什噶爾銷售。次年，這支商隊帶著價值100萬盧布的茶葉、大
黃、織品、錦緞等貨物返俄銷售 [2]，均獲厚利。根據塞米巴拉金斯克
的稅冊記載，1803年至1813年之間，塞城與伊犁、塔爾巴哈台的交易
額增長了一倍多；自1812年至1824年則增長了二倍。其中1803年俄商
經由塞城出口的俄國貨物，價值約達69,606銀盧布，1812年的出口額
為112,547銀盧布，1821年當地出口的俄國貨物的價值已達141,817銀盧
布 [3]。到了四十年代以後，俄國對新疆的貿易已過渡到以規模較大的
商隊貿易為主，從俄方的貿易統計表上，可以看出1840-1850年的貿易
額有非常明顯的增長。(表13-1)

　　俄商運入新疆的貨物以棉織品為大宗，如各種印花布、吉爾吉斯
布、鼠皮布、珠皮呢、厚棉布、條絨及其他棉布。其次是呢絨、鐵製
品、瓷器、白糖、火柴、煤油、玻璃器皿、書寫紙、縫紉機、鐘錶、
家具等。新疆輸出的主要貨物多為土產原料，包括牲畜、畜產品、狐
皮、綢緞、瓷器、茶葉、葡萄、氈子及雜物 [4]。三十年代以後自新疆

---

2 《新疆對蘇俄貿易史》，頁44-45。
3 A. Khohelov，《18世紀90年代至19世紀40年代中國的對外貿易》。引
　自同上書，頁45。
4 Bogoslavsky，新疆大學外語系俄語教研室譯，《長城外的中國西部地
　區》(北京：商務印書館，1980)，頁186、188、、189、190、191、
　192、193、195、196。

表13-1　1840-1850年俄國對新疆貿易統計表 [5]　　　　（單位：銀盧布）

年　代	俄國對新疆輸出	新疆對俄國輸出	貿易總額
1840	194,157	173,070	367,227
1841	132,522	149,980	282,502
1842	143,622	151,330	294,952
1843	208,218	161,712	369,930
1844	192,413	148,340	340,753
1845	238,262	241,268	479,530
1846	209,362	304,919	514,281
1847	174,262	249,171	422,436
1848	118,602	134,482	253,084
1849	204,207	317,709	521,916
1850	211,516	530,538	742,054

輸出的茶葉迅速增長，1842年輸俄的茶葉佔輸出總值的39.4％，1850年增加到94.6％，幾乎增長了九倍 [6]。塞米巴拉金斯和彼得巴甫洛夫斯克(Petropavlovsk)也成爲雙邊貿易的兩個貨物聚散中心。

　　全部俄國與新疆的貿易縱然是違反清廷的律令，然而爲了穩定邊疆的政局，維護清帝國的邊防和統一，保持與中亞諸歸附藩屬的關係之發展，實有通過貿易交流繁榮邊疆經濟的必要。就中國的政治傳統而言，亦爲治邊理藩、懷柔少數民族的一項要政。所以清政府對於哈薩克、吉爾吉斯等族裔商民在新疆與俄國之間的中介與販運之類的活動，並不禁阻，即與俄羅斯貿易往來，亦所不校 [7]。中國地方官員對此種相當普遍的沿邊違法貿易，已經十分清楚，並不排除在俄國官方正式提出西部中俄通商問題時與之談判的可能。

5 H. Korsak，《俄中通商歷史——統計概覽》(Kazan: 1857)，頁434，引自同上書，頁49。

6 Sladkovsky，《蘇中經濟關係概要》（莫斯科：1957）。引自《新疆對蘇俄貿易史》，頁50。

7 慶桂等編，《清高宗實錄》，卷550，頁13；卷580，頁20。

在俄國方面，國內資本主義工業生產的發展，加上深入中亞的軍事行動，使其在中國西部開闢新市場的要求越來越強烈。自俄國兼併哈薩克草原後，哈商在伊犁、哈爾巴哈台的貿易實際已被俄商所取代，中俄雙方對新疆貿易增長的強勢已無法迴避。爲了探明新疆市場潛力，俄政府特於1844年冬派遣外交部亞洲司副司長柳比莫夫（Liubimov）前往俄屬中亞邊境的貿易聚散地和中國西部的貿易城鎮，進行實地調查，柳氏於1845年返俄，向外交部提出建議：如圖發展與中國西部的貿易，則必須與清政府舉行談判，雙方確立在伊犁、塔巴哈台以及喀什噶爾的合法貿易，方爲上策。俄政府經過反覆的審議，最後始認定新疆是一個前景極佳的俄國商品市場，應試向中國政府提出在新疆地區建立正式通商關係的要求 [8]。

三、1851 年以後的中俄貿易

1847年與1848年，俄國政府委託東正教駐北京傳道團的主持人波利卡爾普（Policarp，漢名佟正笏），兩度呈文清政府理藩院，要求開放伊犁、塔爾巴哈台、喀什噶爾三地與俄通商，清廷認爲與往例不符，未能照准，1850年初，俄國樞密院第三度致函理藩院，懇求開放西部的中俄貿易。清政府因俄再三請求，只得徵求伊犁將軍等邊疆官員的意見，作爲製定決策的參考，當時的伊犁將軍薩迎阿察覺到數額巨大的中俄無約貿易，實禁禁絕，於是在奏摺中，很謹慎的建議：只准俄人在伊犁和塔爾巴哈台兩地貿易，喀什噶爾距邊界太遠，不宜開放。清廷得奏，當即在批示中指明：「俄羅斯暗中貿易，已難掩人耳目。……此次居然堅請於伊犁等三處添設貿易，似不便逕行拒絕，致

8　M. Rozhekova，《19世紀第二個25年沙皇政府在中東的經濟政策和俄國資產階級》（莫斯科—列寧格勒，1949），頁341，引自《新疆對蘇俄貿易史》，頁53。

激事端。」⁹ 並交由理藩院酌辦，顯然有讓步之意。稍後，理藩院遂奏陳同意薩迎阿的建議，並通知俄方，請其派員至伊犁，以便雙方詳議在伊犁和塔爾巴哈台兩地試行貿易的條規 ¹⁰。

　　1851年7月，雙方代表齊集伊犁，展開談判，會中清方代表明告俄方：喀什噶什因距內地遙遠，貨運艱難，商民少而貨物無多，故未允開放。其餘俄方所提要求，均一律應允。同年8月6日（咸豐元年7月10日，俄曆7月25日），雙方代表簽訂「中俄伊犁、塔爾巴哈台通商章程」¹¹。全文共十七條，備有滿、俄兩種文本，依照此項章程的規定：自後中俄雙方在伊犁、塔城兩地實行無稅貿易，兩國商人在其本國官員的照管下自由往來通商；取消原來官方代辦的交易方式，一切貨物均在貿易亭聽兩國商人自行定價；現貨買賣，不准賒欠；並准俄商在兩地貿易亭附近自行建造貿易圈，以便住人、存貨 ¹²。

　　此項章程中有關雙方貿易的各項規定，在文字上適用於中俄兩國，但俄國並不在其境內開放相應對等的通商口岸，結果免稅僅在中國境內實行，中國商人無法享有其中規定的權益，而俄國商人在伊犁、塔爾巴哈台兩地卻享有免稅貿易、設立領事、建立貿易圈等片面優惠。此一通商章程貌似平等，實際內容還是具有不平等的性質。不過此後中國地方當局可將雙方買賣活動納入管理或監控之下，以前無約貿易的種種弊端，得以避免。在俄國政府方面，見歷年來所求，已大致宿願得償，認爲這是他們在商業和外交上的一大成就。

　　1852年8月，俄國首任駐伊犁領事扎哈羅夫（Zakhalov）及其隨從官兵抵達伊犁，要求地方當局劃撥地段，以爲建築貿易圈之用。伊犁將軍奕山當即命令屬下官員指給惠遠城西門外隙地三里許，又就近撥埋葬地段約一里許，由扎哈羅夫出具收領。隨即募夫修建貿易圈。1853

　　9 文慶等編，《清宣宗實錄》，卷475，頁30。
　　10 《籌辦夷務始末》，咸豐朝，卷1，頁8-9。
　　11 《清代中俄關係檔案史料選編》，第3編，上冊，頁15-17。
　　12 同上書，第3編，上冊，頁12-15。

年9月，伊犁貿易圈完工，共建房48間，與此同時，俄首任駐塔爾巴哈台領事塔塔里諾夫（Tatarinov）也在清方指撥的地段內監督建造俄商貿易圈，1853年11月竣工，共建房51間。兩地均分別區劃為領事人員、軍役人員及商人的住所等數部，其餘房屋均作為堆放貨物之用[13]。

1853年清明後，俄國商隊即依約前來伊犁、塔爾巴哈台貿易。根據條約規定，俄商隊前來，中國卡倫只查驗俄國地方當局所頒發的執照，對人員及往來貨物聽其自便，抵達伊犁或塔城後，俄商在貿易圈內居住安歇，由領事管理照料。當其與華商進行買賣時，由雙方議定價格，自由交易。關內華商多在伊、塔兩地設立分號，往來運貨，換得俄商貨物即運回原籍，售賣得利後再運內地貨物來伊、塔，輾轉經營。由於有了條約的保障，1853年以後俄國對新疆的貿額急劇的增長。

表13-2　1851-1854年俄國與新疆貿易額統計 [14]　　　　（單位：銀盧布）

年代	俄國出口	新疆出口	貿易總額
1851	228,716	605,798	834,514
1853	675,690	683,589	1,364,270
1854	652,127	1,601,428	2,253,555

從上表可以看出，1851年與1854年相比，新疆對俄貿易進出口分別增長1.85倍和1.64倍，貿易總額增長1.7倍。俄國出口以織品、毛皮、製革、金屬及金屬製品為主，新疆對俄國輸出的貨物以茶葉和織品為大宗。

1855年8月以後，因俄方在邊境蠶食擴張的行徑影響了雙方商務的發展，新疆的中俄貿易曾一度中斷，由於清方的忍讓，至1860年才重新恢復。同時商務的情況也發生了一些區域性的變化。第一，清政府

13　同上書，第3編，上冊，頁84、86。
14　《俄中通商歷史──統計概覽》，頁434，引自《新疆對蘇俄貿易史》，頁62。

對新疆的華商開始徵收釐金。釐金爲商業稅之一種，初行於關內，1860年，伊犁塔城始對本處販賣貨物之華商，一律徵收百分之一的釐稅，與俄商貿易及販賣俄國貨物之華商亦不例外，但俄商則一律免徵[15]。由此削弱了新疆華商在對俄貿易中的經濟實力。第二，中俄在1860年締結的「北京條約」中，又增開喀什噶爾爲通商口岸，伊犁、塔城、喀什噶爾三地的貿易圈由此都獲准擴建，伊犁領事升級爲總領事，俄方得在貿易圈內駐紮武裝衛隊。然而自1861年以後，俄政府將其主要的精力都投注於與中國劃界的談判，力圖吞併巴爾喀什湖以東以南的中國領土，而無暇顧及新疆的貿易。爲加強其談判的聲勢，俄軍常向中俄交界地段推進蠶食，多次與清方守卡巡邊的部隊和沿邊居民發生衝突，引起邊疆軍民的一致憤慨，伊犁的中國商人拒絕向俄人出售貨物及食品，派遣出來購買食物的俄國貿易圈的衛兵也常被圍毆[16]。兩國沿邊形勢頓然緊張，俄方商人運貨至新疆者銳減，自1862年9月至1863年12月，僅有五名俄商到塔城的貿易圈經營商務。到了1864年，貿易圈內只有俄國領事和衛隊留守，俄方商人已經絕跡。

影響雙邊貿易最大的因素是新疆爆發了回族反清的動亂，自1864年起，新疆南北各地相繼爲叛軍所據，伊犁、塔城的俄方各類工作人員均於1865年全部撤回俄境。雙方貿易的正常運作，無法再行持續。

四、新疆回亂時期的中俄貿易

自1865年起，新疆南部的情勢因阿古柏之倡亂而日形緊迫，政府軍一時挽救不及，北疆和南疆都先後被反清的回族叛軍割據。各地戰亂不休，俄商運貨至新疆者寥寥無幾，雙方的商務活動全然停頓。

俄國爲了彌補由貿易中斷所造成的損失，積極在中國西部尋求其他途徑，另闢通商市場，1868年，派遣前駐伊犁領事巴甫林諾夫

---

15 《清代中俄關係檔案史料選編》，第3編，下冊，頁1134。
16 《我在西伯利亞服務的回憶》，上冊，頁281-282。

(Pavlinov)去蒙古西部考察新的通商路線。1869年又乘中俄商談「改訂陸路通商章程」的機會，要求清廷准許俄商前往中國所屬設官的蒙古各處，從事免稅貿易。同年10月，俄駐北京公使又要求清政府正式開放科布多和烏里雅蘇台兩地對俄通商，以替代伊犁和塔城兩處的中俄貿易。除此之外，俄國竟於1871年7月，逕自出兵侵入伊犁，佔據該區各城，實行直接統治達十餘年之久。且自行採取措施，恢復該地區與俄境的貿易。為因應當時新疆的動亂情況，俄方以各種不同的買賣方式，與各地區的消費集團進行交易。

(一)供應中國難民所需物資

自1865年秋季起，反清的回族叛軍開始圍攻伊犁各城，各處兵民大多拋家攜眷，逃入俄境避亂，其日常生活所需，均必須就地向俄商購買。日常口糧亦向俄官倉採購，以俄糧官價合算，所需費用，由清政府解送，再照數向俄方繳納。1868年5月，新疆地方政府為接濟中方難民，解送了26,000銀兩至科帕爾(Kopal)的俄方當局，除易換為俄國盧布作平時支出外，其餘2萬兩白銀則存俄庫備用。同時清政府又命烏里雅蘇台解銀2,000兩接應支援。俄方又自清方前此寄存在科帕爾的清軍餉銀中扣去9萬兩[17]，移作賑濟難民之用。三年之內，在科帕爾附近購糧21萬斤，與採辦生活用品等費用合計，共支出8萬餘兩白銀，折合當時的俄幣，約為16萬多的盧布。至1871年5月，清方尚欠俄方38,250盧布[18]。此種雙方銀貨的收支雖為當時特殊情勢所造成，究係新疆與俄方一筆最大的交易。

17　見《清總理各國事務衙門清檔》，同治5年11月14日署伊犁將軍榮全奏摺。引自《新疆對蘇俄貿易史》，頁72-73。

18　《籌辦夷務始末》，同治朝，卷81，頁20。

(二)恢復伊犁佔領區的市場

當1871年7月俄國出兵佔領伊犁時，俄國商人尾隨俄軍之後，進入伊犁，首先恢復停頓了多時的市場交易。俄國政府認爲中國將無法再度收回失地；遂自行在當地作永久性的安排。俄佔領軍當時均集居於惠寧、熙春、寧遠三城，其中寧遠(今伊寧市)爲俄統治伊犁的政治、經濟中心，並設有軍事佔領的管制機構。爲擴展伊犁的貿易，俄方在寧遠城東門外營造近二十里長的貿易市場，俄商雲集，紛紛恢復經營，寧遠城很快就成爲俄國在新疆的商業中心，市廛洋行店舖比鄰，俄國貨物琳瑯滿街。當時從伊犁輸往俄國的貨物以農副產品爲主，包括糧食、木料，以及鹿茸、貝母等藥材。雙方一年交易額達百萬盧布左右[19]。

(三)天山北路的俄國商隊

七十年代後期，清軍陸續進兵新疆，所到之處，皆經戰亂，地方殘破，各類物資異常匱乏。俄商乘機組織商隊，載運成批貨物，深入天山以北各城鎮，走營穿巷，到官兵、難民群中兜售俄貨，當時新疆與關內的交通阻梗，土貨運銷不易，而新疆官民日常生活所需，惟有向俄商購買之一途，因中方無貨物與之交易，凡買賣多用俄國盧布，一時盧布充斥市場，清政府深慮相沿日久，將生流弊，於是設法由軍方在關內購買大量茶葉，運往科布多存儲，然後招募茶商，照舊例領票販運，前往塔城，進行交易[20]，雙方收支始稍改善。然對俄方商隊深入各城鎮之違約貿易，因關繫軍民需要，終未斷然禁絕。

(四)俄商供應清軍糧餉之貿易

1875年以後，清政府的西征大軍收復新疆；戰亂之中，驟然增加

19 見伊犁州檔案卷37號。引自《新疆對蘇俄貿易史》，頁74。
20 《籌辦夷務始末》，同治朝，卷88，頁53-54。

了大量人口，糧餉需求，十分緊急，當時各地屯田生產，一時又緩不
濟急。俄商見機，即起而向清軍運銷糧餉，代為解決了地方物資不足
的難題，原來在1874年，俄軍總參謀部、外交部、財政部聯合派出一
支由陸軍中校索思諾夫斯基(Sosnovsky)率領的貿易考察團，進行考察
中國西部及蒙古地區的市場，探求一條進入中國西部的貿易路線。
1875年7月，索氏率團路過蘭州，受到清軍西征統帥左宗棠的友好接
待，在總督府住了27天，左宗棠與他談到清軍的糧餉問題，索氏自願
代為採購俄境糧產，從齋桑淖爾一帶，運往新疆境內古城(今奇台)的
清方軍營。左宗棠遂與之簽訂運糧合同，議定：清軍向俄方購買500萬
斤糧食，每百斤糧價5兩，外加運糧費用2.5兩，合計每百斤價7.5兩。
清軍收糧付銀；如銀兩不足，允先付半數，餘款在三個月內付清，如
果齋桑地區的糧價不高，俄方將盡力使交糧價格低於每百斤7.5兩的議
價[21]。

　　1876年，在索氏的主持下，西伯利亞的俄商卡緬斯基(Kamensky)
組織了十五支商隊，向駐紮古城的清軍運糧，至1876年5月，運達的糧
產達490多萬斤[22]，完成了合同所定的一筆交易。隨後，卡緬斯基又向
西湖(今烏蘇縣)至昌吉一帶的清軍金順部隊，攬辦糧餉1,000萬斤。由
於雙方的需要，卡緬斯基繼續於1876年至1880年之間，組織商隊，向
駐紮古城的清軍運銷糧餉共達100萬普特(合3,276萬斤)。而他另向駐
紮北疆各地的清軍運送的小麥總額達300萬普特(合9,828萬斤)，價值
達1,500萬盧布。這些小麥大多是從伊犁佔領區向俄國出口後，再轉手
以俄國小麥的名義運至清軍營地。1876年伊犁小麥每普特價0.15盧
布，運往清軍營中後售價高達5盧布[23]。俄商獲利之豐厚可以想見。

　　在此以前，清軍自關內運糧到新疆的費用相當高昂；自肅州(今酒
泉)至古城每百斤銀15兩。安西至古城每百斤11兩。而俄屬塞米巴拉金

21　《左文襄公書牘》，卷15，頁14-17。
22　同上書，卷16，頁22。
23　Kuropatkin，《俄中問題》，頁86-87。

斯克及齋桑一帶的糧產連年豐收，每俄石（約合210市斤）的糧價僅3盧布（約合1.5兩白銀），而在古城的售價卻達到每俄石30盧布（約合15兩白銀）[24]。利潤如此優厚，所以俄方竭盡最大的努力，要掌握這種供應清軍糧餉的大交易。

（五）新疆南部的中俄貿易

自18世紀後葉起，俄國對新疆南部的貿易已表現與日俱僧的關注。惟因17世紀中葉以前，俄國與新疆南部尚無共同邊界，清政府亦禁止俄商前往南疆貿易，俄國的商隊僅可假借浩罕或其他中亞商人的名義混入南疆各城鎮從事商業活動，但究竟不能獨立經營、大量拓展在南疆的市場。

1850年代，俄國迭次向清廷提出開放喀什噶爾為南疆通商口岸的要求，一直遷延到1860年締結「中俄北京條約」時，才得到清廷的允許。可是喀什噶爾貿易圈的建築尚未完成之前，新疆即已陷入回族反清的戰亂之中，浩罕的軍官阿古柏也乘亂侵入南疆，戰亂日益擴大。在阿古柏的佔領區內，俄商不能暢通。在俄方的努力下，阿古柏政權曾於1872年與俄國簽訂了一項稱為「自由通商條款」的貿易條約[25]，但此約並未認真的實行。因為阿古柏把貿易看作是他個人的事務，擅自估價，並按指定的價格任意賒購商品，一部分商品照例得作為禮物奉獻。賒購商品的付款一拖數年，條約所規定的各項通商權益毫無保障，使大部分俄商對南疆貿易的經營多裹足不前。所以自1864年至1877年間，俄國與阿古柏佔領區之間的貿易異常稀少，例如1876年俄國對新疆南部的出口僅為24.8萬盧布，進口額為110.1萬盧布。南疆對俄出口的商品中，土布佔了81％，價值達89.5萬盧布，與俄國對南疆

---

24 Pysesky，《1874-1875年到中國的不成功的考察》（彼得堡：1881），頁298，引自《新疆對蘇俄貿易史》，頁80。

25 Boulger著，商務印書館翻譯組譯，《阿古柏伯克傳》（北京：商務印書館，1976年），頁255-256。

的出口相抵，中方出超達85.3萬盧布[26]。這種不平衡的基本因素是多方面的，由於19世紀的六十年代至七十年代，俄國正以武力兼併中亞的三個汗國，造成600萬人生活物資的匱乏，廉價的新疆土布，恰是那些穆斯林教民需要的商品。可是新疆南部的經濟情況就大不相同，當時南疆的人口大約有120萬上下，他們大多分散在彼此相隔較遠的綠洲上，地理條件使各個綠洲形成自給自足的農業經濟，對外來商品的需求有限，自俄國輸入少量的工業製品和加工產品，已足供應當地居民的消費。況且此時英國較爲精細的商品已間接的從印度進入了南疆市場，與俄國貨物形成了競爭的局面[27]，這些不利於俄方貿易的經濟條件，並非一時的努力所能消除。

1878年初，清軍收復新疆，阿古柏的勢力全部消滅。俄國與阿古柏訂立的通商條約，亦隨之而告廢止。在俄國交還伊犁以前，俄商至南疆的貿易亦遭禁絕。清軍封鎖了沿邊的各條通道，從事違禁貿易企圖越過邊界卡倫的俄國商隊均被扣留，俄國貨物均不許在南疆各地出售，命令當地人民將所購各物退還俄國賣主，並令俄商退還價款[28]。1879年上半年，將寄居南疆喀什噶爾等城鎮的俄國商民三百餘戶清理出境。又將數千名浩罕等中亞商人遷出喀什噶爾城。凡在各城已置產業者，都任其估價變賣，然後返回故土[29]。

五、伊犁條約以後的中俄貿易

1877年12月，清軍平定反清的回亂，新疆全部規復。1881年2月，中俄簽訂「聖彼得堡條約」（亦稱「伊犁條約」）及中俄「改訂陸路通商章程」。1882年2月，被俄國強佔了十多年的伊犁回歸中國。清政府

---

26 見《新疆對蘇俄貿易史》，頁87-88。

27 《阿古柏伯克傳》，頁125。

28 Terentiev著，商務印書館翻譯組譯，《征服中亞史》（北京：商務印書館，1983），第2卷，頁503。

29 《左文襄公全集》奏稿，卷55，頁14。

依據改訂的通商章程，將俄國在新疆通商的規畫作了相當程度的調整：

- 准中俄兩國人民在雙方邊界各百里以內任便貿易，均不納稅。
- 准俄國商民前往伊犁、塔城、喀什噶爾、烏魯木齊及關外天山南北兩路各城貿易，出入販賣各種貨物；俄商在新疆各地貿易暫不納稅。
- 准俄商由嘉峪關往內地運貨，入關時享受入口正稅（值百抽五）三分之二的優惠。
- 俄商往新疆境內運貨，應由指定的十二個邊界卡倫過界，以便稽查。
- 許俄國在伊犁、塔城、喀什噶爾、吐魯番（後改設於烏魯木齊）四地重設或增設通商領事，建立貿易圈[30]。

依照這些規定，俄國於1882年在伊犁、塔城、喀什噶爾三地重開領事館，建立俄商的貿易圈，為進入新疆的俄國商人提供更為有力的支持和各種便利條件。雙方結束了一度緊張的關係，在沿邊地區迅速的恢復了貿易往來。與前期相比，俄方在規復後的新疆市場，更佔有了多種優勢。由於俄商在新疆十餘年的戰亂期間，已乘物資缺乏之際獨佔了新疆市場，其貿易的規模與範圍都遠遠超出了1851年的通商章程之規定，伊犁、塔城及天山以北的新疆腹地，實際已變成俄商的自由無稅貿易區。俄方在佔領伊犁期間所建大規模的貿易商場，已成為湧向北疆的俄國貨物的集散地。南疆的通商關係雖然遭受了幾度波折，但南疆地區的貿易市場一直掌握在浩罕等中亞商人的手中，而俄國於七十年代兼併了浩罕等三個汗國之後，立即以宗主國的姿態出現，接手控制了南疆的市場。最特殊的發展是，一個資本雄厚、專門從事對新疆貿易的俄國商人集團已經形成，積累前此幾十年的經驗，這批俄商已經了解並適應了新疆的社會經濟和市場需求，注意到回

---

30 王鐵崖，《中外舊約章匯編》，第1冊，頁383-390。

族、滿族、漢族、蒙族各個不同的習俗和購物心理，使交易更加靈活而有成效。此外，自俄國主宰中亞地區之後，一向精於貿易並壟斷著南疆市場的浩罕、布哈拉等中亞商人，遂一變而爲俄國的臣民，重操舊業，大大充實了從事新疆貿易的俄商隊伍，加強了他們控制南疆市場的力量。

伊犁回歸中國後，俄商大多仍留在寧遠城，繼續使用他們在俄國佔領時期所取得的房屋、鋪面及各種不動產。俄方領事還藉口「伊犁條約」中有「仍准照舊管業」條款，強求保留散布於各地的俄商貿易設施，寧遠城外二十多里長的貿易市場也應劃歸他們管業經營。基於此種超越條約的優勢，致使俄方在當地的貿易迅速上升，1886年俄國對伊犁輸出額達到170萬盧布 [31]。

塔城的中俄貿易也恢復了盛況；俄國領事及其隨員也於1882年返抵塔城，地方當局將塔城北門外約380畝土地劃爲俄商貿易圈新址，其中包括當地最大的貿易市場——纏回街市，於是形成「販豎之倫，填街溢巷，薈萃而成一聚落」的盛況 [32]。1883年俄國商人在當地的貿易額即達到了100萬盧布。1885年俄商在塔城開設的洋行已達九所，雇用的員工共達250人 [33]。1886年，當地中俄貿易總額達到了170萬盧布 [34]。

喀什噶爾的中俄貿易關係依舊是波折多端，雙方歧見難於協調。自俄國派駐喀什噶爾首任的領事彼得羅夫斯基（Petrolovsky）到任後不久，即要求地方當局劃撥俄商貿易圈的地址，惟指明強索原屬浩罕商人經營的北關市場，而浩罕等中亞商業團體已隨俄領之後大批的擁入喀城，依舊在北關貿易市場一帶定居營業。因此地方當局未允俄方所求，只在別處另撥地段，供其營建。俄領堅持己見，不願接受，以致

---

31 Narochnitsky，《資本主義列強在遠東的殖民政策（1860-1895）》（莫斯科：1956），頁539，引自《新疆對蘇俄貿易史》，頁100。

32 吳豐培輯，《塔爾巴哈台志略》，頁6。引自同上書，頁101。

33 光緒20年〈外國人在塔城租賃房屋統計〉。引自同上書，頁101。

34 見《資本主義列強在遠東的殖民政策（1860-1895）》，頁537。引自同上書，頁101。

形成僵局。此外俄國領事又居於宗主國的地位,向俄屬浩罕等中亞商人濫發自由前往各城鎮的通商執照,以致行商走販,分赴各地城鄉,漫無限制。新疆巡撫劉錦棠迭請北京總理各國事務衙門照會駐京俄國公使轉令阻止,以杜滋濫[35]。經多次交涉,俄使堅不同意,終無效果。

根據俄國駐喀什噶爾領事的報告,1882年俄商向喀什噶爾輸出總額為56萬盧布,1884年上升到84萬盧布,同期喀什噶爾對俄國的輸出額分別為192萬盧布和296萬盧布[36]。南疆在對俄貿易中仍居於出超的地位,這與俄方原始的期望大不相符。

六、新疆建省後對俄貿易的新發展

新疆於1882年改制為行省,地方治安漸漸穩定,與俄關係已復常軌,大批俄商經常來往新疆各地,貿易日益繁盛,雙方商工業的景況,都出現新的發展。

進入九十年代以後,新疆的貿易已經與俄國國內工商業的產銷體系有了日益緊密的聯繫,與新疆發生貿易關係的已不僅僅是俄屬亞洲商人,而且有了莫斯科、下諾夫哥羅德(Nizhni Novgorod)、喀山(Kazan)等俄國歐洲城市的工商業者。俄國的工業,特別是棉紡織工業,在新疆找到了潛在的市場,莫斯科的一些工業品成批輸入新疆市場,新疆的棉花、畜產等原料產品也源源流入俄國歐洲城市的工廠,尤其是下諾夫哥羅德一地,早於19世紀之初,即已成為吸收俄國亞洲貿易貨物的一大集市。從新疆輸出的羊毛、皮張、毛皮等畜產商品大量進入下諾夫哥羅德市場,推動當地畜產品加工業的發展,成為全俄製革、製毯、毛皮等加工的首要中心。

---

35 《清季外交史料》,光緒朝,卷32,頁1-5。
36 《資本主義列強在遠東的殖民政策(1860-1895)》,頁536。引自《新疆對蘇俄貿易史》,頁104。

俄國商人在新疆的貿易活動也有相當大的變化，往來於兩國之間
的商隊幾乎全被貿易圈內各俄商洋行把持，而各洋行與俄國國內的集
市又建立了固定的聯繫，他們的商隊在集市上定期賒貸俄國貨物，再
以新疆出口的土貨抵還，每年夏秋之際，各洋行將收購的土產貨物運
送到俄國下諾夫哥羅德等貿易集市去，在集市上等候商隊的有莫斯科
工廠主的代表、有俄國政府機構的官員、也有市場的專業商人，各洋
行商隊向他們出售運來的新疆土貨，歸還上一年的貨物貸款，然後裝
運重新賒貸的各種俄貨，經塞米巴拉金斯克或塔什干，分別運往伊
犁、塔城、喀什噶爾各貿易圈內。

此一時期新疆與俄貿易的商品結構也有很大的變化；90年代自新
疆輸往俄國的商品中，原料產品佔90％以上，而自俄國輸入新疆的商
品幾乎都是工業品和半工業品。就貿易的性質而言，新疆已經變成俄
國工業原料的供應地和工業品的銷售市場。從俄國進入新疆貨物的種
類也大大的增加，由原來的織品、精製品、金屬及金屬製品等數類擴
大到二十多種，其中棉織品的出口自1853年至1893年增加了六倍多，
新疆輸往俄國的羊毛、活畜、毛皮等類的總值則達到103.46萬盧布，
佔1893年對俄出口額的37％。茶葉一項在出口商品中的變化很大，在
1850年的出口額中佔95％，價值達50.21萬盧布；1893年佔97.5％，價
值為67.11萬盧布 [37]。九十年代以後，新疆茶葉與內地茶葉的差價擴
大，比外蒙古恰克圖地區的茶價高一倍，比南方茶葉產區的價格更
高。此時俄國的西伯利亞鐵路已延伸到了外貝加爾地區，中國東南沿
海的海運亦已暢通，於是經由恰克圖或經海運輸往俄國的茶葉漸多，
由新疆輸往俄國的茶葉數量遂銳減。

19世紀的末期，新疆市場經濟中也出現了幾種對俄商不利的現
象。首先，中國內地與新疆商業的往來隨著交通的改進而漸漸增強，
關內的物資，各種生活用品，部分西歐輸入中國東南沿海各省的商

---

37 《蘇中經濟關係概要》，頁122。引自《新疆對蘇俄貿易史》，頁119、
121-122。

品,都大量進入新疆市場。同時關內各商幫也形成了相當的勢力,他
們網羅內地大批百貨與新疆的各類土產,往返販賣,深入天山以北各
地,與俄商開展有力的競爭。

其次,新疆建省後,社會秩序逐漸穩定,各項事業步入正軌,屯
田的效益日益彰顯,自給自足的小生產社會經濟重新確立,消費物資
的需求有限,加之地曠人稀,市場容量不大,年年俄貨充斥,社會上
無太多的資金承受俄貨的傾銷,因此雙方的貿易額明顯下降。1890
年,俄國對伊犂地區的輸出額,由1886年的170萬盧布降到100萬盧
布,1892年又減少到70萬盧布。塔城地區的情況與伊犂的大致相同,
1893年的輸出至塔城的總額由1886年的110萬盧布減少到77萬盧布,下
降了42.86%。喀什噶爾的情況稍有不同,俄國貨物在該地區的進口總
額稍呈上升的現象,在1884年的總進口額為80萬盧布,1891年為99.9
萬盧布,1893年為84.5萬盧布 38。這是因為由關內至喀什噶爾地區的
運貨費用太高,路遠難行,獲利亦微,漢族商人多不願前往。

俄國商品在新疆的銷售量減少,引起俄國政府的關注和不安,為
了儘快增加俄國貨物的出口量,俄國政府採取了一系列的措施,竭力
降低商品價格,以提高俄國貨品的競爭力。主要步驟是:

(一)實行出口商品補貼獎勵

自1889年起,俄屬中亞地方政府規定,對出口新疆的俄國工廠產
品給予出口補貼獎金。此種獎金並不由俄國政府開支,而是通過對新
疆貿易商品進出口稅收的調整來實現。例如,當俄國商人向新疆地區
輸出火柴和糖時,政府就將前此徵收這兩種商品的消費稅退還;向新
疆輸出棉紡織品時,就將前此徵收新疆棉花的進口稅退還 39。此種辦
法對新疆俄商的支持頗為有效。

38　《資本主義列強在遠東的殖民政策(1860-1895)》,頁537-539。引自
　　《新疆對蘇俄貿易史》,頁123-124。
39　《長城外的中國西部地區》,頁178。

(二)補貼出口商品陸路運輸費用

19世紀的80年代，自俄屬中亞地區至中俄邊境，尚未建築鐵路，其間幾百里不等的路途，俄國的貨物需要用駝運、畜載作運輸工具，費用相當昂貴。為了鼓勵俄貨輸入新疆，俄政府規定自中亞地區至喀什噶爾，每運出一馬馱貨物，就發放24盧布的獎勵金，此項獎金仍係從棉花的進口稅中扣除。

(三)開辦銀行、協助俄商的資金週轉

中俄間的商務交易，基本上是用以貨易貨或現金交易的方式進行，資金週轉頗受限制。因此俄國自1900年起，在伊犁、塔城、喀什噶爾三地相繼成立了華俄道勝銀行的分行，對俄國商人開辦信貸、貼現、兌換、匯兌等各種業務。原來運往新疆的俄國貨物，在俄國國內集市上早已得到工廠主或市場商人延期付款的優惠，新疆各道勝銀行的分行，現又提供信貸等業務，使俄商在收購當地的各類土產時，可得到充裕的融資，從各分行提取相當數額的俄國硬幣或中國白銀，加速貿易的週轉，提高了贏利，促進了對新疆進出口貿易的順利發展。

(四)組織運銷機構、協助經銷

中俄之間路途遙遠，運輸工具落後，道路難行，凡俄商運貨，只有雇民間的車、馬、駱駝之類的獸力為助。此種運費常隨季節、供求關係之不同而變動，差距甚大。俄方為改善貨運的困難，特於1900年間，成立了「希望」運輸公司，先後在伊犁、塔城、烏魯木齊三地設立辦事處，包攬俄商貨物的運輸，降低運價，以擺脫新疆民間落伍的運輸之制約，同時在全疆各城鎮設立洋行、分店、代售處，建立商販之間的賒貸、批發等信用關係，形成全省俄國貨品的經銷網 [40]。俄國

---

40 以上四節所述，均見新疆交涉公署外交研究所編，《新疆外交報告表》（新疆官書局：1910）。引自《新疆對蘇俄貿易史》，頁124、125、126、127、128。

商人為推展業務，逐漸定居於貨物集散的城市，由行商變為坐賈。又在各地組織商會，提供各類商業的資訊，協助雙邊貿易的業務。聯絡各族華商，邀請他們赴俄參加各種商品展覽、技藝交流等類的活動，各種推展的努力，終於促成九十年代雙邊貿易額的迅速回升。

七、俄商勢力向新疆腹地的延伸

新疆對俄貿易復甦景況的出現，造成了俄政府向中國要求擴展商業權益的另一良機。因為伊犁條約中有俟日後商務興旺時，可由兩國續商添設領事的字句，俄方就據此向清廷提出在烏魯木齊添設領事館及開闢俄商貿易圈的要求。清政府則引條文中「俟商務興旺，由兩國議定稅則，取消暫不納稅」之規定以為抵拒，彼此相持數年，未獲協議。直到1895年，中國在甲午中日戰爭中戰敗，俄國曾倡導俄、德、法三國干涉還遼，助清抗日，自恃有功，再度向清總理各國事務衙門提出開放烏魯木齊通商及蓋建貿易圈的要求。1895年12月，清政府終於同意，讓俄國駐吐魯番的領事館改設於烏魯木齊。新疆省政府接獲指令後，力圖利用此一機會，依約議定俄商在新疆貿易的徵稅條例，但俄領事拒絕會商，經多次交涉，均藉詞延宕，致無結果，中國即失去依約議定俄商貿易稅則的時機。俄方則得到地方當局所指撥240畝的地段，營造領事館的館舍和貿易圈內的房屋舖面及貨棧，成為深入新疆腹地的新據點。數年間俄國商行大增，商人移居新疆者亦漸多，雙邊貿易額隨之直線上升，1893年新疆與俄國的進出口貿易總額尚為582.86萬盧布，1895年就上升到759.3萬盧布，1899年達到1,109萬盧布，1903年為1,456萬盧布，1904年達到1,500多萬盧布，1907年接近2,000萬盧布，1914年達到2,500多萬盧布，比1895年增長了二、三倍[41]。俄國海關對雙方貿易進出口額的升降，有明顯的紀錄。

41　《蘇中經濟關係概要》，頁122-124、163、166。引自《新疆對蘇俄貿易史》，頁131、139-140。

表13-3　俄國海關　1893-1914年新疆與俄國貿易統計數字表 [42]
（單位：萬盧布）

年　代	貿易總額	俄國出口	俄國進口	貿易差額
1893	582.86	303.64	279.22	+24.42
1895	759.3	372.4	386.9	-14.5
1899	1,109	520	589	-69
1900	1,147	496	651	-155
1901	1,293	601	692	-91
1902	1,305	701	604	-97
1903	1,456	668	788	-120
1904	1,539	650	889	-238
1905	1,541	626	915	-289
1906	1,617	681	936	-255
1907	1,986	918	1,068	-150
1908	1,798	802	996	-194
1913	1,831.8	847.2	984.6	-137.4
1914	2,525.8	1,105.6	1,420.2	-314.6

　　由表中的數字可以看出此一時期雙方貿易的盛況。各地的發展，以腹地的貿易額增長最快，烏魯木齊貿易圈成為新疆最大的俄國商品集散地。根據中國方面的資料，1892年俄商經烏魯木齊販運出入境的貨物額僅值25.2萬兩白銀，1914年上升到了745.19萬兩，增長了28.4倍，居全省之冠。此一時期貿易額激增的重要原因是中國發生了革命的紛擾，關內的貨物及西方國家的進口商品，都未能輸入新疆，以致新疆商品的價格大漲。俄國商品的輸入遂大幅增加，至1914年達到高峰，與此相應，新疆與俄國貿易在中俄貿易總額中所佔的比重也日益增大，1914年中俄貿易總額為11845萬盧布，其中新疆省單獨對俄貿易額為2525.8萬盧布，所佔比重達到21.3％。根據新疆省政府的統計，1914年全疆人口總數為3242844人，按當年俄國輸入新疆貨物值1105.6

42 同上注。

萬盧布計算，新疆的男女老幼每人均攤4.93盧布（約合8、9兩白銀。
1914年新疆白銀與盧布的比價為1.8：1）價值的俄國商品[43]。

　　新疆出口貨物的結構沒有大變化，仍舊顯示各種原料產品佔絕大
部分，自1895年至1914年，新疆出口的物品中以各種畜產品增長的幅
度較大，牲畜出口從56.5萬盧布增長到169.7萬盧布，羊毛出口從1,467
噸增加到6,087噸，各種皮張、毛皮的出口從621噸增長到2,475噸，肉
類出口在1914年達到10.5噸。農產品中的棉花一項，1893年對俄輸出
額為3,617普特（約合11.8萬斤），1913年達到5,300噸（合1,060萬斤），增
長了近90倍。生絲出口在十九年中增長了40倍，達22.6噸。其他乾鮮
果品等類的貨物也開始成批的對俄出口[44]。

　　另一方面，自俄國出口至新疆的貨物則多為加工產品，其中棉織
品、毛織品、金屬製品、石油產品等項增長幅度較大，還有茶葉一項
值得注意，俄國不產茶葉，但自俄國輸出至新疆的貨品中卻有茶葉，
而且運銷量在十九年間增長了三百多倍，所有輸入新疆的茶葉，均為
中國內地各省所產，按照通商條約的規定，凡中國出產的土貨，禁止
俄商在中國境內販賣出售。俄商竟違反條約的規定，將大批中國出產
的茶葉倒流輸入新疆，侵奪新疆地方和華商的利益。

　　此外，華商在新俄雙邊貿易中的地位也日益凸顯，19世紀之末至
20世紀之初，新疆本地各族華商的資本，已經具有相當的實力，據
1910年新疆省政府的調查，從事對俄貿易資本雄厚的華商計有：伊犁
的木沙巴依、鐵列巴勒得、尼宰巴依三人，喀什噶爾的克里木、卡山
巴依二人，每人資本約計有百萬兩白銀上下，深得俄商的信任。他們
經營的運銷機構，頗佔優勢地位[45]，其餘華人中小商販往來邊境從事
對俄貿易者成百上千，販運出入境的貨物額相當大，據俄駐烏魯木齊

43　根據新疆中俄通商局及交涉局所存資料整理，見《新疆對蘇俄貿易
　　史》，頁140-142。
44　《蘇中經濟關係概要》，頁163-164、170。引自《新疆對蘇俄貿易
　　史》，頁144。
45　〈商務‧商人勢力〉，《新疆外交報告表》。

總領事館的統計，烏魯木齊一地在1905、1906兩年華商販貨至俄國的總額合計300萬盧布 [46]，同期俄商在烏魯木齊的貿易額分別爲218.18萬盧布與259.98萬盧布。另據俄國駐伊犁領事館的報告，1911年伊犁華商對俄出入境販運的貨物額165.23萬盧布，其中自俄境販入額爲72.24萬盧布，運往俄境的土貨額爲92.99萬盧布。同期俄國商人對伊犁的貿易額爲254.52萬盧布，其中對伊犁的出口爲124.31萬盧布，從伊犁的進口爲130.21萬盧布 [47]，中方出口額居第一位。

八、中俄對新疆通商事務之交涉

隨著中俄在新疆貿易之繁榮與發展，雙方通商的事務也日漸複雜，糾紛也漸多，彼此間的交涉自難避免，自19世紀後半期中俄訂約通商之後，俄方當局利用已經獲得的政治經濟方面的特權，庇護不法的俄國商人，干涉新疆的行政事務，藉以保持新疆貿易不斷擴展的盛勢，由此釀成的通商交涉案和貿易糾紛，此伏彼起，接連不斷，最重要而且最大的案件當然以修訂商約爲先。

1881年中俄伊犁條約第十五款規定：此約所載通商各條及附陸路通商章程，自換約之日起，於十年後，可以商議酌改；如十年限滿前六個月未請商改，應仍照行十年 [48]。1910年伊犁條約將屆滿三十年，清政府擬定商議酌改約內通商條款，由外務部通令有關各省，認真調查本地對俄通商利弊。3月，新疆省接外務部電咨，命速選派熟習人員，就新省地方情勢與有關約載各節，詳細考查，以資參考。同年年底，新疆省政府編纂成有關新疆中俄通商利弊之《外交報告表》及《外交報告說明書》，由省官書局各刊印80本，咨報中央政府 [49]。

---

46 宣統二年三月十四日〈新疆候補同和李晉年關於與俄議約說帖五條〉。
47 《1912年帝俄駐國外工商事務領事的報告・中國伊寧》抄本。
　　以上三種參考資料均引自《新疆對蘇俄貿易史》，頁145-146。
48 《中外舊約章匯編》，第1冊，頁384。
49 《新疆對蘇俄貿易史》，頁162-163。

俄國方面，亦於1910年12月2日召開內閣特別會議，專門討論和研究俄國在未來修改中俄商約的對策。其基本方針是確保原有條約中對俄有利之條款，次年2月6日，俄國搶在清方提出修約之前，以先發制人的手段和最後通牒之方式，向清政府遞交照會，提出六項要求：

⑴延長並擴大免稅貿易特權，凡兩國陸路邊界五十俄里內彼此輸出輸入本國貨物，一概免稅。

⑵俄人在中國境內享有治外法權，專受俄國官員管轄；如遇俄華民事訴訟，須由俄華兩方法官會審。

⑶俄人在蒙古及長城外天山南北兩路，有權自由往來居住和免稅買賣一切貨物，並不受獨佔或其他禁令的限制。

⑷俄國政府有權向科布多、哈密和古城派駐領事。

⑸中國地方當局應承認俄國領事在其轄區內的官方地位。該地方官不得推諉會同審判俄華訴訟各種案件。

⑹俄國臣民在蒙古及長城外俄國設有領事的各城，即伊犁、塔城、庫倫、烏里雅蘇台、喀什噶爾、烏魯木齊、科布多、哈密、古城以及張家口地方，得購置土地建築房屋[50]。

最後還威脅說，如中國不允實行任何一款，俄國政府將對中國自由採取它認為必要的一切措施。清政府接照後，異常驚恐不安。當時世界列強，無一國能支持中國者。清廷為時勢所迫，於3月27日覆照俄使，聲明承認俄國的一切要求，稅則問題將另行磋商[51]。8月底，中俄兩國就修改1881年通商條約舉行正式談判，在彼此尚未談及正題之際，中國的辛亥革命爆發，談判就陷於停頓。1912年9月7日，俄駐北京公使又向北京外務部遞交了一份照會，聲稱：「由於中國政府至今未答覆俄國1911年11月7日的修約反提案，又未提出關於修約的新建議，中俄兩國政府關於延長1881年商約期限的協商也未取得結果。俄

50 王樹枏，《新疆圖志‧交涉六》。引自《沙俄侵略中國西北邊疆史》，頁362-363。

51 「宣統3年2月27日第四次致俄使照會」。引自同上書，頁364-365。

國政府確信：中國政府或者不能，或者不願進行修訂商約的談判；並認為，中國不利用伊犁條約第十五條為它提供的修改該約的商務規定的權利。因此，俄國政府為了維持中俄陸路通商的正常進行，不得不認為1881年商約在新的十年裡仍然有效。」[52] 中國政府改約的努力至此受挫，俄國又得機保留了伊犁條約及其所附通商條約中享有的各項權益。中國政府企圖廢除「暫不納稅」條款的努力也隨之失敗。

至此，俄國依舊繼續利用其免稅的特權，在新疆進一步擴展政治和經濟的實力，尤其是「華茶倒灌」一項非法貿易，嚴重侵害了新疆地方和民間華商的利益。「華茶倒灌」一事，前節業已提及，在新疆貿易中早已存在，到了20世紀的初期，俄國西伯利亞的鐵路延伸到了新疆境外，致使此項反常的貿易，更形變本加厲。俄商多從中國中南產茶省份直接採辦加工茶葉，經天津、上海等港口輸出，運抵俄國港口海參葳，然後經西伯利亞鐵路運到俄屬中亞地區，其運費遠低於經恰克圖或內陸路的運費。再倒灌入新疆可獲厚利。俄國政府對此項向新疆變相出口的茶葉，採取支持的態度，規定凡倒灌入新疆的華茶，一律退還原先已繳納的進口稅款。新疆地方政府為維護主權利益，對倒灌華茶多方嚴加查禁，無奈中俄沿邊數千里，處處相通，查防不易，間有拿獲者，又得俄領事庇護，或拖延交涉，致使中方人員無法處置。交涉多載，一直沒有研究出一套有效的辦法，遏止此項非法的經營。至宣統末年，伊犁一地民間銷茶已被俄商侵佔大半，官茶邊銷量不及舊額的十分之三[53]。

九、新疆對俄貿易的衰落

中俄貿易繁榮興盛的景象持續到1914年即出現逆轉的徵兆，因第一次世界大戰在這一年爆發，俄國參戰，以全力應付歐洲戰場，對東

52　見《新疆對蘇俄貿易史》，頁164。
53　金毓黻編，《宣統政紀》，卷53，頁28。

方的貿易輸出銳減，新疆的中俄貿易額隨之大幅度下降。據當時不完全的統計，1915年俄方對新疆的輸出減少到500萬盧布，只及1914年（1,105.6盧布）的45％。1916年和1917年又分別減少到160萬盧布和100萬盧布。從表面看百萬盧布價值尚屬可觀，實際因盧布大幅度貶值，貨物的數量則頻頻減少。如砂糖的價格，1915年每磅爲14-15戈比，1917年底每磅漲到90-100盧布；石油價格每磅價格從10戈比上漲到15-20盧布。所以1917年俄國輸入新疆百萬盧布的貨物按戰前盧布比價，其數量之降落甚大，再從新疆省政府方面的統計資料看，雙方進出口額的差距更加顯著，如1917年喀什噶爾對俄貿易總額估計成本銀爲1,245,522兩，其中對俄出口貨值爲914,131兩，從俄國進口的貨值爲331,391兩，與1914年相比，貿易總額下降了69％，其中對俄出口減少了55％，由俄進口減少了84％[54]。伊犁霍爾果斯卡的紀錄是：1916年對俄貿易出入總額爲4,098,903兩白銀，其中對俄出口1,657,680兩，由俄進口爲2,441,223兩。1917年經霍爾果斯卡對俄貿易出入總額爲5,283,604兩白銀，其中對俄出口爲3,715,360兩，自俄進口爲1,568,244兩，與上年相比，進口額減少了36％。雙方貨價的情況是，中方出口除個別商品價格間或稍有變化外，整個價格基本趨於平穩。俄方進口商品中，生活必需品的價格上漲幅度頗大，但某些工業品的價格卻有不同程度的下降[55]。商品供求之失調使價格的變動頻頻出現。

　　1917年2月，俄國爆發了二月革命，推翻了沙皇統治。俄國國內的政治動盪給已經衰落的新疆對俄貿易以致命的打擊。數月後又爆發了十月革命，帝俄在新疆的勢力迅速崩潰。1918年5月20日，蘇俄革命政權宣佈廢止帝俄時期所派駐華公使及各地領事，新疆境內各處的俄國領事失去了合法的地位，貿易國有化政策又使俄商失去從事兩國通商的權力，各處貿易圈也陷入了嚴重危機。新疆地方政府也封鎖了中俄邊界，

---

54 見《新疆對蘇俄貿易史》，頁165。
55 資料來源：《民國3年迪化、伊犁、喀什噶爾三處通商各卡出入貨物底冊》。引自同上書，頁165、166。

兩國貿易完全中斷。帝俄對新疆貿易的操縱和壟斷行為至此告一段落，飽受帝俄勢力侵害的新疆地方官吏和華商至此方得到百載難逢的喘息。

十、結　語

　　帝俄與新疆貿易關係的發展可分為三個時期，第一個時期是1851年以前無約走私貿易的階段。當時俄國商人自行組織商隊，越界交易，後來官方也加入這種走私的行列，規模漸漸擴大，貿易數量迅速增長。俄國政府認為新疆市場的前景頗佳，一再向中國提出在新疆邊境增開通商口岸的請求。清廷也察覺到非法貿易既不能禁絕，即應接受事實，建立一項彼此通商的規範。於是雙方在1851年訂了「中俄伊犁、塔爾巴哈台通商章程」，結束了無約的非法貿易，進入了訂約通商的第二個時期。

　　第二個時期的特點為有約的免稅貿易。貿易納稅，本為近代國際通商的常理。惟新疆向未設置海關，又由於清廷官吏對國際貿易的認識不足，竟在章程中訂立了允許俄商免稅貿易的條款。自後俄方就利用此種免稅自由貿易的特權，擴展到軍事與政治層面的優勢，在各通商城市建立貿易圈，使俄國商品迅速的滲入新疆的主要市場。又乘新疆發生回亂之際，出兵佔領伊犁區域的各個城市，利用中國方面物資匱乏的困境，將俄國商品輸送到北疆各地。自1871年至1881年的十年之中，俄商對新疆的貿易額增長到600萬盧布。

　　1881年，中國收回伊犁，因而與俄國簽訂了「中俄伊犁條約」。雙方的貿易就進入了第三個新的歷史時期，此一期內新疆與俄方貿易的變化很大，因為「伊犁條約」將俄人通商的區域擴大，包括伊犁、塔爾巴哈台、喀什噶爾、烏魯木齊、天山南北兩路各城鎮及中國的蒙古地區，都允許俄人自由往來經營貿易，暫不納稅，俄國勢力藉此深入新疆腹地，利用自由免稅的特權，建立遍佈全疆的貿易網，組成擁有數十萬以至數百萬盧布資金的商行，包攬貨物進出口及土畜產品的

收購、轉運等各項業務，輸入大量的俄國商品，壟斷全疆各城鎮的市場。1914年新疆省對俄貿易總額高達2,525.8萬盧布。俄方更以此爲基礎，繼續擴大俄國在全疆政經及軍事方面的特殊優勢。

依據新疆境內中俄雙方貿易的統計數字，1893年以前，中俄貿易雙方的進口總值和出口總值大致是平衡的。自後直至第一次世界大戰前的二十多年中，俄國對新疆的貿易開始出現入超，而且入超額逐年增長，至二十世紀初期，每年入超額達100萬盧布以上，經常保持在雙邊貿易總額的10%左右，最高年份1914年的入超額達314.6萬盧布 [56]。這種入超的主要原因係由於新疆經濟地理條件所造成。俄商在新疆對外貿易中雖然佔有絕對的壟斷地位，但新疆人民生活水平和社會購買力都十分低下，儘管新疆市場被俄方獨佔，商品的容受量卻很有限。俄國的貨物多爲工業製品或加工品，只供本省的日用消費，不可能無止境的吸收。而新疆的土貨多爲原料或畜產品，儘管價格低廉，其貨值仍年年超過俄國的商品。此種情況，遠出乎俄方的期盼之外。原來俄國向清廷要求增開新疆通商口岸時的研判，新疆將爲俄國商品的最佳市場。雙方訂約通商之後，俄商又很順利的從中國方面獲得了多種的寬免和優惠，然而在繁榮的雙邊貿易中，順差卻未出現在俄國方面，這雖是由於經濟地理的特殊條件所造成，但俄方商品種類的供應及其經貿措施的走向亦爲其逆差趨於長期存在的主要因素之一部。

其次應加探討的是俄國在新疆貿易中的入超如何平衡的問題，依據國際慣例，能作爲國家之間貨幣流通的只有金銀，鑄幣和紙幣不能充當支付工具。俄國的盧布紙幣當然亦不能越過國界至新疆境內流通。但俄方卻利用其在新疆的特殊優勢，非法將盧布輸入新疆，以空頭紙幣，換購新疆的實質土貨，輸出牟利。又於1913年1月片面採取金融措施，命伊犁、塔城、喀什噶爾三地的道勝銀行的分行，在新疆直接發行俄國紙幣數種，名爲新疆票、伊犁票、塔城票、喀什票等等，

---

56 參閱本章第七節，頁418-419及其中的統計表。

發行額100萬盧布，1916年又增發至500萬盧布 [57]。於是盧布盈溢市場，中國的錢幣反而不能暢行。1905年，每百兩白銀相當於160個盧布，至1914年，每180兩白銀只相當於100個盧布。升降幅度對持有白銀的中國官民非常不利。中國土產原料出口越增，俄國紙幣盧布流入和發行的數量越多。而俄國邊境以內卻嚴禁新疆省的銀票流通，凡出境貿易的華商，必須先到各道勝銀行的分行，用銀票兌換盧布，因此各地道勝銀行藉華商和市民的兌換、存款、匯兌等業務，大量吸收新疆省的銀票，至清末民初，已分別握有價值數百萬兩的銀票，隨時向新疆省政府兌換白銀。俄國就運用這種藉紙幣盧布兌換而來的中國白銀，以平衡貿易的差額。但一轉手之間，又被俄方的銀行吸收而去，中國並未獲得平衡的實質收益。

第一次世界大戰爆發後，俄貨輸入蕭條，各道勝銀行紛紛增加紙幣盧布的發行量，俄境紙幣盧布也大量流入新疆，用以填補俄國方面的巨額貿易入超，於是新疆各地的盧布幣值暴跌，到1918年每百盧布僅值2至3兩省白銀。為了不使新疆流通的貶值紙幣盧布倒流入俄境，俄屬中亞地方政府竟於1917年12月，單方面對進入俄境貿易的新疆商人和其他各類人員攜帶的紙幣盧布實行限制。消息傳出，輿論譁然，中國商民紛紛呈請增加攜帶盧布的數額。經塔城道尹交涉，俄方覆照稱，該國財政部只准所有出入俄境的人攜帶500元為限 [58]，此一硬性規定，頓使滯留新疆境內的大量貶值的盧布形同廢紙，地方政府與民間受害甚深。

如果沒有1917年俄國二月革命和十月革命的爆發，新疆的經濟命脈早已被俄方的剝削完全耗盡了。

---

57 編輯組，《舊中國通貨膨脹史料》（上海：人民出版社，1958），頁28。
58 見《新疆外交特派員公署檔》中民國6年12月21日塔城道尹汪步端致外交部特派新疆交涉員張紹伯的咨文。引自《新疆對蘇俄貿易史》，頁158-159。

第十四章
中俄關係之回顧

　　17世紀中葉的中國，開始體認一種新的歷史經驗，由於中俄在黑龍江流域的武力衝突，導致雙方訂立了平等互利的雙邊條約。

　　從俄羅斯經西伯利亞去中國的道路，在17世紀中葉即被發現，是歐亞之間一條最爲接近的途徑，一般不畏披霜戴雪犯禁求財的俄國商隊，前驅後繼，奔馳不息，越過茫茫的沙磧，一心要去與地大物博的中國進行貿易。

　　根據俄國歷史資料的片段記載，尼布楚條約訂立之前，俄國和中華帝國已經有了官方的來往，不過使者的身分令人難以分辨；商人擔任外交談判的工作，外交人員也兼任商隊的領隊，是常見的現象。直至17世紀的70年代爲止，大概有四個以貿易爲主的正式使者到過中國。第一個是來自布哈拉的佩特林（I. Petlin），曾於1618年以使者的身分到過北京，第二個使臣是於1654年率領一支商隊前往北京的巴依科夫。他也是以貿易爲主的布哈拉商人。第三次的使節是由佩爾菲利耶夫（Perfilief）與阿布林二人共同擔任。後者也是一名布哈拉商人，他二人曾於1660年到過北京。第四次的使者爲尼果賚、斯帕法里，他是俄廷派出的正式使節，主要任務是要與中國建立固定性的貿易關係，他於1676年5月到達北京，由於他的態度非常倨傲，在談判時反將中俄之間以往培養的和睦氣氛完全破壞無遺，使雙方都意識到中俄的和平關係已難以保持。

　　顯而易見，以上四位使臣都是以商業爲主，與中俄在黑龍江流域

的爭執無關，所以兩國的締約與通商的和平境界，還是要通過武裝衝突的途徑才能達到。

尼布楚條約的簽訂是中俄兩國各自追求的目標達到一個共同交集的具體表現；俄國獲得了商業的利益，中國鞏固了邊疆及其所屬部族的安全。此一和平相處關係之基礎的確立，使滿州疆域內外享有了一百七十年的繁庶與安寧。自後，兩國的貿易有了條約上的保障，幾乎每年都有一個龐大的商隊到達北京，爲俄方帶來特殊豐厚的經濟利益，以致西伯利亞的將軍們、修道院、中小商人，都廣泛的參加了對中國貿易商隊的行列，沙皇國庫徵收中國貨物的什一稅因之大量增加，負責簽訂尼布楚條約的大使戈洛文爲此受到俄廷特別的傳諭嘉獎[1]。

因爲利潤優厚，引發俄廷擴大對華貿易的意圖，考慮再派使節前往中國，探明清廷的態度，考察中國市場對俄國貨物的需求量，以便作一個長期互市的規劃。俄國沙皇彼得一世於是又派遣了兩次正式外交使節，出使中國。一次是於1693年11月到達北京的伊慈勃蘭德、伊台斯。另一次是1720年11月抵達北京的伊茲瑪依諾夫。他們二人才是以外交爲主，貿易爲副的正式使節，都受到清廷隆重的歡迎和禮遇。前者訪問的結果，大大的增進了兩方和睦的氣氛。後者與清廷大臣談判的結果，清廷特許其隨從秘書郎格以商務專員（或稱代辦）的名義留駐北京，以便處理俄商的事務，唯一不幸的是當時蒙古邊境發生727名蒙古叛民逃入俄境的意外事件，俄方拒絕遣返。此事後來竟成爲雙方關係惡化的根源，1721年3月伊茲瑪依洛夫離華時，康熙皇帝及清廷大臣尚以禮歡送，但至1722年，商隊貿易即再度停止，並命郎格離京返俄。

1722年年底，康熙皇帝在北京郊外行宮逝世，1725年年初，彼得大帝亦病逝於俄都，兩國的新君繼位後，雙方的外交政策才出現轉機。

---

1 Yakovieva著，貝璋衡譯，《1689年第一個俄中條約》（北京：商務印書館，1973），頁207。

　　1725年6月，俄國女沙皇凱薩琳一世承彼得大帝的遺命，任命四等文官薩瓦伯爵爲全權大使，出使中國，名義上是慶賀清廷雍正皇帝的繼位，實際上是要就商隊貿易的恢復，北邊疆界的劃分，以及東正教堂的修建等重要問題與清廷舉行談判，並希望締結一項詳盡的條約，這次使節團的陣容是中俄建立關係以來最爲盛大，也最爲重要的一次。1726年10月，薩瓦大使率領著120名隨員和1,500名衛士到達北京，受到雍正皇帝及清廷大臣們異常隆重的歡迎和優渥的款待，爲完成締約的任務，俄方代表與清廷大臣在北京和邊界談判了三年，舉行了58次會議，先後提出了20份草案，經過了無數次的研討與爭論。雍正皇帝不願談判破裂，自行讓步，終於成就了恰克圖總約的簽訂，約文劃分了中俄在蒙古邊疆的界線，允許俄國商隊重入北京，增開恰克圖爲邊境免稅互市之地。還由清帝出資爲俄人在北京建築一所東正教堂和供使節及商人居住的館舍。4名俄國教士和6名學習中國語文的俄國學生，可長期留居北京，所需經費，也由清帝出資支持和供養。此爲中俄關係另外開闢一條意義非常重大的文化學術交流的新管道。

　　俄國教士與學生留駐北京之事，早經康熙皇帝准許，並已付諸實施。在恰克圖條約中，又得到固定性的承諾，從此俄國東正教駐北京傳道團成爲正式的常設機構，與其他西方列國相比，不能不承認俄國實已佔了先機，與此相應，清廷也創立了「俄羅斯館」和「俄羅斯學」，分別培教中國子弟的俄國語文和俄國學生的滿漢語文，後來有很多的譯員和學者，都是這兩所學校培養出來的。當時兩國都沒有使節常駐在對方的首都，而俄國東正教傳道團竟能成爲北京的常設機構，在長期的歲月中應環境的需要，時常承擔傳達雙方訊息或轉遞政府文件的任務，漸漸演成一種帶有外交職能的半官方機構。這對當時兩國之間的溝通與交流，提供了很多有意義的貢獻。

　　清廷對俄國也逐漸表現了較爲開放的政策，竟突破傳統，兩次派遣大使，遠赴俄京報聘，原在1712年，康熙皇帝也曾派了一個圖理琛使節團出國訪問，不過當時是去宣慰徙居於伏爾加流域的土爾扈特，

只由西伯利亞過境而已。至雍正皇帝繼位後，即於1729年與1732年兩次正式派遣托時與德新兩位大使，專程前往俄廷，觀見安妮女皇，商討重要的外交事務，參觀各種文物名勝，自後清廷對這個遙遠而陌生的國家，開始有了直接的認識。

中俄之間的屏障既經消失，兩大帝國已面對面相遇了，向前的道路自應更為平坦。然而非常不幸，18世紀後葉至19世紀前葉，俄國的工商業有了較大的增長，在新興資產階級的推動下，私商對政府壟斷的商隊貿易發出強而有力的挑戰。官方將對華的貿易重心轉移到恰克圖，以便嚴加監控，經過幾番的抗爭，依然抵不住自由貿易的潮流，最後只得放棄官方商隊的壟斷政策，退出競爭，為了彌補貿易利益的喪失，俄國政府就將其主要注意力，投向對中國領土的擴張，圖以中國的資源，爭取經濟的優勢。

俄國侵華勢力的增強，沿著西伯利亞邊境的中國領土，就成了它奪取的目標，自19世紀中葉起，俄方對中國新疆邊境至黑龍江左岸，全面掀起了犯邊的行動，領土的吞噬，鐵路建築權的攫取，旅大兩港的租借，外蒙的控制，新疆經貿市場的壟斷，等等，都成為兩國關係中此一階段的主要標誌。1858年至1860年，俄國乘中國正陷於內憂外患的困阨之際，威脅清廷，割佔了黑龍江以北和烏蘇里江以東100多萬平方公里的中國領土。這一大片土地，均經彼得一世、尼古拉一世、亞力山大二世、海軍參謀長緬施科夫坦承：原是屬於中國的。1864年，俄方又以兵臨城下的形勢，在新疆邊境割佔了44萬多平方公里的土地。身為俄方簽約代表的巴布科夫，也供認這一大片土地，前此始終是屬於中國版圖之內的、在中國方面，清廷大臣如李鴻章、楊儒、許景澄等人，在飽受屈辱的歲月裡，也曾多方試行對俄親善政策，力圖以鐵路的建築權、銀行的經營權、旅大的租借權、礦產與土地的開發權的讓予，冀望換得俄方相對的尊重與同情。但每一度與俄親近，就每一度陷入屈辱更甚與幻滅的深淵。在俄國強勢外交的籠罩之下，甚至雙方宗教、文化、學術交流的管道，也經常承受俄國官方的壓

縮，降為服務於侵略性外交的附庸。和睦關係失去平衡，兩國的邦交日趨惡化。

　　第一次世界大戰爆發之前，俄國自認地跨歐亞，必須東西兼顧，兼顧的策略，就是接連不斷的在中國北邊製造動亂，藉機攫取北滿、呼倫貝爾、外蒙古、唐努烏梁海、新疆等廣大地區的各種權益，以為對歐備戰的資源。俄國駐華的一般使領人員，都非常專橫自負，自覺俄國非常偉大，動徹以採取直接的自由行動去威脅清廷的主政官員，使之不知所措。中國在此種進退維谷的情勢中固然承受了重大的傷害，而在俄國國內，也潛伏了燎原的星火，結果是此一上帝恩佑的羅曼諾夫王朝與其宰制中國的夢想，都經不起歷史與真理的考驗，在革命的狂潮中一齊毀滅。

　　俄國革命後的主政者，依舊保留著帝俄侵華主義的殘餘心態；中俄兩國要達到睦鄰友好的境界，尚有一段遙遠的路程。

中俄關係史

2000年12月初版 　　　　　　　　　　　　　定價：新臺幣550元
有著作權・翻印必究
Printed in Taiwan.

著　　　者　李　齊　芳
發　行　人　劉　國　瑞

出版者　聯經出版事業公司　　　　　責任編輯　沙　淑　芬
臺北市忠孝東路四段555號　　　　　封面設計　王　振　宇
電　　話：23620308・27627429
發行所：台北縣汐止市大同路一段367號
發行電話：2　6　4　1　8　6　6　1
郵政劃撥帳戶第0100559-3號
郵撥電話：2　6　4　1　8　6　6　2
印刷者　世和印製企業有限公司

行政院新聞局出版事業登記證局版臺業字第0130號

http://www.udngroup.com.tw/linkingp
e-mail:linkingp@ms9.hinet.net

國家圖書館出版品預行編目資料

中俄關係史 / 李齊芳著 . --初版 .
--臺北市：聯經，2000 年
面； 公分 .

ISBN 957-08-2165-5(平裝)

1.中國-外交關係-俄國-歷史
2.俄國-外交關係-中國-歷史

644.8   89017889

全球視野系列

●本書目定價若有調整，以再版新書版權頁上之定價為準●

聯經經典

●本書目定價若有調整，以再版新書版權頁上之定價為準●

伊利亞圍城記	曹鴻昭譯	250
堂吉訶德(上、下)	楊絳譯	精500
		平400
憂鬱的熱帶	王志明譯	平380
追思錄—蘇格拉底的言行	鄺健行譯	精180
伊尼亞斯逃亡記	曹鴻昭譯	精330
		平250
追憶似水年華(7冊)	李恆基等譯	精2,800
大衛·考勃菲爾(上、下不分售)	思果譯	精700
聖誕歌聲	鄭永孝譯	150
奧德修斯返國記	曹鴻昭譯	200
追憶似水年華筆記本	聯經編輯部	180
柏拉圖理想國	侯健譯	280
通靈者之夢	李明輝譯	精230
		平150
道德底形上學之基礎	李明輝譯	精230
		平150
魔戒（一套共6冊）	張儷等譯	一套
		1680
難解之緣	楊瑛美編譯	250
燈塔行	宋德明譯	250
哈姆雷特	孫大雨譯	380
奧賽羅	孫大雨譯	280
李爾王	孫大雨譯	380
馬克白	孫大雨譯	260
新伊索寓言	黃美惠譯	280